Radeisen
Abstandsflächen im Bauordnungsrecht Bayern

Abstandsflächen im Bauordnungsrecht
Bayern

Kommentierung mit zahlreichen Abbildungen

von

Dr.-Ing. Marita Radeisen, Architektin, Berlin
MSc Umweltmanagement

3. Auflage 2018

::rehm

Bibliografische Informationen der Deutschen Nationalbibliothek

Die Deutsche Nationalbibliothek verzeichnet diese Publikation in der Deutschen
Nationalbibliografie; detaillierte bibliografische Daten sind im Internet
über <http://dnb.d-nb.de> abrufbar.

Bei der Herstellung des Werkes haben wir uns zukunftsbewusst für
umweltverträgliche
und wiederverwertbare Materialien entschieden.
Der Inhalt ist auf elementar chlorfreiem Papier gedruckt.

ISBN 978-3-8073-2692-4

E-Mail: kundenservice@hjr-verlag.de

Telefon: 0800 21 83 333 (innerhalb Deutschlands)
Telefax: +49 89/21 83-76 20

© ::rehm, eine Marke der Verlagsgruppe Hüthig Jehle Rehm GmbH

www.rehm-verlag.de

Satz: TypoScript GmbH, München
Druck: CPI books-Leck GmbH, Birkstr. 10, 25917 Leck

Vorwort

Seit der zweiten Auflage der Kommentierung zu den Abstandsflächen im Bauordnungsrecht Bayern sind drei Änderungen der Bayerischen Bauordnung erfolgt, deshalb und aufgrund der zwischenzeitlich erfolgten umfangreichen Rechtsprechung erscheint eine geänderte Neuauflage erforderlich.

Durch das Gesetz zur Änderung der Bayerischen Bauordnung, des Baukammerngesetzes und des Denkmalschutzgesetzes v. 27.7.2009 (GVBl Nr. 14/2009, S. 385) wurde in Art. 6 Abs. 5 neu eingefügt und in Abs. 8 wurden die Nrn. 2 und 3 geändert.

Der Freistaat Bayern hat von der ihm durch die Länderöffnungsklausel (§ 249 Abs. 3 BauGB) eingeräumte Möglichkeit Gebrauch gemacht, höhenbezogene Mindestabstände zur Wohnbebauung als Voraussetzung für eine Privilegierung von Windkraftanlagen vorzusehen (Gesetz zur Änderung der Bayerischen Bauordnung und des Gesetzes über die behördliche Organisation des Bauwesens, des Wohnungswesens und der Wasserwirtschaft v. 17.11.2014, GVBl Nr. 19/2014, S.478).

Mit dem Gesetz der Staatsregierung zur Änderung der Bayerischen Bauordnung und weiterer Rechtsvorschriften v. 10.7.2018 (GVBl Nr. 13/2018, S. 523) wurden Erleichterungen für die Genehmigung von Staffelgeschossen geschaffen und die Urbanen Gebiete (§ 6a BauNVO) in die Regelungen über die Abstandsflächentiefe (Art. 6 Abs. 5) integriert.

Auch in seiner neuesten Fassung bleibt das Abstandsflächenrecht eine schwer zu handhabende Materie, denn unverändert muss bei der Berechnung der Abstandsflächen eine Vielzahl von Variablen berücksichtigt werden, die Grundstücksform, die Gebäudeform und die Gebäudehöhe. Die planungsrechtlichen Vorgaben, mit denen Gebäude- und Grenzabstände geregelt werden, müssen beachtet werden.

Nachdem auch Nordrhein-Westfalen eine generelle Abstandsflächentiefe von 0,4 H geregelt hat, ist Bayern das einzige Bundesland, das weiter die Tiefe von Abstandsflächen 1 H fordert.

Wie in der Kommentierung in den ersten beiden Auflagen so wurde auch in der dritten Auflage die Rechtsprechung des Bayerischen Verwaltungsgerichtshofs und die anderer Obergerichte sowie die des Bundesverwaltungsgerichts berücksichtigt. Dabei ist zu bedenken, dass auf die Entscheidungen des Bayerischen Verwaltungsgerichtshofs und des Bundesverwaltungsgerichts, soweit diese sich in den vergangenen 25 Jahren mit dem Verhältnis der landesrechtlichen Abstandsvorschriften zu den planungsrechtlichen Vorschriften nach dem Baugesetzbuch befasst hatten, nach den nun erfolgten Änderungen in den gesetzlichen Vorgaben nicht mehr in allen Fällen zurückgegriffen werden kann. Die Verfasserin hofft, mit der Kommentierung Einiges zur Klärung offener Fragen beitragen zu können.

Berlin, im August 2018

Marita Radeisen

Inhaltsverzeichnis

Seite

Vorwort V

Hinweise zu den Abbildungen

Abkürzungsverzeichnis XV

Bayerische Bauordnung 1

Erläuterungen 7

Rn.

Vorbemerkungen 1–14

A Allgemeines 15–113

   I.   Anforderungen an die Belichtung 17–67

        1.   Seitlich einfallendes Tageslicht 54–58

        2.   Abschirmung seitlich einfallenden Tageslichts 59, 60

        3.   Besonnung 61–67

   II.   Belüftung 68, 69

   III. Sozialabstand 70–82

   IV. Brandschutz 83

   V.   Abweichungen vom Regelfall 84–86

   VI. Gestaltung des Ortsbildes 87

   VII. Nachbarschutz 88–113

B Erforderlichkeit von Abstandsflächen (Abs. 1) 114–358

   I.   Definition der Abstandsfläche und Rechtswirkung
        der Regelung (Abs. 1 Satz 1) 116–127

        1.   Lage der Abstandsflächen vor den Außenwänden 118–122

        2.   Oberirdische Gebäude 123–127

   II.   Andere bauliche und sonstige Anlagen (Abs. 1 Satz 2) 128–149

        1.   Verhältnis zum Planungsrecht 131–133

        2.   Anlagen, von denen Wirkungen wie von
           Gebäuden ausgehen 134–149

   III. Verzicht auf Abstandsflächen nach
       planungsrechtlichen Vorgaben (Abs. 1 Satz 3) 150–358

        1.   Planungsrechtliche Voraussetzungen für den
           Verzicht auf Abstandsflächen 152–169

        2.   Bauweise 170–199

Rn.

3. Geschlossene Bauweise 200–222
4. Offene Bauweise 223–225
   4.1 Art des Hauses – Doppelhaus 226–270
   4.2 Art des Hauses – Hausgruppe 271–276
   4.3 Rechtliche Sicherung – Anbausicherung 277–292
5. Abweichende Bauweisen 293–321
6. Mögliche Abweichungen von den
   planungsrechtlichen Vorgaben 322–342
7. Dachaufbauten und untergeordnete Bauteile bei
   Grenzanbau 343–352
8. Staffelgeschoss (Abs. 1 Satz 4) 353–358

C Lage der Abstandsflächen (Abs. 2 und 3) 359–397
  I. Bezug zum Grundstück (Abs. 2 Satz 1) 360–362
  II. Abstandsflächen auf öffentlichen Verkehrs-, Grün-
     und Wasserflächen (Abs. 2 Satz 2) 363–372
  III. Übertragung von Abstandsflächen auf andere
      Grundstücke (Abs. 2 Satz 3) 373–384
    1. Anderes Grundstück 375, 376
    2. Voraussetzungen 377–381
    3. Zulässige Überbauung übertragener
       Abstandsflächen 382–384
  IV. Überdeckungsverbot (Abs. 3) 385–397
    1. Geltung nur für einander gegenüberliegende
       Wände 388–390
    2. Sonderregelung für Gartenhofhäuser 391–394
    3. Ausschluss des Überdeckungsverbots für Gebäude
       und bauliche Anlagen, die in den Abstandsflächen
       zulässig sind 395
    4. Kein Verzicht auf das Überdeckungsverbot bei
       übertragenen Abstandsflächen 396, 397

D Bemessungsregeln 398–566
  I. Das Maß H als Bezugsgröße (Abs. 4) 398–442
    1. Allgemeine Bemessungsgrundsätze (Abs. 4 Satz 1) . . 399–402
    2. Unterer Bezugspunkt (Abs. 4 Satz 2) 403–413
    3. Oberer Bezugspunkt (Abs. 4 Satz 2) 414–416

Rn.

4. Berücksichtigung von Dach- und Giebelflächen
(Abs. 4 Sätze 3 und 4) 417–425

5. Besondere Dachformen 426–432

6. Dachaufbauten (Abs. 4 Satz 5) 433–440

7. Auswirkungen baulicher Veränderungen 441, 442

II. **Tiefe der Abstandsfläche (Abs. 5)** 443–537

1. Das Maß H in Bezug zum Baugebiet (Abs. 5
Satz 1) 443–454

1.1 Eingeschränkter Vorrang für den
Bebauungsplan 444–446

1.2 Bezug zur Art der baulichen Nutzung 447–450

1.3 Feststellung des Baugebiets 451, 452

1.4 Nutzungsänderung 453, 454

2. Wirkung der Regelung des Abs. 5 Sätze 1 und 2 . . . 455–461

2.1 Lichteinfallswinkel im Normalfall 455–461

3. Wirkung der Regelungen des Abs. 5 Sätze 1 und 2
bei Abweichungen vom Normalfall 462–475

3.1 Gebäude unterschiedlicher Höhe 462

3.2 Gebäude am Hang 463

3.3 Punkthausbebauung 464–467

3.4 Innenhofumbauung 468, 469

3.5 Nutzungsgrenzen 470, 471

3.6 Überlagerungsfälle 472, 473

3.7 Wandhöhen und Straßenbreiten (Abs. 5
Satz 2) 474, 475

4. Vorrang für den Bebauungsplan (Abs. 5 Satz 3) 476–534

4.1 Abweichende Festsetzungen 4775–498

4.2 Begründung von abweichenden
Festsetzungen im Bebauungsplan 499–534

5. Vorrang der umgebenden Bebauung (Abs. 5 Satz 4) 535–537

III. **Halbierung der Abstandsflächentiefe (Abs. 6)** 538–550

1. Anwendbarkeit des 16-m-Privilegs bei
freistehenden Gebäuden 539–541

2. Abstandsrelevante Außenwandteile 542–546

Rn.

3. Anwendung des Schmalseitenprivilegs auf
   Hochhäuser 547

4. Eingeschränkte Anwendbarkeit bei Gebäude- oder
   Grenzanbau 548–550

IV. **Die abstandsflächenrechtliche Experimentierklausel**
    (Abs. 7) 551–566

1. Allgemeines 552–554

2. Wirkung der Regelung des Abs. 7 Nr. 1 555–561

3. Wirkung der Regelung des Abs. 7 Nr. 2 562–566

E   **Besondere Regelungen** 567–629

I. **Vor die Außenwand vortretende Bauteile und**
    Vorbauten (Abs. 8) 567–586

1. Untergeordnete Bauteile 567–573

2. Vorbauten 574–581

3. Bezug zum Planungsrecht 582–585

4. Auswirkungen baulicher Veränderungen 586

II. **Zulässigkeit von Grenzgaragen und anderen**
    Grenzgebäuden (Abs. 9) 587–629

1. Allgemeines 587–595

2. Bauordnungsrechtliche und planungsrechtliche
   Zulässigkeitsvoraussetzungen 596–616

3. Höhenbegrenzung von Grenzgaragen und anderen
   Grenzgebäuden 617–620

4. Längenbegrenzung von Grenzgebäuden 621, 622

5. Mindestabstände zur Nachbargrenze 623, 624

6. Solaranlagen 625, 626

7. Stützmauern und geschlossene Einfriedungen 627–629

F   **Abweichungen von den Abstandsvorschriften (Art. 63)** 630–646

1. Allgemeines 630, 631

2. Abweichungen aufgrund besonderer städtebaulicher
   Verhältnisse 632–636

3. Schmalseitenprivileg vor mehr als zwei Seiten 637–639

4. Abweichungen bei außergewöhnlichen Grundstücks-
   oder Gebäudeformen 640

Rn.

5. Abweichungen für Außenwände ohne notwendige
   Fenster 641–643
6. Schmalseitenprivileg für Außenwände mit einer Länge
   von mehr als 16 m 644–646

G Sonderregelung für Windkraftanlagen (Art. 82) 647–657

Seite

Stichwortverzeichnis 229

Hinweise zu den Abbildungen

Bei den Abbildungen handelt es sich überwiegend um Baukörperdarstellungen in vereinfachter Perspektive. Die Abstandsflächen sind dabei regelmäßig durch Punktraster hervorgehoben.

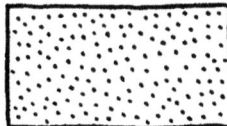

Überlagern oder überdecken sich Abstandsflächen, so sind die entsprechenden Flächen durch ein dichteres Punktraster gekennzeichnet.

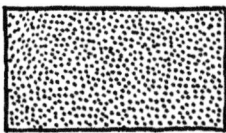

Es handelt sich dabei überwiegend um Flächen, die sich im Sinne des Abs. 3 Halbsatz 2 Nr. 1 zulässigerweise überdecken, gelegentlich aber auch um Flächen mit unzulässiger Überdeckung (z. B. Abb. 6.3.1). Näheres ergibt sich aus den erläuternden Bildunterschriften.

In den Abbildungen 6.0.1 und 6.0.2 wird die Punktrasterung abweichend nicht für die Darstellung von Abstandsflächen, sondern von Verschattungsflächen verwendet.

Soweit Bebauungspläne oder Bebauungsplanausschnitte in den Abbildungen dargestellt werden, werden die Planzeichen der Anlage zur Planzeichenverordnung 1990 verwendet. Die Punktrasterung wird dann gemäß Nr. 6.1 Anlage zur Planzeichenverordnung zur Darstellung von Straßenverkehrsflächen verwendet (z. B. Abb. 6.1.8).

Abkürzungsverzeichnis

A

Abs.	Absatz
AL =	Aktualisierung
a.	anders (und Ableitungen)
A.	Ansicht
a. a. O.	am angegebenen Ort
Abs.	Absatz
amtl.	amtlich
Art.	Artikel

B

Bad.-Württ.	Baden-Württemberg
BauGB	Baugesetzbuch
BauNVO	Verordnung über die bauliche Nutzung der Grundstücke (Baunutzungsverordnung)
BauO	Bauordnung
BauO NRW	Bauordnung Nordrhein-Westfalen
BauOBln	Bauordnung Berlin
BauR	Baurecht (Zeitschrift)
Bay.	Bayern, bayerisch
BayVBl.	Bayerisches Verwaltungsblatt
BBB	Bundesbaublatt
Bbg	Brandenburg
Beschl.	Beschluss
BgbBO	Bauordnung Brandenburg
BGBl.	Bundesgesetzblatt
Bln	Berlin
BRS	Baurechtssammlung
Brügelmann =	Kohlhammer Kommentar zum Baugesetzbuch
BVerfG	Bundesverfassungsgericht
BVerwG	Bundesverwaltungsgericht
bzw.	beziehungsweise

D

d. h.	das heißt
d.	durch
DIN	Deutsche Industrienorm des Deutschen Instituts für Normung
Drs.	Drucksache

F

ff.	folgende
Fickert/Fieseler =	Fickert/Fieseler Baunutzungsverordnung Kommentar 12. Auflage

G

GaStellV	Verordnung über den Bau und Betrieb von Garagen sowie über die Zahl der notwendigen Stellplätze
GBl.	Gesetzblatt
GE-Gebiet	Gewerbegebiet
ggf.	gegebenenfalls
GI-Gebiet	Industriegebiet
GVBl.	Gesetz- und Verordnungsblatt

H

H	Wandhöhe zuzüglich anrechenbare Dach- und Giebelflächen (Abs. 4 Satz 6 BayBO)
HBO	Hessische Bauordnung
Hess.	Hessen
HessVGH	Hessischer Verwaltungsgerichtshof

I

i. d. F.	in der Fassung
i. d. F. der Bek.	In der Fassung der Bekanntmachung

L

Lfg.	Lieferung
LT-Drs.	Landtags-Drucksache

M

MD-Gebiet	Dorfgebiet
MI-Gebiet	Mischgebiet
MK-Gebiet	Kerngebiet
MU	Urbanes Gebiet
Molodovsky =	Koch/Molodovsky/Famers Bayerische Bauordnung Kommentar Loseblatt
m.V.a.	mit Verweis auf
m.w.V.	mit weiteren Verweisen

N

Nr.	Nummer
NRW	Nordrhein-Westfalen

O

OVG	Oberverwaltungsgericht

P

PlanzVO	Verordnung über die Ausarbeitung der Bauleitpläne sowie über die Darstellung des Planinhalts (Planzeichenverordnung)

R

Rhld.-Pf.	Rheinland-Pfalz
Rn.	Randnummer

S

S.	Satz oder Seite
s.	siehe
Sächs.	Sächsisch
SächsBO	Sächsische Bauordnung
Sch.-H.	Schleswig-Holstein
sog.	sogenannt
SO-Gebiet	Sondergebiet

T

T	Tiefe der Abstandsfläche

U

UPR	Umwelt- und Planungsrecht (Zeitschrift)
Urt.	Urteil

V

v.	vom
VGH	Verwaltungsgerichtshof
vgl.	vergleiche
V	Verordnung

W

WA-Gebiet	Allgemeines Wohngebiet
WR-Gebiet	Reines Wohngebiet
WS-Gebiet	Kleinsiedlungsgebiet

Z

z. B.	zum Beispiel
ZfBR	Zeitschrift für deutsches und internationales Baurecht

Bayerische Bauordnung (BayBO)

i.d.F. der Bek. vom 14.8.2007 (GVBl. S. 588, BayRS 2132-1-I),
zuletzt geändert durch § 1 G vom 10.7.2018 (GVBl. S. 523)

– Auszug –

Art. 6
Abstandsflächen, Abstände

(1) ¹Vor den Außenwänden von Gebäuden sind Abstandsflächen von oberirdischen Gebäuden freizuhalten. ²Satz 1 gilt entsprechend für andere Anlagen, von denen Wirkungen wie von Gebäuden ausgehen, gegenüber Gebäuden und Grundstücksgrenzen. ³Eine Abstandsfläche ist nicht erforderlich vor Außenwänden, die an Grundstücksgrenzen errichtet werden, wenn nach planungsrechtlichen Vorschriften an die Grenze gebaut werden muss oder gebaut werden darf. ⁴Art. 63 bleibt unberührt.

(2) ¹Abstandsflächen sowie Abstände nach Art. 28 Abs. 2 Nr. 1 und Art. 30 Abs. 2 müssen auf dem Grundstück selbst liegen. ²Sie dürfen auch auf öffentlichen Verkehrs-, Grün- und Wasserflächen liegen, jedoch nur bis zu deren Mitte. ³Abstandsflächen sowie Abstände im Sinn des Satzes 1 dürfen sich ganz oder teilweise auf andere Grundstücke erstrecken, wenn rechtlich oder tatsächlich gesichert ist, dass sie nicht überbaut werden, oder wenn der Nachbar gegenüber der Bauaufsichtsbehörde schriftlich, aber nicht in elektronischer Form, zustimmt; die Zustimmung des Nachbarn gilt auch für und gegen seinen Rechtsnachfolger. ⁴Abstandsflächen dürfen auf die auf diesen Grundstücken erforderlichen Abstandsflächen nicht angerechnet werden.

(3) Die Abstandsflächen dürfen sich nicht überdecken; das gilt nicht für

1. Außenwände, die in einem Winkel von mehr als 75 Grad zueinander stehen,

2. Außenwände zu einem fremder Sicht entzogenen Gartenhof bei Wohngebäuden der Gebäudeklassen 1 und 2,

3. Gebäude und andere bauliche Anlagen, die in den Abstandsflächen zulässig sind.

(4) ¹Die Tiefe der Abstandsfläche bemisst sich nach der Wandhöhe; sie wird senkrecht zur Wand gemessen. ²Wandhöhe ist das Maß von der Geländeoberfläche bis zum Schnittpunkt der Wand mit der Dachhaut oder bis zum oberen Abschluss der Wand. ³Die Höhe von Dächern mit einer Neigung von mehr als 70 Grad wird voll, von Dächern mit einer Neigung von mehr als 45 Grad zu einem Drittel hinzugerechnet. ⁴Die Höhe der Giebelflächen im Bereich des Dachs ist bei einer Dachneigung von mehr als 70 Grad voll, im Übrigen nur zu einem Drittel anzurechnen. ⁵Die Sätze 1 bis 4 gelten für Dachaufbauten entsprechend. ⁶Das sich ergebende Maß ist H.

(5) ¹Die Tiefe der Abstandsflächen beträgt 1 H, mindestens 3 m. ²In Kerngebieten und in festgesetzten urbanen Gebieten beträgt die Tiefe 0,50 H, in Gewerbe- und Industriegebieten 0,25 H, mindestens jeweils 3 m. ³Werden von einer städte-

baulichen Satzung oder einer Satzung nach Art. 81 Außenwände zugelassen oder vorgeschrieben, vor denen Abstandsflächen größerer oder geringerer Tiefe als nach den Sätzen 1 und 2 liegen müssten, finden die Sätze 1 und 2 keine Anwendung, es sei denn, die Satzung ordnet die Geltung dieser Vorschriften an; die ausreichende Belichtung und Belüftung dürfen nicht beeinträchtigt, die Flächen für notwendige Nebenanlagen nicht eingeschränkt werden. [4]Satz 3 gilt entsprechend, wenn sich einheitlich abweichende Abstandsflächentiefen aus der umgebenden Bebauung im Sinn des § 34 Abs. 1 Satz 1 BauGB ergeben.

(6) [1]Vor zwei Außenwänden von nicht mehr als 16 m Länge genügt als Tiefe der Abstandsflächen die Hälfte der nach Abs. 5 erforderlichen Tiefe, mindestens jedoch 3 m; das gilt nicht in Gebieten nach Abs. 5 Satz 2. [2]Wird ein Gebäude mit einer Außenwand an eine Grundstücksgrenze gebaut, gilt Satz 1 nur noch für eine Außenwand; wird ein Gebäude mit zwei Außenwänden an Grundstücksgrenzen gebaut, so ist Satz 1 nicht anzuwenden; Grundstücksgrenzen zu öffentlichen Verkehrsflächen, öffentlichen Grünflächen und öffentlichen Wasserflächen bleiben hierbei unberücksichtigt. [3]Aneinandergebaute Gebäude sind wie ein Gebäude zu behandeln.

(7) Die Gemeinde kann durch Satzung, die auch nach Art. 81 Abs. 2 erlassen werden kann, abweichend von Abs. 4 Sätze 3 und 4, Abs. 5 Sätze 1 und 2 sowie Abs. 6 für ihr Gemeindegebiet oder Teile ihres Gemeindegebiets vorsehen, dass

1. nur die Höhe von Dächern mit einer Neigung von weniger als 70 Grad zu einem Drittel, bei einer größeren Neigung der Wandhöhe voll hinzugerechnet wird und

2. die Tiefe der Abstandsfläche 0,4 H, mindestens 3 m, in Gewerbe- und Industriegebieten 0,2 H, mindestens 3 m, beträgt.

(8) Bei der Bemessung der Abstandsflächen bleiben außer Betracht

1. vor die Außenwand vortretende Bauteile wie Gesimse und Dachüberstände,

2. untergeordnete Vorbauten wie Balkone und eingeschossige Erker, wenn sie

   a) insgesamt nicht mehr als ein Drittel der Breite der Außenwand des jeweiligen Gebäudes, höchstens jeweils 5 m, in Anspruch nehmen,

   b) nicht mehr als 1,50 m vor diese Außenwand vortreten und

   c) mindestens 2 m von der gegenüberliegenden Nachbargrenze entfernt bleiben,

3. untergeordnete Dachgauben, wenn

   a) sie insgesamt nicht mehr als ein Drittel der Breite der Außenwand des jeweiligen Gebäudes, höchstens jeweils 5 m, in Anspruch nehmen und

   b) ihre Ansichtsfläche jeweils nicht mehr als 4 m² beträgt und eine Höhe von nicht mehr als 2,5 m aufweist.

(9) [1]In den Abstandsflächen eines Gebäudes sowie ohne eigene Abstandsflächen sind, auch wenn sie nicht an die Grundstücksgrenze oder an das Gebäude angebaut werden, zulässig

1. Garagen einschließlich deren Nebenräume, überdachte Tiefgaragenzufahrten, Aufzüge zu Tiefgaragen und Gebäude ohne Aufenthaltsräume und Feuerstätten mit einer mittleren Wandhöhe bis zu 3 m und einer Gesamtlänge je Grundstücksgrenze von 9 m, bei einer Länge der Grundstücksgrenze von mehr als 42 m darüber hinaus freistehende Gebäude ohne Aufenthaltsräume und Feuerstätten mit einer mittleren Wandhöhe bis zu 3 m, nicht mehr als 50 m³ Brutto-Rauminhalt und einer Gesamtlänge je Grundstücksgrenze von 5 m; abweichend von Abs. 4 bleibt bei einer Dachneigung bis zu 70 Grad die Höhe von Dächern und Giebelflächen unberücksichtigt,

2. gebäudeunabhängige Solaranlagen mit einer Höhe bis zu 3 m und einer Gesamtlänge je Grundstücksgrenze von 9 m,

3. Stützmauern und geschlossene Einfriedungen in Gewerbe- und Industriegebieten, außerhalb dieser Baugebiete mit einer Höhe bis zu 2 m.

²Die Länge der die Abstandsflächentiefe gegenüber den Grundstücksgrenzen nicht einhaltenden Bebauung nach den Nrn. 1 und 2 darf auf einem Grundstück insgesamt 15 m nicht überschreiten.

...

Art. 63
Abweichungen

(1) ¹Die Bauaufsichtsbehörde kann Abweichungen von Anforderungen dieses Gesetzes und aufgrund dieses Gesetzes erlassener Vorschriften zulassen, wenn sie unter Berücksichtigung des Zwecks der jeweiligen Anforderung und unter Würdigung der öffentlich-rechtlich geschützten nachbarlichen Belange mit den öffentlichen Belangen, insbesondere den Anforderungen des Art. 3 Satz 1 vereinbar sind; Art. 81a Abs. 1 Satz 2 bleibt unberührt. ²Der Zulassung einer Abweichung bedarf es nicht, wenn bautechnische Nachweise durch einen Prüfsachverständigen bescheinigt werden oder in den Fällen des Abs. 2 Satz 2 Halbsatz 1 das Vorliegen der Voraussetzung für eine Abweichung durch ihn bescheinigt wird.

(2) ¹Die Zulassung von Abweichungen nach Abs. 1 Satz 1, von Ausnahmen und Befreiungen von den Festsetzungen eines Bebauungsplans, einer sonstigen städtebaulichen Satzung oder von Regelungen der Baunutzungsverordnung ist gesondert schriftlich zu beantragen; der Antrag ist zu begründen. ²Für Anlagen, die keiner Genehmigung bedürfen, sowie für Abweichungen von Vorschriften, die im Genehmigungsverfahren nicht geprüft werden, gilt Satz 1 entsprechend; bei Bauvorhaben, die einer Genehmigung bedürfen, ist der Abweichungsantrag mit dem Bauantrag zu stellen.

(3) ¹Über Abweichungen nach Abs. 1 Satz 1 von örtlichen Bauvorschriften sowie über Ausnahmen und Befreiungen nach Abs. 2 Satz 1 entscheidet bei verfahrensfreien Bauvorhaben die Gemeinde nach Maßgabe der Abs. 1 und 2. ²Im Übrigen lässt die Bauaufsichtsbehörde Abweichungen von örtlichen Bauvorschriften im Einvernehmen mit der Gemeinde zu; § 36 Abs. 2 Satz 2 BauGB gilt entsprechend.

...

Art. 81
Örtliche Bauvorschriften

(1) Die Gemeinden können durch Satzung im eigenen Wirkungskreis örtliche Bauvorschriften erlassen

...

6. über von Art. 6 abweichende Maße der Abstandsflächentiefe, soweit dies zur Gestaltung des Ortsbildes oder zur Verwirklichung der Festsetzungen einer städtebaulichen Satzung erforderlich ist oder der Verbesserung der Wohnqualität dient und eine ausreichende Belichtung sowie der Brandschutz gewährleistet sind,

...

Art. 82
Windenergie und Nutzungsänderung ehemaliger landwirtschaftlicher Gebäude

(1) § 35 Abs. 1 Nr. 5 BauGB findet auf Vorhaben, die der Erforschung, Entwicklung oder Nutzung der Windenergie dienen, nur Anwendung, wenn diese Vorhaben einen Mindestabstand vom 10-fachen ihrer Höhe zu Wohngebäuden in Gebieten mit Bebauungsplänen (§ 30 BauGB), innerhalb im Zusammenhang bebauter Ortsteile (§ 34 BauGB) – sofern in diesen Gebieten Wohngebäude nicht nur ausnahmsweise zulässig sind – und im Geltungsbereich von Satzungen nach § 35 Abs. 6 BauGB einhalten.

(2) [1]Höhe im Sinn des Abs. 1 ist die Nabenhöhe zuzüglich Radius des Rotors. [2]Der Abstand bemisst sich von der Mitte des Mastfußes bis zum nächstgelegenen Wohngebäude, das im jeweiligen Gebiet im Sinn des Abs. 1 zulässigerweise errichtet wurde bzw. errichtet werden kann.

(3) Soll auf einem gemeindefreien Gebiet ein Vorhaben nach Abs. 1 errichtet werden und würde der in Abs. 1 beschriebene Mindestabstand auch entsprechende Wohngebäude auf dem Gebiet einer Nachbargemeinde einschließen, gilt hinsichtlich dieser Gebäude der Schutz der Abs. 1 und 2, solange und soweit die Gemeinde nichts anderes in einem ortsüblich bekannt gemachten Beschluss feststellt.

(4) Abs. 1 und 2 finden keine Anwendung,

1. wenn in einem Flächennutzungsplan für Vorhaben der in Abs. 1 beschriebenen Art vor dem 21. November 2014 eine Darstellung für die Zwecke des § 35 Abs. 3 Satz 3 BauGB erfolgt ist,

2. soweit und sobald die Gemeinde der Fortgeltung der Darstellung nicht bis einschließlich 21. Mai 2015 in einem ortsüblich bekannt gemachten Beschluss widerspricht und

3. soweit und sobald auch eine betroffene Nachbargemeinde der Fortgeltung der Darstellung nicht bis einschließlich 21. Mai 2015 in einem ortsüblich

bekannt gemachten Beschluss widerspricht; als betroffen gilt dabei eine Nachbargemeinde, deren Wohngebäude in Gebieten im Sinn des Abs. 1 in einem geringeren Abstand als dem 10-fachen der Höhe der Windkraftanlagen, sofern der Flächennutzungsplan jedoch keine Regelung enthält, maximal in einem Abstand von 2 000 m, stehen.

(5) Die Frist nach § 35 Abs. 4 Satz 1 Nr. 1 Buchst. c BauGB ist nicht anzuwenden.

Erläuterungen

Vorbemerkungen

Die Vorschriften über Abstandsflächen verfolgen als Teil der Bauordnung Ziele **1** des dem Landesgesetzgeber zur Regelung überlassenen „**Baupolizeirechts** im bisher gebräuchlichen Sinne" (Rechtsgutachten des Bundesverfassungsgerichts vom 16.6.1954). Die Regelungen über Abstandsflächen berücksichtigen aber auch – über die bauordnungsrechtlichen Ziele hinaus – **städtebauliche Anforderungen** (vgl. Beschlussempfehlung und Bericht des Ausschusses für Verkehr, Bau und Stadtentwicklung des Deutschen Bundestags zum Entwurf eines Gesetzes zur Erleichterung von Planungsvorhaben für die Innenentwicklung der Städte – zu Artikel 1 Nr. 4 – Drucksache 16/3308). Das Verfassungsrecht ermöglicht auch weiterhin ein Abstandsflächenrecht mit planungsrechtlicher Zielsetzung (Schulte, Abstände und Abstandsflächen in der Schnittstelle zwischen Bundes- und Landesrecht, BauR 2007 S. 1514).

Die bauordnungsrechtlichen Regelungen über Abstandsflächen waren in Bayern **2** wie auch in den anderen Bundesländern auf der Grundlage der **Musterbauordnung** (MBO) 1981/82 entwickelt worden (Musterbauordnung, Abruf unter https://www.bauministerkonferenz.de, Mustervorschriften Bauaufsicht/Bautechnik, Archiv).

Die MBO wurde in den neunziger Jahren mehrfach novelliert. Dabei blieb die **3** Abstandsregelung im Wesentlichen unverändert. Mit der Novellierung der MBO vom November 2002 sind die Abstandsregelungen neu gefasst und durch Beschluss der Bauministerkonferenz v. 21.9.2012 erneut geändert worden Dabei wurden wesentliche Vorschriften, insbesondere auch **Bemessungsregelungen,** geändert. Aber auch die **Ziele,** die mit den Abstandsvorschriften verfolgt werden, wurden **neu bestimmt** (Jäde, H. Musterbauordnung – MBO 2002 – Textsynopse der Fassungen 1997 und November 2002 mit Begründung, München 2003). Nach der Begründung zu § 6 Abs. 5 MBO 2002 zielt die Abstandsregelung ausschließlich auf einen bauordnungsrechtlich zu sichernden Mindeststandard und verfolgt keine städtebaulichen Nebenzwecke (mehr).

Die Bayerischen Vorschriften über Abstandsflächen enthalten Teile der MBO-Rege- **4** lungen, halten aber mit den für die Gebäude- und Grenzabstände maßgebenden Vorschriften der Absätze 4 bis 6 als einziges Bundesland weiterhin die an der MBO 1997 orientierten Bemessungsvorschriften der Absätze 3 bis 5 BayBO 1997 bei.

Wie schon nach Art. 6 Abs. 3 Satz 1 BayBO 1997 bemisst sich die **Tiefe der Abstands- 5 fläche nach der Wandhöhe (Abs. 4 Satz 1).** Die Vorschriften über die Ermittlung des Maßes H enthalten mit Abs. 4 Sätze 3 und 4 eine gegenüber der Vorschrift des Art. 6 Abs. 3 Sätze 4 und 5 BayBO 1997 nur geringfügig modifizierte Regelung über die Anrechnung von Dach- und Giebelflächen im Bereich des Daches.

Nach Art. 6 Abs. 5 Satz 1 beträgt die Tiefe der Abstandsflächen wie nach Art. 6 **6** Abs. 4 Satz 1 BayBO 1997 **1** H. In Kerngebieten und – seit dem 1.9.2018 – festgesetzten urbanen Gebieten genügt nach Abs. 5 Satz 2 wie nach Art. 6 Abs. 4 Satz 2

BayBO 1997 eine Abstandsflächentiefe von 0,5 H und in Gewerbe- und Industrie-gebieten eine Abstandsflächentiefe von 0,25 H. Die Regelung des Art. 6 Abs. 4 Satz 3 BayBO 1997, wonach für Sondergebiete, die nicht der Erholung dienen, geringere Tiefen als nach Satz 1, jedoch nicht weniger als 3 m, gestattet werden konnten, wenn die Nutzung des Sondergebiets dies rechtfertigte, ist mit der Novellierung BayBO 2007 entfallen. Mit der Änderung der BayBO 2009 wurde in Abs. 5 Satz 4 eingefügt, wonach der Vorrang des Planungsrechts gemäß Abs. 5 Satz 3 entsprechend gilt, wenn sich einheitlich abweichende Abstandsflächentie-fen aus der umgebenden Bebauung im Sinn des § 34 Abs. 1 Satz 1 BauGB ergeben.

7 Nach Art. 6 Abs. 5 Satz 1 Halbsatz 1 Bay BO 1997 genügte vor zwei Außenwän-den von nicht mehr als 16 m Länge die Hälfte der nach Art. 6 Abs. 4 BayBO 1997 erforderlichen Tiefe der Abstandsfläche, mindestens jedoch 3 m. Diese Regelung, die sog. **„Schmalseitenregelung"**, ist wortgleich in Abs. 6 Satz 1 Halbsatz 1 über-nommen worden. Wie in Art. 6 Abs. 5 Satz 1 Halbsatz 2 gilt die Schmalseitenre-gelung nach Abs. 6 Satz 1 Halbsatz 2 nicht für Gebiete nach Abs. 5 Satz 2, also Kerngebiete, festgesetzte urbane Gebiete, sowie Gewerbe- und Industriegebiete.

8 Abs. 7 wird in der amtlichen Begründung als „abstandsrechtliche Experimentier-klausel" bezeichnet. Nach dieser Vorschrift wird es den Gemeinden freigestellt, ob sie an den Bemessungsvorschriften der Absätze 4 bis 6 festhalten oder ob sie die nach dem Vorbild des § 6 Absätze 4 und 5 MBO 2002 formulierten Bemes-sungsregelungen des Abs. 7 übernehmen wollen. Entscheidend ist die Regelung des Abs. 7 Nr. 2; denn, bei Übernahme der Regelungen des Abs. 7 reduziert sich die Abstandsflächentiefe aufgrund des Abs. 7 Nr. 2 auf **weniger als die Hälfte** dessen, was nach Abs. 5 Satz 1 erforderlich ist. Die Regelabstandsflächentiefe wird auf ein Maß unter dem der Schmalseitenregelung des Abs. 6 herabgesetzt. Abs. 6 ist dann nicht mehr anzuwenden.

9 In Abs. 7 Nr. 1 ist nach dem Vorbild des § 6 Abs. 4 MBO 2002 eine Abweichung von den Regelungen des Abs. 4 Satz 3 über die Hinzurechnung von Dächern und des Abs. 4 Satz 4 über die Anrechnung von **Giebelflächen** im Bereich des Daches vorgesehen. Nach der Begründung zum Regierungsentwurf soll das die Ermitt-lung der Abstandsflächenform erleichtern. Die Regelung des Abs. 7 Nr. 1 ist im Hinblick auf die Zweckbestimmung der Abstandsregelung ohne Bedeutung. Die übrigen Vorschriften bleiben von der Option nach Abs. 7 unberührt.

10 Nach der amtlichen Begründung zu Abs. 7 Nr. 2 sollen die Abstandsvorschriften mit dieser Regelung unter Verzicht auf die **„städtebauliche Hilfsfunktion des Abstandsflächenrechts"** auf eine **allein bauordnungsrechtliche Zielsetzung** zurückgeführt werden. Der Gesetzgeber geht also von der Vorstellung aus, es gebe einen bauordnungsrechtlichen und einen städtebaulichen Regelungsbereich mit jeweils spezifischen Anforderungen.

11 Die Vorstellung, dass mit städtebaulicher Begründung andere Gebäude- und Grenzabstände als nach den bauordnungsrechtlichen Vorschriften gefordert wer-den können, ist zwar nicht von der Hand zu weisen; doch ist die Annahme, mit Abs. 7 Nr. 2 werde die bauordnungsrechtliche Regelung von „städtebaulichen Hilfsfunktionen" befreit, schon deshalb nicht haltbar, weil die bauordnungs-

rechtliche **Regelung über den zu den seitlichen Nachbargrenzen einzuhaltenden Abstand eine notwendige Ergänzung der planungsrechtlichen Vorschriften** über die offene Bauweise nach § 22 Abs. 2 BauNVO darstellt (vgl.
Schulte, Abstände und Abstandsflächen in der Schnittstelle zwischen Bundes- und Landesrecht – BauR 2007 S. 1514). Diesem Zweck dient insbesondere die Regelung
über die einzuhaltende Mindesttiefe der Abstandsflächen von 3 m, die nicht nur
nach den Absätzen 5 und 6, sondern auch nach Abs. 7 Nr. 2 zu beachten ist. Die
Ergänzung der planungsrechtlichen Vorschriften über die offene Bauweise ist,
wenn man so will, eine städtebauliche Hilfsfunktion der bauordnungsrechtlichen
Abstandsregelung, allerdings eine Hilfsfunktion, von der die Abstandsvorschriften nicht ohne Weiteres befreit werden können und auch tatsächlich mit der
Übernahme der Regelung des Abs. 7 Nr. 2 nicht befreit werden.

Der Bundesgesetzgeber hat die Vorstellung, dass mit städtebaulicher Begrün- **12**
dung andere Abstandsflächentiefen als mit nur bauordnungsrechtlicher Begründung vorgeschrieben werden könnten, aufgegriffen und im Rahmen der BauGB-
Novelle 2007 mit § 9 Abs. 1 Nr. 2a BauGB für die Gemeinden die Möglichkeit
eröffnet, im Rahmen der Bauleitplanung vom **Bauordnungsrecht abweichende
Maße** der Tiefe der Abstandsflächen festzusetzen.

Während sich auf der einen Seite die Notwendigkeit ergeben kann, mit den Mit- **13**
teln der Bauleitplanung **größere Gebäudeabstände** oder **größere Tiefen der
Abstandsflächen** festzusetzen, kann es in anderen Fällen gerechtfertigt oder
auch notwendig sein, im Bebauungsplan **geringere Gebäudeabstände oder Tiefen der Abstandsflächen** als nach den Absätzen 5 und 6 festzusetzen (vgl.
Rn. 499ff.). In jedem Fall ist es erforderlich, bei der Aufstellung von Bebauungsplänen die Belichtungssituation in umfassender Weise mit zu berücksichtigen.
Nach § 9 Abs. 1 BauGB sind sämtliche Festsetzungen im Bebauungsplan davon
abhängig, dass sie sich auf städtebauliche Gründe stützen lassen. Die um diese
Zielbestimmung ergänzte Neufassung der Vorschrift durch das Bau- und Raum-
ordnungsgesetz 1998 (BGBl. 1997 I S. 2081) stellt nur klar, was zuvor ohnehin galt
(BVerwG, Urt. v. 18.5.2001 – 4 CN 4.00 – BVerwGE 114, 247) und weiterhin gilt.
Nach § 1 Abs. 3 Satz 1 BauGB haben die Gemeinden die Bauleitpläne aufzustel-
len, sobald es für die städtebauliche Entwicklung und Ordnung erforderlich ist.
Nicht erforderlich sind, u. a. Pläne, die einer positiven Planungskonzeption ent-
behren und ersichtlich der Förderung von Zielen dienen, für deren Verwirklichung die Planungsinstrumente des Baugesetzbuchs nicht bestimmt sind. Hiervon ist auszugehen, wenn mit einer Planung ausschließlich private Interessen
befriedigt werden sollen (BVerwG, Beschl. v. 11.5.1999 – 4 BN 15.99 – Buchholz
406.12 § 1 BauNVO Nr. 27). Andererseits liegt auf der Hand, dass eine Planung,
die durch hinreichende städtebauliche Gründe getragen und deshalb im Sinne
des § 1 Abs. 3 Satz 1 BauGB erforderlich ist, auch privaten Interessen dienen und
durch private Interessenträger angestoßen sein kann (BVerwG, Beschl. v.
30.12.2009 – 4 BN 13.09 – BRS 74 Nr. 35). Die Erforderlichkeit der Planung wäre
in diesen Fällen nur dann zu verneinen, wenn eine positive städtebauliche Zielsetzung lediglich vorgeschoben wird, um in Wahrheit andere als städtebauliche
Ziele zu verfolgen (so BVerwG, Beschl. v. 11.5.1999 – 4 BN 15.99 – Buchholz

406.12 zur Verhinderungsplanung). Diese Grundsätze zu § 1 Abs. 3 Satz 1 BauGB gelten nicht nur für den Anlass eines Bebauungsplans, sondern auch für dessen Inhalt, mithin für jede einzelne Festsetzung (BVerwG, Urteile v. 26.3.2009 – 4 C 21.07 –, BVerwGE 133, 310 und v. 18.3.2004 – 4 CN 4.03 –, BVerwGE 120, 239).

14 Die Tendenz zur Verringerung der Abstandsflächen entspricht im Übrigen auch der Zielvorgabe des Bundesgesetzgebers, einer **Nachverdichtung** den Vorzug vor einer weiteren Inanspruchnahme von bisher unbebauten Flächen einzuräumen, wie sie sich etwa im durch das Europarechtsanpassungsgesetz Bau – EAG Bau vom 24.6.2004 (BGBl. I S. 1359) neugefassten § 1a Abs. 2 BauGB niederschlägt. Dieses Ziel der Nachverdichtung hat der Bundesgesetzgeber durch die Novelle vom 11.6.2013 (BGBl. I S. 1548) erneut betont (vgl. § 1 Abs. 5 Satz 3 und § 1a Abs. 2 Satz 4 BauGB). Er versteht dies als Beitrag zu einer „nationalen Nachhaltigkeitsstrategie", um den anhaltenden Flächenverbrauch in Deutschland zu reduzieren (vgl. Krautzberger/Wagner, in: Ernst/Zinkahn/Bielenberg/Krautzbeger, Kommentar zum BauGB, Stand: 122. Egl. – 8/2016, § 1a Rn. 18). Zwar ist diese Regelung in erster Linie an die Gemeinde bei der Aufstellung von Bauleitplänen adressiert. Sie wirkt sich naturgemäß aber auch auf den im Rahmen der § 34 BauGB anzulegenden Zumutbarkeitsmaßstab aus. Das Interesse betroffener Grundstückseigentümer, eine Nachverdichtung im Innenbereich zu verhindern, ist durch die Entscheidung des Bundesgesetzgebers weniger schutzwürdig geworden. Erhebt der Bundesgesetzgeber die Nachverdichtung ausdrücklich zum Ziel der Bauleitplanung, so muss in Innenbereichen mit einer solchen Nachverdichtung stets gerechnet werden. Das Maß der Zumutbarkeit von Bautätigkeiten in nach § 34 BauGB zu beurteilenden Gebieten wird für Grundstücksnachbarn infolge dieser Leitentscheidung des Bundesgesetzgebers erhöht. Lediglich besondere Umstände können entgegen der vorgenannten Regel einen Verstoß gegen das bauplanungsrechtliche Rücksichtnahmegebot begründen (VG Köln, Urt. v. 17.12.2013 – 2 K 663/13 –, NWVBl 2014, S. 201).

A Allgemeines

15 Das Abstandsflächenrecht dient als Teil der Bauordnung zur **Gefahrenabwehr.** Es soll helfen, dass die öffentliche Sicherheit oder Ordnung, insbesondere Leben, Gesundheit nicht gefährdet werden. Dazu muss eine **ausreichende Belichtung** gewährleistet werden. Damit korrespondiert das bauordnungsrechtliche Schutzziel mit den bauplanungsrechtlichen Anforderungen an gesunde Wohn- und Arbeitsverhältnisse (vgl. § 1 Abs. 6 Satz 1 Nr. 1 BauGB, BVerwG, Urt. v. 16.5.1991 – 4 C 17/90 –, BVerwGE 88, 191, NJW 1991, S. 3293; Beschl. v. 11.1.1999 – 4 B 128/98 – BRS Nr. 102).

16 Ob die genannten Ziele im Einzelfall erreicht werden, hängt nicht nur von der Einhaltung der Abstandsvorschriften ab. Die **Gefahr der Brandübertragung** auf andere Gebäude hängt u. a. vom Material der Außenwände und Dächer ab. Wände mit Fenstern und Türen sind im Hinblick auf den Brandschutz anders zu bewerten als Wände ohne Öffnungen. Die **Beleuchtung** von Aufenthaltsräumen hängt wesentlich von den Merkmalen des Raumes selbst ab, von seiner Höhe, Breite und Tiefe, des Weiteren von der Größe und der Lage der Fenster. Für ein

verträgliches Wohnklima sind die **Einsichtmöglichkeiten** bzw. deren Abschirmung von Bedeutung. Dabei ist die Ausrichtung der Fenster ausschlaggebend.
Ein Atriumhaus hat praktisch keine Außenbeziehungen und kann daher in seiner Wohnqualität allenfalls durch höhere Gebäude beeinträchtigt werden. Ein
freistehendes Haus ist in dieser Hinsicht sehr viel empfindlicher.

I. Anforderungen an die Belichtung

Die „modernen" Abstandsregelungen gehen auf Überlegungen zurück, die vom   17
deutschen Verein für **öffentliche Gesundheitspflege** in den siebziger und achtzi-
ger Jahren des neunzehnten Jahrhunderts entwickelt worden waren (Entwurf
reichsgesetzlicher Vorschriften zum Schutze des gesunden Wohnens vom
14.9.1889). Anlass für die städtebaulichen Reformbestrebungen waren die zum
Teil katastrophalen hygienischen Verhältnisse in den damals stark wachsenden
Großstädten. Die hohe Bebauungsdichte mit lichtlosen Hinterhöfen wurde als
mit verursachend für die Ausbreitung von Krankheiten und Seuchen angesehen.

Die hygienischen Anforderungen an den Wohnungsbau wurden einprägsam in   18
der Forderung nach „Licht, Luft und Sonne" zusammengefasst. Allerdings hatte
der deutsche Verein für öffentliche Gesundheitspflege in diesem Zusammenhang
nicht nur größere Gebäudeabstände gefordert. Die Anforderungen, die sich auf
Gebäudeabstände bezogen, waren Teil eines umfassenden Programms, zu dem
insbesondere der Bodenschutz, die Abwasserbeseitigung und die Frischwasser-
versorgung gehörten. Für Neubaugebiete wurde die Einführung der damals
noch selten anzutreffenden offenen Bauweise gefordert.

Mit der Forderung nach ausreichender **Belichtung, Belüftung** und **Besonnung**   19
werden häufig auch die Abstandsregelungen begründet Die Belichtungsverhältnisse werden vom Abstandsrecht in allererster Linie geschützt (vgl. BayVGH,
Beschl. v. 21.2.2018 – 15 CS 17.2569 – juris Rn. 14 m. V. a. LT-Drs. 15/7161 S. 73 zu § 1
Nr. 59 unter a) dd)) – Belichtungsverhältnisse auf dem Nachbargrundstück). Die
städtebaulichen Verhältnisse haben sich allerdings in den vergangenen über hun-
dert Jahren grundlegend geändert. Andere Probleme sind in den Vordergrund
getreten. Eine hohe Bebauungsdichte wird nicht mehr gleichgesetzt mit städtebaulichen Missständen. Im Gegenteil: **Verdichtung** und **flächensparendes Bauen**
gehören seit etlichen Jahren zu den immer wieder genannten städtebaulichen Zielen (vgl. Novelle zum BauGB: Gesetz zur Erleichterung von Planungsvorhaben für
die **Innenentwicklung** der Städte v. 21.12.2006, BGBl. I S. 3316 und Gesetz zur Stärkung der Innenentwicklung in den Städten und Gemeinden und weiterer Fortentwicklung des Städtebaurechts v. 11.6.2013, BGBl. I S. 1548; Gesetz zur Umsetzung
der Richtlinie 2014/52/EU im Städtebaurecht und zur Stärkung des neuen Zusammenlebens in der Stadt v. 4.5.2017, BGBl. I S. 1057 mit dem Ziel die Planung in verdichteten innerstädtischen Bereichen zu erleichtern und dafür die neue Bauge-
bietskategorie „urbane Gebiete" in die Baunutzungsverordnung einzuführen).

Im Bereich der **Wohnungsmedizin** hatten bereits vor 40 Jahren Erkenntnisse die   20
Vorstellungen aus dem neunzehnten Jahrhundert verdrängt. Die Annahmen der
Mitglieder des deutschen Vereins für öffentliche Gesundheitspflege zur Bedeu-
tung des Sonnenlichts für die physische Gesundheit entsprechen nicht mehr dem

Stand der medizinischen Forschung (D. Oeter: Licht im Hoch- und Städtebau aus medizinischer Sicht. Schriftenreihe Landes- und Stadtentwicklungsforschung des Landes Nordrhein-Westfalen, Bd. 3.021. Dortmund 1980). Die Anforderungen an die Tagesbeleuchtung ergeben sich weniger aus der angenommenen biologischen Funktion des Tageslichts als aus dessen **psycho-physischer Funktion** (J. Krochmann: Forderungen an Abstandflächen und Fenster im Hinblick auf Kommunikation und Privatheit. Forschungsbericht 1978, unveröffentlicht).

21 Die ausreichende Versorgung von Aufenthaltsräumen mit **Tageslicht** und **angemessene Sichtverbindung nach außen** sind essentielle Voraussetzungen sowohl für die Sicherheit, die Gesundheit und das Wohlbefinden als auch für die Leistungsfähigkeit der Menschen. Verbindliche Regeln und Anforderungen beziehen sich auf über 30 Jahre alte Untersuchungen. Moderne Gebäude zeichnen sich aber nicht nur durch ihre Architektur und Bauweise aus, sondern auch durch neue Techniken, wie neuartige Verglasungen und **Tageslichtsysteme**. Es hat sich gezeigt, dass dennoch technische Lösungen für Tageslichtsysteme und elektronische Kontrollsysteme unter besonderer Berücksichtigung der gesundheitlichen und energetischen Bewertung entwickelt und optimiert werden müssen. Die Nutzerbefragungen in privaten Wohnräumen ergaben, dass der in DIN 5034 als Mindestwert für eine ausreichende Helligkeit angegebene arithmetische Mittelwert des Tageslichtquotienten aus den beiden Normbezugspunkten von 0,9 % nicht für eine Bewertung einer für den Nutzer positiv empfundenen Tageslichtversorgung geeignet ist. Es zeigt sich, dass ab einem Mittelwert des Tageslichtquotienten von etwa D = 2 % die Bewertung „genau richtig" erreicht wird (Prof. S. Völker: Tageslichtnutzung in Wohn- und Arbeitsräumen zur Verbesserung der visuellen Behaglichkeit und der Aufenthaltsqualität, Forschungsbericht „Zukunft Bau", Fraunhofer IRB Stuttgart 2014, S. 85).

22 Die Tagesbeleuchtung hat mit den Fortschritten in der **Lichttechnik** an Bedeutung verloren. **Arbeitsplätze** im gewerblichen Bereich sind auf (zusätzliche) künstliche Beleuchtung angewiesen. In Kerngebieten werden Verwaltungsgebäude mit großer Bautiefe errichtet. Die Fenster dieser Gebäude, häufig mit Sonnenschutzverglasung oder anderen Sonnenschutzvorrichtungen versehen, dienen mehr dem **Sichtkontakt zum Außenraum** als der Belichtung, Besonnung und Belüftung. Dies berücksichtigte § 7 Arbeitsstättenverordnung a. F. mit der Forderung, dass Arbeitsräume eine Sichtverbindung nach außen haben sollten (sog. Kontaktfenster). In Nr. 3.4 des Anhangs zur Verordnung über Arbeitsstätten vom 12.8.2004 (BGBl. 2004 I S. 2179, zul. geänd. d. V v. 18.10.2017, BGBl. I, S. 3584) zu Anforderungen und Maßnahmen für Arbeitsstätten nach § 3 Abs. 1 ArbStättV wird unter der Überschrift „Beleuchtung und Sichtverbindung" neben den Anforderungen hinsichtlich der Sicherheitsbeleuchtung gefordert, dass die Arbeitsstätten möglichst ausreichend Tageslicht erhalten müssen und eine Sichtverbindung nach außen haben müssen.

23 Die Technische Regel für Arbeitsstätten – Beleuchtung ASR A3.4 – Ausgabe 2011, zul. geänd. GMBl 2014, S. 287, die vom Ausschuss für Arbeitsstätten ermittelt bzw. angepasst und vom Bundesministerium für Arbeit und Soziales im Gemeinsamen Ministerialblatt bekannt gegeben wurde, beruht auf der BGR 131, Teil 2 „Leitfaden

zur Planung und zum Betrieb der Beleuchtung" des Fachausschusses „Einwirkungen und arbeitsbedingte Gesundheitsgefahren" der Deutschen Gesetzlichen Unfallversicherung (DGUV). Der Ausschuss für Arbeitsstätten hat die grundlegenden Inhalte der BGR 131, Teil 2 in Anwendung des Kooperationsmodells (BArbBl. 6/2003, S. 48) als ASR in sein Regelwerk übernommen.

Grundsätzlich besteht die Forderung, dass Arbeitsstätten möglichst ausreichend **24** **Tageslicht** erhalten müssen. Eine Beleuchtung mit Tageslicht ist der Beleuchtung mit ausschließlich künstlichem Licht vorzuziehen. Helle Wände und Decken unterstützen die Nutzung des Tageslichts. Tageslicht weist Gütemerkmale (z. B. die Dynamik, die Farbe, die Richtung, die Menge des Lichts) auf, die in ihrer Gesamtheit von künstlicher Beleuchtung nicht zu erreichen sind. Tageslicht hat im Allgemeinen eine positive Wirkung auf die **Gesundheit** und das **Wohlempfinden des Menschen** (Nr. 4.1 Abs. 1 ASR 3.4). Die Anforderung nach ausreichendem Tageslicht wird erfüllt, wenn in Arbeitsräumen – am Arbeitsplatz ein Tageslichtquotient größer als 2 %, bei Dachoberlichtern größer als 4 % erreicht wird oder – mindestens ein Verhältnis von lichtdurchlässiger Fenster-, Tür- oder Wandfläche bzw. Oberlichtfläche zur Raumgrundfläche von mindestens 1:10 (entspricht ca. 1:8 Rohbaumaße), eingehalten ist. Die Einrichtung fensternaher Arbeitsplätze ist zu bevorzugen. Die Anforderungen gelten auch für Aufenthaltsbereiche in Pausenräumen. Wenn die Forderung nach ausreichendem Tageslicht in bestehenden Arbeitsstätten oder aufgrund spezifischer betriebstechnischer Anforderungen nicht einzuhalten ist, sind im Rahmen der Gefährdungsbeurteilung andere Maßnahmen zur Gewährleistung der Sicherheit und des Gesundheitsschutzes erforderlich.

Erhöht haben sich insbesondere die Anforderungen an die **Tagesbeleuchtung** im **25** **Wohnungsbau**. Die Anforderungen der Nutzer sind hier nicht nur auf eine nur ausreichende Tagesbeleuchtung gerichtet. Eine helle (= freundliche) Wohnung ist das Ziel der überwiegenden Mehrheit (2014: 86 %) der befragten Nutzer (Ergebnisse der Befragungen: 1. Im Rahmen einer im Auftrag des Landes Nordrhein-Westfalen durchgeführten Untersuchung über Mindestabstände zwischen Gebäuden und Fenstergrößen für ausreichende Tagesbeleuchtung. Forschungsbericht 1978, unveröffentlicht; 2. Prof. S. Völker: Tageslichtnutzung in Wohn- und Arbeitsräumen zur Verbesserung der visuellen Behaglichkeit und der Aufenthaltsqualität, Forschungsbericht „Zukunft Bau", Fraunhofer IRB Stuttgart 2014, S. 79). Die Anforderungen an die Tagesbeleuchtung, die sich insoweit aus den Wohnbedürfnissen der Bevölkerung ableiten, sind danach weniger der Gefahrenabwehr zuzuordnen als den Belangen, die nach § 1 Abs. 5 BauGB bei der Bauleitplanung zu berücksichtigen sind.

Den Abstandsvorschriften liegen keine Richtwerte über die anzustrebende **26** Tagesbeleuchtung von Aufenthaltsräumen zugrunde. Welche Tagesbeleuchtung angestrebt wird, kann nur rückschließend aus den **Gebäudeabständen** ermittelt werden, die sich aus den Bemessungsregeln des Art. 6 Absätze 4 bis 6 ergeben. Die DIN 5034 wird bei der Beurteilung, ob **gesunde Wohn- und Arbeitsverhältnisse** gegeben sind, herangezogen. Bei Um- oder Anbauten bzw. Nutzungsänderungen von Bestandsbauten werden teilweise die Nachweise zur ausreichenden

Belichtung zur Gewährleistung gesunder Wohn- und Arbeitsverhältnisse aufgrund von Verschattungsstudien verlangt (vgl. Rn. 61).

27 Nach der DIN 5034-1:2011-07 ist der Helligkeitseindruck in Wohnräumen, die von dem durch die Fenster eindringenden Tageslicht erzeugt wird, im Rahmen ihrer psychischen Bedeutung ausreichend, wenn der **Tageslichtquotient** auf einer horizontalen Bezugsebene, gemessen in einer Höhe von 0,85 m über dem Fußboden in halber Raumtiefe und in 1 m Abstand von den beiden Seitenwänden im Mittel wenigstens 0,9 % und am ungünstigsten dieser Punkte wenigstens 0,75 % beträgt. In Wohnräumen mit Fenstern in zwei aneinander grenzenden Wänden muss der Tageslichtquotient am ungünstigsten Bezugspunkt mindestens 1 % betragen. Die in Art. 45 Abs. 2 geforderte Mindestfenstergröße (Rohbauöffnung) von $^1/_8$ der Netto-Grundfläche des Raumes ist hinsichtlich der Beleuchtung mit Tageslicht eine notwendige, aber gegebenenfalls nicht hinreichende Voraussetzung für eine ausreichende Beleuchtung mit Tageslicht.

28 Nach der Arbeitsstättenregel ASR 3.4 müssen auch **Arbeitsstätten** ausreichend Tageslicht erhalten. Die Anforderung nach ausreichendem Tageslicht wird danach erfüllt, wenn in Arbeitsräumen – am Arbeitplatz ein Tageslichtquotient größer als 2 %, bei Dachoberlichtern größer als 4 % erreicht wird oder – mindestens ein Verhältnis von lichtdurchlässiger Fenster-, Tür- oder Wandfläche bzw. Oberlichtfläche zur Raumgrundfläche von mindestens 1:10 (entspricht ca. 1:8 Rohbaumaße), eingehalten ist. Die Einrichtung fensternaher Arbeitsplätze ist zu bevorzugen. Die Anforderungen gelten auch für Aufenthaltsbereiche in Pausenräumen. Wenn die Forderung nach ausreichendem Tageslicht in bestehenden Arbeitsstätten oder auf Grund spezifischer betriebstechnischer Anforderungen nicht einzuhalten ist, sind im Rahmen der Gefährdungsbeurteilung andere Maßnahmen zur Gewährleistung der Sicherheit und des Gesundheitsschutzes erforderlich. Eine andere Maßnahme besteht in der Einrichtung und Nutzung von Pausenräumen mit hohem Tageslichteinfall in Verbindung mit einer geeigneten Pausengestaltung (ASR 3.4 Nr. 4.1 Abs. 2 und 3).

29 Entscheidend für die Qualität einer **Lichtquelle** sind der kontinuierliche Verlauf und die Breite des Spektrums, die Farbwiedergabe (Ra) und die Farbtemperatur. Ideal ist es, sich hierbei am natürlichen Sonnenlicht zu orientieren, da dies seit Jahrtausenden unsere Lichtquelle darstellt und sich nachweislich positiv auf unsere Gesundheit und unser Wohlbefinden auswirkt. Spezielle Systeme zur Tageslichtlenkung (vor allem innovative Rolladensysteme, bei denen einzelne Lamellenbereiche angesteuert und somit Tageslicht in den Raum gelenkt werden kann) finden bereits Einzug in den Wohnungsbau (Technologische Neuerungen im Bauen und Wohnen, IEMB, Bundesamt für Bauwesen und Raumordnung, 5-2007, S. 42).

30 Gegen **Blendung durch Sonnenlicht** und **Wärmestrahlung** ist ein wirksamer Sonnenschutz vorzusehen bzw. zu planen: – entweder durch entsprechende Gestaltung des Gebäudes und Anordnung des Arbeitsplatzes, z. B. Gebäudeorientierung, Vordächer, Sonnenschutzglas – oder durch mit dem Gebäude verbundene einstellbare Einrichtungen, z. B. Außenjalousien, Markisen oder mittels Verschattung durch Bäume – bzw. durch nachträgliche Maßnahmen, z. B. Rollos, Jalousien, Textillamellen.

Zusätzlich zum reinen Fensteranteil (Rohbaumaß) ist es empfehlenswert weitere 31
Maßnahmen zur **Verbesserung der Tageslichtqualität** anzuwenden: Dazu gehören
eine Maximierung der Verglasungsfläche (geringer Rahmenanteil, Verzicht auf
Sprossen, Maximierung der lichten Höhe über Brüstung), Maximierung des Licht-
transmissionsgrades der Verglasung (bewusste Wahl der Verglasung), Minimierung
der Lichtschachtwirkung der Fensterlaibung (Fenster möglichst weit außen anord-
nen und Laibungen abschrägen) sowie helle Innenoberflächen und helles Mobiliar.

Ein „heller Raumeindruck" kann im Erdgeschoss einer dreigeschossigen Bebau- 32
ung bei heute üblichen lichten Raumhöhen von 2,50 m nur erreicht werden,
wenn der Abstand zwischen zwei gleich hohen Hauszeilen 27 m beträgt. Das ist
das Ergebnis der lichttechnischen Untersuchungen über **Mindestabstände zwischen Gebäuden** (vgl. Rn. 37). Aus den Bemessungsregeln des Art. 6 Absätze 4
und 5 errechnet sich jedoch ein Gebäudeabstand von nur 17,50 m (bei einer Brut-
togeschosshöhe von 2,75 m und Sockel- und Dachhöhen von insgesamt 0,50 m
ergibt sich ein H von 8,75 m für die Tiefe der vor den Gebäuden einzuhaltenden
Abstandsflächen. Die doppelte Tiefe der Abstandsflächen ergibt den Gebäudeabstand von 17,50 m).

Aus der Tatsache, dass die zur Sicherstellung eines hellen Raumeindrucks not- 33
wendigen Abstände der Abstandsregelung nicht zugrunde gelegt wurden, kann
abgeleitet werden, dass es nicht als Aufgabe einer bauordnungsrechtlichen Regelung angesehen wurde und wird, eine den modernen **Wohnbedürfnissen** entsprechende Tagesbeleuchtung zu sichern. Es soll jedoch eine unzumutbare
Beeinträchtigung in der Tagesbeleuchtung von Aufenthaltsräumen verhindert
werden.

Die Auffassungen darüber, welche Tagesbeleuchtung als ausreichend anzusehen 34
wäre und welche als nicht mehr ausreichend, gehen weit auseinander. Das ergibt
sich aus den von Bundesland zu Bundesland unterschiedlichen Vorschriften über
die Bemessung der Tiefe der Abstandsflächen.

In seinem Urteil vom 20.2.1980 (IV OE 49/77 – BRS 36 Nr. 124) hatte der 35
Hess. VGH einen Lichteinfallswinkel zur Waagerechten von 45° als Grenzwert
angenommen. Er berief sich dabei auf die Musterbauordnung 1959 sowie auf die
in älteren Bauordnungen genannten Werte. Die Hessische BauO vom 28.12.1993
hatte diese Vorstellungen aufgegriffen. Inzwischen hat auch die Musterbauordnung 2002 die Regelung über die Mindestabstandsflächentiefe aus der HBO 1993
übernommen. Danach wird für die Abstandsflächen allgemein, also auch in
Wohngebieten, eine Tiefe von 0,4 H als ausreichend angesehen. Daraus ergibt
sich für einander gegenüberstehende gleich hohe Gebäude ein Abstand von 0,8
H. Dem Vorbild der Musterbauordnung 2002 sind inzwischen die meisten Landesbauordnungen gefolgt. Bayern hat die Festlegung der Mindestabstandsflächentiefe auf 0,4 H der Musterbauordnung 2002 bei den seitdem erfolgten Änderungen des § 6 nicht übernommen.

Ziel der Regelung der Abstandsflächentiefe ist die Ausleuchtung der Aufenthalts- 36
räume mit **Tageslicht im fensternahen Bereich** (bis etwa 2,5 m Tiefe), die Lesen
und Schreiben bei bedecktem Himmel gestattet (Begründung zur MBO-Novelle

2002). Die Absenkung der Regelabstandsflächentiefe auf 0,4 H stellt danach auch gegenüber der bisherigen Regelung keinen Systembruch dar. Als bauordnungsrechtliche Mindestanforderung legte die MBO bereits bis zur Novelle 2002 mittels des Schmalseitenprivilegs ein vergleichbar geringes Maß (0,5 H, allerdings in Verbindung mit Wandbreiten) fest. Die Inkonsequenz des Schmalseitenprivilegs ließ schon immer die Frage offen, weshalb einem dritten Nachbarn nicht zugemutet werden konnte, was zwei von diesem Privileg betroffenen Nachbarn gesetzlich zugemutet wurde. Nach der Begründung zur MBO-Novelle 2002 wurde durch die mit der Reduzierung der Regelabstandsflächentiefe einhergehende Abschaffung des Schmalseitenprivilegs insofern Gerechtigkeit geschaffen und eine Vereinfachung der abstandsflächenrechtlichen Beurteilung erreicht. Ein ganz erheblicher Teil der Widerspruchs- und verwaltungsgerichtlichen Klageverfahren zu Fragen des Abstandsflächenrechts hatte bisher seine Ursache in den durch das Schmalseitenprivileg bewirkten Rechtsunsicherheiten (Begründung zur MBO 2002). Ferner heißt es, dass hervorgehoben werden muss, dass Gebäudeabstände nur bedingt geeignet sind, die **Aufenthaltsraumbeleuchtung** mit Tageslicht zu steuern. Viele Einflüsse können auf die Helligkeit und somit die subjektiv empfundene Behaglichkeit einwirken. Dazu gehören vom Nutzer beeinflussbare Faktoren, wie die Verwendung Licht reflektierender oder Licht absorbierender Mobiliar-, Wand- und Fußbodenoberflächen, oder auch das Anbringen von Vorhängen und Gardinen. Nicht vom Nutzer beeinflussbar, jedoch von der Beleuchtungsauswirkung her erheblich ist der Einfluss der Vegetation, die auf die bauordnungsrechtliche Beurteilung der Abstandsflächen keinen Einfluss hat.

37 Der festgelegte **Mindeststandard** der MBO lässt sich auch mit der DIN 5034 – Tageslicht in Innenräumen – in Einklang bringen: Durch die Festlegung der Regelabstandsflächentiefe auf 0,4 H ergibt sich zwischen Gebäuden ein Gesamtabstand, der der Summe der beiderseitigen Tiefen der Abstandsflächen entspricht, d. h. er beträgt regelmäßig 0,8 H. Dieser Gesamtabstand entspricht gemäß DIN 5034-4 einem Verbauungswinkel von etwa 50°, der eine lichte Raumhöhe von mindestens 2,40 m und eine dazugehörige Fensterhöhe von 1,35 m voraussetzt. Diesen tabellarisch erfassten Werten sind Fensterbreiten zugeordnet, deren Realisierung ausreichende Helligkeit (Tageslichtquotient, DIN 5034-4, 2.1) und eine Sichtverbindung nach außen (DIN 5034-4, 2.2) sicherstellt. Aus den Werten der DIN ergibt sich für einen 5 m × 4,5 m = 22,5 m² großen Raum eine Fensterfläche von 1,35 m × 4,31 m = 5,81 m² (rd. ¼ der Raumfläche). Demgegenüber legt die MBO wie auch die BayBO als Mindestfenstergröße ⅛ der ihr zugeordneten Aufenthaltsraumgrundfläche fest (Art. 45 Abs. 2). Da sich der **Tageslichtquotient** aus dem Himmelslichtanteil, dem Außenreflexionsanteil (Reflexion an Verbauung) und dem Innenreflexionsanteil (Reflexion an den Rauminnenflächen) zusammensetzt und auch Minderungsfaktoren wie die Fensterverschmutzung berücksichtigt, kann bezüglich der tabellarischen Werte von Qualitätsstandards ausgegangen werden, die von bauordnungsrechtlichen Mindeststandards zu unterscheiden sind. Dies bedeutet, dass die der Tabelle zu entnehmenden Fensterbreiten aus bauordnungsrechtlicher Sicht unterschritten werden dürfen. Städtebauliche Aspekte können über die bauordnungsrechtlichen Abstandsflächenanforderungen hinausgehende Gebäudeabstände erfordern. Die

Festlegung auf ein einheitliches bauordnungsrechtliches Maß von 0,4 H lässt planungsrechtlichen Regelungen einen großen Raum zur Orientierung unterschiedlicher Bebauungsformen. Auch wenn nach dem vor der MBO-Novelle 2002 geltenden Recht durch Festsetzung geringere Gebäudeabstände, als sie nach den bauordnungsrechtlichen Abstandsvorschriften erforderlich waren, zugelassen werden konnten und im Rahmen eines Bebauungsplans dem Planungsrecht der Vorrang gegenüber dem Bauordnungsrecht eingeräumt war, sind Unterschreitungen jedenfalls des nunmehrigen Mindestniveaus kaum mehr zu begründen; die oberverwaltungsgerichtliche Rechtsprechung steht solchen Versuchen außerordentlich kritisch gegenüber (BayVGH, Beschl. v. 17.01.2001 – 2 ZS 01.112 –, unveröffentlicht; SächsOVG, Urt. v. 06.06.2001 – 1 D 442/99 –, SächsVBl. 2001, 220). Hier schafft die 0,4 H-Regelung weitestgehende Gestaltungsfreiheit, ohne gewünschte Ziele modernen Städtebaus einzuschränken. Soweit eine darüber hinausgehende Angleichung des Abstandsflächenrechts an bauleitplanerische Vorgaben im Einzelfall erwünscht oder geboten erscheint, wird hierfür den Gemeinden in Art. 81 Abs. 1 Nr. 6 eine – gegenüber der früheren Rechtslage erweiterte – Möglichkeit zur Festlegung abweichender Maße der Abstandsflächentiefe eingeräumt. Damit wird zugleich sichergestellt, dass sich die Gemeinden bei ihrer Planung deren Wirkungen auf die Schutzgüter des Abstandsflächenrechts bewusst werden und diese in ihre Abwägung einstellen.

Für einen Verstoß gegen das Gebot der gegenseitigen Rücksichtnahme reichen **38** bloße lästige Beeinträchtigungen wie auch durch eine **Verschattung** nicht aus. Eine gewisse Orientierung bei der insoweit erforderlichen Wertung bietet zunächst Art. 6, der gerade den Zweck verfolgt, die Interessen von Grundstücksnachbarn im Hinblick auf die Belange, die dem Schutzzweck der Abstandsflächenbestimmungen unterfallen (Belichtung, Belüftung, Brandschutz, Sozialfrieden) zum Ausgleich zu bringen. Eine bauliche Anlage, die die Vorgaben des Abstandsflächenrechts einhält, gibt insoweit einen gewissen Anhalt, wenngleich durch die (landesrechtlichen) Vorgaben des Art. 6 keine verbindliche Konkretisierung des (bundesrechtlichen) Rücksichtnahmegebots herbeigeführt werden kann und – insbesondere nach der Zurücknahme der abstandsflächenrechtlichen Anforderungen im Rahmen der Novellierung der BauO NRW 2006 – stets eine Betrachtung des Einzelfalls geboten ist (VG Gelsenkirchen, Beschl. v. 28.3.2013 – 5 L 302/13 –). Das Gebot der Rücksichtnahme fordert nicht, dass alle Fenster eines Hauses optimal durch Sonneneinstrahlung belichtet werden (vgl. OVG NRW, Beschl. v. 29.8.2011 – 2 B 940/11 – m. w. N., Beschl. v. 15.5.2002 – 7 B 558/02 –).

In der amtlichen Begründung findet sich außer der Feststellung, mit der Rege- **39** lung des Abs. 7 Nr. 2 werde das Abstandsflächenrecht auf eine allein bauordnungsrechtliche Zielsetzung reduziert, lediglich eine Aussage zu den inhaltlichen Zielen der Regelung nach Abs. 7 Nr. 2, nicht hingegen zu den inhaltlichen Zielen, die mit den Vorschriften der Absätze 5 und 6 verfolgt werden.

Da die Bemessungsvorschriften der Absätze 4 bis 6 im Wesentlichen unverändert **40** aus Art. 6 Abs. 3 bis 5 BayBO 1997 übernommen worden sind, ist von der amtlichen Begründung, die zu der Abstandsregelung des Art. 6 BayBO 1997 gegeben wurde, auszugehen. Danach sollte mit der Abstandsregelung ein sicherheitsrechtliches Mindestmaß an **Belichtung, Belüftung, Besonnung und Sozialabstand** gewährleistet werden. Ohne auf die Gesichtspunkte Belichtung, Belüftung, Besonnung und Sozialabstand im Einzelnen einzugehen, hatte der BayVGH die Vorstellung, mit den bauordnungsrechtlichen Abstandsvorschriften werde ein sicherheitsrechtliches Mindestmaß erreicht, bestätigt und festgestellt, „Die Abstandsregelungen der BayBO entsprechen den neuzeitlichen Forderungen an ein gesundes Wohnen und Arbeiten in gut belichteten, besonnten und belüfteten Gebäuden; deshalb sind sie im Allgemeinen nach § 1 Abs. 6 BBauGB (Sicherheit und Gesundheit der Bevölkerung) und nach der grundlegenden Bestimmung des Art. 3 BayBO notwendig." (BayVGH, Beschl. v. 20.11.1986 – Nr. 2 CS 8602888 –, Bay VBl. 1987 S. 337; BRS 46 Nr. 102).

41 Nachdem in der amtlichen Begründung zu Abs. 7 Nr. 2 von der Vorstellung ausgegangen wird, mit den reduzierten Anforderungen des Abs. 7 Nr. 2 werde ein **sicherheitsrechtliches Mindestmaß** angestrebt, kann allerdings das Gleiche nicht von den aus Art. 6 Abs. 4 BayBO 1997 übernommenen Regelungen des Abs. 5 angenommen werden, mit denen für Wände mit einer Länge von mehr als 16 m eine Abstandsfläche von mehr als der doppelten Tiefe gefordert wird, als nach Abs. 7.

42 In der Begründung zu Abs. 7 wird auf die Begründung zu § 6 Abs. 5 MBO 2002 zurückgegriffen. Dort wurde als Ziel der Abstandsregelung die **Ausleuchtung der Aufenthaltsräume mit Tageslicht** im fensternahen Bereich (bis etwa 2,5 m Tiefe) genannt, die Lesen und Schreiben **bei bedecktem Himmel** gestattet. Diese Zweckbestimmung bezog sich ausdrücklich auf das auf 0,4 H reduzierte Maß der Abstandsflächentiefe. Die übrigen in der Begründung zu Art. 6 BayBO 1997 genannten Ziele – Belüftung, Besonnung und Sozialabstand – werden in der Begründung zu Abs. 7 Nr. 2 nicht genannt und sind danach auch nicht als Ziele des Abs. 7 Nr. 2 anzusehen, könnten jedoch nach wie vor als Ziele der höheren Anforderungen der Absätze 5 und 6 angesehen werden.

43 In den Bauordnungen anderer Länder wurde überwiegend auch der **Brandschutz** als ein Ziel der bauordnungsrechtlichen Abstandsregelung angesehen, so auch in der amtlichen Begründung zu § 6 BauO NRW (Begründung zur Novelle 2006, Regierungsentwurf vom 31.8.2006 Lt.-Drs. 14/2433, vgl. auch SächsOVG, Urt. v. 28.8.2005 – 1 B 889/04 BRS 69 Nr. 127).

44 Zum Brandschutz findet sich in der amtlichen Begründung zu Art. 6 BayBO 2008 lediglich der Hinweis, Art. 6 regele abschließend das Abstandsflächenrecht der BayBO und enthalte ferner allgemeine Vorschriften, die zugleich für Abstandsflächen und andere (z. B. Brandschutz-)Abstände gelten. Angesprochen werden hier die Brandschutzvorschriften der Art. 28 (Brandwände) und 30 (Dächer), die auch Abstandsvorschriften enthalten, und es wird davon ausgegangen, dass es unter Brandschutzgesichtspunkten ausreiche, wenn die dort genannten Anforderungen beachtet werden. Für die in Art. 28 Abs. 2 Nr. 1 und Art. 30 Abs. 2 geforderten Abstände gelten danach nicht nur die Vorschriften des Abs. 2 Sätze 1 und 2, wonach nicht nur die Abstandsflächen, sondern auch die erforderlichen Abstände **auf dem Grundstück** selbst liegen müssen bzw. auf öffentlichen Verkehrs-, Grün- und Wasserflächen liegen dürfen; es gilt auch die Vorschrift des

Abs. 2 Satz 3, wonach sich Abstandsflächen und Abstände im Sinne des Satzes 1 (also auch die Abstände nach den Art. 28 und 30) unter den dort genannten Voraussetzungen ganz oder teilweise **auf andere Grundstücke** erstrecken dürfen. Darüber hinaus müssen lediglich die Anforderungen an Zugänge und Zufahrten für die Feuerwehr nach Art. 5 Abs. 1 beachtet werden.

Mit den Abstandsvorschriften wird die vollständige Überbauung von Abstands- **45** flächen, namentlich in der geschlossenen Bauweise, nicht ausgeschlossen. Ob Freiflächen auf den Grundstücken von Bebauung freigehalten werden müssen, ergibt sich insoweit nicht aus den Abstandsvorschriften, sondern aus den planungsrechtlichen Vorschriften über die überbaubaren und nicht überbaubaren Grundstücksflächen nach § 23 BauNVO sowie aus den planungsrechtlichen Vorschriften über die Grundflächenzahl oder die Größe der Grundflächen der baulichen Anlagen nach § 19 BauNVO. Mit den Abstandsvorschriften können auch nicht Flächen für bestimmte Funktionen, wie **Kinderspielflächen** oder **Stellplatzflächen für Kraftfahrzeuge** oder Flächen zur Begrünung gesichert werden. Soweit diese Flächen nach den Vorschriften des Art. 7 bzw. des Art. 47 bereitgestellt oder hergestellt werden müssen, sind diese Flächen gesondert nachzuweisen.

Aus der Begründung zu den reduzierten Anforderungen des Abs. 7 Nr. 2 kann **46** im Umkehrschluss gefolgert werden, dass mit den Regelungen der Absätze 5 und 6 Ziele verfolgt werden, die über die die nur bauordnungsrechtlich begründeten bzw. begründbaren Ziele hinausgehen; und aus der Annahme, mit den Regelungen des Abs. 7 Nr. 2 werde die Abstandsregelung von ihrer städtebaulichen Hilfsfunktion befreit, ist zu schließen, dass der Gesetzgeber von der Vorstellung ausgegangen ist, mit den über die Anforderungen des Abs. 7 Nr. 2 hinausgehenden Anforderungen der Absätze 5 und 6 würden insbesondere städtebauliche Hilfsfunktionen verfolgt.

Söfker übernimmt in seiner Kommentierung des § 9 Abs. 1 Nr. 2a BauGB die **47** Argumentation zur Zweckbestimmung des § 6 MBO 2002 und geht davon aus, dass mit der Abstandsregelung des § 6 MBO 2002 eine Reduzierung der Anforderungen auf das aus bauordnungsrechtlichen Erwägungen Notwendige erfolgt sei, dass aber nach § 9 Abs. 1 Nr. 2a BauGB mit städtebaulicher Begründung auch größere Abstandstandsflächentiefen festgesetzt werden könnten (Söfker in Krautzberger/Söfker Baugesetzbuch Leitfaden 8. Aufl. S. 357 ff.). Da es bei einer Festsetzung nach § 9 Abs. 1 Nr. 2a BauGB auf städtebauliche Gründe ankomme, kämen bauordnungsrechtliche Erwägungen, wie sie in der jeweiligen Landesbauordnung in Bezug auf die Gesichtspunkte der **Gefahrenabwehr** zum Abstandsflächenrecht zugrunde liegen, als Begründung (Rechtfertigung) für Festsetzungen in Bebauungsplänen nicht in Betracht, und Söfker rechnet außer dem Brandschutz die Belichtung zu den Gesichtspunkten, die bauordnungsrechtlich geregelt seien und damit als Rechtfertigung für abweichende Regelungen der Abstandsflächentiefe nicht in Betracht kämen.

In der Begründung zur Neufassung des § 6 BauO Bln 2005, mit der die Regelung des **48** § 6 Abs. 5 Satz 1 MBO 2002 (Tiefe der Abstandsfläche = 0,4 H) in das Berliner Bauordnungsrecht übernommen wurde, wird ausdrücklich darauf hingewiesen, es sei nicht auszuschließen, dass das Planungsrecht vermehrt eingreifen müsse „**zur Ver-**

meidung von schlecht belichteten Hinterhöfen in der geschlossenen Bauweise mit 5 oder mehr Geschossen". Soweit die Gemeinden auf die Übernahme der Regelungen des Abs. 7 verzichten, – diese Möglichkeit haben sie ja in Bayern, anders als die Gemeinden in den Ländern, die die Abstandsregelungen der Musterbauordnung ohne Einschränkungen übernommen haben – brauchen sie möglicherweise nicht mit planungsrechtlichen Mitteln, also insbes. mit Festsetzungen eines Bebauungsplans oder im nichtbeplanten Innenbereich durch Anwendung des aus dem Einfügungsgebot des § 34 BauGB abgeleiteten **Rücksichtnahmegebots** dem Entstehen schlecht belichteter Hinterhöfe o. Ä. entgegenzuwirken.

49 Mit den reduzierten Abstandsflächentiefen nach Abs. 7 Nr. 2 kann allenfalls ein bauordnungsrechtliches Mindestmaß, ein eben noch vertretbares Maß (so die Aussage in der Begründung zum Entwurf einer Hessischen Bauordnung Drs. 13/4813 vom 13.9.1993) für die Belichtung von Aufenthaltsräumen gewährleistet werden. Die **Wohnbedürfnisse der Bevölkerung,** zu denen auch die Anforderungen an die Tagesbelichtung gehören, werden im Allgemeinen darüber hinausgehen insofern, als auf eine zumindest befriedigende, wenn nicht **gute Tagesbelichtung** Wert gelegt wird. Es kann davon ausgegangen werden, dass die Bemessungsvorschriften der Absätze 5 und 6 dem Rechnung tragen. Die Wohnbedürfnisse der Bevölkerung im Hinblick auf die Tagesbelichtung der Gebäude sind nicht zuletzt auch bei der Aufstellung der Bauleitpläne nach § 1 Abs. 6 Nr. 2 BauGB zu berücksichtigen und in die **Abwägung mit anderen Anforderungen** einzubeziehen (vgl. Rn. 499 ff.). Das heißt, dass die Belichtungsfrage nicht als eine rein bauordnungsrechtlich zu regelnde Angelegenheit betrachtet werden kann und dass zur Sicherung einer besseren Tagesbelichtung der Gebäude gegebenenfalls auch über die Anforderungen nach Abs. 5 hinaus **größere Abstandsflächentiefen** nach § 9 Abs. 1 Nr. 2a BauGB im Bebauungsplan festgesetzt werden können (vgl. Rn. 47, Rn. 488 und Rn. 511).

50 Da die Tagesbelichtung der Aufenthaltsräume eines Gebäudes bei bedecktem Himmel als Ziel der Regelung des Abs. 7 Nr. 2 genannt wird, ist davon auszugehen, dass die Sicherstellung einer ausreichenden **Besonnung der Aufenthaltsräume** nicht mehr zu den Zielen einer Regelung nach Abs. 7 Nr. 2 gehören kann. Ein bestimmtes Maß an Besonnung der Gebäude konnte allerdings auch mit den Vorschriften des Art. 6 Abs. 3 bis 5 BayBO 1997 und kann nach wie vor mit den Vorschriften der Absätze 4 bis 6 nicht erreicht werden, weil die Abstandsvorschriften **ohne Bezug zur Himmelsrichtung** gelten. Die Stellung der Gebäude zur Himmelsrichtung ist aber für die Besonnung der Gebäude ausschlaggebend. Eine den Wohnbedürfnissen entsprechende Besonnung der Gebäude kann daher letztlich nur mit den Mitteln der Bauleitplanung mit Festsetzungen über die Stellung der Gebäude nach § 9 Abs. 1 Nr. 2 BauGB erreicht werden.

51 Die neuere Entwicklung im Abstandsflächenrecht, die mit der Abstandsregelung der MBO 2002 ihren vorläufigen Abschluss gefunden hat, wurde eingeleitet durch das Urteil des HessVGH vom 20.2.1980 (HessVGH, Urt. v. 20.2.1980 – IV OE 49/77 –, BRS 36 Nr. 124). Mit dem Urteil hatte der HessVGH die bis dahin geltende Hessische Abstandsflächenverordnung vom 27.9.1978 für unwirksam erklärt und diese durch eine vereinfachte Regelung ersetzt, die das Gericht im

3. Leitsatz zum Urteil vom 20.2.1980 wie folgt zusammengefasst hat: „Aus den bauordnungsrechtlichen Regeln lässt sich schließen, dass ein Lichteinfallswinkel von 45° als Mindesterfordernis angesehen wurde und wird, um eine ausreichende Belichtung von Aufenthaltsräumen zu gewährleisten."

Die 45°-Regelung galt für Hessen nach dem Fortfall der Abstandsflächenverord- **52** nung aus dem Jahre 1978 zunächst als Richterrecht und wurde schließlich in der Abstandsregelung der HBO 1993 festgeschrieben. Dabei wurde der **Lichtein-fallswinkel von 45°** auf die Unterkante der Fensterbrüstung eines Fensters im Erdgeschoss einer mehrgeschossigen Bebauung zum Ausgangspunkt genommen. Daraus ergab sich, bezogen auf die Schnittlinien der Außenwände zweier sich gegenüberstehender gleich hoher Gebäude mit der Geländeoberfläche, ein **Mindestabstand von 0,8 H** und somit für die Tiefe der vor jeder der sich gegenüberstehenden Außenwände erforderlichen Abstandsflächen ein Maß von 0,4 H.

Der HessVGH hatte seine Auffassung ausführlich begründet und zunächst fest- **53** gestellt: „Für die Belichtung von Räumen mit Fenstern, denen gegenüber sich bauliche Anlagen befinden, ist in erster Linie der Einfall des direkten Himmelslichts maßgeblich, und zwar von oben und seitlich an gegenüberstehenden baulichen Anlagen vorbei, ferner der Einfall diffusen und reflektierten Lichts, der durch die Ausdehnung des eigenen Gebäudes und die Reflektionswirkungen der einander gegenüberliegenden Flächen bestimmt wird." Zu Recht, so fährt der HessVGH in der Begründung zu seinem Urteil vom 20.2.1980 fort, sei zunächst in den beiden ungültigen Abstandsflächenverordnungen davon ausgegangen worden, dass es in erster Linie auf den **Lichteinfallswinkel von schräg oben** ankomme, also auf Höhe und Abstand der gegenüberstehenden baulichen Anlage. Sodann weist der HessVGH auf die Regelung der MBO vom 30.10.1959 (Schriftenreihe des Bundesministers für Wohnungsbau, Band 16/17) hin, in der auch der Lichteinfallswinkel von 45° als Mindestanforderung vorgegeben worden war (vgl. Rn. 455 ff. – Abb. 6.5.2; Rn. 499 ff.). Eine entsprechende Regelung sei auch in Art. 6 Abs. 7 Satz 3 BayBO i.d.F. v. 21.8.1969 (GVBl. 1969 Nr. 14 S. 263) zu finden. Auf diese Regelung verweist auch der BayVGH in seinem Beschluss vom 29.12.2005 – 1 NE 05.2818 (BayVBl. 2006 S. 670).

1. Seitlich einfallendes Tageslicht

Die Abstandsvorschriften gehen von der Erfahrung aus, dass ein Gebäude durch **54** ein gegenüberstehendes Gebäude verschattet wird. Je höher ein gegenüberstehendes Gebäude ist, desto größer muss der Abstand sein, wenn auch die Räume in den unteren Geschossen einer mehrgeschossigen Bebauung ausreichend mit Tageslicht versorgt werden sollen. Diese Regel gilt ohne Einschränkungen für einander gegenüberstehende Gebäudezeilen von beliebiger Länge. Kleinere **Gebäude mit geringeren Wandlängen** verschatten sich wechselseitig in geringerem Maße, weil außer dem Tageslicht, das über die Gebäudekante des gegenüberstehenden Gebäudes einfällt, seitlich über die senkrechten Gebäudekanten einfallendes Tageslicht hinzukommt. Daher können die Anforderungen bezüglich des Gebäudeabstandes für kleinere Gebäude aber auch für die Schmalseiten größerer Gebäude vermindert werden. Dies berücksichtigt die 16-m-Regelung des Abs. 6.

55 Die MBO 1981/82 hielt in ihren Anforderungen an der Differenzierung nach der Größe der Gebäude bzw. nach der Länge ihrer Außenwände fest. Die Regelung war aus der getrennten Regelung für **Bauwiche** einerseits und für Abstandsflächen andererseits in den älteren Bauordnungen abgeleitet worden. Art. 6 BayBO 1982 übernahm diese Regelung der MBO 1981/82. Das heißt: für Außenwände **bis zu einer Länge von 16 m** wurde die Tiefe der Abstandsfläche auf 0,5 H festgelegt. Das entsprach (nun bezogen auf die Geländeoberfläche und nicht auf die Fensterbrüstung von Fenstern im Erdgeschoss eines Geschossbaus) einem **Lichteinfallswinkel von 45°**. Für Außenwände mit einer **Länge von mehr als 16 m** wurde die Abstandsflächentiefe auf 1 H festgelegt. Diese Differenzierung war auch lichttechnisch begründet, denn, wie schon der HessVGH festgestellt hatte, ist für die Belichtung (bzw. Verschattung) eines einem Gebäude gegenüberstehenden Gebäudes nicht nur das von oben – über die obere horizontale Gebäudekante – einfallende Tageslicht, sondern auch das „seitlich an den gegenüberstehenden baulichen Anlagen vorbei" einfallende Tageslicht entscheidend. Dieses **seitlich über die senkrechten Gebäudekanten** eines gegenüberstehenden Gebäudes einfallende Tageslicht ist im positiven Sinne nur bei Gebäuden von begrenzter Längenausdehnung wirksam. Für einander gegenüberstehende Gebäudezeilen von größerer Längenausdehnung, wie sie sich beispielsweise in einer **geschlossenen Straßenrandbebauung** ergibt, ist diese positive Wirkung des über die seitlichen Gebäudekanten einfallende Tageslichts nur noch an den Enden der Gebäudezeilen wirksam und insofern zu vernachlässigen.

56 Um für die Räume in den unteren Geschossen einer in der Länge unbegrenzten mehrgeschossigen Bebauung die gleiche Tageslichtqualität zu erreichen wie für die Schmalseiten eines Gebäudes in der offenen Bauweise, muss ein entsprechend größerer Abstand zu einer gegenüberstehenden Bebauung eingehalten werden. Diese Zusammenhänge wurden in der amtlichen Begründung zur geltenden Schmalseitenregelung des Abs. 6 nicht berücksichtigt (zur amtlichen Begründung der Schmalseitenregelung der BayBO 1982 s. Rn. 58 und 540).

57 Entscheidet sich eine Gemeinde für das „Experiment" des Abs. 7, so verzichtet sie damit auf eine Differenzierung der Anforderungen nach der Wandlänge. Es gilt dann das Maß für die Tiefe der Abstandsflächen, das nach Abs. 6 nur für Außenwände mit einer Länge von nicht mehr als 16 m gilt (noch um 0,1 H vermindert), auch für längere Außenwände. Auf diese Weise ergibt sich für einander gegenüberstehende **Gebäudezeilen mit größerer Längenausdehnung** eine deutliche **Verschlechterung in der Tagesbelichtung** der Räume in den unteren Geschossen einer mehrgeschossigen Bebauung im Vergleich mit den Belichtungsverhältnissen an den Schmalseiten der Gebäude mit Wandlängen von 16 m und weniger als 16 m.

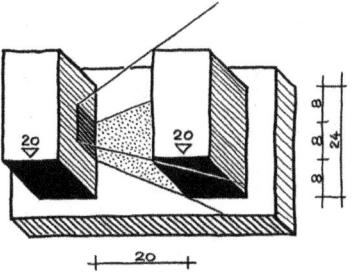

Abb. 6.0.1
Berücksichtigung des Lichteinfallswinkels von oben und von den Seiten. Bei einander gegenüberliegenden Außenwänden von mehr als 16 m Länge in einem Abstand von 2 · 0,5 H ergibt sich für die unteren Geschosse im mittleren Bereich ein Wandabschnitt mit unzureichender Belichtung.

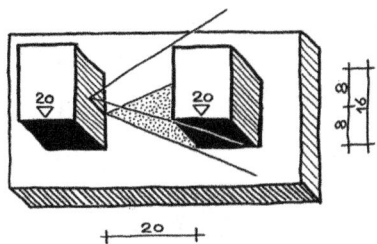

Abb. 6.0.2
Bei einander gegenüber liegenden Außenwänden von weniger als 16 m Länge ergeben sich bei einem Gebäudeabstand von 2 · 0,5 H keine unzumutbaren Verschattungen.

In der amtlichen Begründung zur Schmalseitenregelung der BayBO 1982 wurde **58** u. a. darauf hingewiesen, dass Aufenthaltsräume bei Gebäudetiefen bis zu 14 m regelmäßig auf der Vorder- oder Rückseite des Gebäudes ausreichend mit Tageslicht versorgt werden (vgl. Rn. 540). Dieser Auffassung lag die Vorstellung zugrunde, dass das Schmalseitenprivileg nicht zur Vorderseite oder zur Rückseite eines Gebäudes in Anspruch genommen wird, sondern wie nach den älteren Bauwichregelungen nur zu den seitlichen Grundstücksgrenzen. Die gesetzliche Regelung entsprach dieser Vorstellung jedoch nicht, denn die Schmalseitenregelung war zwar nur vor zwei Außenwänden anwendbar; es war aber nicht vorgeschrieben, dass sie nur gegenüber den seitlichen Grundstücksgrenzen angewendet werden sollte. Die Regelung war gegenüber allen Grundstücksgrenzen, also auch gegenüber der vorderen und der rückwärtigen Grundstücksgrenze und auch gegenüber anderen Gebäuden und Gebäudeteilen auf demselben Grundstück anwendbar.

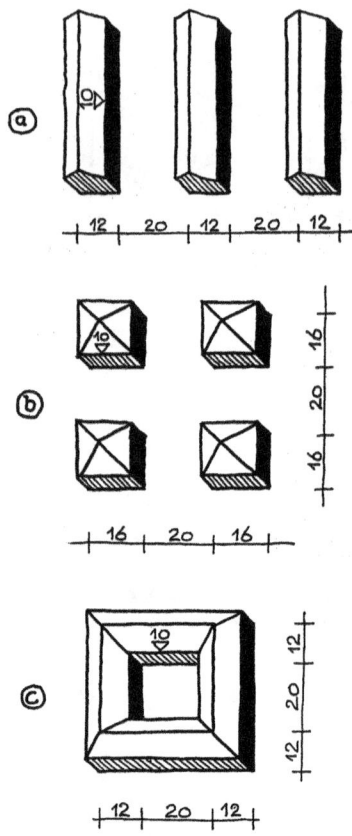

Abb. 6.0.3

Drei typische Bebauungsformen mit Abständen nach Art. 6 Abs. 5 Satz 1 (T = 1H):
a) Gebäudezeilen (z. B. geschlossene Bauweise)
b) Einzelhäuser (z. B. Stadtvillen)
c) Geschlossene Hofumbauung (z. B. Baublock in geschlossener Bauweise).

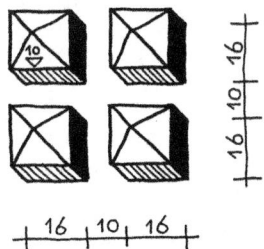

Abb. 6.0.4

Einzelhäuser in vermindertem Abstand nach Art. 6 Abs. 6 Satz 1 (2 · 0,5 H).

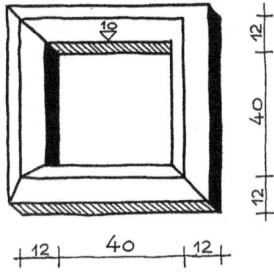

Abb. 6.0.5

Geschlossene Hofumbauung mit vergrößerten Tiefen der Abstandsflächen nach § 9 Abs. 1 Nr. 2a BauGB.

2. Abschirmung seitlich einfallenden Tageslichts

Rechtwinklig oder annähernd rechtwinklig an eine Außenwand anschließende **59** Gebäude oder Gebäudeteile schirmen seitlich einfallendes Tageslicht ab und wirken insoweit verschattend auf die betreffende Außenwand. Die Abschirmung seitlich einfallenden Tageslichts durch anschließende Gebäude und Gebäudeteile bleibt jedoch in der gesetzlichen Regelung unberücksichtigt. Die Abstandsvorschriften erreichen ihr Ziel, eine ausreichende Tagesbeleuchtung der Gebäude sicherzustellen, insoweit nicht in allen Fällen.

Bei einer **Bebauung mit allseitig umbauten Innenhöfen** ergeben sich aus den **60** Bemessungsregeln der Abstandsvorschriften für die unteren Geschosse deutlich schlechtere Belichtungswerte, verglichen mit einander gegenüberstehenden Gebäudezeilen (Mindestabstände zwischen Gebäuden und Fenstergrößen, Forschungsbericht 1978, unveröffentlicht). Während bei schmalen Baukörpern wegen der Verbesserung der Tagesbelichtung aufgrund des seitlich einfallenden Tageslichts eine Halbierung der Tiefe der Abstandsflächen vertretbar erscheint, wäre im Falle einer geschlossenen Hofumbauung wegen der Abschirmung seitlich einfallenden Tageslichts eine Verdoppelung der Tiefe der Abstandsflächen erforderlich, um zu vergleichbaren Belichtungsverhältnissen zu kommen (Abb. 6.0.3 bis 6.0.5). Eine entsprechende Regelung ist mit den Festsetzungen eines Bebauungsplans nach § 9 Abs. 1 Nr. 2a BauGB möglich.

3. Besonnung

61 Die **lichttechnischen Anforderungen** an die Beleuchtung von Aufenthaltsräumen berücksichtigen allgemein nur die messbaren Anforderungen (vgl. DIN 5034 – 1:2011-07– Tageslicht in Innenräumen – Teil 1: Allgemeine Anforderungen). Zur Erreichung der vorgegebenen Mindestwerte des Tageslichtquotienten im Wohnraum, werden in DIN 5034-1 Mindestmaße für Fenster angegeben. Demnach soll die Unterkante der Verglasung maximal auf einer Höhe von 0,95 m liegen, die Oberkante der Verglasung soll sich mindestens auf einer Höhe von 2,20 m befinden und die minimale Breite des Fensters mindestens 55 % der Wohnraumbreite betragen. Darüber hinaus werden in Teil 4 der DIN 5034 in Abhängigkeit der Raumgeometrie, also Raumhöhe, -tiefe und -breite, genauere Mindestfenstermaße vorgegeben. Da eine ausreichende **Besonnung** einen großen **Einfluss auf das Wohlbefinden** des Menschen hat, regelt DIN 5034 weiterhin die minimale Besonnungsdauer in Wohnräumen. Diese beträgt zum Äquinoktium mindestens 4 h und am 17.1. mindestens 1 h. Dieser Nachweis ist u. U. bei Umnutzungen in engen Bausituationen zu führen, um gesunde Wohn- und Arbeitsverhältnisse nach § 34 BauGB nachzuweisen.

62 Eine ausreichende Beleuchtung von Arbeitsplätzen kann auch durch **künstliche Lichtquellen** erreicht werden (vgl. Rn 22 ff). In der Arbeitsstättenregel – ASR 3.4 (Ausgabe 4-2011, zul. geänd. GMBL 2014, S. 287) sind die erforderlichen Beleuchtungsstärken für die verschiedenen Arbeitsstätten im Einzelnen aufgeführt (Nr. 5.2 ASR 3.4 i. V. m. Anhang 1 – Beleuchtungsanforderungen für Arbeitsräume, Arbeitsplätze und Tätigkeiten).

63 Aber auch Arbeitsstätten müssen möglichst ausreichend Tageslicht erhalten. Eine Beleuchtung mit Tageslicht ist der Beleuchtung mit ausschließlich künstlichem Licht vorzuziehen. In der ASR 3.4 wird ausführlich auf die Nutzung des Tageslichts eingegangen, die durch helle Wände und Decken unterstützt wird. **Tageslicht** weist **Gütemerkmale** (z. B. die Dynamik, die Farbe, die Richtung, die Menge des Lichts) auf, die in ihrer Gesamtheit von künstlicher Beleuchtung nicht zu erreichen sind. Tageslicht hat im Allgemeinen eine **positive Wirkung auf die Gesundheit** und das Wohlempfinden des Menschen (ASR 3.4 Nr. 4.1 Abs. 1). Tageslicht kann durch Fenster, Dachoberlichter und lichtdurchlässige Bauteile in Gebäude gelangen, wobei Fenster zusätzlich eine Sichtverbindung nach außen ermöglichen. Eine gleichmäßige Lichtverteilung kann mit Dachoberlichtern erreicht werden, wenn der Abstand der Dachoberlichter voneinander nicht größer ist als die lichte Raumhöhe.

64 Das Ziel der Abstandsvorschriften ist eine ausreichende Versorgung der Aufenthaltsräume in den Gebäuden mit Tageslicht. **Tageslicht ist immer Sonnenlicht**, auch bei bedecktem Himmel (diffuses Tageslicht). Soweit die Auffassung vertreten wird, mit den Abstandvorschriften sollten Belichtung und Besonnung sichergestellt werden (BVerwG, Urt. v. 16.9.1993 – 4 C 28.91 –, BRS 55 Nr. 110), kann das nur so verstanden werden, dass die Versorgung der Gebäude mit Tageslicht (= Sonnenlicht) sichergestellt werden soll. Eine bestimmte Versorgung der Aufenthaltsräume eines Gebäudes mit direktem Sonnenlicht (Besonnung) bei unbedecktem Himmel kann mit den Abstandsvorschriften nicht sichergestellt werden, weil die Besonnung in diesem Sinne von der Stellung der Gebäude zur Himmelsrichtung abhängig ist.

Gemäß DIN 5034-4:1994-09 – Tageslicht in Innenräumen wird von einem **65** **Verbauungswinkel** von etwa 50° ausgegangen, der eine lichte Raumhöhe von mindestens 2,40 m und eine dazugehörige Fensterhöhe von 1,35 m voraussetzt. Diesen tabellarisch erfassten Werten sind Fensterbreiten zugeordnet, deren Realisierung ausreichende Helligkeit und eine Sichtverbindung nach außen (DIN 5034-4, Nr. 2.1 und 2.2) sicherstellt. Aus den Werten der DIN ergibt sich eine erforderliche Fensterfläche von rund $^1/_4$ der Raumfläche, während Abs. 2 als Mindestfenstergröße $^1/_8$ der Grundfläche eines Aufenthaltsraumes festlegt. Dies steht jedoch nicht entgegen, da es sich bei den Anforderungen der DIN 5034-4 um Qualitätsstandards handelt, die von bauordnungsrechtlichen Mindeststandards zu unterscheiden sind Die mit einer Unterschreitung bauordnungsrechtlich vorgesehener Abstandsflächen einhergehende indizielle Annahme ungesunder Wohnverhältnisse, insbesondere einer unzureichenden Belichtung von Aufenthaltsräumen, ist jedoch in jedem Einzelfall anhand der gegebenenfalls festzustellenden Gesamtumstände zu überprüfen. Denn es ist denkbar, dass ein zu geringer Gebäudeabstand durch eine Öffnung der zwischen den Gebäuden liegenden Freifläche z. B. nach Süden oder Westen und einer sich daraus ergebenden besseren Ausleuchtung der Innenräume oder eine das bauordnungsrechtliche Mindestmaß überschreitende Fenstergröße kompensiert wird. Ebenso wäre im Einzelnen zu überprüfen, ob eine gegebenenfalls unzureichende Belichtungssituation ihre Ursache tatsächlich in dem zur Realisierung anstehenden Bauvorhaben findet oder auf anderen Gegebenheiten beruht. Diese Prüfung ist wohnungsbezogen vorzunehmen, da die Wirkung fehlender oder mangelhafter Abstandsflächen mit der Folge von Mängeln der Besonnung, Belichtung und Belüftung von der Lage der Wohnungen in den Geschossen innerhalb des Gebäudes abhängt. Darüber hinaus beurteilt sich der Mangel einer Wohnung danach, wie viel Wohn- bzw. Aufenthaltsräume sie hat und wie sich die fehlenden oder unzureichenden Abstandsflächen auf diese auswirken (OVG Berlin-Brandenburg, Beschl. v. 18.9.2013 – 2 S 60.13 – juris).

Die Abstandsvorschriften gelten aber unabhängig von der Stellung der Gebäude **66** zur Himmelsrichtung. Mit **Verschattung** ist in diesem Zusammenhang nur die Minderung der Tagesbeleuchtung durch Gebäude oder andere bauliche sonstige Anlagen zu verstehen, nicht der sich auf dem Boden oder auf den Wänden bei unmittelbarer Sonneneinstrahlung klar abzeichnende Schlagschatten.

Das Sonnenlicht ist das natürliche Licht als Energie- und Lebensquelle, ermög- **67** licht die visuelle Wahrnehmung und hat einen positiven Einfluss auf das menschliche Wohlbefinden und die Gesundheit (Gesundes Wohnen, S. 9; Herausgeber: Bundesamt für Bauwesen und Raumordnung, 4-2007).

II. Belüftung

68 Da zu den Zielen des Art. 6 BayBO 1997 auch die Sicherstellung einer ausreichenden **Belüftung** gehörte, könnte angenommen werden, dass diese Zweckbestimmung nach wie vor auch für die Abstandsregelung des Art. 6 BayBO 2008 gilt. Die Fensterlüftung hat jedoch inzwischen erheblich an Bedeutung verloren. Insofern könnte davon ausgegangen werden, dass die Sicherstellung einer ausreichenden Belüftung nicht mehr zu den Zielen der Abstandsregelung der BayBO 2008 gehört (so jedenfalls ausdrücklich in der amtlichen Begründung zu § 6 BauO NRW 2006 a.a.O.). Allerdings wird in Abs. 5 Satz 3 Halbsatz 2 für die Festsetzungen einer **städtebaulichen Satzung,** die zu anderen Abständen als nach Abs. 5 Sätze 1 und 2 führen, gefordert, dass nicht nur eine ausreichende Belichtung, sondern auch eine ausreichende Belüftung nicht beeinträchtigt werden darf. Das dürfte nicht nur für die Festsetzungen eines Bebauungsplans über abweichende Abstandsflächentiefen gelten, sondern auch für die Anwendung des Abs. 7 Nr. 2. Wenn eine ausreichende Belüftung der Gebäude über Fensterlüftung in einer nach Abs. 7 Nr. 2 zulässigen engen Hinterhofbebauung nicht mehr zu erreichen ist, muss die Lüftung der Gebäude auf andere Weise sichergestellt werden, durch **künstliche Belüftung** bzw. **Klimatisierung** der Gebäude. Das dürfte kein Problem sein.

69 In der Rechtsprechung wurden „Belichtung, Belüftung und Besonnung" häufig im Zusammenhang genannt, so als sei das gleiche Abstandsmaß, das für eine ausreichende Tagesbeleuchtung gefordert wird, auch für eine ausreichende Belüftung erforderlich. Das ist aber offensichtlich nicht so. Insbesondere die technische Entwicklung im Bereich der **Lüftungsanlagen** lässt es nicht mehr erforderlich erscheinen, Mindestabstände unter dem Gesichtspunkt der Belüftung von Räumen bauordnungsrechtlich zu fordern – so die Begründung für die Herausnahme des Belüftungsziels aus den Schutzgütern der Abstandsregelungen (vgl. Begründung zur Novelle BauO NRW 2006).

III. Sozialabstand

70 Was den **Sozialabstand** betrifft, so ist eine allgemeingültige Maßbestimmung nur schwer möglich. Die Anwendung des Abs. 7 Nr. 2 lässt jedoch eine **städtebauliche Verdichtung** zu, die im Hinblick auf die Wahrung des Nachbarfriedens in vielen Fällen problematisch sein dürfte (Rn. 564 Abb. 6.7.6). Es spricht nichts dagegen, die Sicherstellung eines ausreichenden Sozialabstandes als **städtebauliche Aufgabe** anzusehen (das SächsOVG weist – unter Berufung auf die Gesetzesmaterialien zu § 6 SächsBO – LT.-Drs. 3/9651, S. 11 – darauf hin, dass der „Nebenzweck" der Wahrung des **sozialen Wohnfriedens** nicht mehr zu den Schutzgütern des § 6 SächsBO zählt – SächsOVG, Urt. v. 28.8.2005 – 1 B 889/04 –, BRS 69 Nr. 127 – Rn. 515). Das würde bedeuten, dass es als Aufgabe der Gemeinden angesehen werden müsste, für einen ausreichenden Sozialabstand zu sorgen, entweder durch Verzicht auf die Anwendung des Abs. 7 oder durch Festsetzung größerer Abstandsflächentiefen nach § 9 Abs. 1 Nr. 2a BauGB oder durch andere planungsrechtliche Bestimmungen.

Der VGH Bad.-Württ. hat die Auffassung vertreten, den Abstandsflächenvor- 71
schriften falle nicht die Aufgabe zu, neben der Gewährleistung einer ausreichenden Besonnung, Belichtung und Belüftung sowie eines ausreichenden Brandschutzes ein **störungsfreies Wohnen** zur Wahrung des nachbarlichen Wohnfriedens sicherzustellen (VGH Bad.-Württ., Beschl. v. 10.9.1998 – 8 S 2137/98 –, UPR
1999 S. 197 –, BRS 60 Nr. 103). Der „Nebenzweck der Wahrung des sozialen
Wohnfriedens" gehört nicht mehr zu den Schutzgütern des § 6 SächsBO 2004
(SächsOVG, Urt. v. 28.8.2005 – 1 B 889/04 –, BRS 69 Nr. 127, unter Hinweis auf
die Gesetzesmaterialien – LT-Drs. 3/9651, S. 11, Einzelbegründung zu § 6 Abs. 5).
Demgegenüber hat die OVG NRW die Auffassung vertreten, dass die Abstandvorschriften auch der **Störung des Wohnfriedens** vorbeugen und ganz allgemein vermeiden sollen, dass die Lebensäußerungen der in der Nachbarschaft
wohnenden und arbeitenden Menschen zu intensiv aufeinander einwirken
(OVG NRW, Urt. v. 29.8.1997 – 7 A 629/95 –, BRS 59 Nr. 110; Beschl. v.
6.2.2006 – 7 A 2101/05; vgl. auch OVG Saarland, Urt. v. 28.11.2000 – 2 R 2/00 –,
BauR 2001 S. 1245). Der Wohnfrieden umfasse sowohl einen Sozialabstand im
Sinne der Sicherung der Privatheit, etwa durch Schutz vor Einblick von Dritten,
als auch im Sinne des ordnungsrechtlichen Zieles der **Gefahrenabwehr** den
Schutz vor akustischen Störungen und auch vor Geruchsemissionen (OVG
NRW, Beschl. v. 29.7.1994 – 11. B 1260/94; zum Schutz der Nachbargrundstücke
vor Einsicht vgl. auch BVerwG, Beschl. v. 10.12.1997 – 4 B 204.97 –, BauR 1998
S. 319; VG Gelsenkirchen, Beschl. v. 29.7.2013 – 5 L 504/13 – juris). Nach der
Begründung zur Neufassung der Abstandsvorschriften in § 6 BauO NRW 2006
gehörte die Wahrung eines ausreichenden Sozialabstandes nach wie vor zu den
Schutzgütern der Abstandsregelungen.

Ziel der bauordnungsrechtlichen Vorschriften ist es auch, Beeinträchtigungen 72
und Belästigungen auszuschließen oder zu mildern, die unterhalb der Lärm-
schwelle bzw. unterhalb der Schwelle physischer **Gesundheitsgefährdung** liegen: Gespräche aus dem Nachbarhaus sollen nicht unfreiwillig mitgehört werden, die Musik aus elektronischen Geräten oder aus Hausmusikinstrumenten,
Kindergeschrei, das Bellen des Hundes, im Hinblick auf Geruchsbelästigungen
die Küchendünste des Nachbarn, Belästigungen, die zum Teil nicht unerhebli-
chen sozialen Konfliktstoff in sich bergen. Die TA Lärm ist zur Bewertung des
Lärmgeschehens einer wohn- bzw. wohnähnlichen Nutzung nicht geeignet
(OVG NRW, Beschl. v. 6.6.2006 – 7 A 1501/06).

Der BayVGH hat 2014 betont, dass der Schutzzweck der Abstandsflächenvor- 73
schriften auch den **sog. Wohnfrieden** erfasst (Urt. v. 3.12.2014 – 1 B 14.819 –
BayVBl. 15, S. 347), was sowohl den Schutz der Privatsphäre vor unerwünschten
Einblickmöglichkeiten als auch vor dem unerwünschten **Mithören sozialer
Lebensäußerungen** in der Nachbarschaft beinhaltet. Als Reaktion auf die Rechtsprechung des BayVGH wurde vorgeschlagen, den Wohnfrieden unter Berücksichtigung der übrigen Zielsetzungen des Abstandsrechts und der Tatsache, dass
die Illusion, innerorts ganz für sich und unter sich zu sein, nicht genährt werden
sollte, als selbstständigen Nebeneffekt einer auf Belichtung und Lüftung zuge-
schnittenen Norm zu begreifen (Happ, Michael, Aufsatz, BayVBl. 2014, S. 65).

74 Während bei bautechnischen Anforderungen der Zweck der Vorschriften vielfach auch durch eine andere als die gesetzlich vorgesehene Bauausführung gewahrt wird, die dann im Wege der Abweichung zugelassen werden kann, haben Abweichungen von den Regeln des Abstandsflächenrechts zur Folge, dass dessen Ziele oft nur unvollkommen verwirklicht werden. Es müssen also Gründe vorliegen, durch die sich das Vorhaben vom Regelfall unterscheidet und die die **Einbuße an den Schutzgütern** des Abstandsflächenrechts im konkreten Fall als vertretbar erscheinen lassen. Es muss sich um eine atypische, von der gesetzlichen Regel nicht zureichend erfasste oder bedachte Fallgestaltung handeln (z. B. BayVGH, Beschl. v. 29.11.2006 – 1 CS 06.2717 – juris; Urt. v. 11.1.2007 – 14 B 03.572 – juris; Beschl. v. 16.7.2007 – 1 CS 07.1340 – BauR 2007, 1858; OVG Berlin-Brandenburg, Beschl. v. 19.12.2012 – OVG 2 S 44.12 – NVwZ-RR 2013, 400; OVG Bremen, Beschl. v. 8.4.2013 – 1 B 303/12 – NVwZ 2013, 1027; kritisch zur Atypik neuerdings Happ, BayVBl 2014, S. 65). Diese kann sich etwa aus einem besonderen Grundstückszuschnitt, einer aus dem Rahmen fallenden Bebauung auf dem Bau- oder dem Nachbargrundstück oder einer besonderen städtebaulichen Situation ergeben (zusammenfassend z. B. BayVGH, Beschl. v. 16.7.2007 – 1 CS 07.1340 – BauR 2007, 1858 m. w. N.). In solchen Lagen kann auch das Interesse des Grundstückseigentümers, **vorhandene Bausubstanz** zu erhalten und sinnvoll zu nutzen oder bestehenden Wohnraum zu modernisieren, eine Verkürzung der Abstandsflächen durch Zulassung einer Abweichung rechtfertigen (zusammenfassend BayVGH a.a.O.).

75 Der BayVGH stellte fest, dass eine **atypische Fallgestaltung** eine zwar notwendige, nicht aber eine hinreichende Voraussetzung für die Rechtmäßigkeit einer Abweichung von den Abstandsflächenvorschriften sei. Gemäß Art. 63 Abs. 1 Satz 1 ist der Zweck der jeweiligen Anforderung, in diesem Fall des Abstandsflächenrechts, zu berücksichtigen. Insofern entspricht es gesicherter Auffassung, dass der Zweck des Abstandsflächenrechts darin besteht, eine ausreichende Belichtung und Belüftung der Gebäude zu gewährleisten und die für notwendige Nebenanlagen erforderlichen Freiflächen zu sichern (z. B. BayVGH, Urt. v. 14.10.1985 – 14 B 85 A.1224 – BayVBl 1986, 143; Urt. v. 14.12.1994 – 26 B 93.4017 – VGHE n. F. 48, 24). Dies kann bereits unmittelbar den gesetzlichen Vorschriften des Art. 6 Abs. 5 Satz 3 Halbs. 2, Art. 81 Abs. 1 Nr. 6 entnommen werden. Der BayVGH ist allerdings der Auffassung, dass darüber hinaus auch der sog. Wohnfrieden (**Sozialabstand**) als Zweck des Abstandsflächenrechts anzuerkennen ist. Hierzu gehört der Schutz der Privatsphäre vor unerwünschten Einblickmöglichkeiten und vor dem unerwünschten Mithören sozialer Lebensäußerungen in der Nachbarschaft. Zwar besteht nach herrschender Meinung Einigkeit, dass – ungeachtet eines Verstoßes gegen das Gebot der Rücksichtnahme im Einzelfall – der Wohnfrieden insbesondere bei Einblickmöglichkeiten in Nachbargrundstücke planungsechtlich grundsätzlich nicht geschützt ist (BVerwG, Beschl. v. 24.4.1989 – 4 B 72.89 – NVwZ 1989, 1060; BayVGH, Beschl. v. 25.1.2013 – 15 ZB 13.68 – juris); denn das bauplanungsrechtliche Gebot des Einfügens bezieht sich nur auf die in § 34 Abs. 1 BauGB genannten städtebaulichen Merkmale der Nutzungsart, des Nutzungsmaßes, der Bauweise und der überbaubaren Grundstücksfläche. Die Möglichkeit der Einsichtnahme ist – als nicht städtebaulich relevant – davon nicht angesprochen

(BVerwG a.a.O.). Demgegenüber sollen die bauordnungsrechtlichen Abstandsflächenvorschriften auch dem Interesse dienen, unmittelbare Einblicke zu begrenzen (vgl. BayVGH, Beschl. v. 20.7.2010 – 15 CS 10.1151 – juris; Urt. v. 8.5.2008 – 14 B 06.2813 – juris; eindeutig ablehnend wohl nur VGH BW, Beschl. v. 18.3.2014 – 8 S 2628/13 – NVwZ-RR 2014, 545, allerdings zur Rechtslage in Baden-Württemberg). Diesem Ergebnis steht nicht entgegen, dass die amtliche Begründung zur Novellierung der Bayerischen Bauordnung im Jahr 1997 (s. LT-Drs. 13/7008 S. 29 f.) als Regelungszweck noch ein „Mindestmaß an Belichtung, Belüftung, Besonnung und Sozialabstand" genannt hatte, während dieser Begriff in der amtlichen Begründung zur BayBO-Novelle im Jahr 2007 (s. LT-Drs. 15/7161 S. 43, 73) nicht mehr ausdrücklich enthalten ist. Daraus lässt sich nicht zwingend herleiten, dass der **Wohnfrieden** nun nicht mehr gesetzlich geschützt werden soll. Eher in das Gegenteil weisen die Vorschriften des Art. 6 Abs. 3 Nr. 2 und des Art. 6 Abs. 9 Nr. 1. Nach ersterer Vorschrift dürfen sich Abstandsflächen bei Wohngebäuden der Gebäudeklassen 1 und 2 ausnahmsweise nur dann überdecken, wenn es sich um Außenwände zu einem fremder Sicht entzogenen Gartenhof handelt. Aus Art. 6 Abs. 9 Satz 1 Nr. 1 folgt, dass grundsätzlich nur Gebäude ohne Aufenthaltsräume unter den dort bestimmten engen Voraussetzungen in den Abstandsflächen eines Gebäudes sowie ohne eigene Abstandsflächen zulässig sind. Aus den Vorschriften lässt sich demnach der Grundsatz herleiten, dass die Abstandsflächenvorschriften auch dem Schutz des Wohnfriedens dienen (vgl. zum – zivilrechtlichen – Schutzzweck des Art. 43 AGBGB der Wahrung des Wohnfriedens auch BayVerfGH, Entscheidung v. 14.12.2011 – Vf.108-VI-10 – BayVBl 2012, 332; kritisch neuerdings Happ, BayVBl 2014, 65; sowie Schweinoch, Hans-Joachim, BayVBl. 2015, S. 837) und dass nach der typisierenden Bewertung des Gesetzgebers Aufenthaltsräume in den Abstandsflächen in aller Regel nicht zulässig sind (vgl. BayVGH, Urt. v. 8.11.1990 – 2 B 89.339 – nicht veröffentlicht).

Eine Abweichung für **Aufenthaltsräume** in den Abstandsflächen kann daher nur 76 zugelassen werden, wenn im Einzelfall die vom Abstandsflächenrecht geschützten Zwecke nicht oder nur geringfügig beeinträchtigt werden und wenn die Abweichung unter Würdigung der öffentlich-rechtlich geschützten nachbarlichen Belange mit den öffentlichen Belangen, insbesondere den Anforderungen des Art. 3 Abs. 1, vereinbar ist. Daraus folgt, dass es bei der **Zulassung einer Nutzungsänderung** unter (erheblicher) Abweichung von den Abstandsflächen maßgeblich sowohl auf die künftige Art der Nutzung als auch auf den Umfang der Abweichung ankommt. Das Interesse des Bauherrn, eine bessere wirtschaftliche Nutzung eines Gebäudes, insbesondere eine Wohnnutzung, herbeizuführen, reicht demgegenüber für die Erteilung einer Abweichung grundsätzlich nicht aus (BayVGH, Urt. v. 3.12.2014 – 1 B 14.819 – juris).

Der Schutzbereich des vom Abstandsflächenrecht erfassten sog. Wohnfriedens 77 (vgl. BayVGH, Urt. v. 3.12.2014 – 1 B 14.819 –, juris) ist nur eröffnet, wenn bauliche Anlagen dem Aufenthalt von Menschen dienen. Deshalb können Funkanlagen und Funktürme den sog. Wohnfrieden von vornherein nicht beeinträchtigen (BayVGH, Urt. v. 5.5.2015 – 1 ZB 13.2010 –, KommunalPraxis BY 2015, 267; vgl. Rn. 148).

78 Allgemeine Regeln über den einzuhaltenden Sozialabstand lassen sich nicht aufstellen. Den Anforderungen kann bei einer Bebauung in **offener Bauweise** eher entsprochen werden als in der **geschlossenen Bauweise**. Im Übrigen kommt es auf den Bautyp an. Eine Bebauung mit Gartenhofhäusern kann auch in geschlossener Bauweise mit hoher Bebauungsdichte den Anforderungen entsprechen (Rn. 302, 391 ff.).

79 Der Grundsatz, eine ungestörte **freie Aussicht** sei in innerstädtischen Bereichen nicht vom Schutz durch das bauplanungsrechtliche Rücksichtnahmegebot umfasst (vgl. OVG NRW, Beschl. v. 20.11.2013 – 7 A 2341.11 –, BauR 2014, 252, BRS 81 Nr 198) gilt unabhängig von dem der zitierten Entscheidung zugrunde liegenden Sachverhalt nicht allein in altstadttypisch eng und kleinteilig bebauten Gebieten, sondern auch in anderen innerstädtischen Bereichen, denn es muss dort immer damit gerechnet werden, dass Nachbargrundstücke innerhalb des vorgegebenen Rahmens baulich ausgenutzt werden (vgl. OVG NRW, a.a.O., Rn. 88). Soweit in einem Gebiet keine altstadttypische enge Bebauung vorliegt, sondern sich aufgrund der nach dem Krieg verwirklichten weiträumigen modernen städtebaulichen Konzepte sich eine besondere Weitläufigkeit darstellt, muss dieses im Einzelnen belegt werden, um einen Verstoß gegen das Gebot der Rücksichtnahme darzulegen. Da eine Verletzung des in § 34 Abs. 1 BauGB enthaltenen Rücksichtnahmegebots voraussetzt, dass sich das Vorhaben nach seiner Art oder seinem Maß der baulichen Nutzung, nach seiner Bauweise oder nach seiner überbauten Grundstücksfläche nicht in die Eigenart seiner näheren Umgebung einfügt (vgl. BVerwG, Beschl. v. 11.1.1999 – 4 B 128.98 –, juris), müsste aus der Anordnung der Gebäude in der näheren Umgebung abzuleiten sein, dass das Vorhabengrundstück nicht in der geplanten Form einer Blockrandbebauung überbaubar ist (OVG Berlin-Brandenburg, Beschl. v. 19.5.2014 – OVG 2 S 8.14 – juris).

80 Entsprechend einer allgemein verwendeten Formel ist ein Vorhaben aus tatsächlichen Gründen in der Regel nicht als **rücksichtslos** („erdrückend") anzusehen, wenn es mit seiner Lage und seinen Abmessungen die Abstandsflächen einhält (BayVGH, Urt. v. 27.3.2013 – 14 B 12.192 – juris Rn. 31; vgl. BVerwG, Beschl. v. 11.1.1999 – 4 B 128.98 – BayVBl 1999, 568; BayVGH, Beschl. v. 11.5.2010 – 2 CS 10.454 – juris Rn. 6; Beschl. v. 6.9.2011 – 1 ZB 09.3121 – juris Rn. 4; Beschl. v. 15.3.2011 – 15 CS 11.9 – juris Rn. 29 bis 32; Beschl. v. 15.10.2012 – 14 CS 12.2034 – juris Rn. 15). Aus der Nichteinhaltung der Abstandsflächen darf umgekehrt aber nicht zwangsläufig auf die Rücksichtslosigkeit eines Vorhabens geschlossen werden (BayVGH, Beschl. v. 6.9.2011 a.a.O.).

81 Ebenso beurteilt das OVG des Saarlandes das Nichtvorliegen einer Rücksichtslosigkeit bei Einhaltung der erforderlichen Abstandsflächen. Im Falle des Nichtvorliegens eines Verstoßes gegen die Abstandsflächenvorschriften (§ 7 LBO Saarland 2004) ist ungeachtet der landesgesetzlichen Herausnahme aus dem Prüfprogramm der Bauaufsichtsbehörde im vereinfachten Genehmigungsverfahren (§ 64 Abs. 2 Satz 1 LBO Saarland 2004) in aller Regel kein Raum für die Annahme einer Rücksichtslosigkeit von Bauvorhaben jedenfalls mit Blick auf die den Regelungsgegenstand dieser Bestimmungen bildenden Belange ausreichender Belichtung und Belüftung von Nachbargrundstücken und der „Wahrung des nachbarli-

chen Wohnfriedens" (OVG Saarland, Beschl. v. 15.05.2013 – 2 B 51/13 – juris). Die Geltendmachung des Verstoßes gegen das Gebot der Rücksichtnahme setzt die Darlegung voraus, dass die geltend gemachte **Veränderung des Gebietscharakters** zu unzumutbaren Beeinträchtigungen führt. Die Rücksichtslosigkeit eines Vorhabens des Nachbarn ist nicht gegeben, wenn es dem vermeintlich Beschwerten frei steht, sein Grundstück bzw. Teile des Grundstücks durch entsprechende Sichtschutzelemente oder Anpflanzungen vor einer Einsichtnahme zu schützen (OVG NRW, Beschl. v. 10.3.2016 – 7 B 1155/15 –, juris, vorgehend VG Aachen, – 3 L 683/15; BayVGH, Beschl. v. 24.8.2016 – 9 CS 15.1695 – juris mit Verweis auf BVerwG, Urt. v. 19.3.2015 – 4 C 12.14 – NVwZ 2015, 1769; OVG Berlin-Brandenburg, Beschl. v. 16.9.2016 – OVG 2 S 29.16 – juris).

Das Bauplanungsrecht vermittelt **keinen generellen Schutz vor unerwünschten** 82 **Einblicken.** Die Möglichkeit der Einsichtnahme ist – als grundsätzlich nicht städtebaulich relevant – davon nicht angesprochen (vgl. BVerwG, Beschl. v. 24.4.1989 – 4 B 72.89 – NVwZ 1989, 1060; BayVGH, Beschl. v. 30.11.2006 – 14 CS 06.3015 – juris Rn. 9; Beschl. v. 16.10.2012 – 15 ZB 11.1016 – juris Rn. 7; Beschl. v. 25.1.2013 – 15 ZB 13.68 – juris Rn. 6; Beschl. v. 23.4.2014 – 9 CS 14.222 – juris Rn. 13; BayVGH, Beschl. v. 13.4.2018 – 15 ZB 17.342 – juris Rn 15).

IV. Brandschutz

In Art. 6 Absätze 5 und 6 wird für die Abstandsflächen eine Mindesttiefe von 3 m 83 vorgeschrieben, unabhängig von der Wandhöhe. Diese Regelung dient vorrangig dem Schutz vor **Brandübertragung aus gegenüberstehenden Gebäuden** auf demselben Grundstück oder auf benachbarten Grundstücken. Die Außenwände müssen im Übrigen den Anforderungen der Art. 26 bzw. 28 entsprechen. Wird der Abstand zur Nachbargrenze von 2,50 m unterschritten, so müssen die Außenwände als Gebäudeabschlusswände, d. h. nach Art. 28 Abs. 8 ohne Fenster oder Türen oder sonstige Öffnungen ausgeführt werden.

V. Abweichungen vom Regelfall

Bei der Abfassung der Abstandsregelung in der Musterbauordnung 1981, an der 84 sich die meisten Landesbauordnungen, so auch die Bayerische Bauordnung, mit ihren Abstandsregelungen orientiert hatten, ging man offenbar von **Gebäuden mit rechteckigem Grundriss** aus, deren Wände eine überall gleiche Höhe aufweisen und parallel zu den Grundstücksgrenzen verlaufen (BayVGH, Beschl. v. 21.4.1986 – Nr. Gr. S 1/85 – 15 B 84 A.2534 –, BayVBl. 1986 S. 397; BRS 46 Nr. 103). Abweichungen von diesem der Regelung zugrunde liegenden Normalfall führen bei schematischer Anwendung der Abstandsvorschriften des Art. 6 oft zu Ergebnissen, die mit dem Zweck der Regelung nicht in Einklang stehen. Unregelmäßige Grundstückszuschnitte, gegliederte Baukörper, in Höhe und Tiefe gestaffelte Außenwände, Gebäude in Hanglage, Bebauung in abweichender Bauweise, Gartenhofhäuser, geschlossene Hofumbauung, turmartige Hochhäuser, Außenwände oder Außenwandteile ohne für die Belichtung notwendige Fenster, größere Geschosshöhen als 2,50 m rechtfertigen oder erfordern jeweils abweichende Regelungen.

85 Der **Bebauungsplan** kann den Besonderheiten einer städtebaulichen Situation mit abweichenden Regelungen Rechnung tragen. Dies berücksichtigt die Vorschrift des Abs. 5 Satz 3, mit der der städtebaulichen Satzung ein Vorrang eingeräumt wird. Ein Bebauungsplan kann aber nicht die Besonderheiten jeder spezifischen baulichen Lösung vorwegnehmen. Insoweit müssen in der Einzelfallentscheidung über die Abweichungsmöglichkeiten im Bebauungsplan hinaus weitere Abweichungen möglich sein. Mit der Regelung des Art. 7 Abs. 2 BayBO 1982 ließen sich einige vom Regelbeispiel abweichende Fälle lösen. Die Regelung erwies sich jedoch als nicht ausreichend. Nach Einführung der mit Art. 77 BayBO 1994 erweiterten Abweichungsmöglichkeiten konnte auf die Regelungen des Art. 7 Abs. 2 BayBO 1982 verzichtet werden. Art. 77 Absätze 1 und 2 BayBO 1994 wurden im Wesentlichen unverändert in Art. 70 Absätze 1 und 2 BayBO 1997 und nun mit einigen Präzisierungen in Art. 63 übernommen (Rn. 630 ff.).

86 Ob die unter Rn. 15 ff. genannten Ziele im Einzelfall erreicht werden, hängt nicht nur von der Einhaltung der Abstandsvorschriften ab. Die Belichtung von Aufenthaltsräumen hängt wesentlich von den **Merkmalen des Raumes** selbst ab, von seiner Höhe, Breite und Tiefe, des Weiteren von der **Größe und der Lage der Fenster.** Für ein verträgliches Wohnklima sind die **Einsichtmöglichkeiten** bzw. deren Abschirmung von Bedeutung. Dabei ist die Ausrichtung der Fenster ausschlaggebend.

VI. Gestaltung des Ortsbildes

87 Die **Proportionen von Straßen und Plätzen** sind wesentliche städtebauliche Gestaltmerkmale. Obwohl mit den Abstandsvorschriften keine stadtgestalterischen Ziele verfolgt werden, sind die Auswirkungen der Abstandsvorschriften auf die Proportionen von Straßen und Plätzen erheblich. Aus der von der Höhe der Gebäude abhängigen Tiefe der Abstandsflächen ergibt sich ein bestimmtes Verhältnis von Straßenbreite zur Höhe der Straßenrandbebauung (vgl. Rn. 363 f.). Schattige Gassen und kleine Plätze sind praktisch ausgeschlossen, wenn die Abstandsvorschriften eingehalten werden. Ohne die Möglichkeit, im Bebauungsplan von den Bemessungsregeln der Abstandsvorschriften abzuweichen, wäre ein Wechsel in den Proportionen von Straßen- und Platzräumen kaum möglich.

VII. Nachbarschutz

88 Die Abstandsvorschriften dienen nicht nur dem **Schutz des Gebäudes,** das errichtet werden soll, oder dem Schutz der auf demselben Grundstück vorhandenen oder zulässigen Gebäude und Gebäudeteile, sondern auch dem Schutz der auf den Nachbargrundstücken vorhandenen oder zulässigen Gebäude sowie dem Schutz der dort vorhandenen Freiflächen vor möglichen Beeinträchtigungen (vgl. OVG NRW, Urt. v. 12.2.2003 – 7 A 4101/01). Einige Vorschriften dienen mehr dem Schutz der Gebäude auf demselben Grundstück – beispielsweise das Überdeckungsverbot des Abs. 3 – andere mehr dem Nachbarschutz – so die Vorschrift des Abs. 2 Satz 1, wonach die Abstandsflächen auf dem Grundstück selbst liegen müssen.

89 Allein aus einer Verletzung des Art. 6 und aus den speziell von diesem anvisierten Schutzzielen (Belichtung, Belüftung und Wohnfrieden) kann aber – auch wenn die

landesrechtlichen Abstandsflächenvorschriften grundsätzlich für einen **Interessenausgleich im Nachbarschaftsverhältnis** sorgen sollen – nicht automatisch auf die Verletzung des Rücksichtnahmegebots geschlossen werden. Denn das Gebot der Rücksichtnahme gibt dem Grundstückseigentümer nicht das Recht, von jeder (auch ggf. rechtswidrigen) Veränderung auf dem Nachbargrundstücks verschont zu bleiben. Vielmehr kommt es darauf an, inwieweit durch die Nichteinhaltung des erforderlichen Grenzabstands die Nutzung des Nachbargrundstücks tatsächlich unzumutbar beeinträchtigt wird. Entscheidend sind die tatsächlichen Verhältnisse des Einzelfalls (vgl. BayVGH, Beschl. v. 22.6.2011 – 15 CS 11.1101 – juris Rn. 17; Beschl. v. 13.3.2014 – 15 ZB 13.1017 – juris Rn. 11; Beschl. v. 23.4.2014 – 9 CS 14.222 – juris Rn. 11; Beschl. v. 24.8.2016 – 15 ZB 14.2654 – juris Rn. 15; Beschl. v. 7.12.2016 – 9 CS 16.1822 – juris Rn. 21 ff.; Beschl. v. 15.12.2016 – 9 ZB 15.376 – juris Rn. 13; Beschl. v. 15.1.2018 – 15 ZB 16.2508 –; Beschl. v. 20.3.2018 – 15 CS 17.2523 –; BayVGH, Beschl. v. 6.4.2018 – 15 ZB 17.36 – juris Rn. 23).

Im Hinblick auf den Nachbarschutz, der sich aus der Regelung des Abs. 2 Satz 1 **90** ableitet, hat das OVG NRW die Auffassung vertreten, ein in Grenznähe stehender Baukörper habe zwar immer, also auch wenn die in § 6 BauO NRW verlangte Abstandsfläche gewahrt wird, eine Beeinträchtigung der Nachbarn zur Folge, dem Nachbarn sollten aber im Hinblick auf sein **Betroffensein** nur dann Abwehrrechte eingeräumt werden, wenn die verlangten Abstandsmaße unterschritten werden. Bei dieser Regelung unterstelle der Gesetzgeber somit nicht, dass eine Beeinträchtigung des Nachbarn bei einem die Abstandsflächenregelungen nicht vollständig ausnutzenden Bauwerk völlig fehle und erst dann abrupt einsetze, wenn die Abstandswerte unterschritten werden. Es sei lediglich gesetzlich verankert worden, dass das Heranrücken eines Bauwerks und die damit verbundene Beeinträchtigung des Nachbarn erst rechtlich mit der Folge des Entstehens eines nachbarlichen Abwehranspruchs relevant werde, wenn die gesetzlich festgelegten Abstandswerte unterschritten werden. Das bedeute, dass einer nicht bedeutsamen Unterschreitung der Abstandwerte nicht mit dem Argument begegnet werden könne, diese sei vom Nachbarn hinzunehmen, weil sie nicht ohne weiteres quantitativ festzulegen und deshalb de facto nicht beeinträchtigend sei (OVG NRW Urt. v. 14.1.1994 – 7 A 2002/92 –, BRS 56 Nr. 196; Urt. v. 13.10.1999 – 7 A 999/99 – BauR 2000, S. 1177, BRS 62 Nr. 135). Verstoße eine Baugenehmigung gegen die nachbarschützende Abstandsvorschrift des § 6 Abs. 1 Satz 1 BauO NRW, verletze sie den Nachbarn in seinen Rechten, ohne dass zusätzlich eine tatsächliche Beeinträchtigung festgestellt werden müsse (OVG NRW, Urt. v. 22.1.1996 – 10 A 1464/92 –, BRS 58 Nr. 115; so auch BayVGH, Urt. v. 18.5.2001 – 2 B 00.1347, zitiert bei Jäde BayVBl. 02 S. 33 f.).

Aus einer fehlenden **Angrenzerbeteiligung** im Sinne von § 74 BauO NRW – ent- **91** spricht Art. 66 – kann keine abwehrfähige Rechtsposition hergeleitet werden. Ein solcher Verfahrensfehler kann unabhängig von einer materiellen Rechtsverletzung des Nachbarn keinen Anspruch des beteiligten Nachbarn auf Aufhebung des Verwaltungsaktes begründen (OVG NRW, Beschl. v. 4.11.2015 – 7 B 744/15 – juris; vgl. a. OVG NRW, Beschl. v. 18.2.2014 – 7 B 1416/13 – juris).

92 Die Geltendmachung eines Abwehrrechts stellt sich als **unzulässige Rechtsaus-übung** dar, wenn der von einem Abstandsflächenverstoß Betroffene selbst in einem entsprechenden Maße gegen das Abstandsflächengebot verstößt. – Das allgemeine Rechtsverständnis billigt es einem Grundeigentümer nicht zu, rechtliche Abwehrmaßnahmen gegen eine durch einen Nachbarn hervorgerufene Beeinträchtigung zu ergreifen und zugleich diesem Nachbarn quasi spiegelbildlich dieselbe Beeinträchtigung zuzumuten. Denn der öffentlich-rechtliche Nachbarschutz beruht auf einem Verhältnis wechselseitiger Abhängigkeit, das maßgeblich durch die objektiven Grundstücksverhältnisse geprägt ist. Erst aus der Störung des nachbarlichen Gleichgewichts und nicht schon aus der Abweichung von öffentlich-rechtlichen Normen ergibt sich deshalb der Abwehranspruch. Aus diesem Grunde kommt es auch nicht darauf an, ob der materiellrechtliche Verstoß gegen die Abstandsvorschriften durch eine Baugenehmigung formell abgesichert ist. Die Erteilung einer Baugenehmigung vermag zwar gegenüber der Behörde Bestandsschutz zu vermitteln; sie ändert jedoch nichts an der faktischen Nichteinhaltung der gesetzlich geforderten Abstandsflächen und hat daher keinen Einfluss auf die zwischen Nachbarn bestehende Wechselbeziehung (OVG NRW, Beschl. v. 12.2.2010 – 7 B 1840/09 – juris, Beschl. v. 7.5.2010 – 7 B 330/10 –; vgl. OVG NRW, Beschl. v. 7.8.1997 – 7 A 150/96 –, BRS 59 Nr. 193; ThürOVG, Beschl. v. 5.10.1999 – 1 EO 698/99 –, BauR 2000, S. 869).

93 Die Geltendmachung des Abwehrrechts gegen einen Abstandsflächenverstoß kann sich als unzulässige Rechtsausübung darstellen, wenn das auf dem Grundstück des Nachbarn errichtete Gebäude die nach § 6 BauO NRW (entspricht Art. 6) erforderlichen Abstandsflächen in wenigstens **vergleichbarem Umfang** ebenfalls nicht einhält (VG Köln, Urt. v. 28.1.2014 – 2 K 6818/12 –; vgl. OVG NRW, Beschl. v. 12.2.2010 – 7 B 1840/09 – juris; vgl. a. OVG NRW, Beschl. v. 13.1.2016 – 2 B 1296/15 – juris).

94 Sofern die auf das Nachbargrundstück fallende Abstandsfläche eines Bauvorhabens deutlich kleiner ist als die Abstandsflächen, die die baulichen Anlagen des Nachbarn zu Ungunsten des Vorhabengrundstücks auslösen, besteht kein Abwehranspruch. Auf die Intensität der Nutzung (Kitanutzung gegenüber Wohnnutzung) der betroffenen Bereiche kommt es für die Beurteilung der Abstandflächenverstöße nicht an (OVG NRW, Beschl. v. 2.3.2015 – 7 A 563/14 – BauR 2015, S. 1469).

95 Das OVG NRW hat die Auffassung vertreten, der Umstand, dass der Eigentümer eines bebauten Grundstücks mit seinem Gebäude die für ihn maßgeblichen Abstandsregelungen selbst nicht einhalte, bedeute nicht automatisch, dass er sich nicht mehr gegen die Verletzung von Abstandsvorschriften durch Nachbarn zur Wehr setzen könne. Das gelte namentlich dann nicht, wenn dieses Grundstück seinerzeit ohne Verstoß gegen die damals geltenden Abstandsflächenvorschriften oder sogar in einer Zeit errichtet worden ist, als Abstandsflächenvorschriften noch nicht galten (OVG NRW, Beschl. v. 16.1.1997 – 10 B 3126/96).

96 Sind etwaige Abwehrrechte des Nachbarn durch **Verzicht** untergegangen, so können sie auf dessen Rechtsnachfolger nicht mehr übergehen (OVG NRW, Urt. v. 2.9.2010 – 10 A 2616/08 – juris; nachgehend BVerwG, Beschl. v. 6.1.2011 – 4 B

51.10 – ECLI:DE:BVerwG:2011:060111B4B51.10.0, BRS 78 Nr. 190). Die **Zustimmung eines Nachbarn** zu einem Bauvorhaben, die sich aus der Unterzeichnung der Bauunterlagen durch den Nachbarn ergeben kann, ist als Verzicht auf eventuelle Abwehrrechte zu werten. Ein Nachbar ist grundsätzlich in seiner Entscheidung frei, ob er einem Vorhaben zustimmt oder nicht. Die Frage, wie weit sich ein Einverständnis des Nachbarn mit einem Vorhaben bzw. sein Verzicht auf ein etwa gegen dieses Vorhaben gerichtetes Abwehrrecht auf seine nachbarliche Abwehrposition auswirkt, beantwortet sich allein nach dem konkreten, gegebenenfalls durch Auslegung zu ermittelnden Inhalt der von ihm zu dem Nachbarvorhaben abgegebenen Erklärung. Eine Unterschrift unter die das Vorhaben verdeutlichenden Baupläne stellt dabei regelmäßig die schlüssige Erklärung eines umfassenden Verzichts auf nachbarliche Einwendungen gegenüber dem in diesen Bauzeichnungen konkretisierten Vorhaben dar (vgl. OVG NRW, Beschl. v. 30.3.2004 – 7 B 2430/03 –). Eine durch Nachtrag genehmigte Erhöhung des Daches um 1,60 m an der Nachbargrenze ist nicht von der Zustimmung erfasst, da es sich um ein abweichendes Vorhaben handelt (VG Düsseldorf, Beschl. v. 20.9.2016 – 9 L 2264/16 – juris).

Die Geltendmachung eines nachbarlichen Abwehrrechts gegenüber abstandsrechtlich unzulässigen Nachbarvorhaben verstoße **bei eigenen Nachbarverstößen** jedenfalls dann nicht gegen Treu und Glauben, wenn das unter Verstoß gegen die Abstandsvorschriften errichtete neue Vorhaben erheblich stärkere Beeinträchtigungen für den Nachbarn mit sich bringe, als dies umgekehrt der Fall sei (OVG NRW, Urt. v. 30.11.2000 – 7 A 5826/98). **97**

Standortalternativen, die aus nachbarlicher Sicht günstiger erscheinen, sind grundsätzlich nicht Gegenstand der Prüfung im Baugenehmigungsverfahren; die Baugenehmigung ist nach Art. 68 Abs. 1 Satz 1 Halbs. 1 BayBO eine an den Bauantrag (vgl. Art. 64 Abs. 1 Satz 1, Abs. 2 Satz 1 BayBO) gebundene Entscheidung (Molodovsky Stand 4-2018, Art. 68 Rn. 12). Wenn feststeht, dass eine beantragte Wohnbebauung an dem von den Bauherrn gewählten Standort Rechte des Nachbarn nicht verletzt, kann dieser die Baugenehmigung nicht durch einen Hinweis auf seines Erachtens besser geeignete Alternativstandorte zu Fall bringen (BVerwG, Beschl. v. 26.6.1997 – 4 B 97/97 – BRS 59 Nr. 176; BayVGH, Beschl. v. 30.5.2018 – 15 ZB 16.630 – juris Rn. 23). **98**

Unter bestimmten Voraussetzungen kommt eine **Verwirkung von nachbarlichen Abwehrrechten** in Betracht. Wenn der für den Beginn der Verwirkungsfrist maßgebliche Zeitpunkt einer Erkennbarkeit des Vorhabens und damit eines für den Nachbarn zumutbaren Handelns so früh vor der tatsächlichen Geltendmachung von Nachbarrechten gelegen ist (über 10 Jahre), verstößt ein nunmehriges Vorgehen gegen Treu und Glauben, zumal in der Zwischenzeit mehrfach bauliche Änderungen und Sanierungsarbeiten erkennbar waren. Erst nachdem auf dem umstrittenen Anbau eine Dachterrasse errichtet wurde, war der Nachbar gegen den Anbau an sich vorgegangen. Zu diesem Zeitpunkt hat aber darauf vertraut werden dürfen, dass Abwehrrechte gegen den Anbau nicht mehr ausgeübt würden (OVG NRW, Beschl. v. 16.5.2014 – 2 A 222/14 – BauR 2015, S. 247, BRS 82 Nr 139). **99**

100 Voraussetzung für eine Verwirkung des Nachbarrechts ist vielmehr nach der ständigen Rechtsprechung des OVG NRW in Übereinstimmung mit der – allerdings zur Verwirkung bundesrechtlich geregelter Abwehrrechte ergangenen – Rechtsprechung des Bundesverwaltungsgerichts eine **Untätigkeit des Nachbarn**, die ein Vertrauen des Bauherrn darauf rechtfertigt, der Nachbar werde das ihm eigentlich zustehende Abwehrrecht nicht mehr geltend machen (Vertrauensgrundlage), sowie ein sich hierauf einstellendes Verhalten des Bauherrn (Vertrauenstatbestand). Für das Merkmal der Treuwidrigkeit, das für den Rechtsverlust durch Verwirkung konstitutiv ist, bedarf es also neben dem Zeitablauf einer kausalen Verknüpfung des Verhaltens des Nachbarn einerseits mit demjenigen des Bauherrn andererseits. Wann eine Verwirkung in diesem Sinne anzunehmen ist, hängt maßgeblich von den Umständen des jeweiligen Einzelfalles ab; die Verwirkung als Grundlage für einen Rechtsverlust des Nachbarn trotz fortdauernder Rechtswidrigkeit und ggf. beeinträchtigender Wirkung einer baulichen Anlage kann allerdings nur in Ausnahmefällen angenommen werden (OVG NRW, Beschl. v. 10.6.2005 – 10 A 3664/03 – BauR 2005, 1766, BRS 69 Nr 178; m. V. a. Urt. v. 24.4.2001 – 10 A 1402/98 –; Urt. v. 2.3.1999 – 10 A 2343/97 –; Urt. v. 20.3.1997 – 10 A 4965/96 –, Einschreiten der Nachbarn erst 2 Jahre nach Rohbaufertigstellung bzw. 20 Monate nach Fertigstellung als Fall der Verwirkung; BVerwG, Urt. v. 16.5.1991 – 4 C 4.89 –, BRS 52 Nr. 218).

101 Aufgrund der besonderen Pflichten im **nachbarlichen Gemeinschaftsverhältnis** kann auch eine bloße Untätigkeit des Nachbarn genügen, wenn sie vom Bauherrn als eine dem aktiven Tun gleichzusetzende Duldung seines Vorhabens verstanden werden kann (VG Neustadt, Urt. v. 8.9.2016 – 4 K 395/16.NW – juris). Da der Nachbar aufgrund des Gemeinschaftsverhältnisses verpflichtet ist, durch zumutbares aktives Handeln dazu beizutragen, einen wirtschaftlichen Schaden des Bauherrn zu vermeiden, ergibt sich aus der Länge des Zeitraums der Untätigkeit bereits ein gewichtiger Hinweis darauf, dass der Nachbar sein an sich bestehendes Abwehrrecht nicht mehr geltend machen werde (OVG Rheinland-Pfalz, Urt. v. 9.4.2014 – 8 A 11183/13.OVG – juris).

102 Der Anspruch eines Nachbarn auf **bauaufsichtliches Einschreiten** gegen ein ihn in seinen subjektiven Rechten verletzendes Vorhaben ist verwirkt, wenn die Geltendmachung dieses Anspruchs durch den Nachbarn objektiv gegen Treu und Glauben verstößt. Verwirkung tritt ein, wenn seit der Möglichkeit der Geltendmachung längere Zeit verstrichen ist (sog. Zeitmoment) und besondere Umstände hinzutreten, welche die verspätete Geltendmachung als Verstoß gegen Treu und Glauben erscheinen lassen (sog. Umstandsmoment). Was die „längere Zeit" anbelangt, während der ein Recht nicht ausgeübt worden ist, obwohl dies dem Berechtigten möglich gewesen wäre, lassen sich grundsätzlich keine allgemein gültigen Bemessungskriterien nennen. Die Dauer des Zeitraums der Untätigkeit des Berechtigten, von der an im Hinblick auf das Gebote von Treu und Glauben von einer Verwirkung des Rechts die Rede sein kann, hängt entscheidend von den jeweiligen Umständen des Einzelfalls ab (vgl. BVerwG, Urt. v. 16.5.1991 – 4 C 4.89 – BauR 1991, S. 597, BRS 52 Nr 218; OVG NRW, Beschl. v. 10.10.2012 – 2 B 1090/12 – BauR 2013, S. 507). Die Untätigkeit des Berechtigten während eines längeren Zeitraums verstößt insbesondere dann gegen Treu und Glauben, wenn der Verpflichtete infolge eines bestimmten Verhaltens des Berechtigten, das auch in einer Untätigkeit liegen kann, darauf vertrauen durfte, dass dieser das Recht nach so langer Zeit nicht mehr geltend machen würde (Vertrauensgrundlage), der Verpflichtete ferner tatsächlich darauf vertraut hat, dass das Recht nicht mehr ausgeübt werde (Vertrauenstatbestand) und sich infolgedessen in seinen Vorkehrungen und Maßnahmen so eingerichtet hat, dass ihm durch die verspätete Durchsetzung des Rechts ein unzumutbarer Nachteil entstehen würde. Die Länge des Zeitraums ist dafür ein gewichtiger Hinweis. Wer sich gegen Rechtsverletzungen wehren will, muss dies innerhalb angemessener Zeit tun (vgl. BVerwG, Beschl. v. 13.12.1999 – 4 B 101.99 –, BRS 63, Nr. 203 und v. 8.1.1997 – 4 B 228.96 –). Bei einem 1976 realisierten Bauvorhaben durch ein gerichtliches Vorgehen im Jahr 2008 ist ein Anspruch auf bauaufsichtliches Einschreiten verwirkt. Auch wenn der Nachbar erst zu diesem Zeitpunkt vom Abstandsflächenverstoß erfahren hat, spielt das in diesem Zusammenhang rechtlich ebenso wie ein Eigentümerwechsel keine Rolle (VG Minden, Urt. v. 19.11.2013 – 1 K 2482/12 – juris; vgl. OVG NRW, Urt. v. 28.1.2016 – 10 A 447/14 –, NRWE; vorgehend VG Düsseldorf, Urt. v. 10.1.2014 – 25 K 6763/12 –, juris).

Aus dem auch im öffentlichen Baurecht geltenden **Grundsatz von Treu und Glauben** ist abzuleiten, dass ein Abstandsflächenverstoß nur abgewehrt werden kann, wenn die Beeinträchtigung stärker ist als die durch einen eigenen Abstandflächenverstoß hervorgerufene Beeinträchtigung (OVG NRW, Beschl. v. 20.2.2014 – 2 A 1599/13 – juris). Hat der Nachbar auf seinem Grundstück bereits eine Terrassenüberdachung errichtet, die die Abstandsfläche nicht einhält, ist er nach Treu und Glauben gehindert, ein Abwehrrecht gegen eine Terrassenüberdachung geltend zu machen, die in vergleichbarer Weise die Abstandsflächenvorschriften verletzt (OVG NRW, Beschl. v. 13.3.2009 – 10 A 1118/08 – juris). **103**

Das VG Berlin hat in seiner Begründung zum Urteil vom 15.3.2016 (VG 13 K 255.15 – juris) festgestellt, dass die Baubehörde grundsätzlich gehalten sei, den **vollständigen Abriss** einer die Abstandsflächen nicht einhaltenden Baulichkeit anzuordnen. **104**

Grundsätzlich haben Nachbarn keinen allgemeinen Schutzanspruch, dass sie die Zulassung eines im Außenbereich objektiv nicht genehmigungsfähigen Vorhabens (Errichtung einer Asylbewerberunterkunft) abwehren könnten. Der Eigentümer eines im Innenbereich gelegenen Grundstücks kann gegenüber einer auf dem Nachbargrundstück im Außenbereich genehmigten Bebauung Rücksichtnahme auf seine Interessen nur insoweit verlangen, als er über eine schutzwürdige Abwehrposition verfügt (VG Düsseldorf, Beschl. v. 10.8.2016 – 9 L 2448/16 – juris). **105**

Der BayVGH hatte die Auffassung vertreten, dass die nachbarlichen Belange ausreichender Belichtung, Besonnung und Belüftung sowie der Begrenzung der Einsichtmöglichkeiten nicht Gegenstand des nachbarschützenden Gebots der Rücksichtnahme sein könnten, weil deren Sicherung (nur) die landesrechtlichen Abstandsflächenvorschriften dienten (BayVGH, Beschl. v. 15.9.1998 – 1 B 96, 4115). Das BVerwG hat darauf Bezug nehmend jedoch eingeräumt, ob diese **106**

Rechtsauffassung zutreffe, möge im Grundsatz einer erneuten kritischen Überprüfung in einem Revisionsverfahren bedürfen. Überwiegendes spreche für die Auffassung, dass die genannten nachbarlichen Belange nicht allein bauordnungsrechtlich, sondern auch bauplanungsrechtlich geregelt werden dürfen, weil sie auch städtebauliche Bedeutung haben und dass deshalb die (unterschiedlichen) bauordnungsrechtlichen (Abstands-)Vorschriften Regelungen des Städtebaurechts nicht verdrängen können (BVerwG, Urt. v. 11.1.1999 – 4 B 128.98 –, UPR 1999 S. 191, BRS 62 Nr. 102).

107 Das Sächsische OVG hat die Erwägungen des BVerwG aufgegriffen und kommt danach zu der Auffassung, infolge der Reduzierung der regelmäßigen [Tiefe der] Abstandsflächen auf 0,4 H in § 6 Abs. 5 Satz 1 SächsBO n. F. sei wegen der auf seiner Grundlage zu beurteilenden Vorhaben die Annahme einer regelmäßig nicht feststellbaren **„erdrückenden" Wirkung** eines Vorhabens bei Einhaltung der Abstandsflächen zu überdenken (Sächs. OVG, Beschl. v. 20.10.2005 – 1 BS 251/ 05 –, BRS 69 Nr. 128). Tatsächlich kann es im rückwärtigen Grundstücksbereich durch Ergänzungsbauten und Aufstockungen, die nach altem Recht nicht zulässig waren, zu einer **Verdichtung der Bebauung mit erdrückender Wirkung** kommen, aber auch zu unzumutbaren Beeinträchtigungen im Hinblick auf die Tagesbelichtung der Gebäude (vgl. Rn. 564 Abb. 6.7.6).

108 Ob ein Vorhaben in erdrückender Weise auf andere Gebäude einwirkt, lässt sich objektiv nur schwer feststellen. Der BayVGH hat erneut festgestellt, dass die sogenannte **erdrückende Wirkung von Gebäuden** auf die Nachbarbebauung eine Verletzung von Nachbarrechten darstellen kann (BayVGH, Beschl. v. 17.8.2015 – 2 ZB 13.2522 – juris), allerdings gleichzeitig eingeschränkt, dass eine derartige Verletzung von Nachbarrechten jedoch nur unter besonderen Voraussetzungen gegeben ist. In Betracht kommt eine besonders große Kubatur des Gebäudes, durch das bei den Bewohnern benachbarter Häuser in besonderer Weise unverhältnismäßige Belastungen im Sinn einer erdrückenden Wirkung eintreten können (vgl. Söfker in Ernst/Zinkahn/Bielenberg, BauGB, Stand: 1.2.2015, § 34 Rd. 142). Zudem können auch Einsichtsmöglichkeiten zu einer Verletzung des Gebots der Rücksichtnahme führen, jedoch nur dann, wenn die Abstände so gering sind, dass nicht mehr zumutbare Einsichtsmöglichkeiten auf Nachbargrundstücke eröffnet werden (vgl. OVG LSA, Urt. v. 22.6.2006 – 2 L 910/03 – juris). Zu berücksichtigen ist die jeweils **vorhandene Bebauung**, eine künftige Bebauung könnte zudem im Rahmen der architektonischen Selbsthilfe einen ausreichenden Sozialabstand sicherstellen (BayVGH, Beschl. v. 17.8.2015 – 2 ZB 13.2522 – juris).

109 Mit der Regelung des § 9 Abs. 1 Nr. 2a BauGB wollte der Bundesgesetzgeber den Gemeinden die Möglichkeit geben, **aus städtebaulichen Gründen** vom Bauordnungsrecht des jeweiligen Landes **abweichende Maße der Abstandsflächentiefe** festzusetzen. Anlass hierfür war die Anpassung des Abstandsrechts zahlreicher Landesbauordnungen an § 6 Abs. 5 MBO 2002, womit die Tiefe der Abstandsfläche von zuvor 1 H auf das Maß von 0,4 H gesenkt wurde.

110 In Bayern haben insbesondere die Gemeinden, die sich für die Übernahme der Regelung des Abs. 7 entscheiden, die Möglichkeit, voraussehbare negative Auswirkungen dieser Regelung für den Geltungsbereich eines Bebauungsplans

durch Festsetzungen nach §9 Abs. 1 Nr. 2a BauGB zu mildern. Eine Festsetzung nach §9 Abs. 1 Nr. 2a BauGB wird vor allem in den Fällen in Betracht kommen, in denen einer übermäßigen **Verdichtung im rückwärtigen Grundstücksbereich** entgegengewirkt werden soll, einer Verdichtung, die durch die Reduzierung der vorgeschriebenen Abstandsflächen nach Abs. 7 Nr. 2 bauordnungsrechtlich zulässig wird. Dort wird es vor allem darum gehen, Nachbargrundstücke vor einer Bebauung mit erdrückender Wirkung zu bewahren, aber nicht nur das; es geht auch um Schutzziele, die bislang als Schutzziele des bauordnungsrechtlichen Abstandsrechts angesehen wurden, insbesondere um die Sicherung eines ausreichenden Sozialabstands, aber nicht zuletzt auch um die Gewährleistung einer ausreichenden Tagesbelichtung der Räume in den unteren Geschossen einer mehrgeschossigen Bebauung (Rn. 504, 564 f.).

Die Gemeinden hatten bereits die Möglichkeit durch Festsetzungen über die **111** überbaubaren Grundstücksflächen nach §23 BauNVO und über die Höhe der baulichen Anlagen nach §16 BauNVO **größere Gebäudeabstände** festzusetzen, als sie sich aus den landesrechtlichen Abstandsvorschriften ergaben. Der BayVGH hatte die Auffassung vertreten, das Maß der baulichen Nutzung diene grundsätzlich nur der städtebaulichen Ordnung, nicht aber (auch) dem Nachbarschutz (BayVGH, Beschl. v. 15.9.1998 – 14396.4115 – Rn. 54). Molodovsky ist der Auffassung, erweiterte Abstandsflächen seien grundsätzlich nicht als nachbarschützend anzusehen (Molodovsky Stand 4-2018, Art. 6 Rn. 151). Das BVerwG hat Festsetzungen über die überbaubaren Grundstücksflächen und über das Maß der baulichen Nutzung kraft Bundesrechts **keine nachbarschützende Funktion** beigemessen (vgl. BVerwG, Beschl. v. 23.6.1995 – 4 B 52.95 –, BRS 57 Nr. 209; BVerwG, Beschl. v. 19.10.1995 – 4 B 215.95 –, BRS 57 Nr. 219). Der Wille des Plangebers, sie mit nachbarschützender Wirkung anzureichern, müsse sich hinreichend deutlich aus dem Bebauungsplan und seiner Begründung unter Berücksichtigung der konkreten Situation vor Ort ergeben (VGH Bad.-Württ., Beschl. v. 11.1.1995 – 3 S 3096/94 –, BRS 57 Nr. 210). Eine Zweckbestimmung lässt sich jedoch nur im Fall der Festsetzung von Baugrenzen oder Baulinien in einem Bebauungsplan nachvollziehen. Im Fall einer **faktischen Baugrenze oder Baulinie** ist hierfür kein Raum, da es an einer für die drittschützende Wirkung maßgeblichen planerischen Entscheidung der Gemeinde fehlt (Sächs. OVG, Beschl. v. 20.10.2005 – 1 BS 251/05 –, BRS 69 Nr. 128).

Entschließt sich eine Gemeinde, **größere Tiefen der Abstandsflächen nach §9** **112** **Abs. 1 Nr. 2a BauGB** festzusetzen, so geschieht dies hauptsächlich, um eine übermäßige Verdichtung der Bebauung zu verhindern. Die nachbarschützende Bedeutung einer solchen Entscheidung kann regelmäßig angenommen werden, auch wenn dies in der Begründung zum Bebauungsplan nicht ausdrücklich hervorgehoben wird

Die Tiefe der Abstandsfläche ist kein Kriterium im Hinblick auf das **Einfügungs-** **113** **gebot** des §34 Abs. 1 BauGB. Ein Wohnhaus muss sich nach Art und Maß der baulichen Nutzung, der Bauweise sowie der Grundfläche, die überbaut werden soll, und damit im Grundsatz nach allen in §34 Abs. 1 Satz 1 BauGB bezeichneten rechtlichen Maßstäben in die Umgebungsbebauung einfügen. Ein solches

Vorhaben wäre gegenüber einem unmittelbar benachbarten Grundstück nur rücksichtslos, wenn es in Bezug auf seine Lage und Abmessungen abriegelnde oder erdrückende Wirkungen hätte (vgl. BayVGH, Beschl. v. 30.9.2014 – 2 ZB 13.2276 – juris Rn. 11).

B Erforderlichkeit von Abstandsflächen (Abs. 1)

114 Abstandsflächen sind erforderlich **vor Außenwänden** von oberirdischen Gebäuden, soweit nicht planungsrechtliche Festlegungen oder weitere Regelungen des Art. 6 anderes bestimmen.

115 Abs. 1 Satz 1 legt den Grundsatz fest, dass vor den Außenwänden von Gebäuden Abstandsflächen freizuhalten sind. In Satz 2 nimmt die Vorschrift die in Art. 6 Abs. 10 BayBO 1997 enthaltenen Regelungen für **Anlagen mit gebäudegleicher Wirkung** auf. Abs. 1 Satz 3 regelt den Vorrang des bundesrechtlichen Bauplanungsrechts gegenüber dem Bauordnungsrecht (vgl. dazu grundsätzlich BVerwG, Beschl. v. 11.3.1994 – 4 B 53.94 –, NVwZ 1994, 1008).

I. Definition der Abstandsfläche und Rechtswirkung der Regelung (Abs. 1 Satz 1)

116 Im Grundsatz sind Abstandsflächen **freizuhaltende Flächen**.

117 Aus der Forderung, dass vor den Außenwänden von Gebäuden Flächen von (anderen) oberirdischen Gebäuden freigehalten werden müssen, folgt, dass auch nur Wände oder Wandteile von Gebäuden, die **über die Geländeoberfläche hinausragen**, Abstandsflächen auslösen. Unterirdische Gebäude oder Gebäudeteile bleiben unberücksichtigt.

1. Lage der Abstandsflächen vor den Außenwänden

118 Im Regelfall steht jedes Gebäude frei auf dem Grundstück. Von diesem Regelfall gehen die bauordnungsrechtlichen Abstandsregelungen aus (vgl. BayVGH, Beschl. v. 21.4.1986 – Nr. Gr. S 1/85 – 15.B 84 A.2534 –, BayVBl. 1986 S. 397; BRS 46 Nr. 103; BauR 1986 S. 431). Danach sind Abstandsflächen allseitig vor den Außenwänden der Gebäude freizuhalten. Abstandsflächen sind **Flächen in der Ebene** der Geländeoberfläche, die unmittelbar an das Gebäude heranreichen und deren Tiefe von der Schnittlinie der Außenwand mit der Geländeoberfläche aus gemessen wird (Abb. 6.1.1).

119 Die Abstandsflächen sind **vor allen Außenwänden** einzuhalten, also für jede Außenwand eines Gebäudes gesondert. Das gilt auch für komplizierte Baukörper, für gestaffelte, terrassierte oder sonstwie gegliederte Baukörper (OVG NRW, Beschl. v. 12.11.2007 – 7 B 1354/07 – juris).

120 Die Abstandsfläche liegt auch dann in der Ebene der Geländeoberfläche, wenn die Außenwand nicht bis zur Geländeoberfläche hinabreicht. **Bei Gebäuden auf Stützen** und auskragenden Gebäudeteilen von nicht nur untergeordneter Bedeutung (Rn. 567 ff.) wird die Flucht der Außenwand bis zur Geländeoberfläche verlängert (Rn. 411 ff., Abb. 6.4.10). Die Abstandsfläche liegt dann ebenfalls in der

Ebene der Geländeoberfläche und reicht bis zur fiktiven Schnittlinie der Außenwand mit der Geländeoberfläche.

Wenn die maßgebende Außenwand im unteren Gebäudeteil aufgrund vorgela- **121** gerter niedriger Bauteile zur Innenwand wird, könnte angenommen werden, dass die Wand, insoweit als sie Innenwand ist, für die Ermittlung der Abstandsflächen nach Lage und Dimensionierung unberücksichtigt bleiben könnte, dass sie also nur insoweit zu berücksichtigen wäre, als sie „von außen sichtbar" ist. Das wäre jedoch nicht korrekt. Auch in diesen Fällen ist die Außenwand bis zur Geländeoberfläche zu verlängern. Die Schnittlinie der Außenwand mit der Geländeoberfläche liegt dann im Innern des Gebäudes (Abb. 6.1.2). Die Abstandsfläche liegt nicht etwa auf dem Dach oder in der Ebene der Terrasse des vorgelagerten Bauteils. Sie wird durch den vorgelagerten Bauteil und dessen Abstandsflächen ganz oder teilweise überdeckt bzw. überlagert.

Da die Abstandsflächen durch vorgelagerte niedrigere Teile desselben Gebäudes **122** ganz oder teilweise überbaut sein können (vgl. Rn. 117), können die Abstandsflächen **nicht als Freiflächen** bezeichnet werden.

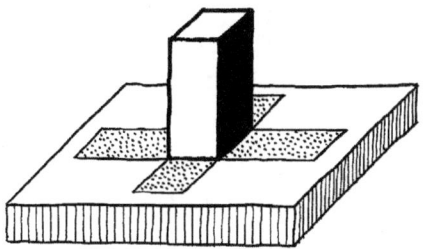

Abb. 6.1.1
Abstandsflächen als Grundstücksflächen vor den Außenwänden der Gebäude.

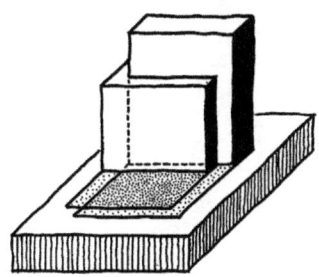

Abb. 6.1.2
Außenwände haben auch dann Abstandsflächen, wenn und soweit sie durch vorgelagerte Bauteile verdeckt sind.

2. Oberirdische Gebäude

123 Soweit **Garagen** selbstständige Gebäude sind, gilt Abs. 1 Satz 1 auch für diese. Nach § 1 Abs. 3 GaStellV sind Garagen oberirdisch, wenn ihre Fußböden im Mittel nicht mehr als 1,50 m unter oder mindestens an einer Seite in Höhe oder über der Geländeoberfläche liegen. Diese Vorschrift ist aber nur auf die GaStellV bezogen und hat für die Anwendung des Art. 6 keine Bedeutung. Die Zulässigkeit von „Grenzgaragen" ist im Abs. 9 geregelt (Rn. 587).

124 Die Regelung, wonach die Abstandsflächen von oberirdischen Gebäuden freizuhalten sind, führt dazu, dass auch ein niedrigeres Gebäude in der Abstandsfläche einer Außenwand mit einer dieser zugewandten, also gegenüberliegenden Außenwand nicht errichtet werden darf (Abb. 6.1.3). Doch kann in der Abstandsfläche ein Gebäude oder Gebäudeteil angebaut werden (so auch Molodovsky Stand 4-2018, Art. 6 Rn. 45), unabhängig davon, ob der Anbau höher, gleichhoch oder niedriger als die Außenwand ist (Abb. 6.1.4). Das gilt beispielsweise auch für einen der Außenwand vorgelagerten „Breitfuß" (Abb. 6.1.5).

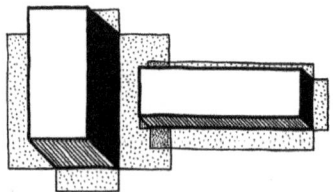

Abb. 6.1.3
Ein Gebäude darf nicht mit einer einem anderen Gebäude zugekehrten Seite in dessen Abstandsfläche errichtet werden.

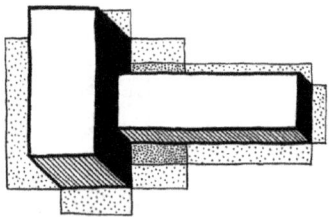

Abb. 6.1.4
Ein Anbau an ein vorhandenes Gebäude ist zulässig, auch wenn sich die Abstandsflächen teilweise überdecken.

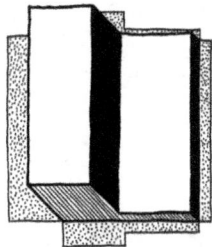

Abb. 6.1.5

Die vor der Außenwand eines Gebäudes liegende Abstandsfläche kann mit einem flachen Anbau vollständig überbaut werden.

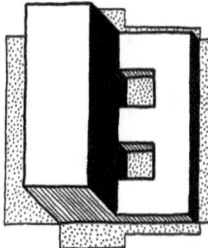

Abb. 6.1.6

Liegen Außenwände eines Innenhofes der Außenwand eines höheren Bauteils in dessen Abstandsfläche gegenüber, so kann der Innenhof nur unter den Voraussetzungen des Art. 63 als Abweichung zugelassen werden.

Unzulässig wäre es jedoch, im Bereich des Breitfußes Innenhöfe vorzusehen, die **125** mit einer Außenwand der Wand des höheren Bauteils in deren Abstandsfläche gegenüberliegen (Abb. 6.1.6), dies, obwohl über solche Innenhöfe die Tagesbelichtung von Räumen im Erdgeschoss des hohen Bauteils verbessert werden könnte. Die Regelungen der Absätze 1 bis 6 gehen jedoch von der Annahme aus, dass auch die dem hohen Bauteil gegenüberliegenden Außenwände der Innenhöfe geeignet sein müssen, dahinterliegende Aufenthaltsräume ausreichend mit Tageslicht zu versorgen.

Die Forderung nach Abstandsflächen wird nur von oberirdischen Außenwänden **126** oder Außenwandteilen bzw. Wandabschnitten ausgelöst. **Unterirdische Wände** und Wandteile, also beispielsweise Kellerwände oder Wände von Tiefgaragen, bleiben unberücksichtigt, auch wenn dieselben Wände in ihrem oberirdischen Teil Abstandsflächen auslösen. Wird eine Außenwand durch vorgelagerte Bauteile teilweise verdeckt, so ist die Grenze zwischen oberirdischen und unterirdischen Wandteilen nicht von außen sichtbar (Rn. 121).

127 Gebäude oder Gebäudeteile, die **im Hang unterhalb der Abstandsflächen auslösenden Wand** liegen, sind in der Abstandsfläche zulässig, wenn sie lediglich hangabwärts aus der Geländeoberfläche hinausragen (Abb. 6.1.7).

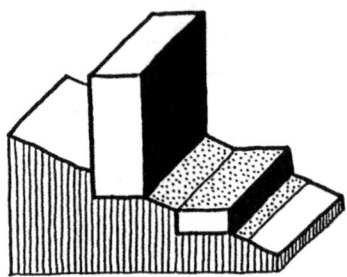

Abb. 6.1.7

Gebäude, die aufgrund einer Hanglage teilweise über die Geländeoberfläche hinausragen, sind in den Abstandsflächen eines anderen Gebäudes zulässig, soweit sie mit keiner Außenwand der maßgebenden Außenwand des anderen Gebäudes gegenüberliegen.

II. Andere bauliche und sonstige Anlagen (Abs. 1 Satz 2)

128 Die Anforderung, dass Abstandsflächen einzuhalten sind, wird nach Abs. 1 Satz 1 nur von baulichen Anlagen ausgelöst, die **Gebäude** im Sinne des Art. 2 Abs. 2 sind, also von überdeckten baulichen Anlagen, die selbstständig sind und von Menschen betreten werden können. Die Anforderung über die Freihaltung der Abstandsflächen bezieht sich nach Satz 2 aber auch auf **andere bauliche Anlagen** im Sinne des Art. 2 Abs. 1. Sie bezieht sich unter den in Satz 2 genannten Voraussetzungen auch auf Anlagen, die keine baulichen Anlagen sind.

129 Mit dem Zusatz, dass Satz 2 nur „gegenüber Gebäuden und Grundstücksgrenzen" entsprechend gilt, soll offensichtlich zum Ausdruck gebracht werden, dass im Verhältnis der Anlagen untereinander – auf demselben Grundstück – Abstandsflächen nach Satz 1 nicht erforderlich sind. Andere bauliche Anlagen sowie andere Anlagen lösen nur in besonderen Fällen Abstandsflächen aus, nämlich nur dann, wenn von ihnen **Wirkungen wie von Gebäuden** ausgehen.

130 Erfasst werden nur oberirdische Anlagen. Von unterirdischen Anlagen können keine Wirkungen wie von Gebäuden ausgehen. Unterirdische bauliche Anlagen sind in den Abstandsflächen auch dann zulässig, wenn sie nicht nur untergeordnet oder unbedeutend sind.

1. Verhältnis zum Planungsrecht

Da sich die planungsrechtlichen Vorschriften über den Grenzanbau (§ 22   **131**
Absätze 2 und 3 BauNVO) nur auf Gebäude beziehen, sind die Vorschriften des
Abs. 1 Satz 3 auf die in Satz 2 genannten Anlagen nicht anwendbar (OVG NW,
Urt. v. 18.12.1992 – 11 A 2184/89), es sei denn, sie könnten als Teil des Gebäudes
selbst betrachtet werden (z. B. Terrassen, überdachte Freisitze).

Bei den in Abs. 1 Satz 2 genannten Anlagen handelt es sich in aller Regel pla-   **132**
nungsrechtlich um untergeordnete **Nebenanlagen** und Einrichtungen im Sinne
des § 14 BauNVO. Das gilt insbesondere für WS-, WR-, WA-, WB-, MD-, MI- und
MK-Gebiete.

In GE- und GI-Gebieten sowie in einigen Fällen auch in SO-Gebieten kann es   **133**
sich bei den in Abs. 1 Satz 2 genannten Anlagen auch um solche handeln, die
nach ihrer Funktion, häufig aber auch nach ihrem Umfang und ihrer Größe zu
den **Hauptanlagen** des Gebiets zu rechnen sind, die also nicht mehr den Charakter von untergeordneten Nebenanlagen oder untergeordneten Einrichtungen im
Sinne des § 14 BauNVO haben. Diese Anlagen und Einrichtungen sind in den
genannten Gebieten planungsrechtlich auf den überbaubaren Grundstücksflächen allgemein zulässig. Bauordnungsrechtlich lösen sie die Forderung nach
Abstandsflächen insbesondere gegenüber den in diesen Gebieten auch zulässigen Gebäuden aus, darüber hinaus auch gegenüber Nachbargrenzen. Die letzt-
genannte Anforderung dürfte insbesondere in den sogenannten **Gemengelagen**
bedeutsam werden, die durch eine Mischung von gewerblicher bzw. industriel-
ler Nutzung und Wohnnutzung charakterisiert sind.

2. Anlagen, von denen Wirkungen wie von Gebäuden ausgehen

Voraussetzung für die Gleichstellung anderer Anlagen mit Gebäuden ist, dass   **134**
von ihnen „Wirkungen wie von Gebäuden ausgehen". Dabei sind diejenigen
Wirkungen der Gebäude maßgeblich, die als Gefahren im bauordnungsrechtlichen Sinne (Rn. 1 ff.) anzusehen sind, die Gefahr einer unzumutbaren **Verschattung von Grundstücken und Gebäuden** und die Möglichkeit einer Beeinträchtigung des **Wohnfriedens**. Im Hinblick auf die Belichtung sind Abstandsflächen
gegenüber Gebäuden in Abhängigkeit von der Größe, der Höhe und Breite der
Anlagen erforderlich. Im Hinblick auf ein verträgliches Wohnklima sind
Abstände nach der Art möglicher **Störungen** erforderlich. Beeinträchtigungen
des Wohnfriedens können sich durch unerwünschten Einblick in den Wohnbe-
reich ergeben, aber auch durch akustische Belästigungen oder Geruchsbelästigungen. Solche Beeinträchtigungen können unzumutbar sein, wenn sie von einer
mehr als 1 m höheren Terrasse ausgehen. Anlagen, die weniger als 1 m hoch sind,
sind abstandrechtlich irrelevant. Vorschriften des Abstandsflächenrechts werden
durch einen etwa 90 cm hohen Zaun nicht verletzt, da er keine derartigen Vorgaben einhalten muss, wie sich im Umkehrschluss aus § 6 Abs. 10 BauO NRW –
entspricht Art. 6 Abs. 1 Satz 2 – ergibt (VG Gelsenkirchen, Urt. v. 29.1.2013 – 6 K
5095/11 – juris). Ausgenommen vom Anwendungsbereich des Abstandsflächenrechts sind Anlagen des öffentlichen Verkehrs sowie ihre Nebenanlagen und
Nebenbetriebe, ausgenommen Gebäude an Flugplätzen (Art. 1 Abs. 2; BVerwG,
Urt. v. 19.12.2017 – 7 A 10/17 – juris Rn. 35).

135 Die Prüfung, ob von einer baulichen Anlage – aus der Sicht des Nachbargrundstücks – **Wirkungen wie von Gebäuden** ausgehen, hat anhand des „Gebäudetypischen" zu erfolgen, vor dem Art. 6 schützen kann und soll. Die maßgebliche Höhe von 2 m orientiert sich an den abstandrechtlichen Wirkungen von Anlagen, die höher als 2 m über der Geländeoberfläche liegen, insbesondere an deren Einfluss auf die Belichtung. Das zugrundegelegt ist das Gebäudetypische einer Holzkonstruktion aus ihrer Dimension nach Grundfläche sowie ihrer Höhe abzuleiten. Gleiches gilt für die Begehbarkeit einer begrünten Holzkonstruktion und ihren partiellen Schutz vor Sonneneinstrahlung und in gewissem Umfang auch vor Niederschlag. Offenen Seitenwänden braucht bei einer Gesamtbewertung vor dem Hintergrund der Massivität und Stärke im Kontext der Pfeiler und Dachbalken, die für die Wirkungen auf die Bauwichbelange ursächlich seien, kein wesentliches Gewicht bei der Bewertung beigemessen werden. Auch eine fehlende dachartige oder dachähnliche Konstruktion ist ebenfalls nicht weiter relevant, wenn die bauliche Anlage eine massive horizontale Holzkonstruktion zur oberen Abgrenzung aufweist und in ihrer Funktion die Grundlage für eine intensive Begrünung bietet, wodurch die Holzkonstruktion zumindest in den Sommermonaten eine intensive Dachbegrünung aufweise und damit die Prägung einer gebäudeähnlichen Behausung vollende (OVG NRW, – Beschl. v. 18.5.2015 – 2 A 126/15 – juris).

136 Durch die in einer Baugenehmigung festgelegte Einhaltung der **Geländeanschlusshöhe** zum Nachbargrundstück bei einer Aufschüttung wird eine Verletzung der Abstandsflächenregelung vermieden (OVG NRW, Beschl. v. 14.6.2013 – 2 B 553/13 –).

137 **Immissionskonflikte,** wie sie beispielsweise in den sogenannten Gemengelagen zwischen Wohnnutzung und gewerblicher oder landwirtschaftlicher Nutzung auftreten können, lassen sich mit Hilfe der bauordnungsrechtlichen Abstandsvorschriften nicht lösen. Diese Konflikte müssen durch Anwendung **immissionsschutzrechtlicher Vorschriften** gelöst werden.

Beispiele

138 Mauern, die höher als 2 m sind

Von einer Geländeaufhöhung in der Nähe der Nachbargrenze kann eine Beeinträchtigung des Nachbarfriedens ausgehen. Eine Stützmauer, die eine solche Geländeaufhöhung absichern soll, die also nicht zur Abstützung des natürlichen Geländes erforderlich ist, kann unzulässig sein, wenn der Mindestabstand nach Abs. 5 nicht eingehalten wird (OVG NRW, Urt. v. 27.11.1989 – 11 A 195/88 –, BRS 50 Nr. 185). Von solchen Fällen abgesehen, werden aber im Allgemeinen weder von einer Stützmauer noch von einer geschlossenen Einfriedung negative Wirkungen im Hinblick auf den **Wohnfrieden** ausgehen. Es kann jedoch die **Tagesbeleuchtung** von Grundstücksteilen oder Gebäuden beeinträchtigt werden. Die Beeinträchtigung kann als geringfügig angesehen werden, solange die Mauer das Maß von 2 m nicht überschreitet. Bei Überschreitung dieses Maßes muss jedoch die mögliche Beeinträchtigung in Gebieten, die ausschließlich oder auch dem Wohnen dienen, als erheblich angesehen werden, sodass die Abstandsvorschriften anzuwenden sind.

Es ist zu berücksichtigen, dass von geschlossenen **Einfriedungen** nicht nur keine negativen Wirkungen im Hinblick auf den Wohnfrieden ausgehen; sie haben in dieser Hinsicht im Allgemeinen eine positive Wirkung. Sie sollen geradezu dem Wohnfrieden dienen, indem sie **Einblick verhindern und akustische Störungen mindern** (OVG NRW, Urt. v. 5.12.1997 – 7 A 1983/94 –).

Die Art einer Einfriedung ist keinem der in § 34 Abs. 1 Satz 1 BauGB aufgeführten Merkmale zuzuordnen und damit für die Frage, ob sich eine Einfriedungsmauer im Sinne dieser Vorschrift in die Eigenart der näheren Umgebung einfügt und das darin verankerte Gebot der Rücksichtnahme verletzt, unerheblich. Eine Einfriedungsmauer verletzt das Gebot der Rücksichtnahme in Bezug auf die Höhe der Anlage in der Regel nicht, wenn sie die in § 6 Abs. 9 Satz 1 Nr. 3 BauO LSA genannte Höhe von 2 m nicht überschreitet und deshalb nach dieser Vorschrift in den Abstandsflächen eines Gebäudes sowie ohne eigene Abstandsflächen zulässig ist (OVG Sachsen-Anhalt, Beschl. v. 3.2.2015 – 2 M 152/14 –, NVwZ-RR 2015, S. 687).

Von einem Lattenzaun auf genehmigten Winkelstützen kann eine Wirkung wie von Gebäuden ausgehen (OVG NRW Urt. v. 18.6.2015 – 2 A 499/13 –).

Von einer Abgrabung gehen im Unterschied zu einer Anschüttung keine Wirkungen wie von Gebäuden aus (OVG NRW, Beschl. v. 13.11.1997 – 10 A 6887/95 –).

Werbetafeln   139

Von großen Werbetafeln, die in geringem Abstand zur Nachbargrenze errichtet oder angebracht werden, können Wirkungen wie von Gebäuden ausgehen (OVG NW, Urt. v. 18.9.1992 – 11 A 276/89). Von einer in der Höhe von 1,30 m an der Grundstücksgrenze montierten Werbetafel im sogenannten Euroformat gehen Wirkungen wie von einem Gebäude aus (BayVGH, Urt. v. 28.6.2005 – BV 04.2876 –, BayVBl. 2006 S. 114).

Ein Fahnenmast mit aufgezogener Fahne (z. B. eines Fussballvereins), der keine Werbeanlage ist, stellt eine im reinen Wohngebiet zulässige Nebenanlage im Sinne des § 14 BauNVO dar. Danach sind außer den in §§ 2 bis 13 BauNVO genannten Anlagen auch untergeordnete Nebenanlagen und Einrichtungen zulässig, die dem Nutzungszweck der in dem Baugebiet gelegenen Grundstücke oder des Baugebiets selbst dienen und die seiner Eigenart nicht widersprechen. Ein Fahnenmast mit Fahne muss sich seiner Dimension nach gegenüber dem Wohngebäude als untergeordnet darstellen. Er dient dem Nutzungszweck des Wohnens, weil er eine nach außen dokumentierte Verbundenheit der Bewohner des Grundstücks mit bestimmten Ereignissen, Hobbys oder ähnlichem dokumentiert. Als solcher ist er auch nur dort sinnvoll, wo sich die Personen regelmäßig aufhält, um hier den nach außen sichtbaren gewünschten Bezug zu erreichen. An einer anderen Stelle aufgebaut und aufgezogen kann dieser Zweck nicht erreicht werden, weil dann der nötige Bezug der gemäß Art. 5 Abs. 1 des Grundgesetzes geschützten Meinungsfreiheit nicht hergestellt werden kann. Das ist aber typischerweise beim Wohnhaus der Fall, weil hier ein ersichtlicher Bezug zwischen dem persönlichen Lebensbereich des Vereinsfans und seiner äußeren Meinungsbekundung besteht (VG Arnsberg, Urt. v. 15.7.2013 – 8 K 1679/12 – juris).

140 Terrasse

Von einer Terrasse gehen keine Beeinträchtigungen in der Tagesbeleuchtung von Gebäuden aus. Es können jedoch **Beeinträchtigungen des Wohnfriedens** von einer Terrasse ausgehen. Diese Beeinträchtigungen müssen im Allgemeinen von den Nachbarn hingenommen werden. Wirkungen wie von Gebäuden gehen von einer Terrasse regelmäßig erst dann aus, wenn sie höher als 1 m über der (natürlichen) Geländeoberfläche liegt (OVG NRW, Beschl. v. 8.11.2001 – 7 B 1192/01 –; Beschl. v. 25.6.2003 – 7 B 13/03 – juris). Die Beeinträchtigungen übersteigen das zumutbare Maß, wenn eine Terrasse auf eine Höhe von mehr als 1 m über die Geländeoberfläche angehoben wird. Mit der Regelung wird nicht ausgeschlossen, dass die Terrasse in der Abstandsfläche vor der Außenwand des Gebäudes liegt, zu dem sie gehört. Für Terrassen gilt dann nichts anderes als für niedrigere Bauteile eines Gebäudes, die in den Abstandsflächen vor dessen Außenwänden zulässig sind.

Ein Biergarten – verstanden als „Bewirtungsfläche" – ist nicht abstandsflächenrelevant, weil er mit Einrichtungsgegenständen wie Tischen, Stühlen und Sonnenschirmen ausgestattet wird, die 1 m hoch oder höher sind (OVG NRW, Beschl. v. 17.6.2011 – 2 A 1276/10 –, BauR 2011, S. 1798, BRS 78 Nr 138)

Nicht nur im Falle freistehender Einfamilienhäuser kann ein Bedürfnis oder auch die Notwendigkeit bestehen, Terrassen oder offene Freisitze mehr als 1 m über die Geländeoberfläche anzuheben. Das kann auch – je nach Höhe des Erdgeschossfußbodens, zumal in Hanglagen – auch im Falle von **Reihenhäusern** der Fall sein. Soweit davon auszugehen ist, dass die planungsrechtlichen Vorschriften über die Bauweise nicht auf die in Satz 2 genannten Anlagen anwendbar sind, können im Falle schmaler Reihenhausparzellen von nicht viel mehr als 6 m Breite Terrassen mit einer Höhe von mehr als 1 m über der Geländeoberfläche jedoch zulässig sein. Eine unmittelbar an das Gebäude anschließende Terrasse oder ein Freisitz kann wie ein Anbau als Teil des Gebäudes angesehen werden, der in der geschlossenen Bauweise oder bei Hausgruppen in der offenen Bauweise ohne Abstandfläche zur seitlichen Grundstücksgrenze zulässig ist.

Ein genehmigter Balkon bzw. eine auf einem Anbau befindliche Dachterasse ist einer isolierten baurechtlichen Genehmigungsprüfung zugänglich. Der Balkon muss wegen der gegebenen (abstandsflächen-)rechtlichen Unterscheidbarkeit nicht zwingend gemeinsam mit dem Anbau als einheitliches Gesamtvorhaben angesehen werden (OVG NRW, Beschl. v. 16.5.2014 – 2 A 222/14 –, BauR 2015, S. 247, BRS 82 Nr. 139; vgl. zum Umfang der Genehmigungsprüfung bei Änderungsvorhaben allgemein z. B. BVerwG, Beschl. v. 28.7.2010 – 4 B 29.10 –, BRS 76 Nr. 191; Urt. v. 4.7.1980 – IV C 99.77 –, BRS 36 Nr. 158; OVG NRW, Urt. v. 15.7.2013 – 2 A 969/12 –, BauR 2014, S. 667, sowie Beschl. v. 23.4.2013 – 2 B 141/13 –, BauR 2013, S. 1251 und v. 16.5.2011 – 2 B 385/11 – juris).

Ein Nachbar kann nicht geltend machen, das Abstandsflächenrecht diene auch dem Brandschutz und es überschreite die Grenzen richterlicher Rechtsfortbildung und widerspreche dem grundrechtlich verbürgten Schutz des Eigentums sowie von Leib und Leben, eine die gesetzlich vorgegebenen Abstände unterschreitende bauliche Verdichtung mit entsprechend gesteigerten Brandgefahren zuzulassen (OVG Berlin-Brandenburg, Beschl. v. 8.9.2015 – OVG 2 S 28.15 – juris). Der Einwand unzulässiger Rechtsausübung kann auch gegenüber einem Nachbarn, der sich auf Normen beruft, die der Abwehr abstrakter Gefahren dienen, in Betracht kommen (vgl. OVG NRW, Beschl. v. 7.8.1997 – 7 A 150/96 – juris). Eine Grenze findet die Berufung auf ein treuwidriges Verhalten des sich gegen ein Bauvorhaben wehrenden Nachbarn erst, wenn dies zu schlechthin untragbaren, als Missstand zu qualifizierenden Verhältnissen führt (vgl. BayVGH, Beschl. v. 4.2.2011 – 1 BV 08.131 –, IBR 2011, S. 303; VGH Bad.-Württ., Beschl. v. 4.1.2007 – 8 S 1802/06 –, BRS 71 Nr 181, BauR 2007, 595). Dasselbe dürfte gelten, wenn eine konkrete Gefahr einträte (vgl. OVG NRW, Beschl. v. 7.8.1997, – 7 A 150/96 –).

Maßgeblich sind Auswirkungen auf den gesamten abstandsflächenrelevanten Bereich auf dem Nachbargrundstück. Davon ausgehend sind Auswirkungen einer begrünten Holzkonstruktion durch die mit dem Nachbarn gemeinsame Terrassengrenzwand nicht entscheidend zu relativieren (OVG NRW Beschl. v. 18.5.2015 – 2 A 126/15 – juris).

Anschüttung   141

Von einer Anschüttung, die das vorhandene natürliche Gelände auf dem Nachbargrundstück um mehr als doppelte Mannshöhe überragt, gehen Wirkungen wie von Gebäuden aus. Eine solche Anschüttung darf in der offenen Bauweise mit ihrem Böschungsfuß nicht unmittelbar an die Nachbargrenze heranreichen; der Mindestabstand von 3 m (Abs. 5 Sätze 1 und 2) muss eingehalten werden (OVG NRW, Beschl. v. 10.6.1999 – 7 B 827/99; Bay. VGH, Beschl. v. 14.2.2013 – 9 CS 12.1827 – juris).

Die Böschung hat keine selbstständige, von der Aufschüttung unabhängige Funktion, auch wenn sie nicht dem Betreten durch Menschen dient. Entscheidend ist, dass die Aufschüttung eine Einheit bildet, und zwar sowohl baulich-konstruktiv als auch in ihrer Funktion. Ist die Aufschüttung hiernach hinsichtlich ihrer abstandrechtlichen Erfordernisse einheitlich zu bewerten, kommt es für die Frage, ob Abstandflächen eingehalten sind, aber auf alle Bestandteile der Anschüttung an, also bereits auf den Böschungsfuß. Dieser darf erst jenseits des erforderlichen Grenzabstands beginnen (OVG NRW. Beschl. v. 10.2.2010 – 7 B 1368/09 – juris, vgl. a. Beschl. v. 5.3.2007 – 10 B 274/07 – juris, Beschl. v. 5.9.2005 – 7 B 1055/05 – juris, Beschl. v. 17.2.2011 -7 B 1803/10 – NWVBl 2011, S. 388, BRS 78 Nr. 188.

Stellplatz   142

Stellplätze sind allgemein in den Abstandsflächen und ohne eigene Abstandsflächen zulässig. Ein Stellplatz der **auf Stützpfeilern in hängigem** Gelände errichtet werden soll, kann als eine bauliche Anlage angesehen werden, von der Wirkungen wie von einem Gebäude ausgehen (OVG NRW, Beschl. v. 11.4.1991 – 7 A 2165/90).

Eine (Tief-)Garagenanlage mit Patio löst keine Abstandsflächen aus. Dass der Patio von einer Mauer eingefasst wird, die 1,5 m über die Geländeoberfläche ragt, führt zu keiner anderen Beurteilung, da nach Abs. 4 Satz 2 als Wandhöhe nur das Maß, von der Geländeoberfläche bis zur Schnittlinie der Wand mit der Dachhaut gilt. Unterhalb der Geländeoberfläche liegende Wandteile werden nicht berücksichtigt und die Mauer selbst hält hinsichtlich ihres überirdischen Teils ausweislich der Einzeichnungen im Lageplan die Mindestabstandsfläche ein (VG Düsseldorf, Urt. v. 30.6.2011 – 11 K 3200/10 – juris).

143 **Hundezwinger**

Ob ein Hundezwinger überhaupt zulässig ist, richtet sich nach den **planungsrechtlichen Vorschriften** über die Art der baulichen Nutzung unter Berücksichtigung des konkreten Gebietscharakters. Von einem Hundezwinger ohne Überdachung kann keine verschattende Wirkung ausgehen, wohl aber eine Beeinträchtigung des **Wohnfriedens.** Zum Wolfsgehege im Außenbereich – OVG NRW, Beschl. v. 5.5.2006 – 10 B 205/06 – NVwZ-RR 2006, S. 774.

144 **Kinderspielplatz**

Kinderspielflächen, die nach Art. 7 Abs. 2 bei der Errichtung von Gebäuden mit Wohnungen bereitzustellen sind, können, wenn sie stark frequentiert werden, zu **Beeinträchtigungen des Wohnfriedens** führen. Die Abs. 1–7 sind jedoch nur anwendbar, wenn der Spielplatz 1 m über der Geländeoberfläche angeordnet wird und damit eine Anlage darstellt, von der eine Wirkung wie von Gebäuden ausgeht.

145 **Ballfangzaun**

Ein Ballfangzaun kann eine optisch bedrängende Wirkung besitzen (optische Beengung"). Dies gilt mit Blick auf die Beschaffenheit des Zauns wenn er mit 14 tragenden Masten, einer Höhe von 5 m und eine Länge von insgesamt 35,5 m errichtet wurde, obgleich im Bereich der Netzbespannung eine gewisse Transparenz gegeben ist. Der Einwand, es handele sich um eine dem Wohnfrieden dienende Anlage, die verhindere, dass Bälle auf die Nachbargrundstücke gelangen, rechtfertigt keine andere Beurteilung. Wie § 6 Abs. 10 Satz 1 Nr. 1 BauO NRW zeigt, unterfallen auch sonstige dem Wohnfrieden dienende Anlagen, wie etwa Einfriedungen dem Abstandsflächenerfordernis, wenn sie höher als 2 m über der Geländeoberfläche sind und von ihnen gebäudegleiche Wirkungen ausgehen (OVG NRW, Beschl. v. 25.8.2016 – 7 A 2281/13 – juris).

146 **Silo**

Silobauten und ähnliche Behälter sind als Nebenanlagen gewerblicher (z. B. Zementsilo) oder landwirtschaftlicher Betriebe (z. B. Futtersilo) üblich. Von diesen baulichen Anlagen kann aufgrund ihrer oft beträchtlichen Höhe eine erheblich verschattende Wirkung ausgehen.

Im unbeplanten Innenbereich kann es vorkommen, dass sich Silobauten, auch wenn die Umgebung des Vorhabens durch unterschiedliche Nutzungen geprägt ist, wegen ihrer Größe (Maß der baulichen Nutzung) nicht einfügen und insoweit aufgrund des planungsrechtlichen **Rücksichtnahmegebots** unzulässig sind (BVerwG, Urt. v. 23.5.1986 – 4 C 34.85 –, ZfBR 1986, 247). Soweit ihre planungsrechtliche Zulässigkeit gegeben ist, müssen derartige Behälter aber die sich aus den Absätzen 3 bis 5 ergebenden Abstände unter Berücksichtigung des Abs. 2 wahren.

Das schließt nicht aus, dass Silobauten, soweit sie als solche planungsrechtlich zulässig sind, aufgrund planungsrechtlicher Vorschriften über die überbaubaren Grundstücksflächen größere Abstände zu Gebäuden, insbesondere zu Wohngebäuden, einhalten müssen. Das kann im unbeplanten Innenbereich etwa dann der Fall sein, wenn die tatsächlich vorhandene Situation die Grundstücke so prägt, dass eine Reduzierung von Abständen auf die bauordnungsrechtlich zulässigen Maße unzumutbar in die durch die vorhandene Situation geschützten Interessen des Nachbarn eingreifen (OVG NRW, Urt. v. 9.5.1985 – 7 A 13.95/84 –, BRS 44 Nr. 167; von Containern zur Nachbargrenze einzuhaltender Abstand vgl. VG Köln, Beschl. v. 8.7.2013 -2 L 826/13 – juris; zur Rechtswidrigkeit einer Schallschutzmauer durch 24 Seecontainer mit einer Höhe von ca. 8 m im Abstand von 3 m zur Nachbargrenze vgl. VG Gießen, Beschl. v. 22.1.2014 – 1 L 2716/13 – BauR 2014, S. 1041, BRS 82 Nr. 183).

Rohrleitungen   147

Oberirdische Rohrleitungen, vor allem in gebündelter Form, und andere technische Aggregate sind oft wesentliche Bestandteile von **Gewerbe- und Industriebetrieben**. Soweit derartige Anlagen 2 m über der Geländeoberfläche angeordnet werden, und von ihnen eine erheblich verschattende Wirkung ausgeht gelten die Abs. 1–7 entsprechend. In aller Regel werden aber aus Gründen des Gefahrenschutzes größere Abstände erforderlich sein. Dies ergibt sich aus den einschlägigen technischen Regelwerken.

Funkmast   148

Ein Antennenträger, dessen Mast 30 m über den gewachsenen Boden aufragt und am Fuß einen Durchmesser von 1 m und an der Spitze eine Plattform mit einem Durchmesser von 3,2 m aufweist, hat gebäudegleiche Wirkungen (OVG NRW, Beschl. v. 23.12.2004 – 10 A 2918/02). Einem Antennenmast einer **Mobilfunkanlage,** der den First eines Wohnhauses um 9,5 m überragt, kommt **keine gebäudegleiche Wirkung** zu. Das gilt allgemein für Mobilfunkantennen gleicher Größenordnung (OVG NRW, Beschl. v. 12.10.2004 – 7 B 2073/04 – juris; vgl. auch Beschl. v. 5.11.2007 – 7 B 1339/07 – BauR 2008, S. 342, BRS 71 Nr. 131). Einem 40,3 m hohen Stahlgittermast mit einer Basisabmessung von 1,42 m × 1,42 m und einem Querschnitt von ca. 1,8 m × 1,8 m im Bereich oberhalb von 36 m angebrachten Mobilfunkantennen kommt regelmäßig gebäudegleiche Wirkung im Sinne von § 6 Abs. 10 Satz 1 Nr. 1 BauO NRW zu (OVG NRW; Urt. v. 19.4.2012 – 10 A 2310/10 – BauR 2012, 1370, BRS 79 Nr. 127; OVG NRW, Beschl. v. 23.7.2008 – 10 A 2957/07 – BauR 2009, S. 89, BRS 73 Nr. 128; vgl. auch Beschl. v. 9.4.2009 – 7 B 37/09 –; Beschl. v. 20.3.2009 – 7 A 473/08 – juris; Beschl. v. 10.2.1999 – 7 B 974/98 –, BRS 62 Nr. 133).

Bei der Ermittlung der abstandsflächenrelevanten Höhe eines 30 m hohen Stahlgittermastes mit einem 5 m hohen Stahlrohraufsatz, der als einheitliche bauliche

Anlage beantragt ist, ist von der Gesamthöhe der baulichen Anlage auszugehen. § 6 Abs. 10 BauO NRW ermöglicht bei einem solchen Vorhaben keine Differenzierung zwischen Anlagenteilen, die gebäudegleiche Wirkung haben könnten und solchen, bei denen dies ausgeschlossen ist (OVG NRW, Beschl. v. 28.9.2009 – 10 A 331/08 – juris).

Die Erhöhung eines Funkturms ist ohne abstandsflächenrechtliche Relevanz, wenn die zusätzlich angebrachten Teile wie Aufsatzmast, Antennengabel und Antennen lediglich aus dünnen Stangen bestehen und einem Arbeitspodest mit einer Breite von ca. 1,20 m bestehen. Sie haben nicht die Wirkung eines Gebäudes, da sie auf die Belichtung, Besonnung und Belüftung des Grundstücks der Nachbarn keinen spürbaren Einfluss haben. Auch wenn man davon ausgehen wollte, dass bei der Frage, ob eine bauliche Anlage gebäudegleiche Wirkungen hat, auch auf den sog. Wohnfrieden (vgl. BayVGH, Urt. v. 3.12.2014 – 1 B 14.819 –) abzustellen ist, ergibt sich keine andere Beurteilung. Gebäude ermöglichen typischerweise den Aufenthalt von Menschen und bieten so ggf. dem Wohnfrieden abträgliche Einblicks- und Mithörmöglichkeiten. Ein Aufenthalt von Menschen im Bereich der (BOS-Behörden und Organisationen mit Sicherheitsaufgaben) Digitalfunkanlage findet aber – abgesehen von gelegentlichen Wartungs- und Reparaturarbeiten – nicht statt. Die von der zusätzlichen Funkanlage ausgehenden elektromagnetischen Felder, die als besonders störend empfunden werden („gesundheitsbelastende Strahlung", „bedrückend und bedrohlich"), haben dagegen mit den Wirkungen eines Gebäudes nichts zu tun und können daher auch unter dem Aspekt des Wohnfriedens keine abstandsflächenrechtliche Relevanz entfalten (Bay.VGH, Beschl. v. 5.5.2015 – 1 ZB 13.2010 –, KommunalPraxis BY 2015, S. 267).

Von einem konisch zulaufenden Schleuderbetonmast mit einem Durchmesser von 0,93 m an der Fundamentoberkante und 0,48 m an der Spitze in 25 m Höhe gehen keine Wirkungen wie von einem Gebäude aus, sodass die Abstandsflächenpflicht nach Art. 6 Abs. 1 Satz 2 BayBO nicht ausgelöst wird (BayVGH, Beschl. v. 19.10.2017 – 1 ZB 15.2081 – juris Rn. 4).

Satz 2 stellt nicht darauf ab, in welcher Umgebung die Anlage steht, um deren Bewertung es im Hinblick auf die Frage geht, ob sie Wirkungen wie von Gebäuden hat. Satz 2 nimmt die bauliche Anlage als solche in den Blick. Sie ist im Hinblick auf die Frage zu bewerten, ob sie Wirkungen haben kann, die denen von Gebäuden vergleichbar sind. Ist dies der Fall, bestimmt sich die Tiefe der Abstandsfläche im Hinblick auf den Charakter des die Anlage umgebenden Gebiets nach Abs. 5. Ob Mobilfunkanlagen in allen Baugebieten jedenfalls ausnahmsweise bauplanungsrechtlich zulässig sind, ist nicht entscheidungserheblich. Auch eine bauplanungsrechtlich zulässige Anlage muss den bauordnungsrechtlichen Anforderungen genügen (OVG NRW, Beschl. v. 20.3.2009 – 7 A 473/08 – juris).

Zum fehlenden Verstoß gegen das bauplanungsrechtliche Gebot der Rücksichtnahme eines über 30 m hohen Mobilfunkmastes; Rücksichtslosigkeit verneint bei Lage im Außenbereich und Abstand zur nächstgelegenen Wohnbebauung von 40 m (OVG NRW, Beschl. v. 5.11.2007 – 7 B 1182/07 – NWVBl 2008, S. 183, BRS 71 Nr 132).

Windkraftanlage 149

Von Windkraftanlagen gehen Wirkungen wie von Gebäuden aus (BayVGH, Beschl. v. 12.3.1999 – 2 ZB 98.3014 –, BayVBl. 2000 S. 630).

Durch die Änderung der BayBO 2014 wurden die Abstandsregeln von Windkraftanlagen neu in Art. 82 geregelt (vgl. Rn. 647 ff.).

III. Verzicht auf Abstandsflächen nach planungsrechtlichen Vorgaben (Abs. 1 Satz 3)

Bei der Abfassung der Abstandsregelung in der Musterbauordnung 1981, an der 150 sich die meisten Landesbauordnungen (auch die Bayerische BauO) mit ihren Abstandregelungen orientiert hatten, ging man offenbar von **Gebäuden mit rechteckigem Grundriss** aus, deren Wände eine überall gleiche Höhe aufweisen und parallel zu den Grundstücksgrenzen verlaufen (BayVGH, Beschl. v. 21.4.1986 – Nr. Gr. S 1/85 – 15 B 84 A.2534 –, BRS 46 Nr. 103). Abweichungen von diesem der Regelung zugrunde liegenden Normalfall führen bei schematischer Anwendung der Abstandsvorschriften des Art. 6 oft zu Ergebnissen, die mit dem Zweck der Regelung nicht im Einklang stehen. Unregelmäßige Grundstückszuschnitte, gegliederte Baukörper, in Höhe und Tiefe gestaffelte Außenwände, Gebäude in Hanglage, Bebauung in abweichender Bauweise, Gartenhofhäuser, geschlossene Hofumbauung, turmartige Hochhäuser, Außenwände oder Außenwandteile ohne für die Beleuchtung notwendige Fenster, größere Geschosshöhen als 2,50 m rechtfertigen oder erfordern jeweils abweichende Regelungen.

Der **Bebauungsplan** kann den Besonderheiten einer städtebaulichen Situation 151 mit abweichenden Regelungen Rechnung tragen. Bauformen oder Bebauungsformen, die von dem der Regelung zugrunde liegenden Normalfall abweichen, werden gegebenenfalls nur unter Inanspruchnahme der allgemeinen Abweichungsregelung des Art. 63 bauordnungsrechtlich gelöst werden können.

1. Planungsrechtliche Voraussetzungen für den Verzicht auf Abstandsflächen

Der Grundsatz des Abs. 1 Satz 1, wonach Abstandsflächen vor allen Außenwän- 152 den von Gebäuden eingehalten werden müssen, wird durch Satz 3 eingeschränkt. Unter den in Satz 3 genannten Voraussetzungen sind **Abstandsflächen gegenüber Grundstücksgrenzen nicht erforderlich.** Bei den in Satz 3 angesprochenen planungsrechtlichen Vorschriften handelt es sich um die Vorschriften über die Bauweise. Insoweit trifft es zu, dass die Anwendbarkeit der Abstandsflächenvorschriften die Klärung der Bauweise zur Voraussetzung hat (vgl. OVG NRW, Beschl. v. 28.2.1991 – II B 1967/90; Urt. v. 22.8.2005 – 10 A 3611/03 –, BRS 69 Nr. 91).

Grundstücksgrenzen sind sowohl **Nachbargrenzen** als auch **Grundstücksgren- 153 zen gegenüber öffentlichen Verkehrsflächen,** öffentlichen Grünflächen oder öffentlichen Wasserflächen. Nachbargrenzen sind insbesondere Grenzen des Baugrundstücks gegenüber angrenzenden Baugrundstücken. Das sind zunächst die seitlichen Grundstücksgrenzen. Auch rückwärtige Grundstücksgrenzen sind meist Nachbargrenzen. Die vorderen Grundstücksgrenzen sind in aller Regel die Grenzen des Baugrundstücks gegenüber den öffentlichen Verkehrsflächen (BayVGH, Urt. v. 13.5.1975 – 126 I 73 –, BayVBl. 1975 S. 701).

154 Ein Terrassenbetrieb auf einer öffentlichen Verkehrsfläche gebietet keine analoge Anwendung von Art. 6, dazu fehlt es bereits an einer planwidrigen Regelungslücke, den Interessen des Nachbarn wird durch die Prüfung des planungsrechtlichen Gebots der Rücksichtnahme hinreichend Rechnung getragen (OVG NRW, Beschl. v. 7.3.2014 – 2 A 1884/13 –).

155 In der amtlichen Begründung wie auch in der Begründung zur MBO-Novelle 2002 (Abruf unter: www.bauministerkonferenz.de, Mustervorschriften/Archiv) heißt es, planungsrechtliche Vorschriften, nach denen an die Grenze gebaut werden muss, werden in der Regel Vorschriften über die Bauweise sein (§ 22 BauNVO), können sich im Einzelfall aber auch aus Regelungen über die überbaubare Grundstücksfläche, nämlich durch die Festsetzung von Baulinien (§ 23 Abs. 2 Satz 1 BauNVO) ergeben. Dass an die Grenze gebaut werden darf, kann sich auch aus der Festsetzung von Baugrenzen (§ 23 Abs. 3 Satz 1 BauNVO) und Bebauungstiefen (§ 23 Abs. 4 Satz 1 BauNVO) ergeben. Entsprechendes gilt bei der Anwendung des § 33 BauGB für die künftigen Festsetzungen des Bebauungsplans und aufgrund des Einfügungsgebots des § 34 Abs. 1 Satz 1 BauGB. Im Sinne der Vorschrift an die Grenze gebaut werden „darf" auch dann, wenn dies durch eine Befreiung (§ 31 Abs. 2 BauGB) zugelassen worden ist.

156 Die Vorstellung, der Zwang zum Grenzbau könne sich im Einzelfall auch aus Regelungen über die überbaubare Grundstücksfläche durch Festsetzung von Baulinien ergeben, entspricht jedoch nicht den planungsrechtlichen Vorschriften über die überbaubare Grundstücksfläche nach § 23 BauNVO. Regelungen über die überbaubaren Grundstücksflächen spielen im Rahmen des Art. 6 Abs. 1 Satz 3 BayBO grundsätzlich keine Rolle (BayVGH, Urt. v. 21.7.1997 – 14 B 96.3086 –, BayVBl. 1998 S. 534; BRS 59 Nr. 113; vgl. a. OVG NRW, Urt. v. 13.11.2009 – 10 D 87/07.NE –, BRS 74 Nr. 69; Molodowski Stand 4-2018, Art. 6 Rn. 65).

157 Planungsrechtliche Vorschriften, nach denen **ohne Grenzabstand** gebaut werden muss, sind insbesondere Festsetzungen eines Bebauungsplans über die **geschlossene Bauweise** nach § 22 Abs. 3 BauNVO. Als planungsrechtliche Vorschrift, wonach ohne Grenzabstand gebaut werden muss, ist auch das Einfügungsgebot des § 34 Abs. 1 BauGB anzusehen, soweit sich aus den prägenden Merkmalen der Umgebung eines Vorhabens in einem im Zusammenhang bebauten Ortsteil ergibt, dass ohne Grenzabstand gebaut werden muss. Mit anderen als mit den Vorschriften über die geschlossene Bauweise kann der Grenzbau nicht zwingend vorgeschrieben werden.

158 Die überbaubaren Grundstücksflächen können nach § 23 Abs. 1 Satz 1 BauNVO durch die Festsetzung von **Baulinien, Baugrenzen oder Bebauungstiefen** bestimmt werden. Mit der Festsetzung von Baulinien, Baugrenzen und Bebauungstiefen im Sinne des § 23 BauNVO werden die überbaubaren Grundstücksflächen gegenüber den nicht überbaubaren Grundstücksflächen abgegrenzt. Die Bebauungstiefe ist nach § 23 Abs. 4 Satz 2 BauNVO von der tatsächlichen Straßengrenze ab zu ermitteln, sofern im Bebauungsplan nichts anderes festgesetzt ist. Aus der Verweisung auf § 23 Abs. 3 BauNVO in § 23 Abs. 4 Satz 1 BauNVO ergibt sich darüber hinaus, dass mit der Festsetzung einer Bebauungstiefe nur eine rückwärtige Baugrenze ersetzt werden kann. Für die seitliche Begrenzung der überbaubaren Grundstücksflächen kommen danach lediglich Baulinien als zwingende Festsetzungen oder Baugrenzen als nicht zwingende Festsetzungen in Betracht.

Nach Abs. 5 Satz 4 gilt Abs. 5 Satz 3 entsprechend, d. h. Abs. 5 Sätze 1 und 2 finden keine Anwendung, wenn sich einheitlich abweichende Abstandsflächentiefen aus der umgebenden Bebauung im Sinn des § 34 Abs. 1 Satz 1 BauGB ergeben. Die Vorschrift des Abs. 5 Satz 4 gilt als fragwürdig (vgl. Molodovsky, Stand: 4-2018, Art. 6 Rn. 173b; Dohm in Simon/Busse, BayBO 2008, Stand: 1.9.2012, Art. 6 Rn. 333b; Dirnberger in Jäde/Dirnberger/Bauer/Weiß, Die neue Bayerische Bauordnung, Stand: 1.9.2012, Art. 6 Rn. 177a). Insbesondere ist nicht ohne Weiteres zu erkennen, wie die „einheitlich abweichenden Abstandsflächentiefen" ermittelt werden sollen. Zudem wird nicht klar ersichtlich, bis zu welcher Bebauungstiefe diese gelten sollen. Der BayVGH hat in seinem Beschluss v. 4.8.2011 (– 2 CS 11.997 – juris) offen gelassen, ob allein anhand des Kriteriums des Gebäudeabstands das Tatbestandsmerkmal der einheitlich abweichenden Abstandsflächentiefen in Abs. 5 Satz 4 beurteilt werden kann. Es ist jedoch davon auszugehen, dass der Gesetzgeber bei den im Tatbestand des Satzes 4 vorausgesetzten einheitlich von den gesetzlichen Anforderungen abweichenden Abstandsflächentiefen absolute Maße vor Augen hatte und nicht eine einheitliche Relation zwischen Gebäudehöhe und Grenzabstand fordern wollte. Es reicht demnach grundsätzlich aus, dass in der umgebenden Bebauung im Sinn des § 34 Abs. 1 Satz 1 BauGB einheitliche Gebäude- bzw. Grenzabstände vorzufinden sind. Hierfür genügt einerseits eine diffuse Bebauung nicht, andererseits ist aber auch nicht eine zentimetergenaue Übereinstimmung der Gebäude- bzw. Grenzabstände zu fordern. Bei markanten Unterschieden in der Bauweise, der Lage der Baukörper oder der Gebäudehöhen in der maßgeblichen Umgebung wird man jedoch nicht mehr von einheitlich abweichenden Abstandsflächentiefen im Sinn des Abs. 5 Satz 4 sprechen können (vgl. Molodovsky a.a.O., Rn. 173i). Nur einzelne Ausreißer, die das Gesamtbild des vorhandenen Abstandsflächensystems nicht erschüttern, können dabei jedoch unberücksichtigt bleiben (vgl. Dirnberger a.a.O., Rn. 177c). **159**

Als maßgebliche Bebauung der näheren Umgebung im Sinn des § 34 Abs. 1 Satz 1 BauGB ist der umliegende Bereich anzusehen, soweit sich die Ausführung des Vorhabens auf ihn auswirken kann und soweit er seinerseits den bodenrechtlichen Charakter des zur Bebauung vorgesehenen Grundstücks prägt oder beeinflusst (vgl. BVerwG v. 26.5.1978 – IV C 9.77 – BauR 1978, 276; v. 20.8.1998 – 4 B 79/98 – NVwZ-RR 1999, 105). Dabei ist die nähere Umgebung für jedes Merkmal des § 34 Abs. 1 Satz 1 BauGB gesondert zu ermitteln, weil die wechselseitige Prägung unterschiedlich weit reichen kann (vgl. BVerwG v. 6.11.1997 – 4 B 172/97 – **160** juris). Bei den Abstandsflächentiefen ist wie beim Nutzungsmaß oder der zu überbauenden Grundstücksfläche der maßgebliche Bereich enger zu begrenzen als bei der Nutzungsart. Es ist strittig, bis zu welcher Bebauungstiefe der sog. „Pavillonabstand" ausgenutzt werden darf (BayVGH, Urt. v. 7.3.2013 – 2 BV 11.882 –, BRS 81, 781). Hierbei kann jedoch weder auf die gesamte Tiefe des Baugrundstücks noch nur auf die am jeweiligen Pavillonabstand gegenüberliegende vorhandene Bebauung auf dem Nachbargrundstück abgestellt werden. Vielmehr ist, wie die Verweisung in Art. 6 Abs. 5 Satz 4 BayBO belegt, die gesamte umgebende Bebauung im Sinn des § 34 Abs. 1 Satz 1 BauGB heranzuziehen. Dabei kann jedoch nicht auf der ganze überbaubare Grundstückfläche im Sinn des § 34 Abs. 1 Satz 1 BauGB, wie sie sich aus der maßgeblichen Umgebung ergibt, sondern lediglich auf die Bebauungstiefe rekurriert werden, wie sie in dieser Umgebung unter Inanspruchnahme des sogenannten Pavillonabstands verwirklicht ist. Demgemäß kann vorliegend nicht allein auf die Bebauungstiefe auf einem Nachbargrundstück abgehoben werden, sondern es sind auch die Bebauungstiefen auf den anderen Grundstücken in den Blick zu nehmen, die wesentlich darüber hinausgehen. Hierdurch wird nicht der Nachbarschutz vernachlässigt. Denn Art. 6 Abs. 5 Satz 4 BayBO postuliert ausdrücklich den Vorrang des Bauplanungsrechts vor dem Bauordnungsrecht auch für diesen Bereich des Abstandsflächenrechts. Der Nachbarschutz muss deshalb bereits im Rahmen des § 34 Abs. 1 Satz 1 BauGB über das Rücksichtnahmegebot gewährleistet werden. Es kann dem Nachbarn zuzumuten sein, das ggf. geplante Gebäude ähnlich dem Nachbarvorhaben in den obersten Geschossen des hinteren Gebäudeteils etwas abzustufen. Straßenseitig fallen bei festgesetzter Baulinie keine Abstandsflächen an (§ 23 Abs. 2 BauNVO, Art. 6 Abs. 1 Satz 3 BayBO).

161 Soll das Maß der baulichen Nutzung im Sinne des § 16 Abs. 5 BauNVO innerhalb der überbaubaren Grundstücksflächen unterschiedlich festgesetzt werden, so können die **Bereiche mit unterschiedlicher Maßfestsetzung** nach § 23 Abs. 1 Satz 2 BauNVO durch eine Baulinie oder eine Baugrenze gegeneinander abgegrenzt werden (Abb. 6.1.8 u. 6.1.9). Nur in diesen Fällen kann beidseitig an eine Baulinie oder an eine Baugrenze angebaut werden.

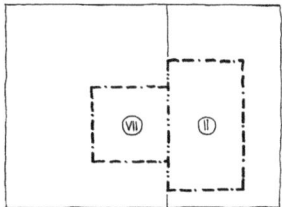

Abb. 6.1.8

Festsetzung für zwei an der Grundstücksgrenze aneinander zu bauende Gebäude.

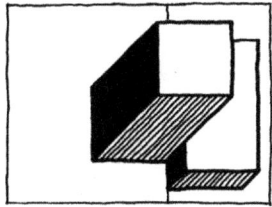

Abb. 6.1.9

Bebauung entsprechend den Festsetzungen des Bebauungsplans Abb. 6.1.8.

Da in der geschlossenen Bauweise nur **der beidseitige Grenzanbau** innerhalb der 162 überbaubaren Grundstücksfläche geregelt wird, endet die Wirksamkeit dieser Festsetzung mit der seitlichen Begrenzung der überbaubaren Grundstücksfläche. Das heißt: bei festgesetzter geschlossener Bauweise ist ein **einseitiger Grenzanbau unzulässig.** Auch soweit in der offenen Bauweise an die seitlichen Grundstücksgrenzen angebaut werden darf, ist ein einseitiger Grenzanbau grundsätzlich unzulässig (vgl. BVerwG, Urt. v. 24.2.2000 – 4 CC 12.98 –, BRS 63 Nr. 185).

Die Festsetzungen über die überbaubaren Grundstücksflächen erfolgen grund- 163 sätzlich ohne Bezug zu den Grundstücksgrenzen (BVerfG, Beschl. v. 23.5.2001 – 1 BvR 1512 u. 1677/97 –, ZfBR 2001 S. 478; vgl. Ernst/Zinkahn/Bielenberg BauNVO § 19 Rn. 11 – Stand 8-2016). Zwar kann bei der Festsetzung der überbaubaren Grundstücksfläche eine Baulinie oder eine Baugrenze mit einer vorhandenen seitlichen oder auch einer rückwärtigen Grundstücksgrenze zusammenfallen (Abb. 6.1.10). Die planungsrechtlichen Vorschriften stehen einer entsprechenden Festsetzung nicht entgegen. Doch ergibt sich aus der Festsetzung einer Baugrenze oder einer Baulinie an einer seitlichen oder rückwärtigen Grundstücksgrenze nicht, dass an diese Grenze gebaut werden kann oder muss, denn das Zusammenfallen von Baugrenzen oder Baulinien und Nachbargrenzen kann durch eine privatautonome oder durch hoheitliche **Neuordnung der Eigentumsverhältnisse** im Rahmen einer **Umlegung** nach den §§ 45 ff. BauGB aufgehoben werden (Abb. 6.1.11).

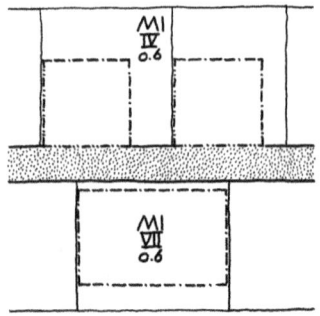

Abb. 6.1.10

Bebauungsplan mit Festsetzung von Baulinien und Baugrenzen an vorderen und seitlichen Grundstücksgrenzen. Die vordere Baulinie fällt mit der Straßenbegrenzungslinie zusammen. Damit wird eine Bebauung an der vorderen Grundstücksgrenze vorgeschrieben. Die seitlichen Grundstücksgrenzen sind lediglich nachrichtlich eingetragen; sie werden durch den Bebauungsplan nicht festgesetzt.

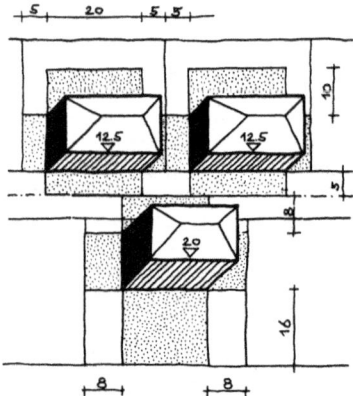

Abb. 6.1.11

Ausführung der Bebauung nach dem Bebauungsplan in Abb. 6.1.10. Soweit die überbaubaren Grundstücksflächen mittels Baulinien an den seitlichen Grundstücksgrenzen festgesetzt worden sind, musste der Zuschnitt der Grundstücke im Rahmen einer Umlegung so geändert werden, dass die Abstandsflächen auf den Baugrundstücken nachgewiesen werden können. Soweit die überbaubaren Grundstücksflächen mittels Baugrenzen festgesetzt worden sind, müssen die Gebäude soweit hinter die Baugrenzen zurückgenommen werden, dass die Abstandsflächen auf den Grundstücken nachgewiesen werden können.

164   Die Vorschrift des Abs. 1 Satz 1, wonach vor den Außenwänden von Gebäuden Abstandsflächen von oberirdischen Gebäuden freizuhalten sind, und die Vorschrift des Abs. 2 Satz 1, wonach die Abstandsflächen auf dem Grundstück selbst liegen müssen, werden durch die Festsetzung einer Baugrenze oder einer Baulinie an einer vorgegebenen seitlichen Nachbargrenze nicht eingeschränkt. Vielmehr muss durch eine **Änderung der Grundstücksgrenzen** dafür gesorgt werden, dass der gesetzlich vorgeschriebene Grenzabstand eingehalten werden kann. Auf eine Grenzänderung kann nur verzichtet werden, wenn die Abstandsflächen nach Abs. 2 Satz 3 unter den dort genannten Voraussetzungen ganz oder teilweise auf andere Grundstücke übertragen werden oder wenn aufgrund von planungsrechtlichen Vorgaben über eine abweichende Bauweise nach § 22 Abs. 4 BauNVO (z. B. halb offene Bauweise) oder auch im Einzelfall die Voraussetzungen für die Zulassung eines einseitigen Grenzanbaus gegeben sind. In der geschlossenen Bauweise kann an rückwärtige Grundstücksgrenzen angebaut werden, sofern das Grundstück in seiner vollen Tiefe als überbaubar festgesetzt ist (Abb. 6.1.15).

Da die Regelung über den Verzicht auf Abstandsflächen nach Satz 3 nicht nur **165** gegenüber Nachbargrenzen, sondern auch gegenüber anderen Grundstücksgrenzen anwendbar sein soll, ist davon auszugehen, dass eine Abstandsfläche nach den Vorstellungen des Gesetzgebers unter den in Satz 3 genannten Voraussetzungen nicht nur gegenüber seitlichen und rückwärtigen Grundstücksgrenzen, sondern auch gegenüber **Grundstücksgrenzen zu den öffentlichen Verkehrsflächen** nicht erforderlich sein soll. Da mit den planungsrechtlichen Vorschriften über die offene und die geschlossenen Bauweise nach § 22 Abs. 2 und 3 BauNVO nur der Bezug der Gebäude zu den seitlichen Grundstücksgrenzen geregelt wird, käme hier allenfalls eine Festsetzung nach § 22 Abs. 4 Satz 2 BauNVO in Betracht.

Nach § 22 Abs. 4 Satz 2 BauNVO kann im Rahmen der Festsetzung über eine **166** abweichende Bauweise im Bebauungsplan nicht nur festgesetzt werden, inwieweit an die seitlichen Grundstücksgrenzen, sondern auch inwieweit an die vorderen und an die rückwärtigen Grundstücksgrenzen herangebaut werden darf oder muss. Ob von dieser Festsetzungsmöglichkeit im Hinblick auf die vorderen Grundstücksgrenzen Gebrauch gemacht werden kann, erscheint jedoch fraglich; denn eine Festsetzung ist nur erforderlich oder notwendig, wenn nicht ein anderes gleich wirksames Mittel zur Verfügung steht. Bei der Prüfung, ob **die Wahl eines bestimmten Festsetzungsmittels** im Sinne des § 1 Abs. 3 BauGB erforderlich ist, kommt es auf die Zweck-Mittel-Relation einerseits und auf die Mittel-Mittel-Relation andererseits an (vgl. Gierke in Brügelmann, 61. Lfg., Sept. 2006, § 1 BauGB Rn. 151a.). Als Mittel zur straßenseitigen Begrenzung der Bebauung stehen die Baulinie und die Baugrenze zur Verfügung, und in der Planungspraxis wird zur straßenseitigen Begrenzung der Bebauung nur von diesen Instrumenten Gebrauch gemacht. Danach ist eine Festsetzung nach § 22 Abs. 4 BauNVO zur straßenseitigen Begrenzung der Bebauung nicht erforderlich und daher auch nicht in Betracht zu ziehen.

Bei der Begrenzung der Bebauung zu den öffentlichen Verkehrsflächen mittels **167** Baulinien oder Baugrenzen ist die Lage der vorderen Grundstücksgrenzen unter städtebaulichen Gesichtspunkten irrelevant. Entscheidend ist der **Bezug zur Straßenbegrenzungslinie,** mit der die Straßenverkehrsfläche nach Nr. 6.1 Anlage zur PlanV gegenüber dem Bauland abgegrenzt wird. Baulinien und Baugrenzen können mit Abstand zur Straßenbegrenzungslinie festgesetzt werden, sodass zwischen Straßenbegrenzungslinie und Baulinie oder Baugrenze eine Vorgartenfläche als nicht überbaubare Grundstücksfläche verbleibt. Baulinien und Baugrenzen können aber auch in der Straßenbegrenzungslinie festgesetzt werden.

168 Wird die überbaubare Grundstücksfläche mit einer Baulinie in der Straßenbegrenzungslinie festgesetzt, so müssen die Gebäude auf der Straßenbegrenzungslinie errichtet werden. Das bedeutet jedoch nicht, dass die Gebäude aufgrund dieser Festsetzung an den vorderen Grundstücksgrenzen errichtet werden müssen. Die Grundstücksgrenzen, auch die vorderen Grundstücksgrenzen, werden im Bebauungsplan nicht festgesetzt. Häufig kann erst nach erfolgter **Umlegung,** mit der eine Übereinstimmung der vorderen Grundstücksgrenzen mit der im Bebauungsplan festgesetzten Straßenbegrenzungslinie hergestellt wird, davon ausgegangen werden, dass mit einer Baulinie, die in der Straßenbegrenzungslinie festgesetzt ist, der Anbau der Gebäude an die vordere Grundstücksgrenze erfolgen muss.

169 Auch für die Handhabung der Abstandsvorschriften ist die Lage der vorderen Grundstücksgrenzen irrelevant. Die Vorschrift des Abs. 2 Satz 1, wonach die Abstandsflächen auf dem Grundstück selbst liegen müssen, hat lediglich für die Anordnung der Gebäude in Bezug auf die seitlichen und rückwärtigen Nachbargrenzen Bedeutung. Die Abstandsflächen vor den Außenwänden der Gebäudevorderseite müssen nicht auf dem Baugrundstück liegen. Nach Abs. 2 Satz 2 dürfen die Abstandsflächen vielmehr **auf öffentlichen Verkehrsflächen** (sowie auf öffentlichen Grünflächen oder auf öffentlichen Wasserflächen) liegen, und zwar jeweils **bis zur Straßenmitte** (bis zur Mitte der öffentlichen Grünflächen oder bis zur Mitte der öffentlichen Wasserflächen).

2. Bauweise

170 Mit der Einhaltung einer bestimmten Bauweise – meist geschlossene Bauweise – ist es im **historischen Städtebau** gelungen, die Vielzahl der Gebäude einer Stadt gleicher oder ähnlicher Nutzung in eine überschaubare Ordnung zu bringen. Lediglich die Großbauten, insbesondere Kirchen, Rathäuser oder ein Stadtschloss hatten als Solitärbauten eine Sonderstellung im Baugefüge der Stadt: sie waren nicht in die vorherrschende Bauweise eingebunden.

171 Gegen Ende des 19. Jahrhunderts wurde die geschlossene Bauweise durch die offene Bauweise mehr und mehr verdrängt. In der zweiten Hälfte des 20. Jahrhunderts wurden Baugebiete in **geschlossener Bauweise** nur noch selten neu ausgewiesen. Von der Festsetzung der geschlossenen Bauweise wurde und wird in der Bauleitplanung vor allem in überwiegend bebauten Gebieten mit älterem Baubestand Gebrauch gemacht. Für die Bebauung mit Einfamilienhäusern in den Vororten der Städte hat sich die **offene Bauweise** durchgesetzt.

172 Mit §9 Abs. 1 Nr. 2 BauGB wird die Möglichkeit eröffnet, die Bauweise im Bebauungsplan festzusetzen. Aufgrund der Ermächtigung des §9a BauGB (= §2 Abs. 5 BauGB a. F.) BauGB hat das zuständige Bundesministerium Näheres über die Festsetzung der Bauweise in § 22 BauNVO geregelt. Die Festsetzung der Bau-

weise gehört nicht zu den Mindestfestsetzungen nach § 30 Abs. 1 BauGB (qualifizierter Bebauungsplan).

Der Begriff „Bauweise" wird im allgemeinen Sprachgebrauch unterschiedlich **173** verwendet, u. a. um die Konstruktion eines Gebäudes zu kennzeichnen (z. B. **Massivbauweise, Fachwerkbauweise** usw.). Im Städtebau wird der Begriff „Bauweise" u. a. verwendet, um die Stellung der Gebäude zur Straße zu beschreiben: **„giebelständige"** oder **„traufständige"** Bauweise. Auch ist es üblich, den Begriff Bauweise zur Kennzeichnung der Geschossigkeit einer Bebauung zu verwenden: eingeschossige Bauweise, zweigeschossige Bauweise usw. Eine in der angedeuteten Weise beliebige Verwendung des Begriffs „Bauweise" entspricht jedoch nicht der Begriffsbestimmung, die sich aus § 22 Abs. 1 BauNVO ableiten lässt.

§ 22 BauNVO enthält keine Definition der Bauweise. In § 22 BauNVO ist nur **174** geregelt, wie die Gebäude in der offenen Bauweise einerseits und in der geschlossenen Bauweise andererseits in **Bezug auf die seitlichen Grundstücksgrenzen** zu errichten sind. Das OVG NRW hat daraus abgeleitet, unter Bauweise sei die Anordnung der Gebäude auf Baugrundstücken in Bezug auf die – von der öffentlichen Verkehrsfläche aus betrachtet – seitlichen Grundstücksgrenzen und damit in Bezug auf die Gebäude auf den insoweit benachbarten Grundstücken zu verstehen (OVG, Beschl. v. 1.3.2006 – 7 B 1875/05, vgl. auch OVG NRW, Beschl. v. 27.3.2003 – 7 B 2213/02 –, BRS 66 Nr. 126).

Entscheidend für die Bestimmung einer Bauweise als geschlossen, offen, halb **175** offen o. Ä. ist **die Reihung gleichartiger oder ähnlich dimensionierter Gebäude** in einem größeren Bebauungszusammenhang. Die Reihung gleichartiger Gebäude korrespondiert in aller Regel mit einer **kleinteiligen Parzellierung** des Baulandes, namentlich in der geschlossenen Bauweise. In der offenen Bauweise sind aber auch, beispielsweise im Werksiedlungsbau, Einzelhäuser, Doppelhäuser und Hausgruppen auf ungeteilten größeren Grundstücken errichtet worden. Um die Gleichartigkeit der Häuser und Hausgruppen sicherzustellen, wird in § 22 Abs. 2 Satz 2 BauNVO vorgeschrieben, dass die Länge der Einzelhäuser, Doppelhäuser und Hausgruppen unabhängig von der Grundstücksteilung ein Maß von 50 m nicht überschreiten darf. Darüber hinaus ist die Anordnung der Gebäude auf größeren ungeteilten Grundstücken in den Vorschriften über die Bauweise nicht geregelt. Aus dem Überdeckungsverbot des Abs. 3 ergibt sich jedoch, dass die Gebäude, die in der offenen Bauweise auf demselben Grundstück errichtet werden, die gleichen Abstände einhalten müssen wie Gebäude auf benachbarten Grundstücken.

Im modernen Siedlungsbau wurde die straßenbegleitende Bebauung auf relativ **176** schmalen Einzelparzellen aufgegeben. Vor allem im Großsiedlungsbau der 2. Hälfte des 20. Jahrhunderts wurde eine Bebauung auf großen Grundstücken bevorzugt. Der Verzicht auf eine Parzellierung des Baulandes macht es möglich, **größere Wohnblocks** allseitig gleich zu gestalten. Unter Wahrung der für die Tagesbelichtung notwendigen Abstände, im Übrigen aber in beliebiger Anordnung, werden die Gebäude als mehrgeschossige Zeilen oder auch als so genannte Punkthochhäuser errichtet. Die **Erschließungsstraßen** werden unabhängig von der Anordnung der Gebäude überwiegend **nach fahrdynamischen Gesichtspunkten** geführt.

177 Wenn unterschiedlich dimensionierte Baukörper auf großen ungeteilten Grundstücken errichtet werden sollen, ist die Festsetzung einer Bauweise nicht nur nicht erforderlich; die Festsetzung einer Bauweise würde dem städtebaulichen Konzept nicht entsprechen, wenn eine Reihung gleicher oder ähnlich dimensionierter Gebäude nicht vorgesehen ist und Nachbargrenzen, auf die Bezug genommen werden könnte, nicht vorhanden sind. In seiner Entscheidung vom 14.8.1997 hat das OVG NRW darauf hingewiesen, welche Festsetzungen zu treffen sind, wenn die Festsetzung einer Bauweise nicht in Betracht kommt: „will der Rat etwas anderes, muss er zu den Festsetzungsmitteln des Maßes oder der überbaubaren Grundstücksflächen greifen" (Abb. 6.1.12 und 6.1.13).

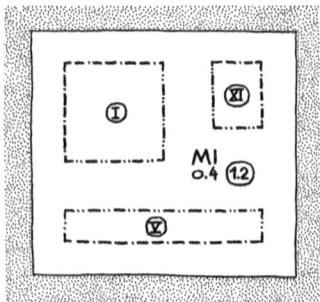

Abb. 6.1.12
Baukörperplan ohne Festsetzungen über die Bauweise.

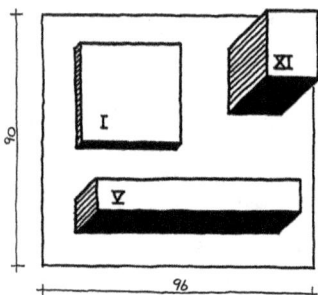

Abb. 6.1.13
Bauausführung aufgrund des in Abb. 6.1.12 dargestellten Bebauungsplans.

178 Die Anwendung der Abstandsflächenvorschriften setzt voraus, dass zuvor die planungsrechtliche Frage der Bauweise entschieden ist (OVG NRW, Urt. v. 22.8.2005 – 10 A 3611/03 –, BRS 69 Nr. 91). Das bedeutet nicht, dass eine Bebauung in jedem Fall einer bestimmten Bauweise zugeordnet werden müsste. Die

Frage der Bauweise kann auch dahingehend entschieden werden, **dass keine Bauweise zu berücksichtigen ist,** weil der Bebauungsplan keine Bauweise ausweist oder weil die Bebauung im unbeplanten Innenbereich (§ 34 BauGB) keiner Bauweise zugeordnet werden kann.

Im baulichen Bestand sind nicht selten Fallgestaltungen anzutreffen, in denen für **179** die **Vorderhausbebauung** eine bestimmte Bauweise – z. B. geschlossene Bauweise mit beidseitigem Grenzanbau – eingehalten wird, während **im rückwärtigen Bereich eine andere Bauweise** – z. B. halboffene Bauweise mit einseitig an den Grundstücksgrenzen errichteten Seitenflügeln (Abb. 6.1.25) – oder überhaupt keine bestimmte Bauweise erkennbar ist. Es sei in einem solchen Fall nicht gerechtfertigt, so der BayVGH, das Bauordnungsrecht, das die Einhaltung der Abstandsflächen zur Regel mache, zugunsten einer regellosen Bebauung zurücktreten zu lassen (BayVGH, Urt. v. 21.7.1997 – 14 B 96.3086 –, BayVBl. 1998 S. 534, BRS 59 Nr. 113).

Die sich aus der **freien Anordnung der Gebäude** ergebenden Überschneidungen **180** in den Konturen, in Wand- und Dachflächen mit dem aufgrund der unterschiedlichen Stellung zur Himmelsrichtung bewirkten **Wechsel von Licht und Schatten** machen den Reiz älterer Dorfsiedlungen aus. Wollte man in einem so strukturierten Gebiet die abstandsrechtlichen Grundsätze durchsetzen, die für die offene Bauweise einerseits und für die geschlossene Bauweise andererseits entwickelt worden sind, so könnte die **erhaltenswerte Siedlungsstruktur** empfindlich gestört werden (Abb. 6.1.14).

Abb. 6.1.14
„Diffuse" Bebauung.

Der BayVGH hatte aus einer Regelung der BayBO vom 17.2.1901 (BayBS II **181** S. 446) ein **„Verbot enger Reihen"** abgeleitet. Unter einer engen Reihe im Sinne der BayBO vom 17.2.1901 war nach allgemeiner Verwaltungspraxis ein Gebäudeabstand von weniger als 3,5 m zu verstehen. Ein solcher Gebäudeabstand wurde aus Gründen der **Feuersicherheit,** der Reinlichkeit und der Gesundheitspflege allgemein als unerlässlich angesehen (BayVGH, Urt. v. 8.12.1975 – 246 I 72 –, BayVBl. 1976 S. 146).

182 Was die **Feuersicherheit** angeht, so sind in den neueren **Brandschutzvorschriften** allerdings andere Vorstellungen entwickelt worden: Die Außenwände der Gebäude müssen aus Gründen der Feuersicherheit einen Grenzabstand von mindestens 2,5 m oder einen Gebäudeabstand von mindestens 5 m einhalten. Soweit Gebäudeabschlusswände als **Brandwände** ausgeführt werden, können sie jedoch in geringerem Abstand errichtet werden. Sie können auch unmittelbar an Grundstücksgrenzen oder an anderen Gebäudewänden errichtet werden (vgl. Art. 28 Abs. 2 Nr. 1).

183 Was die **Reinlichkeit** und die Gesundheitspflege angeht, so hat das OVG NRW mit seinem Urteil vom 12.5.2005 (7 A 2342/03 –, BRS 70 Nr. 123) eigene Anforderungen entwickelt. Der Anbau eines Gebäudes an eine Nachbargrenze sei abstandsrechtlich unzulässig, so das Gericht, wenn ein Gebäude auf dem Nachbargrundstück in einem **Abstand von nur 30 bis 50 cm zur Grenze** vorhanden ist. Der in einem solchen Fall durch den Grenzanbau entstehende schmale Geländestreifen zwischen zwei Außenmauern benachbarter Gebäude sei unter nachbarlichen Aspekten schlechterdings unvertretbar. Die entstehende „**Schmutzecke**" berge nicht nur die Gefahr in sich, dass sich dort Unrat sammelt und Feuchtigkeit wegen fehlender Durchlüftungsmöglichkeiten staut; sie lasse es auch nicht zu, eventuelle **Unterhaltungs- und Reparaturarbeiten** an den so gering voneinander entfernten Außenwänden ordnungsgemäß durchzuführen. Die Außenwand des neu errichteten Gebäudes könne weder gestrichen noch verputzt werden. Auch eine Unterhaltung des bestehenden Nachbargebäudes und die **Reinigung des verbleibenden Zwischenraums** seien nicht mehr möglich. Schließlich sei eine Durchfeuchtung der Außenwände im Sockelbereich zu befürchten und, wenn sie eintrete, von außen nicht zu beheben.

184 Anders als der BayVGH hatte das OVG NRW aus der vergleichbaren planungsrechtlichen Vorgabe nicht geschlossen, dass das Vorhaben eine Abstandsfläche in den abstandsrechtlich vorgeschriebenen Abmessungen einhalten müsse. Die Frage, ob die Kläger sich auch dann mit Erfolg gegen die **Nichteinhaltung des erforderlichen Abstands** des Vorhabens wehren könnten, wenn dieses seinerseits mit einem ihrem Gebäude vergleichbaren Grenzabstand errichtet würde und insgesamt ein Zwischenraum von 80 cm bis 1 m verbliebe, bedurfte aus Anlass des vorliegenden Falls keiner weiteren Vertiefung. Damit hat das Gericht auch die Frage offen gelassen, ob ein Grenzabstand von nur 40 cm als Abweichung von den Bemessungsvorschriften des § 6 BauO NRW in Betracht käme (Rn. 634).

185 Das OVG NRW hat mit seiner Entscheidung vom 12.5.2005 ein eigenständiges Kriterium zur Bestimmung eines Mindestabstandes zwischen Gebäuden auf benachbarten Grundstücken eingeführt: Sicherstellung der **Zugänglichkeit des Gebäudezwischenraums** zur Pflege und Unterhaltung der den Zwischenraum begrenzenden Gebäudeaußenwände und des Gebäudezwischenraums selbst. Der Gesichtspunkt, dass die Errichtung eines Gebäudes in geringem Abstand zur Nachbargrenze vermieden werden sollte, um Schmutzecken zu vermeiden, spielte bislang nur im Zusammenhang mit den nach Abs. 9 ohne Abstand oder in geringem Abstand zu Nachbargrenzen zulässigen Gebäuden, insbesondere Grenzgaragen, eine Rolle (vgl. Rn. 624).

Ein Mindestabstand von 80 cm ist auch einzuhalten, wenn damit im Hinblick auf **186** die mit den Abstandsvorschriften verfolgten Ziele, insbesondere eine ausreichende Belichtung des Gebäudes und einen wünschenswerten Sozialabstand sicherzustellen, nichts gewonnen werden kann. Auf die Lage der Grundstücksgrenze zwischen den beiden einander gegenüberstehenden Gebäuden kommt es nicht an. Es ist davon auszugehen, dass der Mindestabstand zur **Pflege und Unterhaltung des Gebäudezwischenraums** auch bei einander auf demselben Grundstück gegenüberstehenden Gebäuden einzuhalten ist. Die Anforderung ist nicht zu verwechseln mit den Anforderungen des Art. 5 Abs. 1 im Hinblick auf den unter den dort genannten Voraussetzungen erforderlichen Zugang für die Feuerwehr. Die Brandschutzanforderungen der Art. 24 ff., insbesondere die des Art. 28 Abs. 2 Nr. 1 (Brandwände) und des Art. 30 (Dächer) bleiben unberührt.

In den **im Zusammenhang bebauten Ortsteilen** muss sich ein Vorhaben nach **187** § 34 Abs. 1 BauGB nicht nur hinsichtlich der Art und des Maßes der baulichen Nutzung und der Grundstücksfläche, die überbaut werden soll, in die nähere Umgebung einfügen, sondern auch hinsichtlich der Bauweise. Dabei ist von den prägenden Merkmalen der Umgebung des Vorhabens auszugehen.

Um feststellen zu können, ob sich das Vorhaben nach der Bauweise in die Eigen- **188** art der Umgebung des Vorhabens einfügt, muss die vorherrschende Bauweise in der Umgebung des Vorhabens ermittelt werden, d. h. es muss festgestellt werden, ob die Gebäude in der **Umgebung des Vorhabens** mit oder ohne seitlichen Grenzabstand errichtet worden sind. „Vom Vorliegen einer Bauweise im Sinne des § 22 BauNVO kann dabei nur ausgegangen werden, wenn in der näheren Umgebung die Gebäude derart gebaut sind, dass in ihnen ein ablesbares organisch gewachsenes bauplanerisches Ordnungssystem zum Ausdruck kommt." (VGH Bad.-Württ., Urt. v. 13.5.2002 – 3 S 2259/01 –, BRS 65 Nr. 88). „Wenn die Eigenart der Umgebung i. S. des § 22 Abs. 4 BauNVO eine abweichende Bauweise aufweist, kann auch diese maßgeblich sein; sie muss, um als abweichende Bauweise qualifiziert werden zu können, Ausdruck einer städtebaulichen Ordnungsvorstellung, die auch Gegenstand einer städtebaulichen Konzeption hätte sein können, sein ..." (Ziegler in Brügelmann Kommentar zum BauGB 45. Lfg. Juli 2000 – BauNVO § 22 Rn. 142). „Eine örtliche Bausitte in einem unbeplanten Gebiet, deren Besonderheit darin besteht, dass mit den Gebäuden jeweils an oder doch nahe an eine seitliche Grundstücksgrenze herangebaut und zur anderen seitlichen Grenze ein größerer Abstand eingehalten ist (sog. halboffene Bauweise), ist als ein die vorhandene Bebauung prägendes Ordnungselement bei der Anwendung des § 34 BBauG zu berücksichtigen (BayVGH 19.11.1976 – 298 I 74 –, BayVBl. 1978 S. 441 – zitiert bei Ziegler a.a.O)."

Weist die nähere Umgebung des Vorhabens sowohl Merkmale der offenen wie **189** der geschlossenen Bauweise auf, so kann **keine Bauweise** im Sinne des § 22 Abs. 1 bis 3 BauNVO festgestellt werden. Auch die Zuordnung der Bebauung des Gebiets zu einer abweichenden Bauweise nach § 22 Abs. 4 Satz 1 BauNVO kommt nicht in Betracht, wenn **kein durchgehendes Ordnungsprinzip** im Hinblick auf die Anordnung der Gebäude in Bezug auf die seitlichen Grundstücksgrenzen festgestellt werden kann. Das Gebiet ist dann hinsichtlich der Bauweise nach § 22 BauNVO nicht definierbar. Eine differenzierende Betrachtung ist jedoch geboten.

190   Für die Bestimmung der Bauweise im unbeplanten Innenbereich ist der maßgebliche Umgebungsbereich regelmäßig enger zu begrenzen als etwa der für die Ermittlung der Art der baulichen Nutzung heranzuziehende Rahmen. Ist die **Grenze zwischen Vorderhausbebauung und rückwärtiger Bebauung** eindeutig zu bestimmen, so kann, bezogen auf die Vorderhausbebauung, von einer **faktischen hinteren Baugrenze** ausgegangen werden, mit der der Wechsel von geschlossener Vorderhausbebauung mit einer in vielen Fällen eindeutig bestimmbaren Zahl der Vollgeschosse zu einer anders zu bestimmenden Bebauung im rückwärtigen Grundstücksbereich markiert werden kann (vgl. OVG NRW, Beschl. v. 30.9.2005 – 10 B 972/05 –, BRS 69 Nr. 96).

191   In seinem Urteil v. 21.7.1997 hatte der BayVGH die Situation, wie sie in den überwiegend bebauten Gebieten häufig anzutreffen ist, wie folgt beschrieben: „Die Hauptgebäude sind fast durchgängig an der Straßenbegrenzungslinie und in geschlossener Bauweise errichtet. Dagegen wechseln hinter den Hauptgebäuden im Blockinnern Freiflächen und unterschiedlich situierte Bebauung ab. Die Straßenrandbebauung prägt das Blockinnere nicht dahin gehend, dass durchgehend geschlossene Bauweise zu bejahen wäre. Teilweise sind die Hofbereiche, wenn auch zum Teil nur erdgeschossig, nahezu vollständig mit Haupt- und Nebengebäuden überbaut. Teilweise sind Nebengebäude an eine oder mehrere Grundstücksgrenzen angebaut. Teilweise sind die Hofflächen auch von jeder Bebauung freigehalten." (BayVGH, Urt. v. 21.7.1997 – 14 B 96.3086 –, BRS 59 Nr. 113).

192   Nähere Umgebung im Sinne des § 34 Abs. 1 Satz 1 BauGB ist die Umgebung, insoweit sich die Ausführung eines Vorhabens auf sie auswirken kann und insoweit, als die Umgebung ihrerseits den bodenrechtlichen Charakter des Baugrundstücks prägt oder doch beeinflusst. Dabei ist die nähere Umgebung für die in § 34 Abs. 1 Satz 1 BauGB bezeichneten Kriterien jeweils gesondert abzugrenzen (BVerwG, Beschl. v. 13.5.2014 – 4 B 38.13 – m. w. N. ECLI:DE:BVerwG:2014:130514B4B38.13.0). Denn die Merkmale, nach denen sich ein Vorhaben im Sinne von § 34 Abs. 1 Satz 1 BauGB in die Eigenart der näheren Umgebung einfügen muss, sind jeweils unabhängig voneinander zu prüfen. Bei der Bestimmung des zulässigen Maßes der baulichen Nutzung eines Grundstücks wird der Umkreis der zu beachtenden vorhandenen Bebauung „in der Regel" enger zu begrenzen sein werden als bei der Art der Nutzung (BVerwG a.a.O.). Dies gilt auch für die überbaubare Grundstücksfläche. Mit dem in § 34 Abs. 1 Satz 1 BauGB verwendeten Begriff der Grundstücksfläche, die überbaut werden soll, ist die konkrete Größe der Grundfläche der baulichen Anlage und ihre räumliche Lage innerhalb der vorhandenen Bebauung gemeint. Es geht also um den Standort im Sinne des § 23 BauNVO (BVerwG, Beschl. v. 28.9.1988 – 4 B 175.88 –, Buchholz 406.11 § 34 BBauG/BauGB Nr. 128 S. 29). Auch hier sind die Auswirkungen des Vorhabens auf die Umgebung und umgekehrt die Wirkung der Umgebung auf das Bauvorhaben in der Regel auf einen engeren Kreis begrenzt (OVG Berlin-Brandenburg, Urt. v. 13.3.2013 – 10 B 4.12 – juris). Zu berücksichtigen sind regelmäßig nur bauliche Anlagen, die in Sichtbeziehung zu dem Vorhabengrundstück stehen;

gerade bei der Frage, ob eine von Bebauung freizuhaltende hintere Baugrenze besteht, kann sich die Beurteilung nämlich nur an Sichtachsen orientieren (OVG NRW, Beschl. v. 19.6.2008 – 7 A 2053.07 – juris).

Die Annahme, hinsichtlich des Merkmals der „Grundstücksfläche, die überbaut **193** werden soll", erfasse die nähere Umgebung im Sinne des § 34 Abs. 1 Satz 1 BauGB in der Regel einen kleineren Bereich als hinsichtlich des Merkmals der Art der baulichen Nutzung, entbindet jedenfalls nicht von einer Würdigung der tatsächlichen Verhältnisse im Einzelfall. Der innere Bereich eines Baublocks lässt sich nur dann in unterschiedliche Umgebungsbereiche aufspalten, wenn eine klare optische Trennung und klar unterschiedliche bauliche Strukturen dies erfordern (vgl. BVerwG, Beschl. v. 13.5.2014 – 4 B 38.13 – juris). Dabei handelt es sich in erster Linie um eine Frage tatrichterlicher Wertung (BVerwG, Beschl. v. 28.8.2003 – 4 B 74.03 – juris).

Ausgehend davon, dass die nähere Umgebung für jedes der Merkmale des § 34 **194** Abs. 1 Satz 1 BauGB gesondert zu ermitteln ist, weil die wechselseitige Prägung unterschiedlich weit reichen kann (vgl. BVerwG, Beschl. v. 6.11.1997 – 4 B 172.97 –, NVwZ-RR 1998, 539), gilt für das Kriterium der überbaubaren Grundstücksfläche ein engerer „Umgriff" als bei der Nutzungsart (VGH München, Beschl. v. 7.12.2015 – 2 ZB 14.1965 – juris). Insoweit ist die konkrete Grundfläche des Vorhabens und seine räumliche Lage innerhalb der vorhandenen Bebauung maßgeblich (BVerwG, Beschl. v. 16.6.2009 – 4 B 50.08 – juris, sowie Beschl. v. 17.9.1985 – 4 B 167.85 – juris). Dazu kann auf § 23 Abs. 1 BauNVO zurückgegriffen werden, soweit aus der maßstabbildenden Bebauung Baulinien, -grenzen oder Bebauungstiefen abgeleitet werden können (OVG Schl-H, Urt. v. 31.8.2016 – 1 LB 4/14 – juris).

Bezüglich des Merkmals der Grundstücksfläche, die überbaut werden soll, mit **195** dem die konkrete Größe der Grundfläche der baulichen Anlage und ihre räumliche Lage innerhalb der vorhandenen Bebauung gemeint ist, wird die nähere Umgebung im Regelfall enger als z. B. bei dem Merkmal der Art der baulichen Nutzung zu bemessen sein (VG Düsseldorf, Beschl. v. 20.9.2016 – 9 L 2264/16 – juris).

In dörflichen Siedlungen mit aufgelockerter Siedlungsstruktur kann oftmals ins- **196** gesamt, also auch für die straßenseitige Bebauung keine eindeutige Bauweise festgestellt werden (vgl. OVG NRW, Urt. v. 12.5.2005 – 7 A 2342/03 –, BRS 70 Nr. 123). Insbesondere fehlt es am Merkmal der Reihung gleichartiger, ähnlich dimensionierter Gebäude. Wohngebäude, Stallungen, Scheunen, Schuppen und gemischt genutzte Gebäude in unterschiedlicher Dimensionierung, meist allerdings nur ein- oder zweigeschossig, sind in einer städtebaulichen Entwicklung, die über einhundert Jahre weit hinausgeht, teils in größerem Abstand, teils aber auch in sehr geringem Abstand zu seitlichen, vorderen und rückwärtigen Grundstücksgrenzen, teilweise auch unmittelbar an den Grundstücksgrenzen errichtet worden. Eine negative Wertung der so gewachsenen Siedlungsstrukturen als „ungeordnet" oder „regellos" (so etwa der BayVGH im Urteil vom 21.7.1997 – 14 B 96.308 –, BRS 59 Nr. 113) erscheint nicht gerechtfertigt. Häufig stellt sich die vorhandene Bebauung nach anderen Kriterien als geordnet dar, im

Hinblick auf die Geschossigkeit der Bebauung, im Hinblick auf die Dachgestaltung, auf die Dachneigung oder die Giebelstellung, auf das Vorherrschen der Fachwerkbauweise o. Ä. Die sich aus der freien Anordnung der Gebäude ergebenden Überschneidungen in den Konturen, in Wand- und Dachflächen mit dem aufgrund der unterschiedlichen Stellung zur Himmelsrichtung bewirkten Wechsel von Licht und Schatten machen den Reiz älterer Dorfsiedlungen aus. Wollte man in einem so strukturierten Gebiet die abstandrechtlichen Grundsätze durchsetzen, die für die offene Bauweise einerseits und für die geschlossene Bauweise andererseits entwickelt worden sind, so könnte die erhaltenswerte Siedlungsstruktur empfindlich gestört werden (Abb. 6.1.14).

197   Von der negativen Wertung einer „regellosen Bebauung" ist der BayVGH inzwischen abgerückt. Ein Bau an die seitliche Grenze ist nach Art. 6 Abs. 1 Satz 2 auch zulässig, wenn die vorhandene Mischung von Gebäuden mit und ohne seitlichen Grenzabstand „regellos" erscheint. – Vorbehaltlich der Prüfung des Gebots der Rücksichtnahme als letzten Prüfungsschritt des Einfügungsgebots darf in diesen Fällen mit den in Art. 6 Abs. 1 Satz 2 BayBO 1998 geregelten abstandsflächenrechtlichen Folgen nach bauplanungsrechtlichen Vorschriften an die seitlichen Grenzen bzw. an eine seitliche Grenze gebaut werden. Dies gilt – entgegen einer in der Rspr. des BayVGH früher vielfach vertretenen, inzwischen aber aufgegebenen Auffassung (vgl. BayVGH v. 14.12.1993 NVwZ 1995, S. 281; v. 21.7.1997 BayVBl. 1998, S. 534; v. 7.2.2007 – 14 CS 06.2808 – juris) – auch dann, wenn die vorhandene Mischung von Gebäuden mit und ohne seitlichen Grenzabstand „regellos" erscheint (BayVGH, Urt v. 23.3.2010 – 1 BV 07.2363 –, UPR 1/2011, S. 37). Ergibt die im Rahmen der Zulässigkeitsprüfung nach § 34 Abs. 1 Satz 1 BauGB durchzuführende, „Fremdkörper" außer Betracht lassende Bestandsaufnahme des Vorhandenen, dass die den Maßstab bildende Bebauung Gebäude mit und ohne seitlichen Grenzabstand umfasst, ohne dass eine Ordnung zu erkennen ist, die als abweichende Bauweise (vgl. § 22 Abs. 4 Satz 1 BauNVO) eingestuft werden kann, dann hält sich sowohl ein Gebäude mit als auch ein Gebäude ohne seitlichen Grenzabstand im Rahmen des Vorhandenen. Vorbehaltlich der Einhaltung des Gebots der Rücksichtnahme darf daher in diesen Fällen mit den in Art. 6 Abs. 1 Satz 2 BayBO 1998 geregelten abstandsflächenrechtlichen Folgen nach bauplanungsrechtlichen Vorschriften an die seitlichen Grenzen bzw. an eine seitliche Grenze gebaut werden (BayVGH, Urt. v. 23.3.2010 – 1 BV 07.2363 – juris Rn. 25). Dies gilt entgegen einer in der Rechtsprechung des Verwaltungsgerichtshofs früher vielfach vertretenen, inzwischen aber wohl nicht mehr überwiegenden Auffassung auch dann, wenn die vorhandene Mischung von Gebäuden mit und ohne seitlichem Grenzabstand „regellos" erscheint (BayVGH, Urt. v. 25.11.2013 – 9 B 09.952 –, juris Rn. 47).

198   Bei einer nach § 34 Abs. 1 BauGB zu beurteilenden planungsrechtlichen Situation, die regellos erscheint und an die Grenze gebaut werden darf, stellt sich bei einem Ersatzbau die Frage nach der Berücksichtigung des bisherigen Vorhandenseins eines Gebäudes. Im Hinblick auf die planungsrechtliche Beurteilung wäre zudem zu fragen, ob und inwieweit die bestehende Grenzbebauung nicht doch hinsichtlich ihrer Positionierung eine Art „Nachwirkung" entfaltet und der

Neubau tatsächlich die Frage der Einhaltung von Abstandsflächen gänzlich neu aufwirft (BayVGH, Beschl. v. 8.10.2013 – 9 CS 13.1636 – juris, Rn. 11).

Bei den in Abs. 1 Satz 3 angesprochenen planungsrechtlichen Vorschriften han- **199** delt es sich allein um diejenigen über die Bauweise. Hingegen ist es für die Prüfung des Abs. 1 Satz 3 nicht erheblich, welches Maß die jeweilige Bebauung hat (vgl. OVG NRW, Beschl. v. 15.3.2011 – 7 A 753/10 – juris).

3. Geschlossene Bauweise

In der geschlossenen Bauweise werden die Gebäude nach § 22 Abs. 3 BauNVO **200** **ohne seitlichen Grenzabstand** errichtet, d. h. unmittelbar an den Nachbargrenzen. Das städtebauliche Ziel ist der Anbau der Gebäude auf benachbarten Grundstücken Wand an Wand, so dass sich die einzelnen Gebäude zu einem Gebäudekomplex zusammenschließen (OVG NRW, Urt. v. 3.7.1997 – 11 A 1826/ 95 –). Der in § 22 Abs. 3 BauNVO geforderte Grenzanbau ist insoweit lediglich als ein Mittel anzusehen, um das städtebauliche Ziel – den **Anbau Wand an Wand** – zu erreichen. Auch bei zeitlich unkoordinierter Bebauung der einzelnen Grundstücke kann, sofern jedes einzelne Gebäude beidseitig an die Grenze gebaut wird, nach und nach ein geschlossener Baukörper, beispielsweise ein geschlossener Baublock, entstehen. Es muss jedoch eine weitere Voraussetzung erfüllt werden: die Gebäude müssen in einer Flucht errichtet werden, jedenfalls zur Gebäudevorderseite (straßenseitig). Die Einhaltung einer bestimmten Bauflucht an der Gebäuderückseite gehört demgegenüber nicht zu den wesentlichen Merkmalen einer geschlossenen Bebauung (Abb. 6.1.15). Idealtypisch soll in der geschlossenen Bauweise auch eine **einheitliche Traufhöhe** zumindest in der Straßenrandbebauung erreicht werden. Höhenversprünge sind aber in der geschlossenen Bauweise durchaus üblich, ohne dass damit der Charakter der geschlossenen Bauweise verloren geht (Abb. 6.1.16).

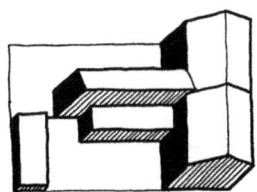

Abb. 6.1.15

In der geschlossenen Bauweise kann der Grenzanbau in der vollen planungsrechtlich zulässigen Tiefe erfolgen. Im rückwärtigen Grundstücksbereich werden häufig Seitenflügel einseitig an Nachbargrenzen errichtet.

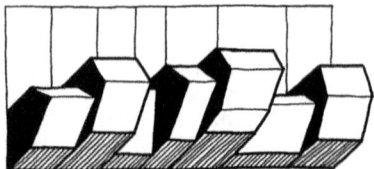

Abb. 6.1.16

In der geschlossenen Bauweise richtet sich die Trauf- und Firsthöhe der Gebäude nach den planungsrechtlichen Vorgaben über die Höhe der baulichen Anlagen oder über die Zahl der Vollgeschosse. Die Einhaltung einer einheitlichen Trauf- und Firsthöhe ist nicht erforderlich.

201 Im **unbeplanten Innenbereich** greift die Regelung, dass ohne Abstandsflächen an die Grenze gebaut werden muss, ein, wenn nach § 34 Abs. 1 BauGB Vorhaben nur in geschlossener Bauweise errichtet werden dürfen, weil das Baugrundstück nur für eine Bebauung in dieser Bauweise geprägt ist (OVG NRW, Urt. v. 14.3.1994 – 7 A 3462/91). Die Vorschrift des § 22 Abs. 3 BauNVO, wonach die Gebäude in der geschlossenen Bauweise ohne seitlichen Grenzabstand gebaut werden, ist als **zwingende Vorschrift** anzusehen. D. h. wenn und soweit ein Grundstück bebaut wird, muss in der geschlossenen Bauweise an die seitliche Grenze gebaut werden. Darf innerhalb eines im Zusammenhang bebauten Ortsteils ein Grundstück gemäß § 34 Abs. 1 BauGB nur in geschlossener Bauweise bebaut werden, so **darf nach Landesbauordnungsrecht nicht die Einhaltung von seitlichen Abstandsflächen verlangt werden** (BVerwG, Beschl. v. 11.3.1994 – 4 B 53.94 –, BRS 56 Nr. 65). Es steht auch nicht im Belieben des Bauherrn, mit Abstand von der Grenze zu bauen (OVG NRW, Beschl. v. 25.7.1995 – 10 B 1512/95). **Wenn allerdings die vorhandene Bebauung eine Abweichung vom Grenzanbau erfordert,** muss nach § 22 Abs. 3 BauNVO mit Grenzabstand gebaut werden. Abs. 1 Satz 2 ist dann nicht anwendbar.

202 Wo, wie weit und wie hoch in der geschlossenen Bauweise an die Grenze gebaut werden muss, ergibt sich nicht aus den Vorschriften über die Bauweise, sondern aus den Vorschriften über die **überbaubaren Grundstücksflächen** und über die **Höhe der baulichen Anlagen** bzw. die **Zahl der Vollgeschosse.** Werden die überbaubaren Grundstücksflächen durch eine Baulinie festgesetzt, so muss das Gebäude an die Baulinie herangerückt werden. Nur durch Festsetzung einer vorderen (straßenseitigen) Baulinie kann das städtebauliche Ziel, dass sich die einzelnen Gebäude zu einer geschlossenen Front zusammenschließen, erreicht werden.

203 Aus der in § 9 Abs. 1 Nr. 2 BauGB enthaltenen Gegenüberstellung von überbaubaren und nicht überbaubaren Grundstücksflächen ergibt sich, dass außerhalb der festgesetzten Baulinien, Baugrenzen oder Bebauungstiefen liegende Grundstücksflächen – vorbehaltlich der in § 23 Abs. 2 Sätze 2 und 3, Abs. 3 Sätze 2 und 3 und Abs. 5 BauNVO normierten Sachverhalte – nicht bebaubar sind. Aus § 23 Abs. 2 Sätze 2 und 3, Abs. 3 Sätze 2 und 3 und Abs. 5 BauNVO ergibt sich, dass die Reichweite der im Bebauungsplan festgesetzten geschlossenen Bauweise nicht auf die durch Baugrenzen oder Baulinien bestimmte überbaubare Grundstücksfläche beschränkt sein muss.

Trifft der Bebauungsplan Festsetzungen zur überbaubaren Grundstücksfläche **204** mittels **Baulinien** und **Baugrenzen,** kann auf der Grundlage dieser Festsetzungen nach §23 Abs.2 Satz 2 BauNVO Baulinien betreffend und nach Abs.3 Satz 2 der Vorschrift Baugrenzen betreffend nach Ermessen eine Abweichung in Gestalt eines **geringfügigen Überschreitens** zugelassen werden. Die Festsetzung über die geschlossene Bauweise erstreckt sich dann auf die im Einzelfall zusätzlich geringfügig überbaubare Fläche mit der Folge, dass auch insofern nach planungsrechtlichen Grundsätzen ohne – seitlichen – Grenzabstand gebaut werden muss, denn diese Abweichungsmöglichkeiten haben definitorischen Charakter. Sie gehören wesensmäßig zu den Begriffen Baulinie und Baugrenze und damit auch der überbaubaren Grundstücksfläche durch Vermittlung einer entsprechenden Festsetzung. Die Ermächtigung des §23 Abs.3 Satz 3 BauNVO zur Regelung „weitergehender" Ausnahmen im Bebauungsplan erlaubt es der Gemeinde, auch **mehr als geringfügige Abweichungen** zuzulassen (OVG NRW, Beschl. v. 27.3.2003 – 7 B 2212/02 –, BRS 66 Nr.126, vgl. auch OVG NRW, Beschl. v. 1.3.2006 – 7 B 1875/05).

Für den rückwärtigen Bereich gibt es **keinen Zwang zum deckungsgleichen 205 Anbau** an eine vorhandene Bebauung. Die Auffassung des OVG NRW, wonach es bei zulässigem Grenzanbau nicht darauf ankomme, dass ein Vorhaben in Höhen- und Tiefenerstreckung weitgehend dem Gebäude auf dem Nachbargrundstück entspricht (OVG NRW, Beschl. v. 11.1.1996 – 7 B 3175/95; Beschl. v. 25.1.1996 – 7 B 3496/95; Beschl. v. 4.5.1998 – 7 B 821/98), muss zwar für Doppelhäuser in der offenen Bauweise mit den sich aus dem Urteil des BVerwG vom 24.2.2000 ergebenden Einschränkungen gesehen werden (vgl. Rn.251); für eine Bebauung in geschlossener Bauweise behält diese Auffassung jedoch uneingeschränkt ihre Gültigkeit (OVG NRW, Beschl. v. 17.5.2005 – 10 A 4547/02). Eine besondere Sicherung des Grenzbaus ist in der geschlossenen Bauweise nicht erforderlich. Auch kommt es nicht darauf an, ob ein Gebäude auf dem Nachbargrundstück an der Grenze vorhanden ist oder nicht.

Die zulässige Bebauungstiefe kann im **Bebauungsplan** gesondert festgesetzt **206** werden. Dies geschieht im Allgemeinen durch Festsetzung einer rückwärtigen Baugrenze (vgl. OVG NRW, Beschl. v. 17.7.1996 – 7 B 917/96). Die Gemeinde ist nicht gehindert, in rechtskräftige Bebauungspläne durch Änderungen oder Aufstellung eines neuen Bebauungsplans einzugreifen. Sie kann auch im Rahmen einer Bebauungsplanänderung die zulässige Bebauungstiefe zur besseren Ausnutzung der Grundstücke vergrößern und damit die Möglichkeit für rückwärtige Erweiterungen vorhandener Gebäude in einer Gebäudezeile eröffnen. Dabei muss sie allerdings die Auswirkungen der von ihr getroffenen Festsetzungen zutreffend erfassen und abwägen. Nach einer solchen Planänderung kann jeder Bauherr in der geschlossenen Bauweise eine Erweiterung seines Gebäudes von Nachbargrenze zu Nachbargrenze vornehmen. Soweit sich dadurch für den Nachbarn ergebende Verschlechterung in der Beleuchtungssituation in der Abwägung durch die Gemeinde angemessen berücksichtigt worden ist, kann der Nachbar nicht mit Aussicht auf Erfolg gegen die Planänderung vorgehen. Eine Anbauverpflichtung oder auch ein nur mittelbarer Zwang zur Verwirklichung eines entsprechenden Anbaus besteht nicht (OVG NRW, Urt. in einem Normen-kontrollverfahren v. 14.2.2007 – 10 D 45/04 –).

207 Im **nichtbeplanten Innenbereich** kann sich die Nichtüberbaubarkeit von Grund-stücksflächen aus den prägenden Merkmalen der Umgebung des Vorhabens ergeben (faktische Baugrenze; OVG NRW, Beschl. v. 10.3.1983 – 7 B 1736/82 – BRS 40 Nr. 118).

208 Bei der Beurteilung, ob ein Bauvorhaben (z. B. Balkonvorbau an einem Haus) die **gebietstypischen überbaubaren Grundstücksflächen** überschreitet, ist für die Bestimmung der Eigenart der näheren Umgebung auf die Wechselwirkung zwischen Umgebung und Bauvorhaben abzustellen. Abzustellen ist insoweit zum einen auf die Auswirkung des Bauvorhabens auf die nähere Umgebung und zum anderen auf die prägende Wirkung der Umgebung auf den bodenrechtlichen Charakter des Baugrundstücks (OVG NRW, Beschl. v. 15.8.2007 – 10 B 869/07 – juris).

209 Auch wenn der Grenzanbau in der vollen planungsrechtlich zulässigen Tiefe erfolgen kann, kann sich eine Bebauung, mit der die Bebauungstiefe des Nach-bargebäudes deutlich überschritten wird, in den Fällen des § 34 BauGB als **rück-sichtslos** und insoweit als unzulässig erweisen (OVG NRW, Beschl. v. 22.10.1982 – 7 B 1918/82 –, BRS 39 Nr. 107; OVG NRW, Beschl. v. 8.11.1984 – 7 B 2224/84 – BRS 42 Nr. 119; OVG Rhld.-Pf., Beschl. v. 9.1.1989 – 1 B 69/88 –, BauR 1989 S. 448; OVG NRW, Beschl. v. 24.4.1995 – 10 B 3161/94 –).

209 Nicht jede **Verschlechterung in der Beleuchtungssituation,** die sich aus einer pla-nungsrechtlich zulässigen Ergänzungsbebauung ergibt, beispielsweise durch eine **Baulückenschließung,** ist als rücksichtslos zu werten (Rn. 524, Abb. 6.5.19). In einem bebauten innerstädtischen Wohngebiet muss immer damit gerechnet wer-den, dass Nachbargrundstücke innerhalb des durch das Bauplanungs- und Bau-ordnungsrecht (insbesondere § 6 BauO NRW) vorgegebenen Rahmens baulich aus-genutzt werden und es durch eine Bebauung zu einer Verschattung des eigenen Grundstücks bzw. von Wohnräumen kommt. Entsprechendes gilt auch für Ein-sichtsmöglichkeiten, die in einem bebauten Gebiet üblich sind und regelmäßig hingenommen werden müssen (OVG NRW, Beschl. v. 9.2.2009 – 10 B 1713/08 –).

210 Es entspricht normalen städtebaulichen Verhältnissen, dass bei einer baupla-nungsrechtlichen Situation, die eine grenzständige Bebauung zulässt, auch tat-sächlich an die Grenze gebaut werden kann. Demgegenüber kann derjenige, der in eine grenznahe Außenwand Fenster zur Belichtung seiner Wohnungen einge-setzt hat, grundsätzlich nicht erwarten, dass der Nachbar ausschließlich in sei-nem Interesse von der Ausnutzung seines Grundstücks nach dem durch die Umgebungsbebauung gezogenen Rahmen absieht.

211 Wesentliche Beeinträchtigungen der Belichtung und Besonnung eines Nachbar-grundstücks liegen wegen der Lage eines Bauvorhabens – nördlich des Nachbar-grundstücks – wenig nahe. Ein Gebäude hat keine „erdrückende Wirkung" auf das Nachbarhaus oder das Nachbargrundstück und erweist sich auch erst als rücksichtslos, wenn es ein benachbartes Grundstück unangemessen benachtei-ligt, indem es diesem förmlich „die Luft nimmt", wenn für den Nachbarn das Gefühl des „Eingemauertseins" entsteht oder wenn die Größe des „erdrücken-

den" Gebäudes aufgrund der Besonderheiten des Einzelfalls derart übermächtig ist, dass das „erdrückte" Gebäude oder Grundstück nur noch oder überwiegend wie eine von einem „herrschenden" Gebäude dominierte Fläche ohne eigene Charakteristik wahrgenommen wird (vgl. dazu OVG NRW, Urt. v. 19.7.2010 – 7 A 3199/08 – und v. 18.10.2011 – 10 A 26/09 –; sowie Beschl. v. 30.8.2012 – 2 A 983/12 – und v. 18.2.2014 – 7 B 1416/13 –). Dies ist nicht der Fall, wenn das Bauvorhaben der Höhe nach nicht wesentlich über das Wohnhaus des Nachbarn hinausgeht, unabhängig davon, ob das Gebäude wegen des Pultdachs und der relativ hohen Wände des Staffelgeschosses recht massiv wirkt, zumal dieser Eindruck zu einem guten Teil durch die starke Gliederung des Gebäudes ausgeglichen wird. Ein Geltendmachen, dass es aus den Fenstern und von der Dachterrasse des Bauvorhabens Einblickmöglichkeiten auf das Nachbargrundstück geben wird, vermag keine Rücksichtslosigkeit des Bauvorhabens begründen. In einem **bebauten innerstädtischen Wohngebiet** muss jeder Grundstückseigentümer mit der Möglichkeit rechnen, dass in gewissem Umfang **entsprechende Einsichtmöglichkeiten** bestehen (vgl. OVG NRW, Beschl. v. 9.2.2009- 10 B 1713/ 08 –, VG Gelsenkirchen, Urt. v. 24.6.2014 – 6 K 176/13 – juris; VG Gelsenkirchen, Urt. v. 27.1.2016 – 5 K 117/15 – juris).

Für die Annahme einer erdrückenden Wirkung ist grundsätzlich kein Raum, **212** wenn der Baukörper des Vorhabens nicht erheblich höher ist als der des betroffenen Gebäudes. Derartige Relationen sind dem Nachbarn grundsätzlich zumutbar (VG Gelsenkirchen, Urt. v. 22.8.2016 – 5 K 5597/14 – juris).

Bei der Prüfung, ob ein Vorhaben gegen die gebotene **Rücksichtnahme** verstößt, **213** muss eine **Interessenabwägung** zwischen dem erfolgen, was einerseits dem Rücksichtnahmebegünstigten und andererseits dem Rücksichtnahmepflichtigen nach Lage der Dinge zuzumuten ist (vgl. BVerwG, Urt. v. 23.8.1996 – 4 C 13.94 –, BRS 58 Nr. 159; OVG NRW, Beschl. v. 23.9.2004 – 7 B 1908/04). Wer sein eigenes Grundstück in zulässiger Weise nutzen will, braucht seine berechtigten Interessen grundsätzlich nicht allein deshalb zurückzustellen, um gleichwertige fremde Interessen zu schonen. Das **Interesse des Nachbarn an der Beibehaltung der bisherigen baulichen Situation** für sein Grundstück hat keinen Vorrang vor dem Interesse des Bauherrn an einer angemessenen Ausnutzung seines Grundstücks (OVG NRW, Beschl. v. 15.5.2002 –, 7 B 558/02; vgl. auch BVerwG, Urt. v. 25.2.1977 – IV C 22.75 –, BRS 32 Nr. 155).

Es ist davon auszugehen, dass der Rahmen des zulässigen Grenzanbaus auch **214** durch die planungsrechtlichen Vorgaben über die **Höhe** oder die Zahl der Vollgeschosse bestimmt wird, unabhängig davon, ob es sich bei den planungsrechtlichen Vorgaben um Festsetzungen eines Bebauungsplans oder – im unbeplanten Innenbereich – um die prägenden Merkmale der Umgebung eines Vorhabens handelt. Ist die Zahl der Vollgeschosse im Bebauungsplan zwingend festgesetzt oder wird im unbeplanten Innenbereich eine bestimmte Traufhöhe strikt eingehalten, so muss der Grenzanbau in der sich daraus ergebenden Höhe erfolgen. Ist die Zahl der Vollgeschosse nicht zwingend festgesetzt oder zeigen sich im unbeplanten Innenbereich in der Umgebung des Vorhabens **größere Schwankungen in der Höhe der Gebäude** oder in der Zahl der Vollgeschosse, so kann der Grenzanbau auch mit einer anderen Höhe als der des unmittelbar benachbarten Gebäudes ausgeführt werden (Rn. 200; Abb. 6.1.15).

215 Die Tagesbelichtung von Gebäuden wird nicht nur durch gegenüberstehende Gebäude beeinträchtigt, sondern auch – unabhängig von der Ausrichtung zur Himmelsrichtung – durch **seitlich angrenzende Gebäude und Gebäudeteile.** Das ist durch lichttechnische Untersuchungen nachgewiesen (Lichttechnische Untersuchungen. Abschlussbericht 1978 – Rn. 45; vgl. auch Hess. VGH, Urt. v. 20.2.1980, IV OE 49-77 –, BRS 36 Nr. 124 – Rn. 28). Die **verschattende Wirkung seitlich angrenzender Gebäude oder Gebäudeteile** bleibt aber in den bauordnungsrechtlichen Abstandsregelungen **unberücksichtigt,** und zwar nicht nur in den Fällen des zulässigen Grenzanbaus, sondern auch in den Fällen, in denen Abstandsflächen erforderlich sind. Die Nichtberücksichtigung der verschattenden Wirkung seitlich angrenzender Gebäude oder Gebäudeteile ergibt sich aus der Vorschrift des Abs. 3 Halbs. 2 Nr. 1, wonach sich Abstandsflächen vor Außenwänden, die in einem Winkel von mehr als 75°, also z. B. in einem Winkel von 90°, zueinander stehen, überdecken dürfen (Rn. 388). Ein Ausschluss seitlich angrenzende Gebäude oder Gebäudeteile ist nur mit Hilfe planungsrechtlicher Regelungen über die überbaubaren Grundstücksflächen möglich.

216 Soweit die Festsetzungen eines Bebauungsplans über die überbaubaren Grundstücksflächen rückwärtige Anbauten, Seitenflügel oder geschlossene Höfe auf den Grundstücken zulassen, werden von der verschattenden Wirkung der seitlich angrenzenden Außenwände in aller Regel zunächst die eigenen Gebäude oder Gebäudeteile, d. h. die Gebäude auf demselben Grundstück betroffen. Der Bauherr kann dies bei der Grundrissgestaltung berücksichtigen. Soweit jedoch ein Grenzanbau zulässig ist, können Nachbargrundstücke und die auf ihnen stehenden Gebäude von der verschattenden Wirkung solcher Gebäude oder Gebäudeteile an der Grundstücksgrenze negativ betroffen sein.

217 Ob Festsetzungen eines Bebauungsplans über das Maß der baulichen Nutzung und der überbaubaren Grundstücksflächen darauf gerichtet sind, dem Schutz des Nachbarn zu dienen, hängt vom Willen der Gemeinde als Planungsträger ab (vgl. BVerwG, Beschl. v. 19.10.1995 – 4 B 215.95 –, BRS 57 Nr. 219; OVG NRW, Beschl. v. 8.7.1997 – 7 B 1486/97 –).

218 Nur wenn sich aus der Planbegründung ergibt, dass die Festsetzungen zu den überbaubaren Grundstücksgrenzen auch in nachbarschützender Absicht getroffen wurden, kann ein über das Abstandsflächenrecht und das allgemeine Rücksichtnahmegebot hinausgehender Nachbarschutz angenommen werden (OVG NRW, Beschl. v. 5.8.2013 – 10 A 348/12 –).

219 Da eine planerische Zweckbestimmung im unbeplanten Innenbereich nicht angenommen werden kann, kann in den nach § 34 BauGB zu beurteilenden Fällen allenfalls ein Verstoß gegen das planungsrechtliche Gebot der Rücksichtnahme festgestellt werden.

220 In seinem Beschluss vom 24.4.1995 (10 B 3161/94 BauR 1996 S. 88) hatte das OVG NRW die Auffassung vertreten, es spreche vieles dafür, dass ein **rückwärtiger Gebäudeteil,** der gegenüber einem auf dem Nachbargrundstück grenzständig

stehenden Gebäude um mehr als 4 m in das rückwärtige Gelände hineinreicht, hinsichtlich der in der Tiefe in Anspruch genommenen überbaubaren Grundstücksfläche an der Grenze es an der gebotenen **Rücksichtnahme auf die unmittelbar angrenzende Wohnbebauung** fehlen lasse und sich demgemäß nicht gemäß § 34 Abs. 1 BauGB in die Eigenart der näheren Umgebung einfüge. In dem der Entscheidung zugrunde liegenden Fall würde bei der vorgesehenen Gebäudehöhe von 7,85 m zuzüglich der Höhe eines Mansarddaches eine Gebäudewand freigegeben, die im Hinblick auf ihre Dimension gleich einer Mauer auf die Terrasse und die straßenabgewandten Wohnräume des Nachbargebäudes in erdrückender Weise einwirken würde. Dies habe umso mehr Gewicht, als wegen der Ausrichtung der Gebäude von dem rückwärtigen Gebäudeteil gerade die nach Süden bzw. Südwesten gehenden, besonders schutzwürdigen Wohn- und Terrassenbereiche des Nachbargebäudes und damit deren **Besonnung und Belichtung** in besonderer Weise betroffen wären. Die damit anzunehmende Verletzung des bauplanungsrechtlichen Gebots der Rücksichtnahme bewirke zugleich eine Verletzung der bauordnungsrechtlichen Abstandsvorschriften.

Lässt der **Bebauungsplan** eine Grenzbebauung zu, die sich aufgrund ihrer Höhe **221** oder ihrer Tiefe für das Nachbargrundstück als rücksichtslos erweist, so kann der Bebauungsplan insoweit **abwägungsfehlerhaft** sein. Eine auf dem Nachbargrundstück geplante höhere oder tiefere Grenzbebauung löst zum anderen nicht die Forderung nach einer Abstandsfläche aus. In abfallendem Gelände ergibt sich natürlicherweise eine **Abstufung in der Trauflinie** mit dem Ergebnis, dass jeweils die Giebelfläche des im Hang oberhalb stehenden Gebäudes über die des darunter stehenden Gebäudes hinausragt (Abb. 6.1.17). Vor- und Rücksprünge können geradezu das Ziel einer planerischen Festsetzung sein, etwa um eine Gliederung der Straßenfront (zu Versprüngen in einer Reihenhauszeile aus gestalterischen Gründen, vgl. OVG Lüneburg, Beschl. v. 14.6.1982 – 1 B 32/82 –, BRS 39 Nr. 54) oder im rückwärtigen Bereich für den Sitzplatz hinter dem Haus eine Nischenbildung zu erreichen. Das Ziel einer in der Tiefe gestaffelten Bauflucht kann u. a. dadurch erreicht werden, dass die Grundstücksgrenzen bei der Parzellierung nicht rechtwinklig, sondern in einem spitzen Winkel zur Straßenflucht ausgerichtet werden (OVG NRW, Beschl. v. 27.4.1995 – 10 B 1142/95 – Abb. 6.1.18 und 6.1.19).

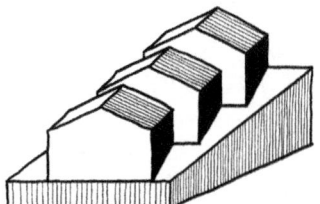

Abb. 6.1.17
Reihenhäuser im Hang mit gestaffelten und versetzten Giebelwänden.

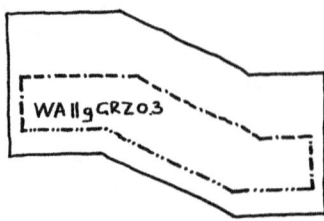

Abb. 6.1.18

Festsetzung der überbaubaren Grundstücksfläche mittels Baugrenzen im spitzen Winkel zu einer vorgegebenen Grundstücksteilung.

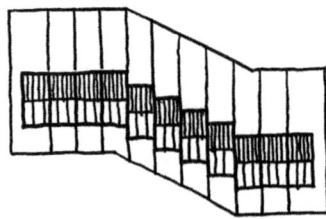

Abb. 6.1.19

Die Ausführung der Bebauung nach den Festsetzungen des in Abb. 6.1.18 dargestellten Bebauungsplans führt in Verbindung mit der vorgegebenen Grundstücksteilung zu einer Staffelung in der Gebäudeflucht.

222 Die Grenzwände sind nach Art. 28 Abs. 2 Nr. 1 als Brandwände auszuführen. **Öffnungen sind in Brandwänden unzulässig.** Die Grenzwände erhalten in aller Regel keine Bekleidung, die den Anforderungen an den Witterungsschutz oder an die Baugestaltung entsprechen. Die Dachentwässerung erfolgt zur Gebäudevorderseite sowie zur Gebäuderückseite („traufständige Bauweise"), sofern nicht Dachinnenentwässerung vorgesehen ist (bei Flachdächern oder „giebelständiger Bauweise"). Soweit die Grenzwände durch entsprechende Versprünge in der Höhe oder in der Tiefe auf Dauer nicht angebaut werden (Abb. 6.1.17), müssen sie aus Gründen des Witterungsschutzes und der Baugestaltung verputzt und gestrichen werden oder eine sonstige Bekleidung erhalten, die den genannten Anforderungen entspricht.

4. Offene Bauweise

223 Mit der Festsetzung der offenen Bauweise verfolgt der Plangeber zunächst, ähnlich wie mit der geschlossenen Bauweise ein **stadtgestalterisches Ziel,** das sich jedoch von dem, das mit der Festsetzung der geschlossenen Bauweise verfolgt wird, deutlich unterscheidet. Einzelhäuser, Doppelhäuser oder Hausgruppen sollen als in sich geschlossene Baukörper in Erscheinung treten, und jedes Haus oder jede Hausgruppe soll sich gegenüber benachbarten Häusern oder Haus-

gruppen durch einen bundesrechtlich nicht festgelegten Gebäudeabstand abheben. Bei Einführung der offenen Bauweise im 19. Jahrhundert wurde auch eine im Vergleich zur geschlossenen Bauweise bessere Belichtung und Belüftung der Gebäude als Ziel genannt („Über die großen Vortheile – Licht und freier Luftzutritt –, welche in hygienischer Beziehung das Pavillon- und noch mehr das Villensystem gewährt, dürfte kaum ein Zweifel bestehen." – Über die hygienischen Anforderungen an Neubauten zunächst in neuen Quartieren größerer Städte, in: Vierteljahresschrift für Gesundheitspflege 1876, S. 109).

Die mit der Festsetzung der offenen Bauweise verfolgten **städtebaulichen Ziele** 224 werden dadurch erreicht, dass die Gebäude nach § 22 Abs. 2 BauNVO als Einzelhäuser, Doppelhäuser oder als Hausgruppen mit seitlichem Grenzabstand errichtet werden. Soweit mit den Abstandsvorschriften der Bezug der Gebäude zu den seitlichen Grundstücksgrenzen geregelt wird, dienen sie vorrangig der Konkretisierung der mit der Festsetzung der offenen Bauweise verfolgten städtebaulichen Ziele. Den Vorrang der städtebaulichen Ziele gegenüber der mit den Abstandsvorschriften auch angestrebten nachbarschützenden Wirkung hat das OVG NRW in seiner Entscheidung vom 4.6.1985 hervorgehoben: „In ihrer schematischen, die konkreten Gegebenheiten beispielsweise des angrenzenden Grundstücks außer Acht lassenden Abstandsfestlegung sind die Bauwichvorschriften für eine große Zahl von Fallkonstruktionen, und zwar immer dann, wenn die Einhaltung eines Grenzabstandes die Interessensphäre des Grundstücksnachbarn nicht berührt, im Bereich des Nachbarschutzes irrelevant. Das bedeutet, dass sie mit einer entsprechenden Schutzfunktion für derartige Fälle nicht ausgestattet sind. Ihre Zielsetzung beschränkt sich insoweit allein auf die Regelung von Fakten rein städtebaulichen bzw. ordnungsrechtlichen Inhalts" (OVG NRW, Urt. v. 4.6.1985 – 7 A 480/ 84 –, BRS 44 Nr. 161; Abb. 6.1.20 und 6.1.21).

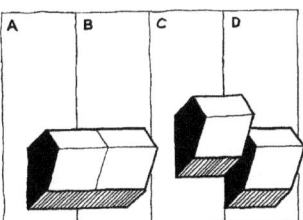

Abb. 6.1.20
Unzulässiger Grenzanbau in der offenen Bauweise.

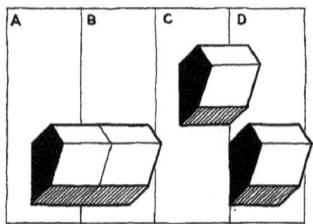

Abb. 6.1.21
Unzulässiger Grenzanbau in der offenen Bauweise.

225 Der Durchsetzung der mit der Festsetzung der offenen Bauweise verfolgten städtebaulichen Ziele dienen die Abstandsvorschriften auch dann, wenn die Gebäude als Einzelhäuser, Doppelhäuser oder als Hausgruppen **auf einem ungeteilten Grundstück** errichtet werden. Aus den Vorschriften über die Bemessung der Tiefe der Abstandsflächen ergeben sich in Verbindung mit der Vorschrift des Abs. 3, wonach sich die Abstandsflächen nicht überdecken dürfen, die gleichen seitlichen Gebäudeabstände wie in Verbindung mit der Vorschrift des Abs. 2 Satz 1, wonach die Abstandsflächen auf dem Grundstück selbst liegen müssen.

4.1 Art des Hauses – Doppelhaus

226 Der Begriff des Hauses in „**Einzelhaus**", „**Doppelhaus**" und „**Hausgruppe**" wird in den baurechtlichen Bestimmungen nicht definiert (OVG NRW, Beschl. v. 14.8.1997 – 10 B 1869/97 – BauR 1998 S. 93). Aus dem Sprachgebrauch ergibt sich jedoch, dass ein Doppelhaus aus zwei aneinander gebauten Gebäuden besteht und dass eine Hausgruppe dann vorliegt, wenn mindestens drei Gebäude aneinander gebaut sind (OVG Lüneburg, Urt. v. 21.4.1986 – 1 A 56/85 – BRS 46 Nr. 98). Gebäude im Sinne des Art. 2 Abs. 2 ist bei einem Reihenhaus nicht die gesamte aus aneinander gereihten Elementen bestehende Hausgruppe, sondern jedes einzelne selbstständig nutzbare Element (vgl. VGH Bad.-Württ., Beschl. v. 8.3.1988 – 8 S 1021/88 –, BRS 48 Nr. 169). Ein Doppelhaus im Sinne des § 22 Abs. 2 BauNVO ist eine bauliche Anlage, die dadurch entsteht, dass zwei Gebäude auf benachbarten Grundstücken durch Aneinanderbauen an der gemeinsamen Grundstücksgrenze zu einer Einheit zusammengefügt werden (BVerwG, Urt. v. 24.2.2000 – 4 C 12.98 –, BRS 63 Nr. 185, BayVGH, Beschl. v. 21.7.2000 – 26 CS 00.1348 BayVBl. 2001 S. 372; BauR 2001 S. 214, s. auch Rn. 229, 251, 258, 261).

227 Das OVG Rheinland-Pfalz war davon ausgegangen, dass dem Begriff Doppelhaus immanent sei, dass es auf zwei verschiedenen Grundstücken steht und dass die gemeinsame Grundstücksgrenze zwischen den beiden Gebäuden verläuft (OVG Rhld.-Pf., Urt. v. 23.1.1986 – A 124/84 –, BRS 46 Nr. 99). Der VGH Bad.-Württ. hat demgegenüber die Auffassung vertreten, dass sich eine dahingehende Forderung nicht aus § 22 Abs. 2 BauNVO entnehmen lasse. Zum Wesen des Doppelhauses gehöre es nicht, dass es auf zwei (aneinander grenzenden) Grundstücken stehe. Allerdings sei die Regelung auch nicht dahin zu verstehen, dass ein

Doppelhaus mit seitlichem Grenzabstand auf einem einzigen Grundstück errichtet werden müsse. Es sei nicht anzunehmen, dass der Verordnungsgeber die herkömmliche oder jedenfalls übliche Errichtung von Doppelhäusern (und Hausgruppen) auf verschiedenen Grundstücken verbieten wollte. Die für den Begriff des Doppelhauses allein maßgebliche funktionale Selbstständigkeit werde nicht durch die Existenz eines gemeinsam genutzten, baulich völlig untergeordneten Versorgungs- und Installationsraums aufgehoben (VGH Bad.-Württ., Urt. v. 25.6.1996 – 5 S 2572/95 – BauR 1997, S. 274).

Stellen zwei Gebäudehälften sich als völlig unterschiedliche Baukörper dar, führt **228** allein der Umstand, dass die Haushälften grenzständig auf der gesamten Länge aneinandergebaut bleiben sollen, nicht zur Annahme, es handele sich um ein Doppelhaus (OVG NRW, Beschl. v. 23.7.2007 – 10 B 869/07 – juris).

Das VG Gelsenkirchen hatte sich in seinem Beschluss vom 8.5.2002 (10 L 510/02) **229** auf den Beschluss des OVG NRW vom 6.2.1996 (11 B 3046/95 –, BauR 1996, S. 684) berufen, wonach ein Doppelhaus ein aus zwei funktional selbstständigen Gebäuden durch Aneinanderbauen an einer Seite zu einer Einheit zusammengefügtes Haus zu verstehen sei, und weiterhin auf den Satz aus dem Urt. des BVerwG vom 24.2.2000, wonach ein Doppelhaus eine bauliche Einheit mit seitlichem Grenzabstand von den äußeren Seitenwänden sei, und daraus abgeleitet, eine bauliche Einheit, bestehend aus zwei auf einem ungeteilten Grundstück aneinander gebauten funktional selbstständigen Gebäuden und einem daran auf dem Nachbargrundstück angebauten dritten Gebäude, sei kein Doppelhaus im Sinne des § 22 Abs. 2 Sätze 1 und 3 BauNVO und bei Ausschluss von Hausgruppen im Bebauungsplan nach § 22 Abs. 2 Satz 3 BauNVO unzulässig. Das OVG NRW hat das Urt. des BVerwG vom 24.2.2000 demgegenüber dahingehend ausgelegt, dass danach eine der beiden Doppelhaushälften – oder auch beide – aus funktional selbstständigen Nutzungseinheiten und damit aus zwei Gebäuden im Sinne des Bauordnungsrechts bestehen könne. Im Übrigen sei die Rechtsprechung des 11. Senats des OVG NRW (Beschl. v. 6.2.1996 – 11 B 3046/95 – a.a.O.) durch die bundesrechtlichen Klärungen des BVerwG zur Frage überholt, wie weit eine Doppelhausfestsetzung nachbarschützende Wirkung vermittle. Dementsprechend gehe der 7. Senat nunmehr davon aus, dass § 22 Abs. 2 Satz 3 BauNVO bei der Festsetzung von Doppelhäusern nur insoweit nachbarschützend sei, als die beiden Doppelhaushälften in wechselseitig verträglicher und abgestimmter Weise aneinander gebaut sein müssen (OVG NRW, Beschl. v. 28.7.2000 – 10 B 727/00 –, juris, Beschl. v. 5.8.2002 – 7 B 1000/02 –; vgl. a. OVG NRW, Urt. v. 27.5.2014 – 2 A 7/13 –; VG Gelsenkirchen, Urt. v. 21.10.2015 – 10 K 3627/13 – juris).

Doppelhäuser werden öfter auf ungeteiltem Grundstück errichtet. Eine Grund- **230** stücksteilung kann auch nach der Bebauung eines Grundstücks mit einem Doppelhaus erfolgen; sie kann auch vollständig entfallen – so beispielsweise im Werksiedlungsbau. Die beiden aneinander gebauten Gebäude werden nicht erst durch den Vorgang der Teilung zum Doppelhaus.

Die in Abs. 1 Satz 3 enthaltene Berechtigung, an die Grenze bauen zu dürfen, gilt **231** nicht, wenn ein Gebäude, an das angebaut werden soll, seinerseits den allgemeinen Regelungen über die Einhaltung eines Grenzabstandes nicht unterworfen ist, wie dies etwa bei Grenzgaragen und anderen Gebäuden im Sinne von Abs. 9 (vgl. Rn. 590) der Fall ist.

232 Die Begriffe Einzelhaus, Doppelhaus, Hausgruppe werden im allgemeinen Sprachgebrauch nur für **Wohnhäuser** verwendet bzw. für Gebäude mit überwiegender Wohnnutzung. Zwar wird der Begriff Haus auch in anderem Zusammenhang verwendet, etwa in „Kaufhaus" für ein Gebäude mit gewerblicher Nutzung. Zwei aneinander gebaute Kaufhäuser dürften aber im allgemeinen Verständnis wohl kaum als Doppelhaus angesehen werden

233 Über die Zahl der in einem Einzelhaus, in einer Doppelhaushälfte oder in einem Gebäude, das Teil einer Hausgruppe ist, zulässigen Wohnungen, sagen die planungsrechtlichen Vorschriften über die Bauweise nichts aus. Im Allgemeinen wird allerdings unter einem Einzelhaus, das in der offenen Bauweise zulässig ist, ein Ein- oder Zweifamilienhaus verstanden bzw. ein Gebäude mit nicht mehr als zwei Wohnungen. Eine Festsetzung, nach der Einzelhäuser nur als Einfamilienhäuser zugelassen sein sollen, könnte jedoch nicht im Rahmen der Festsetzungen über die Bauweise erfolgen (OVG Rhld.-Pf., Urt. v. 23.1.1986 – A 124/84 –, BRS 46 Nr. 99). Eine solche Festsetzung wäre allenfalls nach § 9 Abs. 1 Nr. 6 BauGB zulässig.

234 Über die **Größe der Gebäude,** die als Einzelhaus, Doppelhaus oder als Hausgruppe errichtet werden, findet sich in § 22 Abs. 2 BauNVO keine abschließende Regelung. Lediglich für die **Gesamtlänge des Baukörpers,** der entweder als Einzelhaus und insoweit als selbstständiges Gebäude oder als Doppelhaus, bestehend aus zwei Gebäuden, oder als Hausgruppe, bestehend mindestens aus drei Gebäuden, errichtet werden soll, wird ein **Höchstmaß von 50 m** genannt. Ein Einzelhaus könnte danach auch ein Hochhaus sein (so Fickert/Fieseler BauNVO § 22 Rn. 6.1; OVG Rhld.-Pf., Urt. v. 23.1.1986 – 1 A 124/84 –, BauR 86 S. 322).

235 § 3 Abs. 2 BKleingG beschränkt die maximale Grundfläche einer Gartenlaube auf 24 m² unabhängig unabhängig von ihrem Standort in der Kleingartenanlage. „Doppellauben" mit einer Grundfläche von 48 m² sind nach dem BKleingG unzulässig (OVG NRW, Beschl. v. 4.12.2009 – 10 A 1671/09 – ZfBR 2010, S. 385, BauR 2010, S. 906).

236 Ein Doppelhaus im Sinne des Bauplanungsrechts ist eine bauliche Anlage, die dadurch entsteht, dass zwei Gebäude auf benachbarten Grundstücken durch Aneinanderbauen an der gemeinsamen Grundstücksgrenze zu einer Einheit zusammengefügt werden. Kein Doppelhaus bilden dagegen zwei Gebäude, die sich zwar an der gemeinsamen Grundstücksgrenze noch berühren, aber als zwei selbstständige Baukörper erscheinen. Ein Doppelhaus kann ferner nur dann angenommen werden, wenn die beiden Haushälften in wechselseitig verträglicher und abgestimmter Weise aneinander gebaut werden (vgl. BVerwG, Urt. v. 5.12.2013 – 4 C 5.12 –). Bei einem Doppelhaus muss ein Mindestmaß an Übereinstimmung bei den zugehörigen Nachbarhäusern erkennbar sein, indem zumindest einzelne der Proportionen und Gestalt gebenden baulichen Elemente aufgegriffen werden. Regelmäßig geben Höhe, Breite und Tiefe sowie die Zahl der Geschosse und die Dachform einem Haus seine maßgebliche Gestalt (BVerwG,

Urt. v. 19.3.2015 – 4 C 12.14 –, v. 5.12.2013 – 4 C 5.12 –, v. 24.2.2000 – 4 C 12.98 –; vgl. OVG NRW Urt. v. 16.8.2011 – 10 A 1224/09 –, v. 28.2.2012 – 7 A 2444/09 –; Beschl. v. 21.8.2015 – 10 B 758/15 – juris Rn. 8).

Das von der Rechtsprechung geforderte Mindestmaß an Übereinstimmung von **237** Doppelhaushälften erfordert keine einheitliche Gestaltung, da nach der Rechtsprechung des BVerwG mit § 22 Abs. 2 BauNVO die städtebaulichen Ziele der Steuerung der Bebauungsdichte sowie der Gestaltung des Orts- oder Stadtbildes verfolgt werden (OVG NRW, Beschl. v. 1.8.2013 – 10 A 1568/12; vgl. a. OVG NRW, Beschl. v. 12.5.2011 – 10 A 2026/09 – juris; BVerwG, Beschl. v. 17.8.2001 – 4 B 25.11 –; OVG NRW, Beschl. v. 16.8.2011 – 10A 1224/09 – juris; BVerwG, Beschl. v. 10.4.2012 – 4 B 42.11. ECLI:DE:BVerwG:2012:100412B4B42.11.0).

Die Qualifizierung zweier Gebäude als Doppelhaus hängt nicht allein davon ab, **238** in welchem Umfang die beiden Gebäude an der Grundstücksgrenze aneinander gebaut sind. Für das Vorliegen eines Doppelhauses muss ein Mindestmaß an Übereinstimmung verlangt werden. Für die Beurteilung dieses Mindestmaßes an Übereinstimmung, das auch mit Blick auf die bauplanungsrechtlichen Ziele der Steuerung der Bebauungsdichte sowie der Gestaltung des Orts- und Stadtbildes geprüft wird (vgl. BVerwG, Urt. v. 5.12.2013 – 4 C 5.12 – ECLI:DE:BVerwG:2013: 051213U4C5.12.0) kommt es sowohl auf quantitative Aspekte, insbesondere die Geschosszahl, die Gebäudehöhe, die Bebauungstiefe und –breite sowie das durch diese Maße im Wesentlichen bestimmte oberirdische Brutto-Raumvolumen, als auch auf qualitative Aspekte an, insbesondere die Dachgestaltung und die sonstige Kubatur des Gebäudes (vgl. OVG NRW, Urt. v. 28.2.2012 – 7 A 2444/ 09 – BauR 2012, S. 1100 bestätigt durch BVerwG, Urt. v. 5.12.2013 – 4 C 5.12 –, a.a.O., OVG NRW, Beschl. v. 26.11.2009 – 7 B 1228/09 – juris Rn. 15).

In Anwendung und Fortentwicklung dieser Grundsätze ist im Interesse einer **239** möglichst rechtssicheren Handhabung davon auszugehen, dass ein einheitlicher Baukörper unter den quantitativen Aspekten Geschossigkeit (vgl. § 20 Abs. 1 BauNVO i. V. m. Art. 2 Abs. 5), Bautiefe und Gebäudehöhe der grenzständigen Gebäudeteile sowie oberirdisches Brutto-Raumvolumen des Gebäudes im Regelfall nicht mehr angenommen werden kann, wenn sich auch nur eines der genannten quantitativen Merkmale bei den jeweiligen Gebäuden um mehr als die Hälfte unterscheidet. Nach einem so verstandenen Grundsatz müssen in Bezug auf jedes dieser quantitativen Merkmale die Übereinstimmungen der beiden Hälften grundsätzlich mindestens doppelt so stark ausgeprägt sein wie ihre Unterschiede. Dies wurde für das Merkmal der Bautiefe in der Vergangenheit mehrfach zugrundegelegt. Danach ist etwa bei einer vorhandenen Bebauungstiefe von bündig oder versetzt aneinander gebauten Doppelhaushälften von unter 8 m eine bauliche Einheit grundsätzlich nicht mehr gegeben, wenn ein Haus grenzständig um 4 m und damit mehr als die Hälfte erweitert wird (vgl. dazu etwa OVG NRW, Beschl. v. 16.3.2012 – 7 B 176/12 –, sowie abl Beschl. v. 26.11.2009 – 7 B 1228/09 – a.a.O.). Für die Geschossigkeit folgt daraus, dass ein bestehendes eingeschossiges Doppelhaus im Regelfall nicht mehr als bauliche Einheit betrachtet werden kann, wenn eine Doppelhaushälfte um ein Geschoss aufgestockt wird Ausnahmen können sich insbesondere bei Dachausbauten ergeben (OVG NRW, Urt. v. 26.6.2014 – 7 A 2725/12 – juris Rn. 36; OVG NRW, Beschl. v. 14.1.2015 – 7 B 1206/14 – juris Rn. 9).

240   Ein Gebäude muss, soll es Teil eines Doppelhauses sein, ein Mindestmaß an Übereinstimmung mit dem zugehörigen Nachbargebäude aufweisen, indem es zumindest einzelne der ihm Proportionen und Gestalt gebenden Elemente aufgreift; dann kann auch die Aufstockung um ein Geschoss zulässig sein (OVG NRW, Beschl. v. 18.1.2016 – 10 A 2574/14 – juris Rn. 10 m. V. auf OVG NRW, Beschl. v. 21.8.2015 – 10 B 758/15 –).

241   Ein (rückwärtiger) Grenzanbau ist nur zulässig, wenn der Charakter des Doppelhauses erhalten bleibt (OVG NRW, Beschl. v. 16.1.2003 – 10 B 1845/02 –). Der Eindruck eines einseitigen Grenzanbaus kann nicht nur entstehen, wenn ein Gebäude gegen das andere an der gemeinsamen Grundstücksgrenze so stark versetzt wird, dass sein vorderer oder rückwärtiger Versprung den Rahmen einer wechselseitigen Grenzbebauung überschreitet, sondern auch, wenn ein nicht grenzständiger Anbau wegen seiner Abmessungen die bisherige Doppelhaushälfte so massiv verändert, dass die beiden Gebäude nicht mehr als bauliche Einheit erscheinen (BVerwG, Beschl. v. 10.4.2012 – 4 B 42.11 –, BauR 2012, S. 1218).

242   Ein nur 4,10 m tiefer als die gemeinsame Rückfront zweier Doppelhaushälften in den rückwärtigen Grundstücksbereich vorrückender Anbau vermittelt nicht den Eindruck eines einseitigen Grenzanbaus, sondern wirkt noch als unselbstständiger Teilanbau an einen Gesamtbaukörper, der durch zwei deckungsgleiche Doppelhaushälften unter einem gemeinsamen (Sattel-)Dach als zusammengefasste Einheit erscheint (OVG NRW, Beschl. v. 30.6.2009 – 7 B 465/09 –; OVG NRW, Beschl. v. 9.8.2013 – 7 A 1786/12 – juris Rn. 5; VG Gelsenkirchen, Beschl. v. 2.1.2014 – 5 K 1658/13 – juris Rn. 34).

243   Dass im Hinblick auf die Einheitlichkeit des (Gesamt-)Baukörpers auch die Gebäudewirkung in den Blick zu nehmen ist, deutet diese Vorschrift dadurch an, dass sie ein solches Gesamtgebäude als „Hausform" bezeichnet. Es ist darüber hinaus Ausdruck des § 22 Abs. 2 Satz 1 BauNVO zugrunde liegenden nachbarlichen Austauschverhältnisses, dass sich die später hinzutretende Doppelhaushälfte nicht nur an der Grenzstellung der früher errichteten orientieren muss, sondern dass sie zu dieser auch in einer harmonischen Beziehung treten muss. Insoweit enthält das Erfordernis der baulichen Einheit neben dem quantitativen auch ein qualitatives Element. Aufeinander abgestimmt sind die Hälften eines Doppelhauses, wenn sie sich in ihrer Grenzbebauung noch als „gleichgewichtig" und „im richtigen Verhältnis zueinander" und daher als harmonisches Ganzes darstellen, ohne disproportional, als zufällig an der Grundstücksgrenze zusammengefügte Einzelhäuser ohne hinreichende räumliche Verbindung erscheinen. Denn kennzeichnend für die offene Bauweise ist der seitliche Grenzabstand der Gebäude; die Hälften des Doppelhauses müssen folglich als ein Gebäude in Erscheinung treten. Dementsprechend muss ein Haus, soll es Teil eines Doppelhauses sein, ein Mindestmaß an Übereinstimmung mit dem zugehörigen Nachbarhaus aufweisen, indem es zumindest einzelne der ihm Proportion und Gestalt gebenden baulichen Elemente aufgreift. Andernfalls wäre der die Hausform kennzeichnende Begriff der baulichen Einheit sinnentleert (OVG NRW, Urt. v.

19.4.2012 – 10 A 1035/10 –, BauR 2012, S. 1221). Der frühere Grenzanbau begründet zwar nicht die Verpflichtung zum spiegelbildlichen Anbau, er wirkt für den späteren jedoch als maßstabbildende „Vorbelastung". Dies gilt namentlich auch hinsichtlich der Frage, inwieweit sich die Gebäudehälften in vertikaler Richtung entsprechen müssen. Insoweit bezieht das Bundesverwaltungsgericht in seiner Entscheidung vom 24.2.2000 die Voraussetzung, dass die beiden „Haushälften" zu einem wesentlichen Teil aneinandergebaut sein müssen, ersichtlich auf den Anbau sowohl in der Horizontalen als auch in der Vertikalen (OVG NRW, Beschl. v. 26.11.2009 – 7 B 1228/09 –; VG Gelsenkirchen, Beschl. v. 23.8.2013 – 6 L 737/13 –).

Bei einem Doppelhaus ist es nicht erforderlich, dass dessen Hälften sich in ihren **244** relevanten städtebaulichen Merkmalen einander im Wesentlichen entsprechen, es müssen aber ungefähr gleiche Proportionen vorhanden sein, keine Hälfte darf als dominant erscheinen (Eilverfahren OVG NRW, Beschl. v. 17.2.2014 – 10 B 1512/13 –, OVG NRW Beschl. v. 24.6.2015 – 10 A 630/15 –).

Ein Doppelhaus kann auch bei 2,7 m Versatz gegeben sein, zumal wenn die Gie- **245** belseiten weitgehend identisch auf 9 m miteinander verbunden sind, liegt kein disproportionales Ungleichgewicht vor (OVG NRW, Beschl. v. 17.2.2014 – 10 B 1512/13 –).

Ob die Haushälften nach einem Umbau noch ein Doppelhaus im Rechtssinne bil- **246** den, wurde vom Oberverwaltungsgericht NRW in der Regel dann als nicht mehr gegeben angesehen, wenn sich von den quantitativen Parametern Geschossigkeit, Bautiefe und Gebäudehöhe der grenzständigen Gebäudeteile sowie des oberirdischen Brutto-Raumvolumens des Gebäudes auch nur ein Parameter um mehr als die Hälfte unterscheidet (OVG NRW, Urt. v. 26.6.2014 – 7 A 1276/13 – juris Rn. 38). Danach war beispielsweise bei einer vorhandenen Bautiefe von – bündig oder versetzt – aneinander gebauten Doppelhaushälften von weniger als 8 m eine bauliche Einheit grundsätzlich nicht mehr gegeben, wenn eine Doppelhaushälfte grenzständig um 4 m und damit um mehr als die Hälfte erweitert wurde.

Das Bundesverwaltungsgericht hat festgestellt, dass es sich weder abstrakt-gene- **247** rell noch mathematisch-prozentual festlegen lässt, in welchem Umfange die beiden Haushälften an der Grenze zusammengebaut sein müssen. Der Wortlaut des § 22 Abs. 2 Satz 1 BauNVO verlangt, dass das Doppelhaus ein Gebäude mit seitlichem Grenzabstand ist. Zwei selbstständige Baukörper, die sich an der Grenze berühren, aber praktisch allseitig freistehend sind, bilden kein Doppelhaus. Der Begriff des Doppelhauses hat dabei vom Ziel der offenen Bauweise auszugehen. Leitbild ist ein Haus, das nach beiden Seiten mit Grenzabstand errichtet wird und so einen Vorgarten mit einem Hausgarten verbindet. Die grundsätzlich nach beiden Seiten geforderten Grenzabstände sollen dabei als die Bebauung gliedernde und auflockernde Elemente wahrgenommen werden. Ein einseitig grenzständiger Bau fügt sich in dieses System nur ein, wenn das gegenseitige Abstandsgebot an der Grundstücksgrenze auf der Grundlage der Gegenseitigkeit überwunden wird. Die Qualifizierung zweier Gebäude als Doppelhaus hängt dabei nicht allein davon ab, in welchem Umfang die beiden Gebäude an der gemeinsamen Grundstücksgrenze aneinander gebaut sind. Es kann daher das Vorliegen eines Doppelhauses mit dem Blick auf die bauplanungsrechtlichen Ziele der Steuerung der Bebauungsdichte sowie der Gestaltung des Orts- und Stadtbildes geprüft und ein Mindestmaß an Übereinstimmung verlangt werden. Es geht um eine spezifische Gestaltung des Orts- und Straßenbildes, die darin liegt, dass das Doppelhaus den Gesamteindruck einer offenen, aufgelockerten Bebauung nicht stört, eben weil es als ein Gebäude erscheint. Für die Frage, ob grenzständige Gebäude ein Doppelhaus bilden, kommt es deshalb auf die wechselseitige Verträglichkeit dieser Gebäude an. Dabei ist eine Gesamtwürdigung des Einzelfalles vorzunehmen. Qualitative und quantitative Kriterien dürfen nicht isoliert betrachtet werden. Denn es ist ebenso denkbar, dass größere quantitative Abweichungen bei deutlich einheitlicher Gestaltung hingenommen werden können, wie es vorstellbar ist, dass eine deutlich abweichende Gestaltung in ihrer Wirkung gemildert wird, weil die Gebäudeteile in quantitativer Hinsicht stark übereinstimmen. Eine isolierte Betrachtung vernachlässigt auch, dass Fälle denkbar sind, in denen das Zusammenwirken quantitativer und qualitativer Kriterien den Charakter eines Doppelhauses entfallen lässt (BVerwG, Urt. v. 19.3.2015 – 4 C 12/14 –, BauR 2015, 1309; OVG NRW, Urt. v. 3.9.2015 – 7 A 1276/13 – BauR 2016, 219; vgl. a. BayVGH, Beschl. v. 10.1.2018 – 1 ZB 15.1039 – juris).

248 Die ein Doppelhaus bildenden Gebäude müssen einander nicht nur in der Tiefe (überbaubare Grundstücksfläche) und in der Gebäudehöhe in einer Weise entsprechen, dass sie eine bauliche Einheit bilden; sie müssen sich auch nach der Art der Nutzung zu einer Einheit zusammenfügen. Ein Holzlagerschuppen bildet zusammen mit einem Wohnhaus auf dem Nachbargrundstück keine Gebäudeform, die in der offenen Bauweise an Nachbargrenzen zulässig sein könnte (vgl. OVG NRW Beschl. v. 18.2.2010 – 7 A 43/09). Es ist auch nicht zulässig, dass ein nach Abs. 11 an der Grenze privilegiertes Gebäude an ein auf dem Nachbargrundstück vorhandenes Gebäude der Hauptnutzung angebaut wird; denn eine Grenzgarage oder ein anderes nach Abs. 11 an der Grenze zulässiges Gebäude und ein Wohngebäude oder ein anderes Gebäude, das einer Hauptnutzung dient, ergeben kein Doppelhaus im Sinne des § 22 Abs. 2 Satz 1 BauNVO (OVG NRW, Urt. v. 3.9.2015 – 7 A 1276/13 –, BRS 83 Nr 115).

249 Durch den Anbau eines Gebäudes, das mehr als doppelt so breit wie das vorhandene Gebäude ist und das Vierfache von dessen oberirdischem Brutto Raumvolumen aufweist, entsteht kein Doppelhaus (OVG Rheinland-Pfalz, Beschl. v. 8.1.2016 – 8 B 11203/15 –, juris).

250 Wird durch ein Vorhaben im nicht beplanten Innenbereich das durch eine Doppelhausbebauung begründete nachbarschaftliche Austauschverhältnis einseitig aufgehoben oder aus dem Gleichgewicht gebracht, liegt ein Verstoß gegen das in § 34 Abs. 1 BauGB im Begriff des „Einfügens" verankerte Gebot der Rücksichtnahme in Bezug auf die Bauweise vor (BVerwG, Beschl. v. 27.7.2011 – 4 B 4/11 – BauR 2011, S. 1789, BRS 78 Nr 102; OVG NRW, Urt. v. 19.4.2012 – 10 A 1035/10 –, BauR 2012, S. 1221; VG Gelsenkirchen, Urt. v. 1.10.2013 – 5 K 2434/12 –; VG Gelsenkirchen, Beschl. v. 23.8.2013 – 6 L 737/13 –).

251 Die beiden Haushälften können zwar zueinander versetzt oder gestaffelt an der Grenze errichtet werden, **sie müssen jedoch zu einem wesentlichen Teil anein-**

ander gebaut sein. Insoweit setzt die Doppelhaus-Festsetzung der Baufreiheit Schranken (Abb. 6.1.21, 6.1.22). In welchem Umfang die beiden Haushälften an der Grenze zusammengebaut sein müssen, lässt sich jedoch weder abstrakt-generell noch mathematisch-prozentual festlegen. Maßgeblich sind die Umstände des Einzelfalls (BVerwG, Urt. v. 24.2.2000 – 4 C 12.98 –, a.a.O. Rn. 309, 323). Zwei aneinander gebaute Gebäude, die in der Zahl der Vollgeschosse oder in der Gebäudetiefe deutlich voneinander abweichen, können danach jedenfalls nicht als Doppelhaus bezeichnet werden (Abb. 6.1.8, 6.1.9). Für Hausgruppen gilt das entsprechend (Abb. 6.1.22).

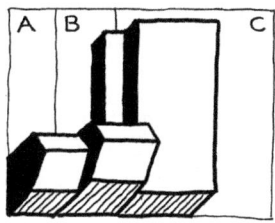

Abb. 6.1.22

Drei aneinander gebaute Gebäude bilden keine Hausgruppe im Sinne des § 22 Abs. 2 BauNVO, wenn sie in Höhe und Tiefe deutlich voneinander abweichen.

Nach § 22 Abs. 2 Satz 1 BauNVO werden die Gebäude in der offenen Bauweise **252** mit seitlichem Grenzabstand errichtet. Werden nach § 22 Abs. 2 Satz 3 BauNVO bei der Festsetzung der offenen Bauweise im Bebauungsplan Doppelhäuser und Hausgruppen ausgeschlossen, so darf grundsätzlich nicht an Nachbargrenzen gebaut werden. Die Voraussetzungen für die Anwendung des Abs. 1 Satz 3 sind dann nicht gegeben. Jedes Gebäude muss allseitig Abstandsflächen nach Abs. 1 Satz 1 einhalten. Da aber in der offenen Bauweise allgemein auch Doppelhäuser und Hausgruppen zulässig sind, ist davon auszugehen, dass ein einseitiger oder auch ein beidseitiger Grenzanbau bei der Errichtung von Doppelhäusern und Hausgruppen nicht ausgeschlossen sein soll, dass vielmehr in diesen Fällen **nach den planungsrechtlichen Vorschriften an die Grenze gebaut werden darf.**

Das Planungsrecht überlässt es dem Träger der Bauleitplanung, darüber zu ent- **253** scheiden, ob Einzelhäuser, Doppelhäuser oder Hausgruppen zulässig oder nicht zulässig sein sollen. Werden Doppelhäuser und Hausgruppen im Bebauungsplan nicht ausgeschlossen oder eingeschränkt, so überlässt der **Plangeber** die Entscheidung, ob Einzelhäuser, Doppelhäuser oder Hausgruppen gebaut werden, der Bauausführung.

Doppelhäuser und Hausgruppen werden zwar in aller Regel von einem Bauträ- **254** ger als baulich-städtebauliche Einheiten errichtet. Sie können aber auch von Einzelbauherren errichtet werden.

Will ein Bauherr eine Doppelhaushälfte oder das Endhaus einer Hausgruppe **255** errichten, so bleibt es ihm überlassen, an welcher Nachbargrenze er das Gebäude errichtet. Will er das Mittelhaus einer Hausgruppe errichten, so muss er beidseitig an die Nachbargrenze bauen. Anders als in der geschlossenen Bauweise **muss in der offenen Bauweise nicht an die Nachbargrenze gebaut werden; es darf aber an die Grenze gebaut werden.** Sind im Bebauungsplan Doppelhäuser unter Verwendung des Planzeichens Nr. 3.1.2 oder 3.1.3 der Anlage zur PlanzV ausdrücklich vorgeschrieben, so muss derjenige, der lediglich eine Doppelhaushälfte errichten will, einseitig an einer der beiden Nachbargrenzen anbauen. Aber auch dann bleibt es demjenigen, der eine Doppelhaushälfte zuerst errichtet, freigestellt, an welcher Seite er sein Gebäude errichtet, ob er an die linke oder an die rechte Nachbargrenze anbaut. Entsprechendes gilt bei Festsetzung von Hausgruppen (Planzeichen Nr. 3.1.3, Anlage zur PlanzV) für die Endhäuser einer Hausgruppe.

256 Der Grundsatz, wonach in der offenen Bauweise – wenn Doppelhäuser und Hausgruppen nicht ausgeschlossen sind – an die Grenze gebaut werden darf aber nicht muss, gilt jedoch nur für den Erstbauenden. **Der zuerst Bauende** bestimmt mit seinem Vorhaben, dass auch der Nachbar sein Gebäude an der Nachbargrenze errichtet und an welcher Seite er anbauen muss.

257 Wenn Doppelhäuser oder Hausgruppen in einem Gebiet zwingend vorgeschrieben sind, muss ein Gebäude bezüglich der „inneren Ordnung" bei Errichtung auf verschiedenen benachbarten Grundstücken an der Grenze errichtet werden. Bei diesen Hausformen handelt es sich zwar um eine Bauform der offenen Bauweise, innerhalb der Gesamtbaukörper müssen aber die selbstständigen Gebäudeeinheiten an eine seitliche Grundstücksgrenze (Doppelhaushälften und Reiheneckhäuser) oder an beide seitlichen Grundstücksgrenzen (Reihenmittelhäuser) gebaut werden (OVG NRW Urt. v. 22.8.2005 – 10 A 3611/03 – BRS 69 Nr. 91).

258 Mit seinem Urteil vom 24.2.2000 (4 C 12.98 – Rn. 226, 251, 261) hat das BVerwG klargestellt, dass die **Doppelhausfestsetzung** als solche der Baufreiheit Schranken setzt, unabhängig davon, ob oder inwieweit die Überbaubarkeit des Grundstücks durch Festsetzungen nach § 23 BauNVO oder im unbeplanten Innenbereich durch faktische rückwärtige Baugrenzen begrenzt wird (Abb. 6.1.21, Abb. 6.1.22). Wird durch ein Vorhaben im nicht beplanten Innenbereich das durch eine Doppelhausbebauung begründete nachbarschaftliche Austauschverhältnis einseitig aufgehoben oder aus dem Gleichgewicht gebracht, liegt ein Verstoß gegen das in § 34 Abs. 1 BauGB im Begriff des „Einfügens" verankerte Gebot der Rücksichtnahme in Bezug auf die Bauweise vor (BVerwG, Beschl. v. 27.7.2011 – 4 B 4/11 – BauR 2011, S. 1789, BRS 78 Nr 102; OVG NRW, Urt. v. 19.4.2012 – 10 A 1035/10 –, BauR 2012, S. 1221; VG Gelsenkirchen, Urt. v. 1.10.2013 – 5 K 2434/12 –; VG Gelsenkirchen, Beschl. v. 23.8.2013 – 6 L 737/13 –).

259 In dem System der offenen Bauweise, dass durch seitliche Grenzabstände zu den benachbarten Grundstücken gekennzeichnet sei, so das BVerwG, ordne sich ein aus zwei Gebäuden zusammengefügter Baukörper nur ein und könne somit als Doppelhaus gelten, wenn das Abstandsgebot an der gemeinsamen Grundstücksgrenze auf der Grundlage der Gegenseitigkeit überwunden werde. Die Zulässigkeit einer Bebauung als Doppelhaus setze daher in Gebieten der offenen Bauweise den **wechselseitigen Verzicht auf seitliche Grenzabstände** an der

gemeinsamen Grundstücksgrenze voraus. Dieser Verzicht binde die benachbarten Grundeigentümer bauplanungsrechtlich in ein Verhältnis des **gegenseitigen Interessenausgleichs** ein: Ihre Baufreiheit werde zugleich erweitert und beschränkt. Die enge Wechselbeziehung, die jeden Grundeigentümer zugleich begünstige und belaste, sei aus städtebaulichen Gründen (Steuerung der Bebauungsdichte, Gestaltung des Orts- oder Stadtbildes) gewollt und begründe ein nachbarliches Austauschverhältnis, das nicht einseitig aufgehoben oder aus dem Gleichgewicht gebracht werden dürfe.

Die Rechtsprechung zu Doppelhäusern ist auf Hausgruppen übertragbar (OVG **260** NRW, Urt. v. 19.7.2010 – 7 A 44/09 –, BauR 2010, S. 2061). Danach kann eine Bebauung mit drei und mehr Gebäuden, die in der Tiefe oder in der Höhe erheblich voneinander abweichen (Abb. 6.1.22) nicht als Hausgruppe im Sinne des § 22 Abs. 2 Satz 1 BauNVO angesehen werden. Andererseits kann es sein, dass ein maßvoll dimensionierter Wintergartenanbau an das Mittelhaus einer Hausgruppe den Rahmen der zulässigen Grenzbebauung nicht überschreitet, sofern sich der Anbau im Rahmen einer in der offenen Bauweise gestatteten wechselseitigen Grenzbebauung hält und durch den Anbau der Charakter der Hausgruppe nicht in Frage gestellt wird. Eine vollständige Deckungsgleichheit ist für die Häuser einer Hausgruppe wie bei Doppelhaushälften nicht zu fordern (OVG NRW, Urt. v. 19.7.2010 – 7 A 44/09 – a.a.O.; OVG NRW, Beschl. v. 31.3.2015 – 7 A 1071/14 –; Bay. VGH, Beschl. v. 15.9.2015 – 2 CS 15.1792 –; BVerwG, Urt. v. 5.12.2013 – 4 C 5.12 – ECLI:DE:BVerwG:2013:051213U4C5.12.0, Urt. v. 19.3.2015 – 4 C 12.14 – NVwZ 2015, 1769 und Beschl. v. 10.4.2012 – 4 B 42.11 – ECLI:DE:BVerwG:2012:100412B4B42.11.0, BRS 79 Nr. 95; vgl. a. VG Karlsruhe, Beschl. v. 5.2.2016 – 11 K 5180/15 –).

Nach dem Urteil des BVerwG vom 24.2.2000 (– 4 C 12.98 –, BVerwGE 110, 355, **261** BRS 63 Nr. 185 – vgl. Rn. 229, 251, 258 und 260, vgl. a. Bay VGH, Beschl. v. 10.1.2010 – 1 ZB 15039 – juris) ist das **Erfordernis der baulichen Einheit** im Falle eines Doppelhauses nur erfüllt, wenn die beiden Gebäude in wechselseitig verträglicher und abgestimmter Weise aneinander gebaut sind. Insoweit ist die planerische Festsetzung von Doppelhäusern in der offenen Bauweise nachbarschützend. In welchem Umfang die beiden Haushälften an der Grenze zusammengebaut sein müssen, lässt sich jedoch weder abstrakt-generell noch mathematisch-prozentual festlegen. Maßgeblich sind die Umstände des Einzelfalls.

Ist ein unbeplanter Innenbereich in offener Bauweise bebaut, weil dort nur Ein- **262** zelhäuser, Doppelhäuser und Hausgruppen i.S. von § 22 Abs. 2 BauNVO den maßgeblichen Rahmen bilden, so fügt sich ein grenzständiges Vorhaben, das unter Beseitigung eines bestehenden Doppelhauses grenzständig errichtet wird, ohne mit dem verbleibenden Gebäudeteil ein Doppelhaus zu bilden, i.S.v. § 34 Abs. 1 BauGB grundsätzlich nicht nach der Bauweise ein. Ein solches Vorhaben verstößt gegenüber der bisher bestehenden Doppelhaushälfte grundsätzlich gegen das drittschützende Gebot der Rück grundsätzlich nicht nach der Bauweise ein, das unter Beseitigung eines bestehendes Doppelhauses grenzständig errichtet wird, ohne mit dem verbleibenden Gebäudeteil ein Doppelhaus zu bilden. Ein solches Vorhaben verstößt gegenüber dem Eigentümer der bisher bestehenden Doppelhaushälfte grundsätzlich gegen das drittschützende Gebot der Rücksichtnahme (BVerwG, Urt. v. 5.12.2013 – 4 C 5.12 – BauR 2014, S. 658).

263 Für das Vorliegen eines Doppelhauses muss ein Mindestmaß an Übereinstimmung verlangt werden. Für die Beurteilung dieses Mindestmaßes an Übereinstimmung kommt es sowohl auf quantitative Aspekte, insbesondere die Geschosszahl, die Gebäudehöhe, die Bebauungstiefe und -breite sowie das durch diese Maße im Wesentlichen bestimmte oberirdische Brutto-Bauvolumen, als auch auf qualitative Aspekte an, insbesondere die Dachgestaltung und die sonstige Kubatur des Gebäudes. Dass ein einheitlicher Baukörper unter den quantitativen Aspekten Geschossigkeit, Bautiefe und Gebäudehöhe der grenzständigen Gebäudeteile sowie oberirdisches Brutto-Raumvolumen des Gebäudes im Regelfall nicht mehr angenommen werden kann, wenn sich auch nur eines der genannten quantitativen Merkmale bei den jeweiligen Gebäuden um mehr als die Hälfte unterscheidet, kann nicht als genereller Grundsatz gelten. Denn nach einem so verstandenen Grundsatz, müssten in Bezug auf jedes dieser quantitativen Merkmale die Übereinstimmungen mindestens doppelt so stark ausgeprägt sein wie ihre Unterschiede.

264 Für die Geschossigkeit kann aber eher davon ausgegangen werden, dass ein bestehendes eingeschossiges Doppelhaus im Regelfall nicht mehr als bauliche Einheit betrachtet werden kann, wenn eine Doppelhaushälfte um ein Geschoss aufgestockt wird. Ausnahmen können sich insbesondere bei Dachausbau ergeben. Das oberirdische und deshalb sichtbare Brutto-Bauvolumen hat besondere Bedeutung in Fällen, in denen sich die Unterschiede in mehr als einer Dimension ergeben; es setzt auch nach der Rechtsprechung des Bundesverwaltungsgerichts relevanten nicht grenzständigen Erweiterungen eine für den Regelfall anzunehmende äußere Grenze; hinsichtlich ihrer Höhe und Tiefe werden nicht grenzständige Erweiterungen von dem oben genannten negativen Grundsatz nicht erfasst (OVG NRW, Urt. v. 26.6.2014 – 7 A 2725/12 – BauR 2014, S. 1920).

265 Die Rechtsprechung hat das nachbarschützende Gebot der wechselseitigen **Rücksichtnahme** aus dem Einfügungsgebot des § 34 Abs. 1 BauGB abgeleitet. Soweit ein Vorhaben im Geltungsbereich eines Bebauungsplans im Hinblick auf die durch die Vorschriften über die Art der baulichen Nutzung geschützten Belange rücksichtslos ist, ist es nach § 15 BauNVO unzulässig. Es ist in Rechtsprechung und Literatur anerkannt, dass diese Vorschrift ebenfalls Ausdruck des Gebots der wechselseitigen Rücksichtnahme ist. Als Teil der Vorschriften über die Art der baulichen Nutzung hat diese Vorschrift jedoch, anders als das Einfügungsgebot des § 34 BauGB, nur eingeschränkte Bedeutung. Eine die Vorschriften der BauNVO über die überbaubaren Grundstücksflächen und über das Maß der baulichen Nutzung ergänzende Vorschrift, die dem § 15 BauNVO entspräche, gibt es nicht. Insofern kann auch eine nach den Festsetzungen des Bebauungsplans zulässige Bautiefe nach dem Gebot der wechselseitigen Rücksichtnahme nicht eingeschränkt werden (BVerwG, Urt. v. 16.3.1995 – 4 C 3.94 –, ZfBR 1995, S. 212; missverständliche Erwähnung des § 15 BauNVO in OVG NRW, Beschl. v. 24.2.1995 – 7 B 311/94 –; Beschl. v. 24.4.1995 – 10 B 3161/54 –; Beschl. v. 9.5.1995 – 7 B 1624/95 –). Eine rückwärtige traufseitige Bebauung ist für die

Beurteilung des Einfügens des Gebäudes in die nähere Umgebung ohne Relevanz (OVG Berlin-Brandenburg, Beschl. v. 16.9.2016 – OVG 2 S 29.16 – juris).

Das OVG NRW ging davon aus, dass ein Verstoß gegen das planungsrechtliche **266** Gebot der Rücksichtnahme in den Fällen des § 34 BauGB in aller Regel nicht in Betracht komme, wenn die landesrechtlichen Abstandsflächen eingehalten sind (vgl. OVG NW, Beschl. v. 22.7.1994 – 7 B 1627/94 –). In diesem Sinne hatte auch der BayVGH die Auffassung vertreten, dass die nachbarlichen Belange ausreichender Belichtung, Besonnung und Belüftung sowie der Begrenzung der Einsichtmöglichkeiten nicht Gegenstand des nachbarschützenden Gebots der Rücksichtnahme sein könnten, weil deren Sicherung (nur) die landesrechtlichen Abstandsflächenvorschriften dienten. Das BVerwG hat darauf Bezug nehmend jedoch eingeräumt, ob diese Rechtsauffassung zutreffe, möge im Grundsatz einer erneuten kritischen Überprüfung in einem Revisionsverfahren bedürfen. Überwiegendes spreche für die Auffassung, dass die genannten nachbarlichen Belange nicht allein bauordnungsrechtlich, sondern auch bauplanungsrechtlich geregelt werden dürfen, weil sie auch städtebauliche Bedeutung haben und dass deshalb die (unterschiedlichen) bauordnungsrechtlichen (Abstands-)Vorschriften Regelungen des Städtebaurechts nicht verdrängen können (BVerwG, Urt. v. 11.1.1999 – 4 B 128.98 –, UPR 1999, S. 191, BRS 62 Nr. 102; vgl. auch OVG NRW, Beschl. v. 13.1.2006 – 10 B 971/05 –).

Die Einhaltung der Abstandsflächen ist nicht alleiniges Kriterium für die Beach- **267** tung des Rücksichtnahmegebots. Das OVG NRW hat die Auffassung vertreten, der Automatismus, dass die Annahme eines Verstoßes gegen das Gebot der Rücksichtnahme bei Einhaltung der Abstandsvorschriften nicht in Betracht komme, erweist sich dort als sachwidrig, wo es zu einer nachhaltigen Verkürzung der Abstandsflächen durch die Novelle BauO NRW 2006 gekommen ist. In solchen Fällen sei eine eigenständige Prüfung des Gebots der Rücksichtnahme angezeigt (OVG NRW, Beschl. v. 9.2.2009 – 10 B 1713/08 –; vgl. VG Köln, Urt. v. 17.12.2013 -2 K 663/13 –; VG Köln, Beschl. v. 25.3.2013 – 23 L 287/13 –, NWVBl 2014, S. 201).

Über die Indizwirkung der Abstandsflächen hinaus kann eine Verletzung des **268** Rücksichtnahmegebots durch die Stellung des Baukörpers und der dadurch bewirkten erhöhten Einsichtmöglichkeiten vor allem in innerstädtischen Lagen nur in absoluten Ausnahmefällen angenommen werden (VG Gelsenkirchen, Beschl. v. 29.7.2013 – 5 L 504/13 –; vgl. OVG Berlin-Brandenburg, Beschl. v. 29.9.2010 – 10 S 21.10 – juris Rn. 8).

Eine Verletzung des Rücksichtnahmegebots scheidet unter dem Gesichtspunkt im **269** Sinne einer Indizwirkung aber in aller Regel aus, wenn die gesetzlich vorgeschriebenen Abstandsflächen eingehalten werden. Denn in diesem Fall ist grundsätzlich davon auszugehen, dass der Landesgesetzgeber die diesbezüglichen nachbarlichen Belange und damit das diesbezügliche Konfliktpotenzial in einem vernünftigen und verträglichen Ausgleich gebracht hat (BayVGH, Beschl. v. 5.9.2016 – 15 CS 16.1536 – vgl. BVerwG, Beschl. v. 22.11.1984 – 4 B 244.84 – NVwZ 1985, S. 653; Beschl. v. 6.12.1996 – 4 B 215.96 – NVwZRR 1997, S. 516 f.; Beschl. v. 11.1.1999 – 4 B 128.98 – NVwZ 1999, S. 879 f.; BayVGH, Beschl. v. 6.9.2011 – 1 ZB 09.3121 – juris;

Beschl. v. 13.3.2014 – 15 ZB 13.1017 – juris; Beschl. v. 30.9.2015 – 9 CS 15.1115 – juris; Beschl. v. 29.1.2016 – 15 ZB 13.1759 – juris; Beschl. v. 3.6.2016 – 1 CS 16.747 – juris; Beschl. v. 4.7.2016 – 15 ZB 14.891 – juris; OVG Berlin-Brandenburg, Beschl. v. 27.2.2012 – OVG 10 S 39.11 – juris; demgegenüber ist der Umkehrschluss, wonach eine Missachtung der Abstandsflächenvorschriften regelmäßig auch zu einer Verletzung des Rücksichtnahmegebots führe, nicht gerechtfertigt: BayVGH, Beschl. v. 13.3.2014 a.a.O. m. w. N.). Von dieser Indizwirkung wird trotz Reduzierung der Abstandsflächentiefe durch die Regelung der MBO 2002 weiterhin allgemein in der Rechtsprechung ausgegangen.

270 Die Geltendmachung des Verstoßes gegen das Gebot der Rücksichtnahme setzt die Darlegung voraus, dass die geltend gemachte Veränderung des Gebietscharakters zu unzumutbaren Beeinträchtigungen führt. Die Rücksichtslosigkeit eines Vorhabens des Nachbarn ist nicht gegeben, wenn es dem vermeintlich Beschwerten frei steht, sein Grundstück bzw. Teile des Grundstücks durch entsprechende Sichtschutzelemente oder Anpflanzungen vor einer Einsichtnahme zu schützen (OVG NRW, Beschl. v. 10.3.2016 – 7 B 1155/15 –, juris).

4.2 Art des Hauses – Hausgruppe

271 Eine Hausgruppe besteht aus mindestens drei auf benachbarten Grundstücken stehenden selbstständigen Gebäuden mit jeweils eigenen Eingängen. Die Festsetzung der offenen Bauweise betrifft ausschließlich die Stellung der Gebäude in Bezug auf Grundstücksgrenzen. Bei der Zulassung von Doppelhäusern und Hausgruppen handelt es sich um eine vom Verordnungsgeber zugelassene Modifikationen der offenen Bauweise (OVG Rheinland-Pfalz, Beschl. v. 8.1.2016 – 8 B 11203/15 –, juris; vgl. BVerwG, Urt. v. 24.2.2000 – 4 C 12/98 –, BVerwGE 110, 355).

272 Die offene Bauweise schützt lediglich den seitlichen Nachbarn davor, dass nicht an seine Grenze gebaut wird, nicht aber den gegenüberliegenden Nachbarn (OVG NRW, Beschl. v. 19.5.2005 – 7 B 17/05 –).

273 Das Bundesverwaltungsgericht (vgl. Urt. v. 5.12.2013 – 4 C 5/12 – juris; Urt. v. 19.3.2015 – 4 C 12.14 – ZfBR 2015, 574) hat zwischenzeitlich abschließend geklärt, dass die von ihm aufgestellten Grundsätze zur Doppelhausrechtsprechung auch im in offener Bauweise bebauten unbeplanten Innenbereich nach § 34 BauGB grundsätzlich zur Anwendung kommen können. Ein Doppelhaus im Sinn des § 22 Abs. 2 Satz 1 BauNVO ist eine bauliche Anlage, die dadurch entsteht, dass zwei Gebäude auf benachbarten Grundstücken durch Aneinanderbauen an der gemeinsamen Grundstücksgrenze zu einer Einheit zusammengeführt werden. Kein Doppelhaus bilden hingegen zwei Gebäude, welche sich zwar an der gemeinsamen Grundstücksgrenze noch berühren, aber als zwei selbstständige Baukörper erscheinen. Ein Doppelhaus verlangt ferner, dass die beiden Haushälften in wechselseitig verträglicher und abgestimmter Weise aneinandergebaut werden (vgl. BVerwG, Urt. v. 5.12.2013 – 4 C 5/12 – juris; Urt. v. 24.2.2000 – 4 C 12/98 – BVerwGE 110, 355). Ob noch eine offene Bauweise in diesem Sinn vorliegt und ob zwei durch einen Garagentrakt getrennte Hausgruppen von drei und vier Vierspänner-Häusern die nach § 22 Abs. 2 Satz 2 BauNVO zulässige

Gesamtlänge einer Hausgruppe von 50 m überschreiten, weil sie als Gesamtheit zu betrachten sind, ist nicht entscheidend. Auch wenn von einer offenen Bauweise ausgegangen wird, ist ein Verstoß gegen die Doppelhausrechtsprechung nicht gegeben.

Die bauliche Einheit von **Hausgruppen**, aus welcher sich das besondere nachbarliche Austauschverhältnis ergibt, liegt dann vor, wenn die einzelnen Gebäude einen harmonischen Gesamtkörper bilden. Dies bedeutet zwar nicht, dass die einzelnen Häuser gleichzeitig und deckungsgleich errichtet werden müssen. Ein **einheitlicher Gesamtbaukörper** kann auch noch vorliegen, wenn zum Beispiel aus gestalterischen Gründen die gemeinsame vordere und rückwärtige Außenwand des einheitlichen Baukörpers durch kleinere Vor- und Rücksprünge aufgelockert wird (vgl. BayVGH, Urt. v. 9.2.1999 – 14 B 96.2272 – juris). Zu fordern ist jedoch, dass die einzelnen Gebäude – quantitativ – zu einem wesentlichen Teil und – qualitativ – in wechselseitig verträglicher und „harmonischer" Weise aneinandergebaut sind (vgl. BVerwG, U.v. 24.2.2000 – 4 C 12/98 – BVerwGE 110, 355; BayVGH, B.v. 22.3.2010 – 15 CS 10.355 – juris; Urt. v. 19.3.2015 – 4 C 12.14 – ZfBR 2015, 574; OVG NRW, Urt. v. 26.6.2014 – 7 A 2725/12 – juris). Im System der offenen Bauweise ordnet sich ein aus mehreren Gebäuden zusammengefügter Baukörper nämlich nur ein, wenn das Abstandsgebot an der gemeinsamen Grundstücksgrenze auf der Grundlage der Gegenseitigkeit überwunden wird. Zugunsten der Erhöhung der baulichen Nutzbarkeit wird auf Grenzabstände verzichtet, die Freiflächen schaffen und dem Wohnfrieden dienen. Diese enge Wechselbeziehung begründet ein nachbarliches Austauschverhältnis, das nicht einseitig aufgehoben oder aus dem Gleichgewicht gebracht werden darf. In welchem Umfang vor diesem Hintergrund ein vorderer oder rückwärtiger Versatz möglich ist, ohne das nachbarliche Austauschverhältnis aus dem Gleichgewicht zu bringen oder die „harmonische Beziehung", in der die einzelnen Gebäude zueinander stehen müssen, infrage zu stellen, ist nach den konkreten Umständen des Einzelfalls zu beurteilen (vgl. BVerwG, Urt. v. 24.2.2000 – 4 C 12/98 – BVerwGE 110, 355; BayVGH, Beschl. v. 10.11.2000 – 26 CS 99.2102 – juris; OVG NRW, Urt. v. 26.6.2014 – 7 A 2725/12 – juris). Quantitativ sind dabei insbesondere die Geschosszahl, die Gebäudehöhe, die Bebauungstiefe und -breite sowie das durch diese Maße im Wesentlichen bestimmte oberirdische Brutto-Raumvolumen zu berücksichtigen. Qualitativ kommt es unter anderem auch auf die Dachgestaltung und die sonstige Kubatur des Gebäudes an (BayVGH, Beschl. v. 15.9.2015 – 2 CS 15.1792 – juris). **274**

Eine **Betrachtung als Gesamtkomplex** ist geboten, wenn ein Verbindungsbau in seiner Funktion als Einhausung des bisherigen Eingangs auf das Bestandsgebäude bezogen ist und baurechtlich weder von diesem noch von dem zu errichtenden Neubau getrennt werden kann, da anderenfalls im Verhältnis des Bestandsgebäudes zum Neubau das abstandsflächenrechtliche Überdeckungsverbot (§ 6 Abs. 3 Halbs. 1 BauO Bln) eingreifen würde (OVG Berlin-Brandenburg, Beschl. v. 31.7.2015 – OVG 2 S 29.15 –). Dem steht nicht entgegen, dass es sich bauordnungsrechtlich um zwei Gebäude im Sinne von Art. 2 Abs. 2 handelt, da der Begriff der baulichen Anlage in § 29 BauGB wegen der unterschiedlichen Zweckrichtung und Zielsetzung des Bauplanungsrechts und des Bauordnungs- **275** rechts als bundesrechtlicher Begriff im Vergleich zu dem des Bauordnungsrechts eigenständig und unabhängig ist (vgl. Battis/Krautzberger, Löhr, BauGB, Stand: 13. Aufl. – 2016, § 29 Rn. 27). Hinzukommt, dass es bei der Prüfung der Frage, ob sich ein Vorhaben nach seiner Bauweise in die nähere Umgebung einfügt, entscheidend auf den sichtbaren Baukörper ankommt, und zwar auch im rückwärtigen Grundstücksbereich, insbesondere wenn es sich um eine ununterbrochene Aneinanderreihung von Baukörpern handelt, sodass die rückwärtige Gebäudefront des Gesamtbaukörpers mit der Folge dominiert werden würde, dass von einem wechselseitigen Abgestimmtsein des Gebäudekomplexes mit dem Wohnhaus des Nachbarn nicht ausgegangen werden könnte. Die Haushälften stünden nicht gleichgewichtig und im richtigen Verhältnis zueinander und stellten sich daher nicht als harmonisches Ganzes dar. Selbst eine etwaige Einheitlichkeit der straßenseitigen Front des Gesamtbaukörpers würde die Annahme eines Doppelhauses nicht rechtfertigen, da das dann durch die Einhausung des Eingangs verbundene Einfamilienhaus als ein eigenständiger Baukörper vor die rückwärtige Außenwand des Gesamtbaukörpers treten und dadurch ein disproportionales Ungleichgewicht entstehen würde (vgl. zum umgekehrten Fall eines Anbaus an ein bestehendes Doppelhaus: OVG NRW, Urt. v. 16.8.2011 – 10 A 1224/09 –). Der Umstand, dass es sich bei dem Vorhabengrundstück um ein Eckgrundstück handelt, ergibt keine hiervon abweichende Bewertung. Ein Eckgrundstück mag für die bauliche Ausnutzung eines Grundstückes von Bedeutung sein, jedoch nicht für die Frage, ob es sich bei dem entstehenden Gesamtbaukörper um ein Doppelhaus handelt (OVG Berlin-Brandenburg, Beschl. v. 31.7.2015 – OVG 2 S 29.15 –).

276 Zur Frage der Rücksichtslosigkeit eines in einer Hausgruppe errichteten Gebäudes, das die straßenseitige Baugrenze aufnimmt, damit aber um 5,0 m gegenüber der angrenzenden Nachbarbebauung zur Straße hin verspringt – verneinend OVG NRW, Beschl. v. 17.9.1998 – 10 A 5818/96 – (vgl. a. OVG NRW, Beschl. v. 21.2.2005 – 10 B 1269/04 – BauR 2005, S. 1292, BRS 69 Nr 89).

4.3 Rechtliche Sicherung – Anbausicherung

277 Werden die Gebäude, die ein Doppelhaus oder eine Hausgruppe bilden, nicht im Zusammenhang errichtet, ist auch auf dem Nachbargrundstück noch kein Gebäude an der Grundstücksgrenze vorhanden, so muss nach Abs. 1 Satz 3 gesichert sein, dass auch auf dem Nachbargrundstück ohne Grenzabstand gebaut wird. Eine öffentlich-rechtliche Anbausicherung durch Eintragung einer Baulast in das Baulastenverzeichnis ist nicht erforderlich. Die Form der Anbausicherung lässt das Gesetz offen. Der Zwang zu einer öffentlich-rechtlichen Sicherung ist entfallen. Eine bloße Zustimmung zur Grenzbebauung auf dem Nachbargrundstück genügt jedoch nicht. Die Regelung schließt nicht aus, dass eine Sicherung durch Baulast erfolgt (vgl. Molodovsky Art. 6 Rn. 75 ff.). Eine Baulast wird trotz der in der Begründung zur Novelle angeführten Absicht des Gesetzgebers im Interesse aller Beteiligten regelmäßig zu begründen sein, damit eine zweifelsfreie Bindung etwaiger Rechtsnachfolger erzielt werden kann.

278 Zwar ergibt sich die Notwendigkeit, in der offenen Bauweise an ein auf dem Nachbargrundstück an der Grundstücksgrenze vorhandenes Gebäude anzubauen, bereits aus den planungsrechtlichen Vorschriften; die Anbausicherung hat jedoch klarstellende Bedeutung. Das bedeutet: der zuerst Bauende kann sein Vorhaben nur realisieren, **wenn der Nachbar mit dem Grenzanbau einverstanden ist,** und wenn dieser selbst bereit ist, sofern er sein Grundstück bebauen will, sein Gebäude ebenfalls an der Nachbargrenze, und zwar an der gleichen Nachbargrenze zu errichten. Eine zeitliche Bindung erfolgt nicht. Wenn der Nachbar jedoch offensichtlich nicht gewillt ist, den Grenzanbau in absehbarer Zeit zu verwirklichen, wenn er beispielsweise sein Grundstück gerade mit Grenzabstand bebaut hat, ist die zugunsten des Grenzanbaus erfolgte Anbausicherung unwirksam (OVG NRW, Urt. v. 28.10.1985 – 11 A 2586/82 –, BRS 44 Nr. 99). Der andere Nachbar, zu dem der zuerst Bauende einen Abstand eingehalten hat, muss seinerseits mit Grenzabstand bauen. Das ergibt sich aus § 22 Abs. 2 Satz 1 BauNVO, wonach in der offenen Bauweise Doppelhäuser und Hausgruppen mit Grenzabstand errichtet werden müssen. Einer besonderen Sicherung bedarf es nicht.

Auf eine besondere Anbausicherung kann verzichtet werden, wenn auf dem **279** Nachbargrundstück bereits ein Gebäude an der Grenze vorhanden ist (OVG NRW, Urt. v. 13.12.1995 – 7 A 159/94 –, BRS 57 Nr. 137; Beschl. v. 17.2.2000 – 7 B 178/00 –, BauR 2001, S. 77, BRS 63 Nr. 137). Der von § 6 Abs. 1 Satz 2b BauO NRW 2000 (entspricht § 6 Abs. 1 Nr. 2 BauO NRW 2018) geforderten Anbausicherung steht eine hinreichend gewichtige Bebauung gleich, bei der es sich nicht um ein Gebäude mit einer Hauptnutzung handeln muss (OVG NRW Beschl. v. 17.8.2005 – 7 B 1288/05 –, BRS 69 Nr. 130). Die nach Abs. 9 in der offenen Bauweise ohne Grenzabstand zulässigen Gebäude kommen als Anbausicherung nicht in Betracht.

Ist der **Abbruch** eines an der Grundstücksgrenze vorhandenen Gebäudes bean- **280** tragt, so ist der **Fortbestand des Gebäudes nicht gesichert.** Eine Anbausicherung durch ein vorhandenes Gebäude an der Grundstücksgrenze ist nur dann gewährleistet, wenn von dessen Fortbestand ausgegangen werden kann. Nur unter dieser Voraussetzung kann mit ausreichender Sicherheit verhindert werden, dass nur einseitig an eine Grundstücksgrenze angebaut wird (OVG NRW, Beschl. v. 6.11.1998 – 7 B 2057/98 –). Zur Frage, bis zu welchem Zeitpunkt von dem Fortbestand einer grenzständigen, zur Anbausicherung geeigneten Bebauung ausgegangen werden muss, hat das OVG NRW die Auffassung vertreten, dass insoweit der Zeitpunkt der Bekanntgabe der Baugenehmigung bzw. des zugehörigen Widerspruchsbescheides als letzter Verwaltungsentscheidung maßgeblich sei. Die Frage, welche Erkenntnisse hierzu vorliegen und ermittelt werden müssten, lasse sich nicht in grundsätzlicher Weise beantworten, weil sie stets von einer Würdigung der konkreten Umstände des Einzelfalls abhänge (OVG NRW, Beschl. v. 2.8.2002 – 7 A 74/02 –).

Soll bei einem bestehenden Doppelhaus eine Doppelhaushälfte abgebrochen und **281** durch einen Neubau ersetzt werden, so muss der Neubau aus städtebaulichen Gründen wieder als Grenzbau an die bestehende Doppelhaushälfte angebaut werden. In den Bereichen, in denen es das Planungsrecht zulässt, dass an die Grenze gebaut wird, die Grenzbebauung jedoch nicht zwingend vorgeschrieben ist, ist Ziel der gesetzlichen Regelung, zu verhindern, dass an einer Grundstücksgrenze angebaut wird, während die Gebäude auf dem Nachbargrundstück einen Grenzabstand einhalten (OVG NRW, Beschl. v. 20.1.2000 – 7 B 2103/99 –, BauR 2000, S. 866).

282 Eine Mauer, die als Einfriedungsmauer an der Grenze zulässig ist, vermag nicht die Funktion eines als Anbausicherung dienenden Gebäudes zu erfüllen (OVG NRW, Beschl. v. 12.9.2002 – 7 A 1477/01 –). Das Gleiche gilt für **Grenzgaragen** und andere Gebäude, die nach Abs. 9 an der Grundstücksgrenze privilegiert sind.

283 Ein auf dem Nachbargrundstück vorhandenes grenzständiges Gebäude, von dessen Fortbestand ausgegangen werden kann, ersetzt eine Anbausicherung nur insoweit, als das Neubauvorhaben innerhalb der überbaubaren Grundstücksfläche errichtet werden soll (OVG NRW, Beschl. v. 29.7.2003 – 10 B 1057/03; vgl. auch OVG NRW Beschl. v. 5.10.1995 – 10 B 2445/95 –, BRS 57 Nr. 136; Beschl. v. 13.12.1995 – 7 A 159/94 –, BRS 57 Nr. 137). Mit der Sicherung des Grenzanbaus innerhalb der überbaubaren Grundstücksfläche wird nicht in jedem Fall erreicht, dass Doppelhäuser und Hausgruppen auch entstehen. Denn anders als in der geschlossenen Bauweise sind in der offenen Bauweise die Fälle nicht selten, in denen die überbaubare Grundstücksfläche nicht durch eine vordere Baulinie, sondern lediglich durch eine vordere Baugrenze bestimmt wird, hinter die die Gebäude beliebig zurücktreten können (Abb. 6.1.23 und 6.1.24).

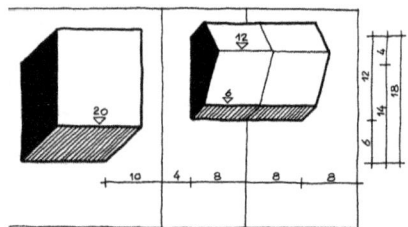

Abb. 6.1.23
Einzelhaus und Doppelhaus im unbeplanten Innenbereich

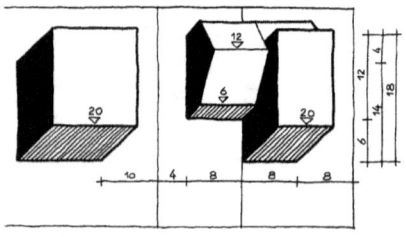

Abb. 6.1.24
Unzulässige Änderung einer Doppelhaushälfte.

Die offene Bauweise schützt lediglich den seitlichen Nachbarn davor, dass nicht **284** an seine Grenze gebaut wird, nicht aber den gegenüberliegenden Nachbarn (OVG NRW, Beschl. v. 19.5.2005 – 7 B 17/05).

Die Festsetzung über die überbaubaren und nicht überbaubaren Grundstücksflä- **285** chen erfolgt in aller Regel durch Eintragung einer vorderen Baulinie oder Baugrenze in die Planzeichnung. Die **Bebauungstiefe** kann über eine Maßangabe im Text des Bebauungsplans erfolgen, bei enger Begrenzung etwa auf 12 m. Üblicherweise wird sie jedoch durch Eintragung einer **rückwärtigen Baugrenze** in die Planzeichnung festgesetzt (Abb. 6.1.23). Eine zusätzliche **seitliche Begrenzung der Baukörper** durch Baulinien und Baugrenzen ist zulässig. Durch eine seitliche Begrenzung der Baukörper wird die Dispositionsfreiheit des Bauherrn eingeschränkt (vgl. Rn. 256).

Sofern mit den Festsetzungen über die überbaubaren Grundstücksflächen nicht **286** auf eine vorgegebene **Parzellierung** Rücksicht genommen wird, müssen die Grundstücksgrenzen den Festsetzungen des Bebauungsplans im Rahmen einer **Umlegung** nach den §§ 45 ff. BauGB angepasst werden. Zahl und Frontbreite der Gebäude ergeben sich aus der Parzellierung (Abb. 6.1.25). Werden allerdings Hausgruppen oder Doppelhäuser durch seitliche Baulinien oder Baugrenzen festgesetzt, so bestimmen diese Festsetzungen mittelbar auch die Grundstücksteilung (Abb. 6.1.26 bis 6.1.30).

Parzellenbreiten von 5 bis 6 m sind für die Reihenhausbebauung in geschlossener **287** Bauweise üblich. Sie sind auch für Mittelgebäude von Hausgruppen geeignet, nicht jedoch für Einzelhäuser, Doppelhäuser oder Endhäuser von Hausgruppen. Da Doppelhäuser und Endhäuser von Hausgruppen nur einseitig an die Nachbargrenze gebaut werden dürfen, muss der angestrebten Frontbreite des Gebäudes die Tiefe der zur anderen Nachbargrenze einzuhaltenden Abstandsfläche, im Normalfall also mindestens 3 m, hinzugerechnet werden, um geeignete Parzellenbreiten zu erhalten. So ergeben sich **Parzellenbreiten von ca. 9 m,** wenn für die beiden Doppelhaushälften bzw. Endhäuser einer Hausgruppe eine Frontbreite von 6 m erreicht werden soll.

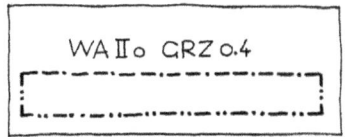

Abb. 6.1.25

Bebauungsplan mit Festsetzungen über Art und Maß der baulichen Nutzung (WA II), die Bauweise (o) und die überbaubaren Grundstücksflächen. Der Bebauungsplan lässt offen, ob und wo Einzelhäuser, Doppelhäuser oder Hausgruppen ausgeführt werden.

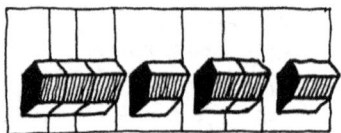

Abb. 6.1.26

Ausführung einer zweigeschossigen Wohnbebauung aufgrund der Festsetzungen des Bebauungsplans nach Abb. 6.1.25. Aus der Breite der Bauparzellen ergibt sich, ob bzw. wo Einzelhäuser, Doppelhäuser oder Hausgruppen erstellt werden können.

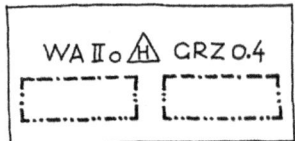

Abb. 6.1.27

Bebauungsplan mit Festsetzungen der offenen Bauweise – nur Hausgruppen zulässig – und Bestimmung der Hausgruppen durch Festsetzung der überbaubaren Grundstücksflächen.

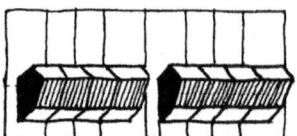

Abb. 6.1.28

Ausführung der Bebauung und Grundstücksteilung entsprechend den Festsetzungen des Bebauungsplans Abb. 6.1.27.

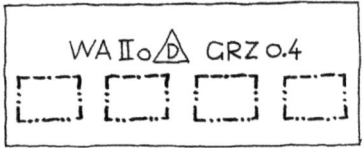

Abb. 6.1.29

Bebauungsplan mit Festsetzung der offenen Bauweise – nur Doppelhäuser zulässig – und Bestimmung der Doppelhäuser durch Festsetzung der überbaubaren Grundstücksflächen.

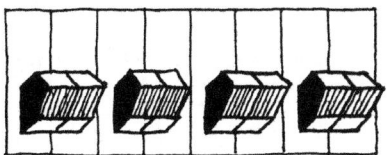

Abb. 6.1.30
Ausführung der Bebauung und Grundstücksteilung entsprechend den Festsetzungen des Bebauungsplans Abb. 6.1.29.

Für Einzelhäuser müssen die Parzellen eine Mindestbreite von 12 m aufweisen. **288** Sind die Grundstücke etwa nur 11 m breit, so würden bei beidseitigen Abstandsflächen mit einer Tiefe von 3 m Baukörper mit einem Frontmaß von 5 m entstehen. Derartige Ergebnisse würden nicht nur für die Grundrisslösung der Wohnhäuser Probleme bringen, sondern auch mit der **beabsichtigten Stadtgestaltung** in vielen Fällen nicht in Einklang stehen (vgl. OVG NRW, Urt. v. 26.5.1997 – 10 A 2406/94). Parzellenbreiten von 15 m und mehr sind für Einzelhäuser eher üblich. Bei einer Parzellenbreite von 15 m und Ausschluss von Doppelhäusern und Hausgruppen wird bei einer Abstandsfläche von 3 m Tiefe das Straßenbild durch einen **Wechsel von Häusern mit einer Frontbreite bis zu 9 m und Gebäudeabständen von mindestens 6 m** geprägt.

Wenn an ein vorhandenes grenzständiges Gebäude ein **rückwärtiger Anbau** **289** errichtet werden soll, muss mit Grenzabstand gebaut werden, sofern auf dem Nachbargrundstück entsprechender Anbau mit Grenzabstand vorhanden ist (Abb. 6.1.30). Aus der Zulässigkeit des Grenzanbaus als solchem kann nicht geschlossen werden, dass bei Abweichung von der geschlossenen Bauweise oder bei Abweichungen vom Grenzanbau im Falle von Doppelhäusern oder Hausgruppen in der Grundstückstiefe ein Grenzanbau zulässig wäre.

Ihre Schutzfunktion verlieren die Abstandsflächen nur insoweit, als ein Grenzge- **290** bäude vorhanden ist, und sie behalten ihre Schutzfunktion für die nicht im Grenzbereich bebauten bzw. durch Anbausicherung erfassten Bereiche des Grundstücks (OVG NRW, Beschl. v. 15.6.2004 – 22 A 5551/00). Das OVG NRW hat jedoch den grenzständigen Anbau eines Wintergartens an eine vorhandene Doppelhaushälfte als abstandsrechtlich zulässig angesehen. Die Errichtung des Wintergartens stelle den Charakter des Doppelhauses nicht in Frage. Der Wintergarten sei danach ohne Einhaltung von Abstandsflächen zulässig, obwohl er sich zum Teil außerhalb der festgesetzten überbaubaren Grundstücksfläche befand, denn für die Errichtung des Wintergartens war eine Befreiung von der im Bebauungsplan festgesetzten hinteren Baugrenze gem. § 31 Abs. 2 BauGB in nicht zu beanstandender Weise erteilt worden. Die Festsetzungen zur Bauweise, so das OVG, erstrecken sich im Fall einer Befreiung in vergleichbarer Weise auf den dadurch zusätzlich überbaubaren Bereich, sodass die Festsetzung „nur Einzel- und Doppelhäuser zulässig" eine Pflicht zum Grenzanbau in diesem Bereich begründe. Die Abweichung von den Festsetzungen des Bebauungsplans sei in dem Fall städtebaulich vertretbar, was nach den konkreten Gegebenheiten und danach zu beurteilen sei, ob das Leitbild einer geordneten städtebaulichen Entwicklung gewahrt bleibe, das dem konkreten Plan zugrunde liegt und von dessen Festsetzungen abgewichen werden soll. Die Befreiungsentscheidung habe auch die nachbarlichen Interessen im Sinne des § 31 Abs. 2 BauGB hinreichend berücksichtigt. Unter welchen Voraussetzungen durch eine Befreiung Nachbarrechte verletzt würden, sei nach den Grundsätzen des Gebots der Rücksichtnahme zu beantworten, das im Tatbestandsmerkmal „unter Würdigung nachbarlicher Interessen" seinen rechtlichen Anknüpfungspunkt finde (OVG NRW, Urt. v. 17.2.2009 – 10 A 568/07 –).

291 Zu planungsrechtlich zulässigen rückwärtigen Anbauten in der geschlossenen Bauweise vgl. Rn. 216.

292 Ein (rückwärtiger) Grenzanbau ist nur zulässig, wenn der Charakter des Doppelhauses erhalten bleibt (OVG NRW, Beschl. v. 16.1.2003 – 10 B 1845/02). Wenn an ein vorhandenes grenzständiges Gebäude ein **rückwärtiger Anbau** errichtet werden soll, muss mit Grenzabstand gebaut werden, sofern auf dem Nachbargrundstück ein Gebäude mit Grenzabstand vorhanden ist (Abb. 6.1.31). Aus der Zulässigkeit des Grenzanbaus als solchem kann nicht geschlossen werden, dass bei Abweichung von der geschlossenen Bauweise oder bei Abweichungen vom Grenzanbau im Falle von Doppelhäusern oder Hausgruppen in der Grundstückstiefe ein Grenzanbau zulässig wäre. Ihre Schutzfunktion verlieren die Abstandsflächen nur insoweit, als ein Grenzgebäude vorhanden ist, und sie behalten ihre Schutzfunktion für die nicht im Grenzbereich bebauten Bereiche des Grundstücks (OVG NRW, Beschl. v. 15.6.2004 – 22 A 5551/00). Eine Übertragung von Abstandsflächen eines an der Grenze oder grenznah errichteten Anbaus an eine Doppelhaushälfte auf das Nachbargrundstück ist unzulässig (vgl. Rn. 396 – Abb. 6.3.7).

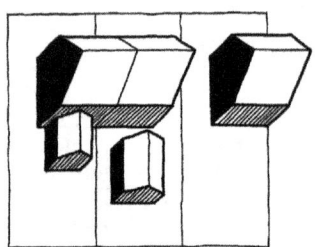

Abb. 6.1.31

In der offenen Bauweise ist der Grenzanbau nur im Falle von Doppelhäusern und Hausgruppen zulässig. Soweit in der offenen Bauweise keine Doppelhäuser oder Hausgruppen errichtet werden, muss mit Grenzabstand gebaut werden.

5. Abweichende Bauweisen

Nach § 22 Abs. 4 BauNVO besteht die Möglichkeit, planungsrechtlich eine abwei- **293** chende Bauweise festzusetzen. Abweichende Bauweisen sind solche, die im Hinblick auf den Grenzanbau von den beiden in § 22 Abs. 2 und 3 BauNVO definierten Bauweisen abweichen, nicht hingegen Bauweisen, die sich auf andere Merkmale beziehen, etwa auf die Stellung des Giebels zur Straße, wobei nach giebelständiger oder traufständiger Bauweise unterschieden wird. Es ist jedoch planungsrechtlich nicht geregelt, worin die Abweichung von den beiden in § 22 Abs. 2 und 3 BauNVO definierten Bauweisen – der geschlossenen bzw. der offenen Bauweise – bestehen könnte.

Die Abweichung kann darin bestehen, dass die geschlossene Bauweise nur für **294** das Erdgeschoss, ggf. auch für das erste Obergeschoss gilt, während die (weiteren) Obergeschosse in einem bestimmten Abstand zur Grundstücksgrenze entsprechend den Festsetzungen des Bebauungsplans errichtet werden sollen (**Kettenbauweise**, Abb. 6.1.32).

Abb. 6.1.32
Wohnbebauung in Kettenbauweise.

Hält ein Gebäude einen Grenzabstand von nur 41 cm ein und lässt es damit keine städtebauliche Ordnung erkennen, kann die Anfechtung einer Baugenehmigung, die dem Nachbarn die Errichtung eines grenzständigen Anbaus gestattet, im Einzelfall als unzulässige Rechtsausübung zu werten sein (OVG NRW, Beschl. v. 17.10.2000 – 10 B 1053/00 –, BRS 63 Nr. 198).

In dem der Entscheidung des OVG NRW vom 12.3.1992 zugrunde liegenden **295** Fall (OVG NRW, Urt. v. 12.3.1992 – 7 A 1651/89 –) ging es um die Zulässigkeit eines auf einem vorhandenen fünfgeschossigen Gebäude geplanten **Staffelgeschosses** im unbeplanten Innenbereich (Abb. 6.1.33). Die Erhöhung des vorhandenen Gebäudes um ein sechstes Geschoss war nach den prägenden Merkmalen der Umgebung zulässig. Die Bebauung war in den unteren fünf Geschossen durch geschlossene Bauweise geprägt; das Staffelgeschoss auf dem Nachbargebäude war jedoch abweichend von der sonst prägenden geschlossenen Bauweise mit Grenzabstand errichtet worden. Danach war für das sechste Geschoss (das Staffelgeschoss) nicht § 6 Abs. 1 Satz 2 Buchstabe a BauO NRW 1984, sondern § 6 Abs. 1 Satz 2 Buchstabe b BauO NRW 1984 anzuwenden. In diesen Fällen (also nach § 6 Abs. 1 Satz 2 Buchstabe b BauO NRW 1984), so das Gericht, war grundsätzlich ein Grenzabstand einzuhalten, soweit nicht öffentlich-rechtlich gesichert war, dass von der anderen Seite angebaut wird oder wenn ein vorhandenes grenzständiges Gebäude die öffentlich-rechtliche Anbausicherung ersetzte.

296 Im Beschluss vom 17.12.1992 (– 7 B 3860/92 –) war das OVG NRW davon ausgegangen, es sei gerechtfertigt, als unteren Bezugspunkt für die Bemessung der Höhe des Staffelgeschosses bei im Übrigen aneinander gebauten Gebäuden die Höhe anzunehmen, in der die benachbarten Gebäude aneinandergebaut sind. Bei der Bestimmung, bis zu welcher Höhe die Gebäude in diesem Sinne aneinandergebaut sind, stellte das OVG NRW in solchen Fällen, in denen nicht an die Grenze gebaut werden muss und die aneinander gebauten Gebäude sich nicht entsprechen, sondern in der Höhe voneinander abweichen, nur auf die Höhe ab, die das niedrigere der beiden Gebäude an der Grenze aufweist (vgl. Rn. 353 ff.).

297 In seinem Beschluss vom 17.7.2008 (7 B 195/08 –, BauR 2008, S. 2033, BRS 73 Nr. 119) hat das OVG NRW diese Rechtsprechung als überholt bezeichnet. Mache der Bauherr in den Fällen des § 6 Abs. 1 Satz 2 Buchst. b) BauO NRW 2006 zulässigerweise nur teilweise – sei es bezüglich der Tiefe der Bebauung, sei es bezüglich ihrer Höhe – von der Option einer grenzständigen Bebauung Gebrauch, müssten die nicht grenzständig errichteten Teile der Außenwand ihrerseits die landesrechtlichen Abstanderfordernisse einhalten (vgl. auch OVG NRW, Beschl. v. 17.11.2009 – 7 B 1350/09 –). Als Wandhöhe (die für die Ermittlung der Tiefe der Abstandfläche maßgebend ist) gelte das Maß von der Geländeoberfläche bis zur Schnittlinie der Wand mit der Dachhaut oder bis zum oberen Abschluss der Wand (vgl. Abs. 4 Satz 1 und 2). Soll das Staffelgeschoss mit geringerem Grenzabstand errichtet werden, so muss dies im Zusammenhang mit der Festsetzung einer abweichenden Bauweise im Bebauungsplan zwingend vorgeschrieben werden. Dann ist Abs. 1 Satz 2 Nr. 1 anwendbar (Abb. 6.1.33).

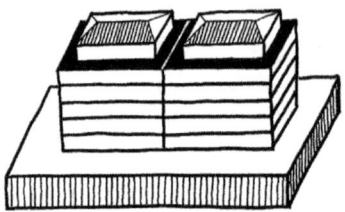

Abb. 6.1.33
Sechsgeschossige Bebauung in abweichender Bauweise (Penthouse-Bebauung). Die Gebäude sind vom Erdgeschoss bis zum 4. Obergeschoss ohne Grenzabstand errichtet worden. Im 5. Obergeschoss (Staffelgeschoss) wird ein Grenzabstand eingehalten.

298 Als abweichende Bauweise kann weiterhin festgesetzt werden, dass einseitig an die Grenze gebaut, auf dem Nachbargrundstück aber nicht angebaut werden soll (**halb offene Bauweise**, Abb. 6.1.34). Der BayVGH hatte zunächst mit Urteil vom 14.2.1969 (– Nr. 126 I/68 –, BRS 22 Nr. 109) die Auffassung vertreten, die Vorschrift, dass Abstandsflächen nicht eingehalten werden müssen, wenn an die Grundstücksgrenze gebaut werden darf, betreffe nur den Fall des beidseitigen Anbaus. In seinem Urteil vom 19.11.1976 (Nr. 106 I/73 – BayVBl. 77, 177) ist er davon abgerückt. Das bedeutet: In der halb offenen Bauweise ist Abs. 1 Satz 1 nur einseitig anzuwenden. Zur anderen Seite muss ohne Grenzabstand gebaut werden (VGH Bad.-Württ., Beschl. v. 1.7.1994 – 5 S 1280/94 –, BRS 56 Nr. 101). Das führt dazu, dass der Abstand zwischen den Gebäuden bei festgesetzter halb offener Bauweise im Regelfall halb so groß ist wie im Fall einer festgesetzten offenen Bauweise.

Nach Art. 28 muss die Wand, die an die Grenze gebaut werden muss, als **Brand-** **299** **wand** ausgeführt werden, es sei denn, dass ein Abstand von mindestens 5 m zu bestehenden oder nach den baurechtlichen Vorschriften zulässigen künftigen Gebäuden gesichert ist. Öffnungen sind in Brandwänden unzulässig (Art. 28 Abs. 8 Satz 1). Diese Vorschrift dient dem **Schutz vor Brandübertragung,** und zwar sowohl dem Schutz des Gebäudes selbst, das an die Grenze gebaut werden soll, als auch dem Schutz des Nachbargebäudes. Aus den Vorschriften ergibt sich nicht, dass die Wand des Nachbargebäudes, die mit Abstandsfläche zur Nachbargrenze errichtet werden muss, keine Öffnungen aufweisen darf. Aus der Festsetzung der halb offenen Bauweise wird sich aber in Verbindung mit Art. 45 Abs. 2 Satz 1 in aller Regel ergeben, dass Aufenthaltsräume mit ihren zur Belichtung notwendigen Fenstern nicht zur seitlichen Grundstücksgrenze orientiert werden können. Der Bebauungsplan kann dies nicht festsetzen; doch sollte auf diese einschränkende Wirkung der Festsetzung einer halb offenen Bauweise in der **Begründung zum Bebauungsplan** hingewiesen werden.

Die Festsetzung einer halboffenen Bauweise ist gleichwohl für eine **Vorderhaus-** **300** **bebauung** im Hinblick auf die **Tagesbelichtung** der Gebäude im Allgemeinen **unproblematisch,** denn bei einer solchen Bebauung erfolgt die Tagesbelichtung der Gebäude wie in der geschlossenen Bauweise über die Gebäudevorderseite und über die Gebäuderückseite. Im **rückwärtigen Grundstücksbereich** wirken sich die Gebäudeabstände auf die Tagesbelichtung der Gebäude grundlegend anders aus, so etwa, wenn **Seitenflügel mit einseitigem Grenzanbau** an die Vorderhausbebauung angefügt werden. Anders als bei halboffener Bauweise in der Vorderhausbebauung erhalten die Räume in den Seitenflügeln ihr Tageslicht über Fenster zum Hof, der durch das Vorderhaus und die Seitenflügel gebildet wird.

Für die Qualität der Tagesbelichtung kommt es bei einer Hinterlandbebauung in **301** halboffener Bauweise auf die Breite des Hofes bzw. auf den Abstand zu einem auf dem Nachbargrundstück vorhandene Gebäude an. Der nach den Abstandsvorschriften erforderliche Mindestabstand ergibt sich aus der Mindesttiefe der vor der **Fensterfront des Seitenflügels** einzuhaltenden Abstandsfläche. In seiner Entscheidung vom 18.10.2007 (OVG NRW, Urt. v. 18.10.2007 – 7 A 2135/06) war das OVG NRW davon ausgegangen, dass es, wie in der Rechtsprechung zu § 6 Abs. 1 Satz 2 Buchst. b BauO NRW 2000 wiederholt betont (vgl. OVG NRW, Urt. v. 13.12.1995 – 7 A 159/94 –, BRS 57 Nr. 137 und Beschl. v. 17.2.2000 – 7 B 178/00 –, BRS 63 Nr. 137), rechtlich unerheblich sei, ob die grenzständigen Bauten hinsichtlich Höhe und Breite bzw. Tiefenerstreckung weitgehend deckungsgleich sind (so auch OVG NRW, Beschl. v. 8.1.2008 – 7 B 1653/07). Das bedeutet, dass eine Grenzbebauung in der geschlossenen Bauweise auch **über die Tiefe der Vorderhausbebauung hinausgehend keine Abstandsflächen** auslöst. Die Tagesbelichtung ist dann, sofern der Innenhof in seiner Breite auf die abstandsrechtlichen Mindestmaße von 0,4 H reduziert ist, deutlich eingeschränkt (Rn. 564 Abb. 6.7.5) und kann **für eine Wohnnutzung als unzureichend** angesehen werden.

302 Es wird die Auffassung vertreten, als abweichende Bauweise könne auch „**Gartenhofbauweise**" oder „**Atriumbauweise**" festgesetzt werden (vgl. Knaup/Stange Kommentar zur Baunutzungsverordnung 8. Aufl. § 22 Rn. 43; Fickert/Fieseler Baunutzungsverordnung Kommentar 12. Aufl. § 22 Nr. 10). Eine Festsetzung als Gartenhofbauweise oder Atriumbauweise wäre jedoch nicht ausreichend. Im Text des Bebauungsplans muss klargestellt werden, ob die Atriumhäuser oder die Gartenhofhäuser in dem Baugebiet in offener, halboffener oder geschlossener Bauweise, also mit beidseitigem oder einseitigem Grenzabstand oder ohne Grenzabstand errichtet werden sollen. Die Funktionslosigkeit einer planerisch festgesetzten Bauweise „Gartenhofhäuser" und der Gesichtspunkt der „Schicksalsgemeinschaft" unter Nachbarn kann nur dann zu einer erhöhten Schutzwürdigkeit gegenüber baulichen Veränderungen führen, wenn diese Schicksalsgemeinschaft" ihre Grundlage in öffentlich-rechtlichen, Inhalt und Schranken des Eigentums bestimmenden Maßgaben finden. Die bei Kauf eines Hauses (hier: Winkelbungalow mit Flachdach in einer Hausgruppe) vorgefundenen und nicht weitergehend vor Veränderungen zivilrechtlichen abgesicherten konzeptionellen Vorstellungen reichen hierfür nicht (OVG NRW, Beschl. V. 16.6.2000 – 10 B 408/00 –, BauR 2001, S. 217, BRS 63 Nr 187).

303 Unterschiedliche städtebauliche Ziele können zur Festsetzung einer halb offenen Bauweise führen. So können mittels Festsetzung der halb offenen Bauweise im Falle von **Gartenhofhäusern** unmittelbare Zugänge zu den Gärten geschaffen werden (Abb. 6.1.34). In vielen Fällen geht es jedoch lediglich darum, den Gebäudeabstand zu reduzieren und damit eine bestimmte städtebauliche Gestaltkonzeption zu verwirklichen, eine entsprechend vorgeprägte Situation zu bewahren, oder **bei geringeren Parzellenbreiten** eine zweckmäßige und wirtschaftlich vertretbare bauliche Nutzung zu ermöglichen (flächensparendes Bauen).

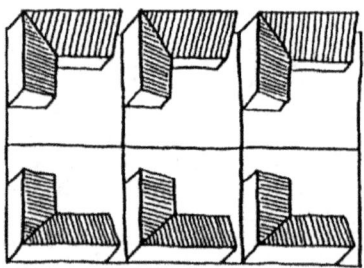

Abb. 6.1.34
Gartenhofhäuser in halb offener Bauweise.

304 Bei der Festsetzung einer abweichenden Bauweise im Bebauungsplan kann nicht nur festgesetzt werden, dass einseitig an die Nachbargrenze gebaut wird; es kann auch festgesetzt werden, dass **ein geringerer Abstand** einzuhalten ist, als

er sich aus den Bemessungsregeln der Absätze 5 oder 6 ergeben würde. Eine solche von den Bemessungsregeln abweichende planungsrechtliche Regelung ist nach Abs. 5 Satz 3 abstandsrechtlich zulässig.

Nach § 22 Abs. 4 Satz 2 BauNVO kann auch festgesetzt werden, inwieweit an die **305** **vorderen und rückwärtigen Grundstücksgrenzen** herangebaut werden darf oder muss (diese Regelung bestätigend OVG NRW, Beschl. v. 28.7.2010 – 2 A 1008/08 –). Ob von der Möglichkeit, im Rahmen einer Festsetzung nach § 22 Abs. 4 BauNVO den vorderen Grenzabstand zu regeln, Gebrauch gemacht werden kann, erscheint jedoch fraglich. Die Einführung der Regelung im Rahmen der BauNVO-Novelle 1990 ist offensichtlich ohne eine entsprechende Prüfung erfolgt. In der amtlichen Begründung zur Einführung dieser Regelung heißt es unter Nr. 21 (§ 22 – Bauweise) zu Buchst. b (Abs. 4): „Durch den anzufügenden Satz 2 soll sichergestellt werden, dass bei abweichender Bauweise nicht nur auf den seitlichen Grenzabstand, sondern z. B. auch auf den Nach § 22 Abs. 4 Satz 2 BauNVO kann auch festgesetzt werden, inwieweit an die rückwärtigen Grenzabstand abgestellt werden kann." (BR-Drucks. 354/89 B, zitiert bei Ziegler in Brügelmann Kommentar zum BauGB 45. Lfg. Juli 2000 – BauNVO § 22 Rn. 150). Von der Möglichkeit, den vorderen Grenzabstand im Rahmen des § 22 Abs. 4 BauNVO festzusetzen, war also im Zusammenhang der Neufassung des § 22 Abs. 4 BauNVO nicht die Rede.

Fickert/Fieseler sind der Auffassung, § 22 Abs. 4 Satz 2 BauNVO sei eine redakti- **306** onelle Folgerung des Verordnungsgebers aus der Gleichbehandlung der seitlichen und rückwärtigen Grenzabstände im Landesrecht; der Satz verdeutliche lediglich, was die Gemeinde auch nach bisherigem Recht – d. h. vor Einfügung des Satzes 2 in § 22 Abs. 4 BauNVO – festsetzen durfte (Fickert/Fieseler, Baunutzungsverordnung, Stand: 12. Aufl. – 2014 – § 23 Rn. 11). Auch mit dieser Begründung wird nicht auf die Möglichkeit eingegangen, im Rahmen der Festsetzungen über eine abweichende Bauweise nach § 22 Abs. 4 Satz 2 BauNVO den Abstand der Gebäude zur vorderen Grundstücksgrenze festzusetzen.

Festsetzungen über einen **vorderen Grenzabstand** widersprechen dem städte- **307** baulichen Ordnungsgedanken der Bauweise, wie er sich aus den Vorschriften des § 22 Abs. 1 bis 3 BauNVO und § 22 Abs. 4 Satz 1 BauNVO ergibt. Es gibt auch keinen Grund, einen vorderen Grenzabstand für die Gebäude festzusetzen. Eine Festsetzung ist nur erforderlich oder notwendig, wenn nicht ein anderes gleich wirksames Mittel zur Verfügung steht. Bei der Prüfung, ob die Wahl eines bestimmten Festsetzungsmittels im Sinne des § 1 Abs. 3 BauGB erforderlich ist, kommt es auf die Zweck-Mittel-Relation einerseits und auf die Mittel-Mittel-Relation andererseits an (Gierke in Kohlhammer-Kommentar zu § 1 BauGB Stand Sept. 2007 64. Lfg., Rn. 151a). Als Mittel zur straßenseitigen Begrenzung der Bebauung stehen die **Baulinie und die Baugrenze** zur Verfügung, und in der Planungspraxis wird zur straßenseitigen Begrenzung der Bebauung regelmäßig von diesen Instrumenten Gebrauch gemacht. Danach ist eine Festsetzung nach § 22 Abs. 4 Satz 2 BauNVO zur straßenseitigen Begrenzung der Bebauung nicht erforderlich und daher auch nicht in Betracht zu ziehen.

308 Was die Möglichkeit angeht, nach § 22 Abs. 4 Satz 2 BauNVO auch den **Abstand der Gebäude zur rückwärtigen Grundstücksgrenze** festzusetzen, so beruht die Annahme, die Gemeinde hätte dies auch vor Einführung des Satzes 2 in § 22 Abs. 4 BauNVO tun können, auf einer Fehleinschätzung. Vor Einfügung des Satzes 2 in § 22 Abs. 4 BauNVO hatte die Gemeinde nach § 22 Abs. 4 Satz 1 BauNVO lediglich die Möglichkeit, eine von Abs. 1 abweichende Regelung zu treffen. Aus § 22 Abs. 2 und 3 BauNVO ergibt sich, dass die in § 22 Abs. 1 BauNVO genannten Bauweisen nur die Stellung der Gebäude in Bezug auf die seitlichen Grundstücksgrenzen regeln.

309 Regelungen, nach denen die Gebäude abweichend vom Grundsatz des § 22 Abs. 2 Satz 1 BauNVO, wonach in der offenen Bauweise mit seitlichem Grenzabstand gebaut werden muss, ohne Grenzabstand errichtet werden dürfen, beziehen sich auf die in § 22 Abs. 2 Satz 1 BauNVO genannten Doppelhäuser und Hausgruppen. Das hat das BVerwG in seinem Urteil vom 24.2.2000 verdeutlicht (vgl. BVerwG, Urt. v. 24.2.2000 – 4 C 12.98 –, BRS 63 Nr. 185 – Rn. 229, 251, 258, 261). Normalerweise werden Doppelhäuser und Hausgruppen in der offenen Bauweise auf nebeneinanderliegenden Grundstücken an einer parallel zur öffentlichen Verkehrsfläche festgesetzten Baulinie oder Baugrenze errichtet. Von diesem Normalfall geht die Regelung aus. Die **Errichtung eines Doppelhauses auf zwei hintereinanderliegenden Grundstücken** ist zwar unüblich aber immerhin denkbar. Dann muss die vordere Doppelhaushälfte (oder das vordere Endhaus einer Hausgruppe) an der rückwärtigen Grundstücksgrenze errichtet werden. In seinem Beschluss vom 18.10.2007 – 7 A 2135/06 – geht das OVG NRW offenbar von einer solchen Konstellation aus, wenn es annimmt, für das Grundstück in der zweiten Reihe ergebe sich dann ein Anbau an die vordere Grundstücksgrenze.

310 Für ein einzelnes Doppelhaus, das in dieser Weise auf zwei hintereinanderliegenden Grundstücken errichtet werden soll, wird man allerdings keine abweichende Bauweise festsetzen. Soll jedoch ein ganzes Baugebiet mit mehreren Doppelhäusern auf hintereinanderliegenden Grundstücken bebaut werden, so könnte diese städtebauliche Absicht durch Rückgriff auf die Regelung des § 22 Abs. 4 Satz 2 BauNVO in Festsetzungen eines Bebauungsplans umgesetzt werden.

311 Sollen die Gebäude auf hintereinanderliegenden Grundstücken mit Abstand zueinander errichtet werden, so kommt die Festsetzung einer **nicht überbaubaren Grundstücksfläche** zwischen den für die Vorderhausbebauung und für die Hinterlandbebauung als überbaubar festgesetzten Grundstücksflächen nach § 23 BauNVO in Betracht. Die Festsetzung eines rückwärtigen Grenzabstands nach § 22 Abs. 4 Satz 2 BauNVO erübrigt sich dann.

312 Sollen im hinteren Grundstücksteil andere Grundsätze über den Grenzanbau gelten als im vorderen Grundstücksteil, so kann dies durch textliche Festsetzungen im Bebauungsplan vorgeschrieben werden. Die Grenze zu einer von der Vorderhausbebauung abweichenden Hinterlandbebauung kann in der Planzeichnung unter Verwendung des Planzeichens 15.14 der Anlage zur PlanzV festgesetzt werden, beispielsweise im vorderen Grundstücksbereich WA mit Einschränkungen bezüglich der ausnahmsweise zulässigen Nutzungen, Zahl der

Vollgeschosse II, offene Bauweise – nur Doppelhäuser zulässig – im rückwärtigen Bereich MI ohne Einschränkungen, Zahl der Vollgeschosse I, abweichende Bauweise – einseitiger Grenzanbau auch ohne Anbausicherung vom Nachbargrundstück zulässig (Abb. 6.1.35, 6.1.36).

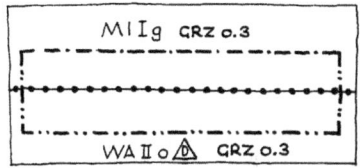

Abb. 6.1.35

Bebauungsplan mit unterschiedlicher Festsetzung über Art, Maß und Bauweise für Vorderhausbebauung und Hinterlandbebauung.

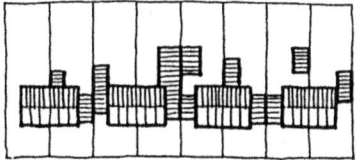

Abb. 6.1.36

Ausführung der im Bebauungsplan 6.1.33 festgesetzten Doppelhausbebauung mit Grenzgaragen und anderen rückwärtigen Grenzbauten für unterschiedliche Nutzungen.

Das BVerwG hatte mit seinem Beschluss vom 29.12.1995 die Auffassung vertre- **313** ten, der Normgeber verwehre es der Gemeinde nicht, im Rahmen des § 22 Abs. 4 Satz 1 BauNVO auch § 23 BauNVO nutzbar zu machen und die **abweichende Bauweise durch Festsetzung der überbaubaren Grundstücksfläche** unter Verwendung von Baulinien und Baugrenzen zu bestimmen (BVerwG, Beschl. v. 29.12.1995 – 4 NB 40.95 –, BRS 58 Nr. 36; auf diese Entscheidung Bezug nehmend OVG NRW Urt. v. 13.11.2009 – 10 D 87/07 –; vgl. auch OVG NRW Beschl. v. 19.1.2009 – 10 B 1687/08 – BauR 2009, S. 171). König/Roeser/Stock sind der Auffassung, die Feststellung, die Gemeinde könne im Rahmen des Abs. 4 Satz 1 die „Festsetzungsmittel" des § 23 BauNVO nutzen, sei ungenau. Als eigene planungsrechtliche Kategorie werde die Bauweise – auch eine „abweichende" – mit eigenen „Mitteln" festgesetzt. Festsetzungen zur überbaubaren Grundstücksfläche müssten zwar auf die Festsetzung der Bauweise abgestimmt sein – und umgekehrt; sie können aber nicht in einem weiteren Sinn – als Regelungen der Bauweise angesehen werden (König/Roeser/Stock BauNVO, 3. Aufl. 2014, § 22 Rn. 31; vgl. a. OVG Münster, Urt. v. 9.1.2009 – 10 B 1687/08 –, ZfBR 2009, S. 372, BRS 74 Nr. 29). Das trifft allerdings nur mit Einschränkungen zu. Mit der Festsetzung von Baukörpern entlang einer Straße mittels vorderen, seitlichen und rückwärtigen Baulinien oder Baugrenzen kann zwar eine Bebauung vorgeschrieben werden, die dem Erscheinungsbild einer abweichenden Bauweise entspricht. Der

Grenzabstand kann mit einer solchen Festsetzung jedoch nicht geregelt werden (vgl. Rn. 285 Abb. 6.1.25 bis 6.1.28). Sollen bestimmte Grenzabstände eingehalten werden, so müssen zusätzlich zu einer Baukörperfestsetzung mit Baulinien und Baugrenzen nach § 23 BauNVO seitliche Grenzabstände nach § 22 Abs. 4 Satz 2 BauNVO festgesetzt werden. Nur aufgrund einer Festsetzung der Bauweise, mit der ein geringerer seitlicher Grenzabstand zwingend vorgeschrieben wird, ist nach Abs. 1 Satz 2 eine Abstandfläche nach Abs. 1 Satz 1 in Verbindung mit Abs. 5 oder Abs. 6 nicht erforderlich. Der mit Abs. 1 Satz 2 eingeräumte Vorrang für den Bebauungsplan gilt nicht für Festsetzungen nach § 23 BauNVO, die regelmäßig ohne Bezug zu den Grundstücksgrenzen erfolgen. Die Festsetzung einer Baulinie in geringerem Abstand zur Grundstücksgrenze bewirkt nicht, dass sich das Gebäude, beispielsweise mit einem Staffelgeschoss, bis zur festgesetzten Baugrenze erstrecken darf. Die in Abs. 5 bzw. 6 vorgeschriebenen Abstandsflächentiefen müssen eingehalten werden (vgl. Rn. 301).

314   **Im unbeplanten Innenbereich** (§ 34 BauGB) ist von abweichender Bauweise auszugehen, wenn sich dies aus den **prägenden Merkmalen der Umgebung** des Vorhabens ergibt. Das gilt beispielsweise für eine historische Bebauung mit **schmalen Traufgassen** (a. A. BayVGH, Urt. v. 22.11.2006 – 25 B 05.1714 –, a.a.O. Rn. 181).

315   Das OVG NRW war im Beschluss vom 12.1.2005 (7 A 2608/03) davon ausgegangen, im Bereich des § 34 Abs. 1 BauGB gebe es keine von der offenen oder der geschlossenen Bauweise abweichende Bauweise. Eine abweichende Bauweise könnte nur durch die Gemeinde in einem Bebauungsplan festgesetzt werden. Von dieser Auffassung ist das OVG NRW inzwischen offensichtlich abgerückt. Im Urteil vom 18.10.2007 ist das OVG NRW in einem nach § 34 Abs. 1 BauGB zu beurteilenden Fall mit rückwärtigen Grenzgebäuden in mehreren Fällen von abweichender Bauweise mit zulässigem rückwärtigem Grenzanbau ausgegangen (OVG NRW, Urt. v. 18.10.2007 – 7 A 2135/06 –). Zuvor hatte das OVG NRW in einem anderen Fall die Bebauung in einem im Zusammenhang bebauten Ortsteil, die durch Gebäude mit und ohne Grenzabstand bestimmt war, bezogen auf die Bauweise als „diffus bebaut" eingestuft (vgl. Rn. 126), ohne die Bebauung als abweichende Bauweise zu kennzeichnen. Obwohl insoweit keine eindeutigen Vorgaben über die planungsrechtliche Zulässigkeit eines Grenzanbaus gegeben waren, war das Gericht der Auffassung, dass die Regelung des § 6 Abs. 1 Satz 2 Buchst. b BauO NRW a. F. anwendbar war, wonach innerhalb der überbaubaren Grundstücksfläche eine Abstandfläche vor Außenwänden, die an der Nachbargrenze errichtet wurden, nicht erforderlich war, wenn das Gebäude nach planungsrechtlichen Vorschriften ohne Grenzabstand gebaut werden durfte und öffentlich-rechtlich gesichert war, dass auf dem Nachbargrundstück ebenfalls ohne Grenzabstand gebaut wird. Nicht, weil es in dem Fall an einer eindeutigen planungsrechtlichen Vorgabe fehlte, sondern weil das Gebäude auf dem Nachbargrundstück nicht grenzständig gebaut war, hatte das Gericht den Grenzanbau als unzulässig angesehen (OVG NRW, Urt. v. 12.5.2005 – 7 A 2342/03 – BRS 70 Nr. 123; vgl. Rn. 185).

In seinem Urteil vom 22.11.2006 weist der BayVGH auf das Urteil des OVG **316** NRW mit der Anmerkung hin: „vgl. ebenso OVG NRW v. 12.5.2005 – 7 A 2342/ 03 -" (vgl. BayVGH, Urt. v. 22.11.2006 – 25 B 05.1714 –, BRS 70 Nr. 121). Der Hinweis bezieht sich darauf, dass das OVG NRW die dem Art. 6 Abs. 1 Satz 2 BayBO a. F. vergleichbare Regelung des § 6 Abs. 1 Satz 2 BauO NRW 2000 wie der BayVGH dahingehend interpretiert hat, dass es danach „ausschließlich um den unmittelbaren Anbau an die Grundstücksgrenze" gehe.

Die beiden Fälle waren in der Ausgangslage insofern vergleichbar, als es hier wie **317** dort um die Genehmigung eines Vorhabens in einem unbeplanten überwiegend bebauten Gebiet ging, in dem die bauordnungsrechtlichen Mindestabstände nicht eingehalten worden waren. Das OVG NRW einerseits und der BayVGH hatten aber aus der insoweit vergleichbaren Situation unterschiedliche Anforderungen abgeleitet. Der BayVGH hatte das Vorhaben als nicht genehmigungsfähig angesehen, weil es die Mindestabstandflächentiefe von 3 m zur Grundstücksgrenze nicht einhielt. Das OVG NRW hatte einen Mindestgebäudeabstand gefordert, der sich nicht aus den Abstandvorschriften ergab.

Da das Gebäude auf dem Nachbargrundstück in dem der Entscheidung des **318** OVG NRW vom 12.5.2005 zugrunde liegenden Fall einen Grenzabstand von nur 30–50 cm einhielt, wäre durch einen Grenzbau ein schmaler Geländestreifen zwischen den Außenwänden der benachbarten Gebäude verblieben, der nach Auffassung des Gerichts unter nachbarrechtlichen Aspekten schlechterdings unvertretbar war:

Ein Gebäudeabstand von 80 cm bis 1 m würde zur Pflege und Unterhaltung des **319** Gebäudezwischenraums durchaus ausreichen. Die geltenden bauordnungsrechtlichen Vorschriften schreiben jedoch die Einhaltung eines solchen Mindestabstands zwischen Außenwänden von Gebäuden nicht vor. Die in der Entscheidung des OVG NRW vom 12.5.2005 genannte Anforderung lässt sich nach der offiziellen Begründung zu § 6 BauO NRW 2000 und § 6 BauO NRW 2006 auch nicht aus der Zweckbestimmung der Abstandsvorschriften ableiten. Der Gesichtspunkt, dass ein Mindestabstand zur Pflege und Unterhaltung der Gebäude und des Gebäudezwischenraums eingehalten werden müsse, spielte bislang in den abstandsrechtlichen Anforderungen nur im Zusammenhang mit der Errichtung von Grenzgaragen eine Rolle (Vermeidung unzugänglicher „Schmutzwinkel" bei Grenzgaragen – vgl. VGH Bad.-Württ., Urt. v. 15.11.1990 – 5 S 2071/89 –, BauR 1991, S. 317).

Der BayVGH war der Auffassung, dass die Behörde mit der Genehmigung des **320** umstrittenen Vorhabens die Bildung einer schwer zugänglichen **„engen Reihe"** mit Wandabständen zwischen 0,71 und 1,07 m genehmigen würde, die allgemein als **bauordnungsrechtlicher Missstand** und Verstoß gegen Art. 3 Abs. 1 BayBO im Hinblick auf die öffentliche Sicherheit und Ordnung angesehen werde. In diesem Zusammenhang verweist der BayVGH auf seine früheren Entscheidungen zum **„Verbot enger Reihen"**, in denen auf die Regelung der BayBO vom 17.2.1901 Bezug genommen wurde. Unter einer „engen Reihe" im Sinne dieser Regelung war nach allgemeiner Verwaltungspraxis ein Gebäudeabstand von weniger als 3,50 m zu verstehen. Ein solcher Gebäudeabstand wurde aus Gründen der Feuersicherheit, der Reinlichkeit und der Gesundheitspflege allgemein als unerlässlich angesehen (BayVGH, Urt. v. 8.12.1975 – 246 I 72 –, BayVBl. 1976, S. 146).

321 Der **Brandschutz** war im Urteil des BayVGH vom 22.11.2006 letztlich ausschlaggebend, denn das dem Vorhaben gegenüberstehende Gebäude hatte in der Wand mit nur 30–50 cm Abstand zur Nachbargrenze 12 Fenster. Insoweit kam es hier nicht so sehr auf die Einhaltung der Abstandsvorschriften nach Art. 6 BayBO a. F. an, als auf die Einhaltung der Brandschutzabstände nach Art. 31 Abs. 2 BayBO a. F. Nach Art. 31 Abs. 2 BayBO a. F. (entspricht Art. 28 Abs. 2 Nr. 1) mussten **Gebäudeabschlusswände**, die in einem Abstand bis zu 2,50 m zur Grundstücksgrenze errichtet werden, als Brandwände ausgeführt werden, in denen nach Art. 31 Abs. 9 BayBO a. F. (entspricht Art. 28 Abs. 8) Öffnungen unzulässig waren.

6. Mögliche Abweichungen von den planungsrechtlichen Vorgaben

322 Ist **im unbeplanten Innenbereich** (§ 34 BauGB) nach den prägenden Merkmalen der Umgebung von offener Bauweise auszugehen und ist eine Doppelhaushälfte oder ein Gebäude vorhanden, das als Teil einer Hausgruppe anzusehen ist, so ist nicht von einem faktischen Ausschluss von Doppelhäusern oder Hausgruppen auszugehen. Das Bauen mit Grenzabstand ist dann aus dem Bestand nicht als zwingend abzuleiten. Auch in der offenen Bauweise muss in aller Regel ohne Grenzabstand gebaut werden, **wenn auf dem Nachbargrundstück ein Gebäude ohne Grenzabstand vorhanden ist** (vgl. Rn. 279). Es kann allenfalls fraglich sein, ob ein Grenzanbau verlangt werden sollte, wenn der Bestand des vorhandenen Grenzbaus nicht gesichert ist oder wenn es sich bei dem vorhandenen Grenzbau um einen Fremdkörper handelt – z. B. mehrgeschossiger Grenzbau in einer sonst eingeschossigen offenen Bebauung (vgl. OVG NRW, Beschl. v. 20.1.2000 – 7 B 2103/99 –, BauR 2000 S. 866).

323 Nachdem das BVerwG die Anforderungen, die an ein Doppelhaus im Sinne des § 22 Abs. 2 BauNVO zu stellen sind, präzisiert hat (vgl. BVerwG; Urt. v. 24.2.2000 – 4 C 12.98 –, BRS 63 Nr. 185 – Rn. 226, 251, 258, 261), ist davon auszugehen, dass nicht jedes Gebäude an einer Grundstücksgrenze in der offenen Bauweise als Doppelhaushälfte anzusehen ist, an das vom Nachbargrundstück aus entsprechend angebaut werden muss, sodass ein Doppelhaus (oder eine Hausgruppe) entsteht. Das kann beispielsweise ein Werkstattgebäude sein, das im rückwärtigen Grundstücksbereich aber gleichwohl innerhalb der überbaubaren Grundstücksfläche an der Nachbargrenze errichtet wurde. Ein solches **grenzständiges Gebäude** kann auch im Geltungsbereich eines Bebauungsplans vorhanden sein, der offene Bauweise festsetzt und Doppelhäuser und Hausgruppen ausschließt. Dann ergibt sich für das Nachbargrundstück kein Zwang, an das vorhandene Grenzgebäude anzubauen. Ob in einem solchen Fall ein Grenzanbau gestattet werden kann, ist nach den Umständen des Einzelfalls zu entscheiden. Es wäre aber wohl kaum gerechtfertigt, in einem solchen Fall einen Grenzanbau vom Nachbargrundstück aus zu verlangen.

324 Muss nach planungsrechtlichen Vorschriften ein Gebäude an sich ohne seitlichen Grenzabstand errichtet werden (geschlossene Bauweise), so kann hiervon abweichend eine Abstandsfläche wegen eines auf dem Nachbargrundstück vorhandenen Gebäudes nur insoweit verlangt oder gestattet werden, als hierfür **eine planungsrechtliche Rechtfertigung** besteht. Das ist insbesondere der Fall, wenn die Abweichung nach § 22 Abs. 3, 2. Halbs. BauNVO oder im Rahmen des § 34 Abs. 1 BauGB wegen des nachbarschützenden Rücksichtnahmegebots erforderlich ist (BVerwG, Beschl. v. 12.1.1995 – 4 B 197.94 –, ZfBR 1995 S. 158).

Ergibt sich die Anforderung, dass ohne Grenzabstand gebaut werden muss, aus **325** den Festsetzungen eines Bebauungsplans, und ist es das Ziel der bauplanungsrechtlichen Festsetzung, eine bestehende uneinheitliche Bebauung neu zu ordnen, so kann ein mit Grenzabstand errichtetes vorhandenes Gebäude keine Vorbildwirkung für einen Neubau auf dem Nachbargrundstück entfalten. Der Neubau muss entsprechend den Festsetzungen des Bebauungsplans an der Nachbargrenze errichtet werden. Das vorhandene Gebäude steht zwar weiterhin unter baurechtlichem Bestandsschutz; bei baulichen Veränderungen, insbesondere bei **Abbruch und Neubau,** muss jedoch eine **Anpassung an die Festsetzung des Bebauungsplans** erfolgen. Es ist Sache des Plangebers, die Auswirkungen der Überplanung auf die bestehende Bebauung in der Abwägung zu berücksichtigen. Steht das mit Grenzabstand errichtete Gebäude unter **Denkmalschutz,** und ist insoweit eine Anpassung an die geschlossene Bauweise aus Gründen des Denkmalschutzes unzulässig, so muss das Gebäude von der Festsetzung über die geschlossene Bauweise ausgenommen werden, und es muss entschieden und ggf. durch Festsetzung über die überbaubaren Grundstücksflächen klargestellt werden, welchen Abstand die Bebauung auf den Nachbargrundstücken einhalten muss.

Abb. 6.1.37

Vorhaben im unbeplanten Innenbereich. Die Umgebung des Vorhabens wird durch geschlossene Bauweise geprägt. Auf dem Nachbargrundstück befindet sich ein Gebäude mit Grenzabstand, der sich insoweit als Fremdkörper erweist.

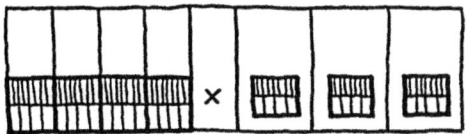

Abb. 6.1.38

Vorhaben im unbeplanten Innenbereich im Grenzbereich zwischen geschlossener und offener Bauweise.

Liegt das Grundstück, auf dem das Vorhaben verwirklicht werden soll, im unbe- **326** planten Innenbereich, fehlt es insoweit an einer planungsrechtlichen Zielvorgabe für die Bebauung des Grundstücks, so wird zu prüfen sein, ob es sich bei dem

Gebäude, das entgegen einer überwiegend vorhandenen geschlossenen Bauweise mit seitlichem Grenzabstand errichtet worden ist, um einen für die Eigenart der Umgebung unbeachtlichen **Fremdkörper** handelt (Abb. 6.1.37). Dann wird in aller Regel eine Abweichung von der geschlossenen Bauweise planungsrechtlich nicht gerechtfertigt sein. Anders ist die städtebauliche Situation zu beurteilen, wenn sich das Grundstück, auf dem das Vorhaben verwirklicht werden soll, im **Grenzbereich zwischen geschlossener Bauweise einerseits und offener Bauweise andererseits** befindet (Abb. 6.1.38). Ein Zwang zum beidseitigen Grenzanbau ist dann nicht gegeben. Die geschlossene Bauweise muss lediglich zu einem sinnvollen Abschluss gebracht werden.

327 Ist in der offenen Bauweise ein Gebäude in einem Abstand von **weniger als 3 m zur Nachbargrenze** vorhanden (Abb. 6.1.39), so steht das Gebäude nicht im Einklang mit den Anforderungen des Abs. 2 Satz 1, wonach die Abstandsfläche mit der nach Abs. 5 Satz 1 einzuhaltenden Tiefe von mindestens 3 m auf dem Grundstück selbst liegen muss. In seinem Urteil vom 8.12.1975 (246 I 72 –, BayVBl. 1976 S. 146) hatte der BayVGH die Auffassung vertreten, ein Bauantragsteller könne nicht gezwungen werden, zusätzlich zu der für sein eigenes Vorhaben vorgeschriebenen Abstandsfläche auch noch **die auf dem Nachbargrundstück fehlende Abstandsfläche zu übernehmen.** In diesem Sinne hatte auch das OVG NRW in seinem Beschluss vom 20.1.2000 (7 B 2103/99 –, BRS 63 Nr. 186) festgestellt, die einem Vorhaben zuzuordnenden Abstandsflächen würden **nicht auf das Nachbargrundstück überlappen.** Die bloße Nichtwahrung des zwischen zwei Baukörpern grundsätzlich erforderlichen Abstands von 6 m sei für ihre Nachbarlange ohne Relevanz. In seinem Beschluss vom 20.2.2002 (25 ZB 01.2566 –, BayVBL 2002 S. 499; BRS 65 Nr. 133) hat sich der BayVGH eine andere Auffassung zu eigen gemacht und festgestellt, die Regelung des Abs. 2 Satz 1 sei unter Berücksichtigung der Zweckbestimmung des Abstandsflächenrechts, ausreichende Gebäudeabstände festzulegen, nicht so zu verstehen, dass sich die Abstandsflächen ipso jure auf das Baugrundstück beschränken würden (vgl. Dirnberger Kommentar zu Art 7 BayBO a. F. Rn. 104). Vielmehr trete ein **bauordnungswidriger Zustand** dergestalt ein, dass die Abstandsflächen ganz oder teilweise auf dem Nachbargrundstück zu liegen kommen. Der Grundstücksnachbar hätte die **verlagerte Abstandsfläche** zusätzlich zu den für die Bebauung des Nachbargrundstücks vorgeschriebenen Abstandsflächen freizuhalten.

328 Ist auf dem Nachbargrundstück ein Gebäude an der Grenze vorhanden und weist die an der Grenze errichtete Außenwand des Gebäudes (notwendige) **Fenster** auf (Abb. 6.1.40), so kann ein Grenzanbau gleichwohl unter bestimmten Voraussetzungen zulässig sein.

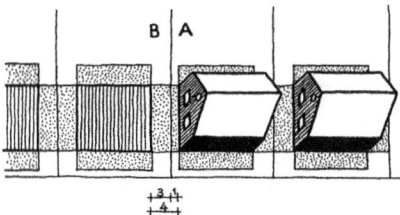

Abb. 6.1.39

Bebauung in offener Bauweise. Das vorhandene Gebäude auf Grundstück A hält zwar einen Abstand zur Nachbargrenze ein; dieser entspricht aber nicht dem Abstand, der sich aus den Bemessungsregeln der Absätze 4 bis 6 ergeben würde.

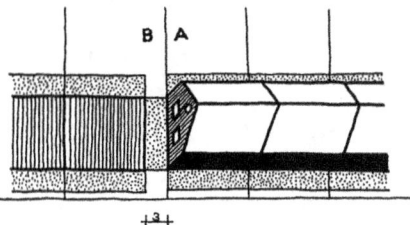

Abb. 6.1.40

Regelwidriger Einzelfall (A) in einer planungsrechtlich vorgegebenen geschlossenen Bauweise. Da das an der Nachbargrenze vorhandene Gebäude Fenster in der Grenzwand aufweist, entspricht die Grenzwand nicht den Anforderungen des Art. 28.

Sofern das auf dem Nachbargrundstück vorhandene Gebäude unter baurechtli- **329** chem Bestandsschutz steht, kann nicht nur das **Zumauern der in der Grenzwand vorhandenen Fenster** nicht verlangt werden (OVG NRW, Beschl. v. 31.1.1991 – 7 B 241/91 –, BauR 1991, S. 738).

Eine Anpassung könnte nur dann verlangt werden, wenn diese wegen der **330** **Sicherheit für Leben oder Gesundheit** erforderlich wäre. Diese Voraussetzung ist jedoch im Allgemeinen nicht gegeben. Zur Bedeutung des Unterschiedes zwischen einer konkreten und einer abstrakten Gefahr im Rahmen der öffentlich-rechtlichen Vorschriften zur Gefahrenabwehr vgl. OVG NRW, Beschl. v. 7.8.1997 – 7 A 150/96 (vgl. auch Hambg. OVG, Beschl. v. 4.1.1996 – Bs II 61/ 95 – BRS 58 Nr. 112).

Auch wenn ein Zumauern von Fenstern in einer Grenzwand des Nachbargebäu- **331** des nicht verlangt werden kann, kann ein Grenzanbau zulässig sein, wenn dadurch Fenster eines grenzständig errichteten Gebäudes auf dem Nachbargrundstück verdeckt werden (OVG NRW, Beschl. v. 23.1.1996 – 10 B 2282/95; VGH Bad.-Württ., Beschl. v. 20.1.1997 – 5 S 3088/96 –, BauR 1998 S. 91). Der **Bestandsschutz für ein Fenster in der Grenzwand** hindert den Nachbarn nicht, auf seinem Grundstück eine Bebauung vorzunehmen, durch die das Fenster geschlossen wird (OVG NRW, Beschl. v. 31.1.1991 – 7 B 241/91 –, BRS 52 Nr. 179; Beschl. v. 14.7.1995 – 7 B 1620/95). Derjenige, der in die grenz-nahe Außenwand seines Hauses Fenster einsetzt, um die baulichen Nutzbarkei-ten seines Hauses zu verbessern, kann grundsätzlich nicht erwarten, dass der Nachbar ausschließlich in seinem Interesse von der Ausnutzung seines Grund-stücks in sonst üblichem zulässigen Maß absieht und einen Grenzabstand ein-hält, der durch die örtlichen Gegebenheiten nicht zwingend vorgegeben ist. Für die maßgebende Prüfung kommt es nicht allein darauf an, ob das Vorhaben gegen nachbarschützende Vorschriften des Bauordnungsrechts verstößt, weil für die Anwendung des Abs. 1 Satz 3 maßgeblich auf das Bauplanungsrecht abzu-stellen ist. Die Zulässigkeit eines Grenzbaus nach Abs. 1 Satz 3 hängt ihrerseits davon ab, dass das Vorhaben auch mit dem in § 34 Abs. 1 BauGB enthaltenen pla-nungsrechtlichen Gebot der Rücksichtnahme vereinbar ist.

332 Allein durch die vorgenommene Situierung von Balkonen wie auch eines Auf-zugsturms unmittelbar an der Giebelwand des Nachbarwohnhauses kann die Wahrung des Wohnfriedens nach § 34 Abs. 1 Satz 2 BauGB erheblich beeinträch-tigt und damit das Rücksichtnahmegebot verletzt werden. Bei einer offenen Bal-konanlage auf zwei Etagen, die bis auf wenige Zentimeter an das eigene Wohn-haus heranreicht ist ein „störungsfreies Wohnen" offensichtlich nicht mehr gewährleistet. Dies gilt erst Recht, wenn es durchaus andere Möglichkeiten gibt, eine Aufzugsanlage in einer für den Nachbarn wesentlich verträglicheren Weise anzuordnen (VG Würzburg, Urt. v. 5.8.2014 – W 4 K 14.471 – juris).

333 In ständiger Rechtsprechung hat der BayVGH die Auffassung vertreten, dass **Fens-ter in der Grenzwand** nicht in jedem Fall erhalten werden müssen, dass vielmehr auch mit ihrem Verlust gerechnet werden muss, wenn beidseitig an eine Grenze gebaut wird (BayVGH v. 21.12.1977, BayVBl. 1978 S. 669 –, BayVGH v.22.11.1983, BayVBl. 1984 S. 245 –, BayVGH v. 27.1.1986, BayVBl. 1987S. 52). Dieser Satz darf allerdings nicht losgelöst von bestehenden gesetzlichen Regelungen dahin gehend verstanden werden, dass ein Grenzanbau auf der einen Seite (selbst wenn sich dort in einer Grenzwand Fenster befinden) automatisch immer ein Anbaurecht auf der anderen Seite nach sich zieht. Er bedeutet vielmehr nur, dass derjenige, der mit einem Grenzanbau sein Grundstück intensiv baulich nutzt und nicht unter Wah-rung gesetzlich vorgeschriebener Grenzabstände selbst für ausreichende Belich-tung, Belüftung und Besonnung seines Bauwerks sorgt, in Regelfall aus Billigkeits-gründen nicht auch noch die Einhaltung von Grenzständen durch ein Gebäude des Nachbarn verlangen kann. Diese Billigkeitserwägung ist bei der Abwägung der beidseitigen Interessen unter Einbeziehung der Umstände des einzelnen Falles mit zu beachten (BayVGH, Beschl. v. 19.4.1994 – 2 CS 94.755 –, BRS 56 Nr. 102).

334 Für die maßgebende Prüfung kommt es nicht allein darauf an, ob das Vorhaben gegen nachbarschützende Vorschriften des Bauordnungsrechts verstößt, weil für die Anwendung des Abs. 1 Satz 3 maßgeblich auf das Bauplanungsrecht abzustel-len ist. Die Zulässigkeit eines Grenzbaus nach Abs. 1 Satz 3 hängt ihrerseits davon ab, dass das Vorhaben auch mit dem in § 34 Abs. 1 BauGB enthaltenen planungs-rechtlichen Gebot der Rücksichtnahme vereinbar ist. Das **Gebot der Rücksicht-nahme** soll einen angemessenen **Interessenausgleich im Nachbarschaftsverhält-**

nis gewährleisten. Die Abwägung der gegenläufigen Interessen hat sich an der Frage auszurichten, was dem Rücksichtnahmebegünstigten und dem Rücksichtnahmeverpflichteten jeweils nach Lage der Dinge zuzumuten ist. Eine Grenzbebauung ist nicht in jedem Fall rücksichtslos, auch wenn die Belichtungs- und Belüftungsverhältnisse der in einem Abstand von nur 0,50 m zur Grenze gelegenen Fenster durch die Grenzbebauung deutlich verschlechtert werden (OVG NRW, Beschl. v. 17.2.2000 – 7 B 178/00 –, BauR 2001 S. 77 = BRS 63 Nr. 137).

§ 22 Abs. 3 2. Halbs. BauNVO entbindet von der Verpflichtung, auf die seitliche **335** Nachbargrenze zu bauen, **wenn die vorhandene Bebauung eine Abweichung erfordert** (BVerwG, Beschl. v. 22.10.1992 – 4 B 210.92 –, BauR 1993, S. 304; BVerwG, Beschl. v. 12.1.1995 – 4 B 197.94 –, ZfBR 1995 S. 158).

Das **Gebot der Rücksichtnahme** soll einen angemessenen Interessenausgleich **336** im Nachbarschaftsverhältnis gewährleisten. Die Abwägung der gegenläufigen Interessen hat sich an der Frage auszurichten, was dem Rücksichtnahmebegünstigten und dem Rücksichtnahmeverpflichteten jeweils nach Lage der Dinge zuzumuten ist. Eine Grenzbebauung ist nicht in jedem Fall rücksichtslos, auch wenn die Belichtungs- und Belüftungsverhältnisse der in einem Abstand von nur 0,50 m zur Grenze gelegenen Fenster durch die Grenzbebauung deutlich verschlechtert werden (OVG NRW, Beschl. v. 17.2.2000 – 7 B 178/00 –, BauR 2001, S. 77, BRS 63 Nr. 137).

In einem bebauten innerstädtischen Wohngebiet müssen Nachbarn hinnehmen, **337** dass Grundstücke innerhalb des durch das Bauplanungs- und das Bauordnungsrecht (insbesondere § 6 BauO) vorgegebenen Rahmens baulich ausgenutzt werden und es dadurch zu einer gewissen **Verschattung** des eigenen Grundstücks bzw. von Wohnräumen kommt (vgl. OVG NRW, Beschl. v. 1.6.2007 – 7 A 3852/06 –, BRS 71 Nr. 127, und v. 9.2.2009 – 10 B 1713/08 –, BRS 74 Nr. 181). Dass ein sehr schmal geschnittenes Grundstück bei einer Verschattung durch Nachbargebäude relativ stark betroffen sein kann, beruht auf dem Grundstückszuschnitt und fällt grundsätzlich in die Risikosphäre des jeweiligen Eigentümers. Ebenso wenig führt die Beschränkung der freien Aussicht zu einem Verstoß gegen das Rücksichtnahmegebot (OVG NRW, Beschl. 16.1.2014 – 7 A 1776/13 –).

Durch die bauliche Ausnutzung von Grundstücken im vorgegebenen Rahmen **338** kommt es zu Einsichtsmöglichkeiten, die in einem bebauten Gebiet üblich sind und die ein Nachbar hinzunehmen hat (OVG NRW, Beschl. v. 4.11.2015 – 7 B 744/15 –).

In der **geschlossenen Bauweise** müssen die Besonderheiten des Einzelfalles **339** berücksichtigt werden (BayVGH, Beschl. v. 19.4.1994 – 2 CS 94.755 –, BRS 56 Nr. 102). Das ergibt sich aus § 22 Abs. 3 BauNVO; § 22 Abs. 3 2. Halbs. BauNVO entbindet von der Verpflichtung, auf die seitliche Nachbargrenze zu bauen, wenn die vorhandene Bebauung eine Abweichung erfordert (BVerwG, Beschl. v. 22.10.1992 – 4 B 210.92 –, BauR 1993, S. 304; BVerwG, Beschl. v. 12.1.1995 – 4 B 197.94 –, ZfBR 1995, S. 158).

Mit dem Argument ein Vorhaben verändere wegen seines Umfangs und der **340** überbauten Grundstücksfläche den von Einfamilienhäusern geprägten Charakter eines reinen Wohngebietes mit Gärten und Grünbereichen ist kein erfolgreiches

Vorgehen eines Nachbarn gegen ein geplantes Bauvorhaben eines Mehrfamilienhauses möglich. Der Gebietsgewährleistungsanspruch begründet kein Abwehrrecht gegen Mehrfamilienhäuser in einem bisher durch Einfamilienhäuser geprägten Wohngebiet (OVG NRW, Beschl. v. 4.11.2015 – 7 B 744/15 –; vgl. a. OVG NRW, Beschl. v. 4.7.2014 – 7 B 363/14 – juris Rn. 3).

341 Wenn sich eine vorhandene städtebauliche Situation im Rahmen der nach § 34 BauGB erforderlichen städtebaulichen Bestandsaufnahme nicht eindeutig einer der beiden in § 22 Absätze 2 und 3 BauNVO genannten Bauweisen, also der offenen oder geschlossenen Bauweise, zuordnen lässt, so kann von **„diffuser" Bebauung** ausgegangen werden (OVG NRW, Urt. v. 12.5.2005 – 7 A 2342/03 –, BRS 70 Nr. 123 Rn. 183). Gegebenenfalls kann auch von **abweichender Bauweise** im Sinne des § 22 Abs. 4 BauNVO ausgegangen werden (OVG NRW, Urt. v. 14.1.1993 – 7 A 287/91; Beschl. v. 17.2.2000 – 7 B 178/00 –, BauR 2001 S. 77; OVG Rhld.-Pf., Urt. v. 4.2.1993 – 1 A 12323/91 –, BauR 1993, S. 320), wobei die Merkmale der Abweichung im Einzelnen zu beschreiben wären. Auch wenn die Merkmale einer geschlossenen Bauweise überwiegen mögen, kann nicht ohne Weiteres von geschlossener Bauweise für ein ganzes Baugebiet ausgegangen werden.

342 Ergibt sich aus den Festsetzungen eines Bebauungsplans oder aus den prägenden Merkmalen der Umgebung des Vorhabens, dass nach den Grundsätzen über die **halb offene Bauweise** (Rn. 179) lediglich einseitig Abstandsflächen eingehalten werden müssen, so ist zu prüfen, an welcher Seite eine Abstandsfläche eingehalten werden muss. Unter den Voraussetzungen des Abs. 2 Satz 3 ist es zulässig, die vor der Außenwand des bereits bebauten Grundstücks erforderliche Abstandsfläche ganz oder teilweise auf das Nachbargrundstück zu übertragen (Abb. 6.1.41). Dann braucht das neu zu errichtende Gebäude, wie in der halb offenen Bauweise üblich, nur zu **einer** Nachbargrenze eine Abstandsfläche einzuhalten. Wird das Abstandsmaß von 2,50 m zur Nachbargrenze unterschritten, so ist die Wand nach Art. 28 Abs. 2 als Brandwand herzustellen.

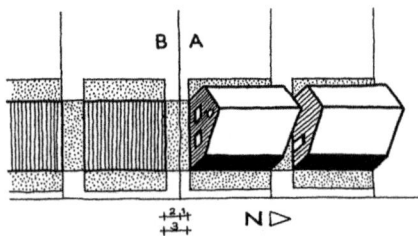

Abb. 6.1.41

Bebauung in halb offener Bauweise. Auf Grundstück A wird zwar wie auch sonst in der vorhandenen Bebauung an der Südseite ein Abstand zur Nachbargrenze eingehalten. Ein Grenzanbau auf Grundstück B würde jedoch die notwendigen Fenster in der Südwand des Hauses auf Grundstück A in unzumutbarer Weise verschatten. Daher kann die Übertragung von Abstandsflächen in der nach den Absätzen 4 bis 6 erforderlichen Tiefe auf Grundstück B zulässig sein. Die übertragene Abstandsfläche auf Grundstück B darf nicht überbaut werden.

7. Dachaufbauten und untergeordnete Bauteile bei Grenzanbau

Dachgauben und andere Dachaufbauten, insbesondere auch **Zwerchhäuser** 343
sowie untergeordnete Bauteile, werden bei Gebäuden, die in der geschlossenen
Bauweise oder bei Doppelhäusern und Hausgruppen in der offenen Bauweise an
den seitlichen Grundstücksgrenzen errichtet werden, im Allgemeinen mit
Abstand zu den seitlichen Grundstücksgrenzen errichtet (Abb. 6.1.42). Dabei
wird davon ausgegangen, dass die genannten Dachaufbauten und untergeordneten Bauteile, die vor die Gebäudevorderseite oder vor die Gebäuderückseite
eines grenzständigen Gebäudes vortreten von den planungsrechtlichen Vorschriften über den seitlichen Grenzanbau nicht erfasst werden.

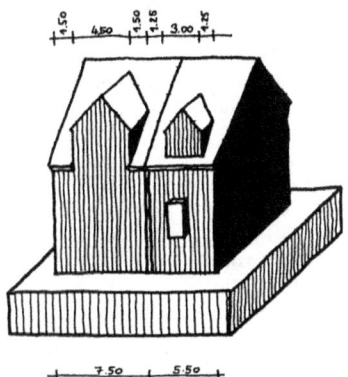

Abb. 6.1.42
Zwei Gebäude mit Zwerchhaus, Dachgaube und Erker in der geschlossenen Bauweise

Soweit die genannten Bauteile von den planungsrechtlichen Vorschriften über 344
den Grenzanbau nicht erfasst werden, müssen diese Bauteile nicht ohne Abstand
an den Nachbargrenzen errichtet werden. Sie müssen aber auch nicht Abstandsflächen in der in Abs. 5 Satz 1 oder Satz 2 vorgeschriebenen Tiefe einhalten.

Wollte man für **Zwerchhäuser** und kleinere Dachaufbauten oder auch für **Erker** 345
und andere untergeordnete Bauteile in der geschlossenen Bauweise oder bei
Doppelhäusern und Hausgruppen in der offenen Bauweise einen Mindestgrenzabstand von 3 m zur Nachbargrenze fordern, so würde das bei Parzellenbreiten
von 6 m oder weniger zur abstandsrechtlichen Unzulässigkeit solcher Bauteile
führen. Davon ist aber nicht auszugehen.

Auch der in Abs. 8 genannte Mindestabstand zur Nachbargrenze gilt nicht für 346
die Seitenwände von Balkonen und Erkern, die vor die Gebäudevorderseite oder
die Gebäuderückseite vortreten (vgl. Rn. 570).

Eine **Dachgaube** mit aufstehendem Balkon, dessen Fußboden durch das Flach- 347
dach der Gaube gebildet wird, löst eigene Abstandflächen aus (OVG NRW,
Beschl. v. 22.11.2001 – 10 B 1378/01 – BauR 2002, S. 925, BRS 64 Nr. 121).

348 Ein im Dachgeschoss geplanter Aufbau mit **Dachterrassen** auf der Rückseite eines Gebäudes ist kein Bestandteil des Daches, wenn er nach seiner Größe und baulichen Ausgestaltung mit den nach drei Seiten senkrecht aufstehenden Wandscheiben als ein von der eigentlichen Dachfläche losgelöster und mithin selbstständiger Teil des Gebäudes in Erscheinung tritt (VG Düsseldorf, Beschl. v. 5.11.2012 – 9 L 1467/11 – juris).

349 In seinem Urteil vom 21.1.1999 hatte das OVG NRW (10 A 4072/97) die Auffassung vertreten, ein Zwerchhaus könne nicht für die Beurteilung nach § 6 BauO NRW 1984 in seine Bestandteile zerlegt werden, indem die Straßenfront (die Traufseite) nach § 6 Abs. 7 BauO NW 2000 beurteilt werde, die Seitenwände hingegen nach einer anderen Vorschrift beurteilt würden. Verfehle das Zwerchhaus die Privilegierung des § 6 Abs. 7 BauO NW 1987, so gelte dies für diesen Bauteil insgesamt (vgl. BayVGH, Beschl. v. 23.2.2015 – 15 ZB 14.994 – juris). Es fehle dann an einer Regelung, die für die Seitenwände eine andere Beurteilung als die nach § 6 Abs. 1 Satz 1 BauO NW 1984 ermögliche, so das OVG NRW. Diese Wertung ging von dem der Entscheidung zugrunde liegenden Fall eines allseitig freistehenden Gebäudes aus. Nach Abs. 1 Satz 2 sind jedoch Abstandsflächen bei planungsrechtlich vorgeschriebenem oder zulässigem Grenzanbau nicht erforderlich. Zwar werden Dachgauben und andere Dachaufbauten von den in Abs. 1 Satz 2 genannten planungsrechtlichen Vorschriften nicht erfasst. Daraus ist aber nicht zu schließen, dass diese Bauteile bei vorgeschriebenem oder zulässigem Grenzanbau oder auch bei festgesetzter abweichender Bauweise Abstandsflächen zu der maßgebenden Grundstücksgrenze einhalten müssten.

350 Die Anforderungen an Grenzabstände von **Dachaufbauten** ergaben sich für Gebäude, die an ein anderes Gebäude angebaut waren, schon immer aus den Brandschutzvorschriften für Dächer, und sie ergeben sich nach wie vor aus diesen Vorschriften (Art. 30 Abs. 5 Satz 2 BayBO). Danach müssen Dachvorsprünge, Dachgesimse und Dachaufbauten von der Außenfläche von Gebäudeabschlusswänden und von der Mittellinie gemeinsamer Gebäudeabschlusswände oder Gebäudetrennwände mindestens 1,25 m entfernt sein.

351 Schleppgauben werden bei Doppelhäusern und Hausgruppen, aber auch bei Gebäuden, die in der geschlossenen Bauweise ohne Grenzabstand aneinandergebaut werden, häufig auch ohne Grenzabstand errichtet (Abb. 6.1.43). Dann müssen die Gebäudeabschlusswände unter Beachtung des Überbrückungsverbots bis unter die Dachhaut der Dachgaube geführt werden.

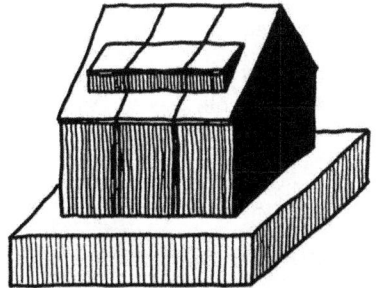

Abb. 6.1.43

Aneinandergebaute Schleppgauben einer aus drei Gebäuden bestehenden Hausgruppe.

Dachaufbauten müssen nach Art. 30 Abs. 5 Satz 2 einen Mindestabstand von **352** 1,25 m zu Brandwänden einhalten.

8. Staffelgeschoss (Abs. 1 Satz 4)

Mit der Änderung der BayBO 2018 wurde in Abs. 1 Satz 4 eingefügt, dass Art. 63 **353** unberührt bleibt. In der Gesetzesbegründung heißt es, dass der neue Abs. 1 Satz 4 einem Bedürfnis der Praxis Rechnung trägt und mit Satz 4 ausdrücklich klargestellt wird, dass tatbestandliche Voraussetzungen einer Abweichung von Vorgaben des Abstandsflächenrechts ausschließlich in Art. 63 geregelt sind. In der gerichtlichen Praxis wird bei zurückgesetzten Außenwänden die abstandsflächenpflichtige Wandhöhe nicht ab dem **Austrittspunkt der Wand aus dem Gebäude**, sondern ab dem fiktiven Fußpunkt der zurückgesetzten Wand auf der Geländeoberfläche bemessen.

Abs. 1 Satz 3 räumt dem bundesrechtlichen Planungsrecht („an die Grenze **354** gebaut werden muss oder gebaut werden darf") nur den Vorrang ein, wenn die Außenwände tatsächlich an der Grundstücksgrenze errichtet werden, was aber bei der zurückgesetzten Außenwand nicht der Fall ist. Um eine gewisse gestalterische Freiheit etwa für **Terrassengeschosse** zu erhalten, sind deshalb Abweichungen nach Art. 63 aber möglich und in solchen Fällen auch nötig. Entscheidend für die Abweichung von Vorschriften des Abstandsflächenrechts ist, dass der Schutzzweck des Abstandsflächenrechts, wie sie die Rechtsprechung des BayVGH definiert als Bedürfnisse nach ausreichender Belichtung, Besonnung und Belüftung sowie der Ermöglichung eines sozialverträglichen Wohnens unter Würdigung der öffentlich-rechtlich geschützten nachbarlichen Belange, nicht beeinträchtigt wird.

In der Gesetzesbegründung wird ausdrücklich darauf hingewiesen, dass eine **355** „Atypik", wie sie die Rechtsprechung auch nach der Änderung der abstandsrechtlichen Vorschriften (d. G. v. 12.4.1994, GVBl. Nr. 8/1994, S. 210) als zusätzliches (nunmehr ungeschriebenes) Tatbestandsmerkmal einer Abweichung verlangt, nicht durch das Gesetz gefordert wird. Ein sachlich und rechtlich nachvollziehbarer Grund dafür, warum eine Abweichung etwa von Vorschriften des Brandschutzes unter den Voraussetzungen des Art. 63 (ohne Atypik) möglich ist, aber bei der im Wesentlichen nicht sicherheitsrelevanten Abweichung vom Abstandsflächenrecht zusätzlich zu den tatbestandlichen Voraussetzungen des Art. 63 eine Atypik erforderlich sein soll, besteht nicht. Dies stellt der neue Abs. 1 Satz 4 ausdrücklich klar. Eine Abweichung von den Vorgaben des Art. 6 ist nach der Gesetzesbegründung (Bay LT-Drs. 17/21574, S. 13) insbesondere auch in denjenigen Fällen denkbar, in denen Bestandsgebäude geändert, in Stand gesetzt oder im Rahmen der bisherigen Abmessungen ersetzt werden. In der Literatur war die bisherige notwendige Atypik schon länger in der Diskussion. Happ vertritt die Auffassung, dass die Regelfall-Formel zu einer Härtefallklausel geworden sei und dass bereits die Fassung des Regelfalles problematisch ist und es sinnvoll wäre, eine Auslegung am Wortlaut vorzunehmen und subjektive Interessen zurückzudrängen (Happ, Michael, Aufsatz, BayVBl. 2014, S. 65). Mit der Änderung der BauOBln 2016 wurde ausdrücklich geregelt, dass eine Abweichung von den Abstandsflächen und Abständen nach § 67 BauOBln zugelassen werden kann, wenn deren Schutzziele gewahrt bleiben. Eine atypische Grundstückssituation ist nicht erforderlich (§ 6 Abs. 11 BauOBln).

356   Nach Abs. 1 Satz 3 ist eine Abstandsfläche nicht erforderlich vor Außenwänden, die an Grundstücksgrenzen errichtet werden, wenn nach planungsrechtlichen Vorschriften an die Grenze gebaut werden muss oder gebaut werden darf, nicht geregelt sind die Fälle, in denen Gebäude nicht unmittelbar an der Grundstücksgrenze liegen, sondern zu dieser einen geringeren als den erforderlichen Abstand einhalten (vgl. BayVGH, Urt. v. 22.11.2006 – 25 B 05.1714 – NVwZ-RR 2007, 512/513 zu einem Abstand zwischen ca. 35 und 60 cm). Nach seinem klaren Wortlaut regelt Abs. 1 Satz 3 nur den unmittelbaren Anbau an die Grundstücksgrenze, nicht aber einen grenznahen Anbau mit Abstandsflächen, die kleiner als die gesetzlich vorgeschriebenen sind, wie z. B. bei Traufgassen oder „engen Reihen" (vgl. BayVGH, Urt. v. 22.11.2006 a.a.O. m. w. N.). Dies wird durch Abs. 5 Satz 4 bestätigt, der die Zulässigkeit von „Abstandsflächen größerer oder geringerer Tiefe" regelt und letztlich leerlaufen würde, wenn man Abs. 1 Satz 3 generell entsprechend auf grenznahe Gebäude anwenden würde (vgl. BayVGH, Beschl. v. 3.4.2014 – 1 ZB 13.2536 – BRS 82 Nr. 133).

357   Nach bisheriger ständiger Rechtsprechung BayVGH (vgl. BayVGH, Beschl. v. 26.3.2018 – 2 ZB 15.2670 – juris Rn. 8; Beschl. v. 11.11.2015 – 2 CS 15.1251 – juris; Beschl. v. 19.12.2016 – 2 CS 16.2137– nicht veröffentlicht; Beschl. v. 7.2.2017 – 2 CS 16.2098 – nicht veröffentlicht) findet Abs. 1 Satz 3 keine Anwendung, soweit die Außenwände der von der Grundstücksgrenze zurückversetzten Geschosse nicht unmittelbar an der Grundstücksgrenze zu liegen kommen. Danach fallen vorliegend für die Außenwände von zurückgesetzten Obergeschossen Abstandsflächen an. Bei einem Staffelgeschoss berechnet sich die Abstandsfläche nach der fiktiv nach unten bis zum Schnitt mit der Geländeoberfläche verlängerten Außenwand der Staffelgeschosse (vgl. BayVGH, Beschl. v. 26.3.2018 – 2 ZB 15.2670 – juris Rn. 8). In der MBO-Änderung 2012 wurde eine allgemeine Regelung für Gebäude an der Grundstücksgrenze eingefügt, wonach die Seitenwände

von Vorbauten und Dachaufbauten bei der Bemessung von Abstandsflächen außer Betracht bleiben, auch wenn sie nicht an der Grundstücksgrenze errichtet werden (§ 6 Abs. 6 Nr. 3 MBO; vgl. a. § 6 Abs. 6 NBauO, § 6 Abs. 6 Nr. 3 BauOBln, § 6 Abs. 6 Nr. 3 BauO NRW 2018), um die Erteilung von Abweichungsentscheidungen für diese Dachaufbauten entbehrlich zu machen. Da Dachaufbauten gedanklich wie ein selbstständiges Gebäude zu betrachten sind, werden die getrennt ermittelten Abstandsflächen übereinander projiziert. Eine Übertragung auf Staffelgeschosse ist jedoch nicht ohne Weiteres möglich.

Der Bestandsschutz ist für ein vor längerer Zeit abgerissenes Wohngebäude in **358** einem Abstand von ca. 2 m zum Nachbargrundstück erloschen, sodass sich daraus nicht das Recht ergibt, an derselben Stelle ein neues Wohngebäude mit demselben Abstand zu errichten (vgl. BayVGH, Beschl. v. 16.9.2013 – 14 CS 13.1383 – juris; BayVGH, Beschl. v. 25.10.2012 – 15 ZB 12.2116 – juris Rn. 8 m. w. N.).

C Lage der Abstandflächen (Abs. 2 und 3)

Grundsätzlich müssen die Abstandflächen **auf dem jeweiligen Grundstück** lie- **359** gen und dürfen sich nicht überdecken.

I. Bezug zum Grundstück (Abs. 2 Satz 1)

Während in Abs. 1 Satz 1 die Lage der Abstandsflächen in Bezug auf das **360** Gebäude geregelt ist – sie müssen vor den Außenwänden der Gebäude in der Ebene der Geländeoberfläche liegen (Rn. 118) –, wird in Abs. 2 Satz 1 bestimmt, dass sie außerdem auf dem Grundstück selbst – d. h. auf dem Grundstück, auf dem das Gebäude steht oder errichtet werden soll – liegen müssen. Sie dürfen also im Regelfall nicht von Grundstücksgrenzen durchschnitten werden. Von diesem Grundsatz kann im Hinblick auf Nachbargrenzen lediglich unter den Voraussetzungen des Satzes 3 abgewichen werden. Im Hinblick auf Grundstücksgrenzen zu öffentlichen Verkehrsflächen, öffentlichen Grünflächen und öffentlichen Wasserflächen gilt Satz 2 (Rn. 363 ff.).

Die bauordnungsrechtlichen Ziele werden im Normalfall (Rn. 84) erreicht, wenn **361** die Gebäude die Abstände wahren, die sich aus den Absätzen 4 bis 6 unter Berücksichtigung des **Überdeckungsverbots** nach Abs. 3 (Rn. 385 ff.) ergeben. Ohne die Vorschrift, wonach die Abstandsflächen auf dem Grundstück selbst liegen müssen, könnte ein Bauherr im Rahmen des planungsrechtlich Zulässigen ein Gebäude errichten, das ein anderes Grundstück insoweit belastet, als sich Abstandsflächen auf das andere Grundstück erstrecken (vgl. Rn. 108 ff.). Diese Abstandsflächen auf dem anderen Grundstück dürften dann nicht überbaut werden und aufgrund des Überdeckungsverbots (Abs. 3) auch nicht auf die Abstandsflächen angerechnet werden, die auf dem anderen Grundstück vor den Außenwänden der dort planungsrechtlich zulässigen Gebäude von Gebäuden freigehalten werden müssen. Um eine solche Wirkung auszuschließen, wird in Abs. 2 Satz 1 vorgeschrieben, dass die Abstände auf dem Grundstück selbst liegen müssen.

362 Im Normalfall werden die Gebäude auf rechteckig geschnittenen Grundstücken errichtet, wobei die seitlichen Grundstücksgrenzen rechtwinklig zur Erschließungsstraße verlaufen. Verlaufen die seitlichen Grundstücksgrenzen nicht im rechten Winkel zur Straße, sondern schräg, so werden die Abstandsflächen, die vor einer im spitzen Winkel zur Nachbargrenze stehenden Außenwand einzuhalten sind, bei seitlichem Grenzanbau, namentlich in der geschlossenen Bauweise, von der Nachbargrenze durchschnitten (Abb. 6.2.1). Das ist nach der Vorschrift des Abs. 2 Satz 1 nicht zulässig. Aufgrund des atypischen Grundstückszuschnitts sind jedoch die Voraussetzungen für die Anwendung des Art. 63 gegeben (vgl. Rn. 630).

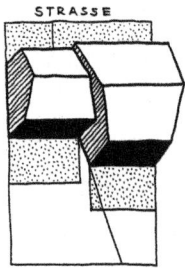

Abb. 6.2.1
Abweichung von der Vorschrift des Art. 6 Abs. 2 Satz 1 bei atypischem Grundstückszuschnitt.

II. Abstandsflächen auf öffentlichen Verkehrs-, Grün- und Wasserflächen (Abs. 2 Satz 2)

363 Nach Abs. 2 Satz 2 dürfen die Abstandsflächen auch auf öffentlichen Verkehrsflächen, öffentlichen Grünflächen und öffentlichen Wasserflächen liegen, und zwar ganz, wenn nach planungsrechtlichen Vorschriften an die **Straßenbegrenzungslinie** gebaut werden darf (Baugrenze) oder muss (Baulinie) oder teilweise, wenn und soweit zwischen den genannten öffentlichen Flächen und überbaubarer Grundstücksfläche eine nicht überbaubare Grundstücksfläche (Vorgartenfläche) liegt.

364 Die Regelung trägt der Tatsache Rechnung, dass die genannten öffentlichen Flächen aufgrund anderer gesetzlicher Regelungen, insbesondere der Festsetzungen eines Bebauungsplans, von einer Bebauung mit oberirdischen Gebäuden freigehalten werden. Der Begriff der öffentlichen Verkehrsfläche im Sinne des bauordnungsrechtlichen Abstandsflächenrechts setzt voraus, dass die betreffende Verkehrsfläche nicht nur tatsächlich so genutzt, sondern dem öffentlichen Verkehr auch gewidmet ist; denn erst unter dieser rechtlichen Voraussetzung ist gewährleistet, **dass diese Flächen auf Dauer nicht überbaut werden** (OVG NRW, Urt. v. 12.2.2003 – 7 A 4101/01). Eine Fläche ist nicht schon deshalb als öffentlicher Platz anzusehen, weil sie betreten werden kann (OVG NRW, Beschlüsse vom 19.7.2005 – 7 B 680/05 und 7 B 681/05).

Die Abstandsflächen dürfen die genannten öffentlichen Flächen **nur bis zu** 365
deren Mitte in Anspruch nehmen. Damit wird erreicht, dass die Gebäudeabstände in dem der Regelung zugrunde liegenden Normalfall bei einander gegenüberstehenden gleich hohen Gebäuden wie aufgrund der Regelung des Satzes 1
auch über die genannten öffentlichen Flächen hinweg gemessen doppelt so groß
sind wie die Tiefen der vor den Außenwänden einzuhaltenden Abstandsflächen.
Geht die vor einer Außenwand notwendige Abstandsfläche über die Mitte einer
öffentlichen Wasserfläche hinaus, so werden damit zugleich die Rechte des
Eigentümers eines jenseits dieser Fläche gelegenen Grundstücks verletzt (OVG
NRW, Beschl. v. 27.6.2000 – 10 B 426/00).

Bei der **Ermittlung der Straßenmitte** bzw. der Mitte der öffentlichen Grün- oder 366
Wasserflächen ist von den Festsetzungen des Bebauungsplans auszugehen, im
Übrigen von den tatsächlichen (den faktischen) Begrenzungen dieser Flächen.

Im Bebauungsplan werden die öffentlichen Verkehrsflächen, die öffentlichen 367
Grünflächen sowie die öffentlichen Wasserflächen durch eigene Signaturen nach
den Nrn 6, 9 und 10 Anlage zur PlanzV gekennzeichnet und gegenüber dem
Bauland abgegrenzt. Aus diesen Festsetzungen lässt sich die Mitte der öffentlichen Verkehrsflächen, der öffentlichen Grünflächen und der öffentlichen Wasserflächen ermitteln. Es kommt nicht darauf an, ob die zivilrechtlichen Eigentumsverhältnisse bereits an die Festsetzungen des Bebauungsplans angepasst sind
oder nicht. Insofern sind auch die Eintragungen im Liegenschaftskataster für die
Ermittlung der genannten öffentlichen Flächen nicht maßgebend.

Die öffentlichen Verkehrsflächen sind nicht in jedem Fall gleichzusetzen mit den 368
örtlichen Verkehrsflächen im Sinne des § 30 Abs. 1 BauGB bzw. § 55 Abs. 2
BauGB. Es kann sich z. B. auch um überörtliche Verkehrsflächen handeln.

Straßenböschungen als Damm oder Einschnitt können im Bebauungsplan ent- 369
weder als Teil der Verkehrsfläche nach § 9 Abs. 1 Nr. 11 BauGB oder als Flächen
für Aufschüttungen oder Abgrabungen nach § 9 Abs. 1 Nr. 26 BauGB festgesetzt
werden (vgl. Schriever in Brügelmann 59. Lfg., Dez. 2005 § 55 BauGB Rn. 17).
Dabei kann es sich auch um private Grundstücksflächen handeln. Das können
private Vorgartenflächen sein, die als Teil des Baulandes anzusehen sind, oder
wenn die Grundstücke auf der anderen Straßenseite (noch) nicht als Bauland
ausgewiesen sind, anders genutzte private Grundstücksflächen. Auch in diesen
Fällen ist **die im Bebauungsplan festgesetzte Verkehrsfläche** maßgebend.

Im nicht beplanten Innenbereich (§ 34 BauGB) ist die tatsächliche Verkehrsflä- 370
che maßgebend. Zur Ermittlung der Straßenmitte ist von der **faktischen Straßenbegrenzungslinie** auszugehen, die in der geschlossenen Bauweise häufig mit
der faktischen vorderen Baulinie zusammenfällt. In der offenen Bauweise liegen
demgegenüber im Allgemeinen private **Vorgartenflächen** zwischen den Gebäuden bzw. der faktischen Baulinie oder der faktischen Baugrenze und der faktischen Straßenbegrenzungslinie. Diese Flächen sind bei der Ermittlung der Straßenmitte nicht mitzurechnen.

371 Abs. 2 Satz 2 ist auf ein in einem Bebauungsplan zugunsten der Allgemeinheit festgesetztes Gehrecht für eine **private Wegeparzelle** nicht anwendbar (OVG NRW, Beschl. v. 22.1.1993 – 10 B 84/93). Doch kann die Erstreckung von Abstandsflächen auf eine private Wegeparzelle als Abweichung von Abs. 2 Satz 1 zugelassen werden; denn die Schutzwirkung der Abstandsflächen (Belichtung, Brandschutz) kommt einer privaten Wegeparzelle nicht zugute (OVG NRW, Beschl. v. 6.10.1999 – 7 B 1766/99).

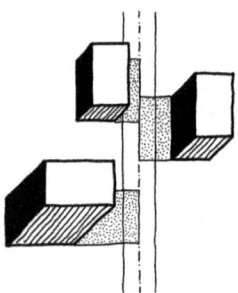

Abb. 6.2.2
Die Mittellinie der Straße wird aufgrund der Bestimmungen des Abs. 2 Satz 2 zur Grenzlinie für die Abstandsflächen, die vor den Außenwänden der Gebäude zu beiden Seiten der Straße einzuhalten sind.

372 Sieht man von dem Normalfall einander beidseits der Straße gegenüberstehender gleich hoher Gebäude ab, so müssen sich die Gebäude entsprechend ihrer Höhe an der **Mittellinie der Straße** orientieren, denn die Mittellinie der Straße wird aufgrund des Abs. 2 Satz 2 zur Grenzlinie für die Abstandsflächen, die vor den Außenwänden der Gebäude zu beiden Seiten der Straße einzuhalten sind (Abb. 6.2.2).

III. Übertragung von Abstandsflächen auf andere Grundstücke (Abs. 2 Satz 3)

373 Häufig können die erforderlichen Abstandsflächen wegen des Grundstückszuschnitts nicht auf dem Grundstück selbst nachgewiesen werden, während auf den Nachbargrundstücken ausreichende Flächen vorhanden sind, die nicht überbaut werden können oder nicht überbaut werden dürfen. Mit Satz 3 wird die Möglichkeit eröffnet, einen **Flächenausgleich zwischen benachbarten Grundstücken** zu schaffen.

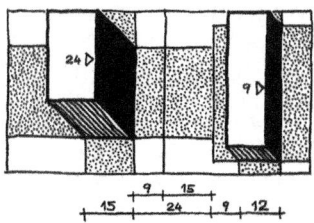

Abb. 6.2.3

Die Übertragung von Abstandsflächen schränkt die Bebauungsmöglichkeiten auf dem übernehmenden Grundstück ein.

Eine Übertragung von Abstandsflächen auf benachbarte Grundstücke kann auch **374** wechselseitig erfolgen (Abb. 6.2.4).

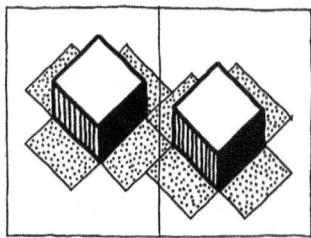

Abb. 6.2.4

Wechselseitige Übernahme von Abstandsflächen auf benachbarten Grundstücken.

1. Anderes Grundstück

Mit dem Begriff „anderes Grundstück" wird auf das Grundstück Bezug genom- **375** men, auf dem die Abstandsflächen nach Satz 1 liegen müssen. Andere Grundstücke sind im Regelfall unmittelbar **angrenzende Grundstücke**. Die Erstreckung von Abstandsflächen auf eine private Wegeparzelle kann als Abweichung von Satz 1 zugelassen werden (OVG NRW, Beschl. v. 6.10.1999 – 7 B 1766/99).

Das andere Grundstück kann auch **im gleichen Eigentum** stehen wie das **376** Grundstück, auf dem die Abstandsflächen nach Satz 1 liegen müssen.

2. Voraussetzungen

Die Übertragung von Abstandsflächen auf das Nachbargrundstück kann in aller **377** Regel nicht ohne Zustimmung des Nachbarn erfolgen. Die Zustimmung muss gegenüber der Bauaufsichtsbehörde schriftlich, jedoch nicht in elektronischer Form erfolgen. Sie bezieht sich nur auf das konkrete Vorhaben und auf die hierfür erteilte Baugenehmigung (BayVGH, Beschl. v. 20.2.2002 – 25 ZB 01.2566 –,

BayVBl. 2002 S. 499; BRS 65 Nr. 133). Die Zustimmung gilt nach Satz 3 Halbs. 2 auch für und gegen den Rechtsnachfolger des Nachbarn.

378 Die Zustimmung des Nachbarn ist nicht erforderlich, wenn die auf das Nachbargrundstück zu übertragenden Flächen aus rechtlichen oder tatsächlichen Gründen nicht überbaubar sind. Tatsächliche Gründe können die Zustimmung des Nachbarn entbehrlich machen, wenn die zu übertragenden Flächen durch eine steile Hanglage, eine Böschung o. Ä. praktisch nicht bebaubar sind. Planungsrechtliche Gründe können einer Bebauung von Abstandsflächen auf Nachbargrundstücke entgegenstehen, wenn die Fläche des Nachbargrundstücks im Bebauungsplan insgesamt als nicht überbaubar festgesetzt ist oder wenn die Flächen, die für eine Übertragung von Abstandsflächen in Betracht kommen, als nicht überbaubar festgesetzt sind.

379 Die Übernahme einer Baulast nach Abs. 2 Satz 3 hat zur Folge, dass der von ihr erfasste Teil des Nachbargrundstücks für die Berechnung der Abstandfläche als Teil des Baugrundstücks zu betrachten ist. Für die abstandsrechtliche Beurteilung ist deshalb nicht die tatsächliche Grundstücksgrenze maßgebend, sondern die fiktive Grenze des um die Baulastfläche vergrößerten Grundstücks (vgl. VGH Bad.-Württ., Beschl. v. 30.7.2001 – 8 S 1485/01 –, BRS 64 Nr. 131). Dem Nachbarn verbleibt zwar das Eigentum an der mit der Baulast belasteten Fläche mit der Folge, dass er diese auch zu solchen baulichen Zwecken nutzen darf, die generell in den Abstandsflächen eines Gebäudes zulässig sind. Für die abstandsrechtliche Beurteilung des begünstigten Grundstücks ist damit nicht die tatsächliche Grundstücksgrenze maßgebend, sondern die fiktive Größe des um die Baulastfläche vergrößerten Grundstücks (vgl. OVG NRW, Beschl. v. 17.9.2004 – 7 B 1494/04 –, NVwZ-RR 2005, S. 459; Beschl. v. 16.10.2009 – 7 B 1382/09 –).

380 Damit rechtliche Gründe vorliegen, die einer Überbauung der übernommenen Abstandsflächen entgegenstehen, muss eine zivilrechtliche dingliche Sicherung bestehen: Die Übernahme der Abstandsflächen kann durch Grunddienstbarkeit bzw. eine beschränkte persönliche Dienstbarkeit erfolgen. Eine Abstandsflächensicherung bezieht sich nicht per se nur auf ein konkretes Vorhaben. Eine Baulast, die aus Anlass der Errichtung eines bestimmten Bauvorhabens übernommen wurde, sichert nicht stets nur die Errichtung eben dieses Vorhabens. Sie kann auch mit dem Inhalt übernommen werden, dass sie über die Errichtung des ihren Anlass bildenden Vorhabens hinaus auch künftige Änderungen eben dieses Vorhabens deckt, wenn und soweit solche Änderungen mit dem Inhalt der übernommenen Verpflichtung vereinbar sind. Eine Einschränkung der Baulast auf die Sicherung eines konkreten Vorhabens setzt voraus, dass das Vorhaben in der Baulasterklärung unmissverständlich und eindeutig so konkret bezeichnet wird, dass sich die Rechtswirkungen der Baulast hinreichend verlässlich eingrenzen lassen (BayVGH, Beschl. v. 5.3.2007 – 2 CS 07.81 – juris; OVG NRW, Urt. v. 15.5.2008 – 7 A 1838/07 –; vgl. auch OVG NRW, Beschl. v. 7.3.2007 – 10 A 510/06 –, Beschl. v. 17.9.2004 – 7 B 1494/04 –).

381 Aus der Anwendung der Vorschrift kann sich eine nicht unerhebliche **Beschränkung der Bebaubarkeit des belasteten Grundstücks** ergeben (Abb. 6.2.5). Die Übernahme von Abstandsflächen kann aber auch für den Übernehmenden von

Vorteil sein, denn die Zulässigkeit von **Grenzgaragen** und anderen Grenzgebäuden im Sinne des Abs. 9 (Rn. 587 ff.) wird durch die Übertragung von Abstandsflächen auf Nachbargrundstücke nicht berührt (vgl. Rn. 205).

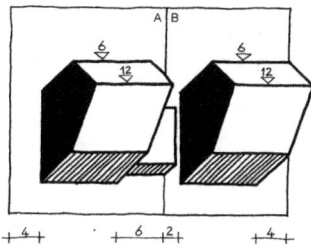

Abb. 6.2.5

Bei einer H = 8 m sind aufgrund des Art. 6 Abs. 6 Abstandsflächen mit einer Tiefe von 4 m vor den Giebelwänden auf den benachbarten Grundstücken A und B erforderlich. Die auf Grundstück B erforderliche Abstandsfläche kann ganz oder teilweise auf Grundstück A übertragen werden, sodass auf Grundstück A eine Doppelgarage als Grenzgarage errichtet werden kann. Die im Abstand von 2 m zur Grundstücksgrenze auf Grundstück B stehende Giebelwand muss nach Art. 28 Abs. 2 als Brandwand ausgeführt werden.

3. Zulässige Überbauung übertragener Abstandsflächen

Vorschriften, nach denen eine Überbauung der übertragenen Abstandsflächen zulässig ist, sind die des Abs. 9. Danach sind u. a. **Grenzgaragen** in den Abstandsflächen eines Gebäudes ohne eigene Abstandsflächen zulässig. Wird die Grundstücksgrenze in Richtung auf das Nachbargebäude verschoben, so wird die Zulässigkeit der Grenzgarage davon nicht berührt (Abb. 6.2.4). Das kann dazu führen, dass die **Grenzgarage in den Abstandsflächen zweier benachbarter Gebäude** liegt, und zwar der des Gebäudes auf demselben Grundstück und der vom Nachbargrundstück übernommenen Abstandsfläche. Der Übernehmende kann daher eine Grenzgarage um das Maß der übernommenen Abstandsfläche verbreitern, ggf. bis zur Außenwand des Nachbargebäudes. Auf diese Weise ergibt sich die Möglichkeit, im Gebäudeabstand eine Doppelgarage zu errichten. **382**

Ein in den Abstandsflächen eines Gebäudes ohne eigene Abstandsflächen nach Abs. 9 zulässiges Gebäude schränkt die Möglichkeit einer Übertragung von Abstandsflächen auf das Nachbargrundstück nicht ein (Abb. 6.2.6). **383**

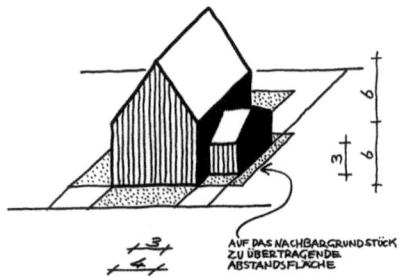

Abb. 6.2.6

Eine an das Hauptgebäude angebaute Grenzgarage schränkt die Möglichkeit einer Übertragung von Abstandsflächen auf das Nachbargrundstück nicht ein.

384   Zur Ermittlung des Inhalts einer Dienstbarkeit ist nach allgemeiner Ansicht vorrangig auf Wortlaut und Sinn der Grundbucheintragung und der in Bezug genommenen (§ 874 BGB) Eintragungsbewilligung abzustellen, wie er sich für einen unbefangenen Betrachter als nächstliegende Bedeutung des Eingetragenen ergibt. Umstände außerhalb dieser Urkunden dürfen jedoch insoweit mit herangezogen werden, als sie nach den besonderen Verhältnissen des Einzelfalles für jedermann ohne Weiteres erkennbar sind (vgl. BGH, Urt. v. 8.2.2002 – V ZR 252/00 – juris Rn. 10 unter Verweis auf die ständige BGH-Rechtsprechung; BayObLGZ, Urt. v. 29.4.1991 – RReg 1 Z 477/90, BayVBl 1992, 219; OLG München, Beschl. v. 21.12.2012 – 34 Wx 281/12 – juris Rn. 9; BayVGH, Beschl. v. 5.3.2007 – 2 CS 07.81 – juris Rn. 5). Liegt nach Wortlaut und Sinn des Grundbucheintrags und des darin in Bezug genommenen Dienstbarkeitsvertrags eine Abstandsflächendienstbarkeit im Sinne des Art. 6 Abs. 2 Satz 3 i. V. m. Abs. 1 vor, so kann diese Dienstbarkeit nicht dahingehend ausgelegt oder umgedeutet werden, dass sie (auch) eine Dienstbarkeit zur Sicherung des Brandschutzabstands im Sinne des Art. 28 Abs. 2 Nr. 1 darstellt (BayVGH, Beschl. v. 10.7.2014 – 9 CS 14.998 – juris Rn. 16). Denn Art. 6 Abs. 2 unterscheidet – wie sich aus dem Wortlaut von Satz 1 und 3 dieser Vorschrift ergibt – ausdrücklich zwischen Abstandsflächen (im Sinne des Art. 6 Abs. 1) und Abständen nach Art. 28 Abs. 2 Nr. 1 und Art. 30 Abs. 2.

IV. Überdeckungsverbot (Abs. 3)

385   Aus den Regelungen des Abs. 2 Satz 1, wonach die Abstandsflächen auf dem Grundstück selbst liegen müssen, folgt bereits für Gebäude, die einander auf benachbarten Grundstücken gegenüberstehen, dass sich die Abstandsflächen nicht überdecken können; denn die Abstandsflächen vor den Außenwänden der einander links und rechts der gemeinsamen Grundstücksgrenze gegenüberstehenden Gebäude dürfen die gemeinsame Grenze nicht überschreiten. Für die Abstandsflächen vor den Außenwänden von Gebäuden, die einander auf beiden Seiten einer öffentlichen Verkehrsfläche gegenüberstehen, wird mit der Vor-

schrift des Abs. 2 Satz 2, wonach diese Abstandsflächen zwar auf den öffentlichen Verkehrsflächen liegen dürfen, aber nur bis zu deren Mitte, eine Überdeckung der Abstandsflächen ausgeschlossen.

Um Entsprechendes auch für die Fälle zu erreichen, in denen Gebäude oder **386** Gebäudeteile einander auf dem gleichen Grundstück gegenüberliegen, wird in Abs. 3 Halbsatz 1 vorgeschrieben, dass Abstandsflächen sich nicht überdecken dürfen. Die Regelung wird auch wirksam in den Fällen, in denen sich nach Abs. 2 Satz 3 Abstandsflächen zulässigerweise auf andere Grundstücke erstrecken. Dies folgt aus der Vorschrift des Abs. 2 Satz 4, wonach die übertragenen Abstandsflächen nicht auf die Abstandsflächen angerechnet werden dürfen, die vor den Außenwänden von Gebäuden auf dem anderen Grundstück von oberirdischen Gebäuden freigehalten werden müssen.

Mit dem Überdeckungsverbot wird erreicht, dass der Abstand zwischen sich **387** gegenüberliegenden Wänden regelmäßig gleich der Summe der Tiefen ihrer Abstandsflächen ist. Dieser Abstand ist notwendig, um die mit Art. 6 verfolgten Ziele (Rn. 15 ff.) zu erreichen. Das Überdeckungsverbot, das sich aus Abs. 2 Sätze 1 und 2 mittelbar ergibt und das in Abs. 3 unmittelbar angesprochen wird, ist also wesentlicher Bestandteil der geltenden Abstandsregelung.

1. Geltung nur für einander gegenüberliegende Wände

Das Überdeckungsverbot muss mit Einschränkungen versehen werden, da ande **388** renfalls selbst **stumpfwinklige Gebäudeanschlüsse** wegen der sich im Bereich des Wandanschlusses überdeckenden Abstandsflächen unzulässig wären. Um eine solche Wirkung auszuschließen, ist in Abs. 3 Halbsatz 2 Nr. 1 geregelt, dass das Überdeckungsverbot für Wände, die in einem Winkel von mehr als 75° zueinander stehen, nicht gilt (Abb. 6.3.1).

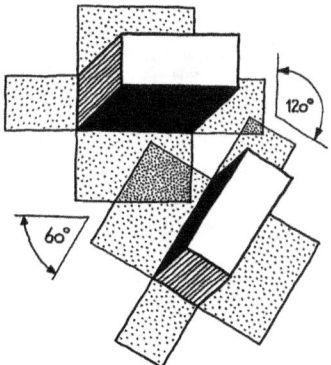

Abb. 6.3.1
Zulässige (bei 120°) und unzulässige (bei 60°) Überdeckung von Abstandsflächen.

389 Der Winkel von 75° ist lichttechnisch nicht begründet und auch nicht zu begründen. Die Festlegung ist das Ergebnis einer Abwägung zwischen den Belangen einer ausreichenden Tagesbelichtung der Gebäude auf der einen Seite und dem Wunsch nach einer freien Grundrissgestaltung auf der anderen Seite. Auch Wände, die in einem Winkel von mehr als 75° zueinander stehen, also beispielsweise in einem **Winkel von 90°,** verschatten sich wechselseitig. Das gilt besonders für unmittelbar aneinander stoßende, also baulich miteinander verbundene Außenwände eines anderen oder desselben Gebäudes. Die verschattende Wirkung nimmt mit der Entfernung vom Wandanschlusspunkt kontinuierlich ab. Diese Abnahme der verschattenden Wirkung einer anschließenden Wand wird jedoch im Falle geschlossener Innenhöfe kaum wirksam mit der Folge, dass die Belichtungsverhältnisse in den unteren Geschossen einer mehrgeschossigen Hofumbauung unzureichend bleiben, auch wenn die Mindesttiefen der Abstandsflächen nach Abs. 5 eingehalten werden (Abb. 6.3.2, 6.3.3).

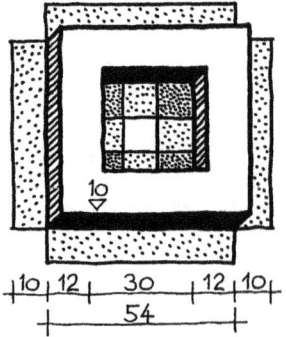

Abb. 6.3.2
Bauordnungsrechtlich zulässige viergeschossige geschlossene Blockrandbebauung im allgemeinen Wohngebiet. Die vor den in einem Winkel von 90° zueinander stehenden zum Innenhof gewandten Außenwänden erforderlichen Abstandsflächen dürfen sich überdecken. Die Belichtung in den unteren Geschossen ist wegen der Abschirmung des seitlich einfallenden Tageslichts namentlich im Bereich der Hofecken unzureichend.

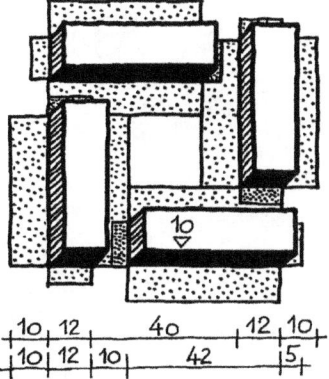

Abb. 6.3.3

Die gleichen Baumassen wie in Abb. 6.3.2 (Bruttogeschossfläche = 8064 m²) könnten bei vergrößertem Innenhof und Vermeidung geschlossener Blockecken zu einer wesentlichen Verbesserung in der Tagesbelichtung, aber auch im Hinblick auf die anderen bauordnungsrechtlichen Belange (Rn. 13) führen. Die Bebauung kann aber wegen unzulässiger Überdeckungen nur als Abweichung vom Überdeckungsverbot zugelassen werden.

Spitzwinklige Gebäudeanschlüsse zwischen 90° und 75° würden dazu führen, **390** dass sich die bei geraden Wänden als rechteckig anzunehmenden Abstandsflächen mit dem jeweils anschließenden Gebäudeteil überschneiden (Abb. 6.3.4). Dies führt zur Unzulässigkeit spitzwinkliger Gebäudeanschlüsse aufgrund des Abs. 1 Satz 1 in Verbindung mit Abs. 4 Satz 1 Halbsatz 2. Die Zulässigkeit kann durch eine geringfügige Korrektur im Bereich der Gebäudeinnenecke erreicht werden (Abb. 6.3.5).

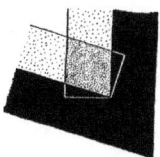

Abb. 6.3.4

Spitzwinklige Gebäudeanschlüsse sind unzulässig. Sie können nur als Abweichung nach Art. 63 zugelassen werden.

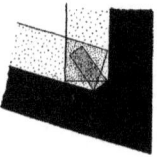

Abb. 6.3.5
Eine Mehrfachüberdeckung von Abstandsflächen ist zulässig.

2. Sonderregelung für Gartenhofhäuser

391   Mit der Formulierung „fremder Sicht entzogener Gartenhof" wird eine Formulierung aus § 17 Abs. 2 BauNVO a. F. übernommen. Diese Regelung ist im Zusammenhang mit der Novellierung der BauNVO 1990 ersatzlos gestrichen worden. Das ist jedoch für die Anwendbarkeit des Abs. 3 Halbsatz 2 Nr. 2 ohne Bedeutung.

392   Die Freistellung von Gartenhöfen bei Wohngebäuden der Gebäudeklassen 1 und 2 vom Überdeckungsverbot nach Abs. 3 Halbsatz 2 Nr. 2 läuft auf eine **Halbierung der erforderlichen Gartenhofabmessungen** in diesen Fällen hinaus. Durch die Beschränkung auf Gartenhöfe bei Wohngebäuden der Gebäudeklassen 1 und 2 wird verhindert, dass die Fenster unterschiedlicher Wohnungen auf den gleichen Gartenhof ausgerichtet werden. Die Beschränkung dient insoweit dem Wohnfrieden (Rn. 70 ff.). Im Falle eines Gebäudes mit zwei Wohnungen ist es nicht Sache bauordnungsrechtlicher Regelungen, dafür zu sorgen, dass eine wechselseitige Störung zwischen den Räumen der beiden Wohnungen ausgeschlossen wird.

393   Aus der Beschränkung auf Wohngebäude der Gebäudeklassen 1 und 2 ergibt sich, dass die Regelung vor allem auf eingeschossige Gebäude anwendbar ist und auch in diesen Fällen am meisten genutzt werden wird. Danach sind bei einer Geschosshöhe von 3 m Innenhöfe von nur 3 m Tiefe zulässig und bei einem Dachüberstand von 0,50 m beispielsweise eine Dachöffnung („Impluvium") von 2 m im Quadrat.

394   Der normative Regelfall geht von einem freistehenden Einzelhaus oder linear ausgerichteten Hausgruppen – sei es als Doppelhaus oder als Reihenhaus – aus. Die besondere Bauform eines Vierspänner-Hauses (**Quattro-Hauses**) ermöglicht eine Realisierung von vier aneinandergebauten Häusern auf relativ kleinen Grundstücken, wobei lediglich zwei der Gebäude unmittelbar an einer öffentlichen Straße anliegen. Der dabei gebildete Innenhof führt automatisch zur Nichteinhaltung der Abstandsflächen der vier Gebäude zueinander. Jedwede weitere bauliche Veränderung würde ebenfalls automatisch zu einer weiteren Überschreitung der Abstandsflächen führen. Um den durch Art. 14 GG geschützten Interessen des Bauherrn an einer sinnvollen Verwertung der vorhandenen Bausubstanz Rechnung zu tragen, muss zumindest auch in solchen Fällen eine zeitgemäße, den Wohnungsbedürfnissen entsprechende Sanierung, Instandsetzung, Aufwertung oder Erneuerung einer zum Teil überalterten Bausubstanz ermöglicht werden (vgl. BayVGH, Beschl. v. 4.8.2011 – 2 CS 11.997 – juris; Beschl. v. 20.11.2014 – 2 CS 14.2199 – juris). Hingegen begründen allein Wünsche eines Eigentümers, sein Grundstück stärker auszunutzen als dies ohnehin schon zulässig wäre, noch keine Atypik. Modernisierungsmaßnahmen, die nur der Gewinnmaximierung dienen sollen, sind auch in Ballungsräumen nicht besonders schützenswert (vgl. BayVGH, Beschl. v. 20.11.2014 – 2 CS 14.2199 – juris). Soweit es lediglich um den Ausbau eines Dachgeschosses unter Einbau von Dachgauben geht und auch keine zusätzliche Wohnung geschaffen wird, sondern lediglich die vorhandene Wohnung durch den Dachgeschossausbau erweitert wird, stellt dies eine übliche Maßnahme zur Anpassung an zeitgemäße Wohnungsbedürfnisse dar und keine Maßnahme zur bloßen Gewinnmaximierung (BayVGH, Beschl. v. 15.9.2015 – 2 CS 15.1792 – juris).

3. Ausschluss des Überdeckungsverbots für Gebäude und bauliche Anlagen, die in den Abstandsflächen zulässig sind

Mit Abs. 3 Halbsatz 2 Nr. 3 wird klargestellt, dass das Überdeckungsverbot nicht **395** für Gebäude und bauliche Anlagen gilt, die in den Abstandsflächen zulässig sind oder gestattet werden. Zulässig in den Abstandsflächen eines Gebäudes sind die in Abs. 9 näher beschriebenen Grenzgebäude (Rn. 587 ff.).

4. Kein Verzicht auf das Überdeckungsverbot bei übertragenen Abstandsflächen

Das Überdeckungsverbot gilt auch für Abstandsflächen, die sich aufgrund der **396** Regelung des Abs. 2 Satz 3 ganz oder teilweise auf Nachbargrundstücke erstrecken (vgl. a. OVG NRW, Beschl. v. 21.11.2008 – 10 A 2170/08 – juris). Das ergibt sich aus der Vorschrift, wonach die übertragenen Abstandsflächen nicht auf die auf dem übernehmenden Grundstück erforderlichen Abstandsflächen angerechnet werden dürfen (vgl. Rn. 108).

Ein Verstoß gegen Abs. 3 begründet kein Abwehrrecht zugunsten des Nachbarn, **397** wenn sich die dem Bauvorhaben zuzuordnenden Abstandflächen und die vor dem Gebäude des Nachbarn einzuhaltenden Flächen nicht auf dem Grundstück dieses Nachbarn überschneiden (OVG NRW Urt. v. 20.11.2013 – 7 A 2341/11 – BauR 2014, S. 252, BRS 81 Nr 198, vgl. OVG NRW, Beschl. v. 2.5.2012 – 10 B364/ 12 –, m. w. N.)

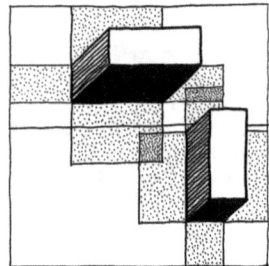

Abb. 6.3.6

Unzulässige Überdeckung auf das Nachbargrundstück übertragener Abstandsflächen.

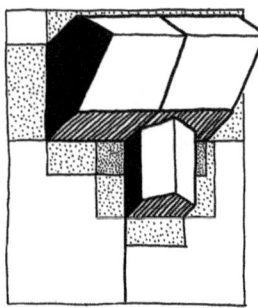

Abb. 6.3.7

Unzulässige Überdeckung der auf das Nachbargrundstück übertragenen Abstandsflächen eines Anbaus an eine Doppelhaushälfte.

D Bemessungsregeln

I. Das Maß H als Bezugsgröße (Abs. 4)

398 Grundsätzlich bemisst sich die Tiefe der Abstandfläche sich nach der Wandhöhe. Sie wird senkrecht zur Wand gemessen. Zusammen mit unter Umständen anzurechnenden Dachhöhen ergibt sich das Maß H.

1. Allgemeine Bemessungsgrundsätze (Abs. 4 Satz 1)

399 Abgesehen von den Fällen, in denen von festen Werten als Mindesttiefen auszugehen ist (3-m-Regelung in Abs. 5 Sätze 1 und 2, Abs. 6 Satz 1 und Abs. 7 Nr. 2), richtet sich die Mindesttiefe der Abstandsfläche nach der Höhe der Gebäude. Dabei ist die Wandhöhe Ausgangspunkt für die Berechnung der Tiefe der Abstandsfläche, und zwar **die Höhe der eigenen, nicht die der gegenüberliegenden Wand.** Die Tiefe der Abstandsfläche muss für jede Außenwand eines Gebäudes gesondert ermittelt werden (Abb. 6.4.1). Daher muss auch die Wandhöhe für jede Außenwand eines Gebäudes gesondert ermittelt werden.

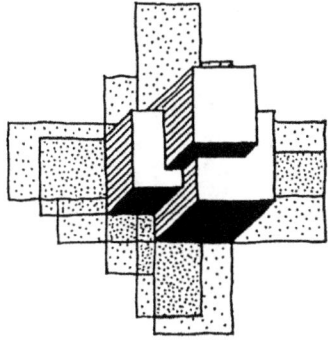

Abb. 6.4.1
Die Tiefe der Abstandsfläche ist für jede Außenwand eines Gebäudes gesondert zu ermitteln.

Da **nicht mehr** wie in älteren Abstandsregelungen die Zahl der **Vollgeschosse**   **400**
maßgebend ist für die Berechnung der Tiefe der Abstandsfläche, ist die Frage, ob
ein Geschoss als Vollgeschoss anzusehen ist oder nicht, eine Frage, die insbesondere in steilen Hanglagen schwierig zu beantworten war und ist, für die Ermittlung der Tiefe der Abstandsfläche ohne Bedeutung.

Maßgebend sind die Außenmaße der Wand. Ein **Drempel** ist als Teil der Außen-   **401**
wand bei der Ermittlung der Wandhöhe hinzuzurechnen. Die Maßangaben über
die Wandhöhe in den Bauvorlagen müssen eindeutig sein. Das Vorliegen einer
Außenwand oder eines Außenwandteils ist grundsätzlich nicht von der Ausgestaltung der Wand abhängig (BayVGH, Beschl. v. 26.3.2015 – 2 ZB 13.2395 – juris
Rn. 3 m. w. N.).

Die Vorschrift, wonach die Tiefe der Abstandsfläche senkrecht zur Wand zu mes-   **402**
sen ist, geht vom Normalfall einer senkrecht stehenden Wand aus und gilt
zunächst für die Darstellung der Abstandsfläche im Grundriss. Danach ist die
Abstandsfläche **in einem Winkel von 90° zur Wandflucht** zu messen, bei
gekrümmten Außenwänden senkrecht zur Tangente im jeweiligen Punkt. Daraus
folgt, dass die Abstandsfläche **vor geraden Außenwänden** regelmäßig ein
Rechteck ist oder eine Fläche, die sich aus Rechtecken unterschiedlicher Tiefe
zusammensetzt (Abb. 6.4.2 und 6.4.3). Dabei ist die Breite der Abstandsfläche
gleich der Wandlänge, unabhängig von deren Höhe. Bei gekrümmten Wandflächen folgt die Abstandsfläche der Wandkrümmung (Abb. 6.4.4). Bei Gebäuden
mit kreisrundem Grundriss ist die Abstandsfläche ein Kreisring (Abb. 6.4.5), bei
kreisrunden Innenhöfen ein Kreisring oder ein Kreis (Abb. 6.4.6). Die Anweisung
gilt aber auch für die **Darstellung im Schnitt.** In ebenem Gelände kommt dem
keine Bedeutung zu, wohl aber im hängigen Gelände. Dann ist nämlich vom
unteren Bezugspunkt der Wand eine Horizontale zu ziehen, auf dieser Horizontalen die Tiefe der Abstandsfläche abzutragen und auf die Geländeoberfläche
nach unten oder nach oben zu projizieren (Abb. 6.4.7).

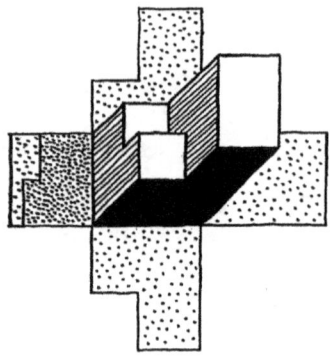

Abb. 6.4.2
Vor geraden Außenwänden ist die Abstandsfläche immer ein Rechteck oder eine Fläche, die sich aus mehreren Rechtecken zusammensetzt.

Abb. 6.4.3
Bei stumpfwinkligen Wandabknickungen ergeben sich zulässige Überdeckungen der Abstandsflächen in den Innenecken.

Abb. 6.4.4
Bei gekrümmten Wandflächen folgt die Abstandsfläche der Wandkrümmung.

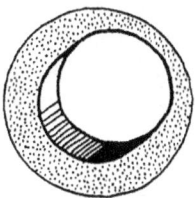

Abb. 6.4.5

Bei Gebäuden mit kreisrundem Grundriss ist die Abstandsfläche ein Kreisring.

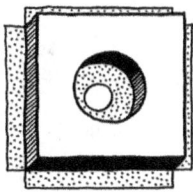

Abb. 6.4.6

Bei kreisrunden Innenhöfen ist die Abstandsfläche ein Kreisring oder ein Kreis.

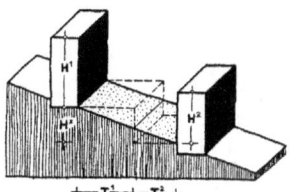

Abb. 6.4.7

Die Höhendifferenz H^X zwischen den Bezugspunkten zweier sich gegenüberliegender Außenwände bleibt bei der Ermittlung der H unberücksichtigt.

2. Unterer Bezugspunkt (Abs. 4 Satz 2)

Bei der Ermittlung der Wandhöhe H ist nach Satz 2 von der **Geländeoberfläche** **403** auszugehen. Maßgebend ist die Schnittlinie der Geländeoberfläche mit der Außenwand.

In hängigem Gelände kann der Fall eintreten, dass die einander gegenüberlie- **404** genden Außenwände zweier Gebäude oder Gebäudeteile in ihren unteren Bezugspunkten eine Höhendifferenz aufweisen. Diese Differenz bleibt bei der Ermittlung der H und den daraus abzuleitenden Tiefen der Abstandsflächen unberücksichtigt (Abb. 6.4.7), mit der Folge, dass sich hinsichtlich der Belichtung für das im Hang unten stehende Gebäude, verglichen mit dem Normalfall (ebenes Gelände), ungünstigere Verhältnisse ergeben (Rn. 463 Abb. 6.5.5).

405 **Geringfügige Veränderungen der Geländeoberfläche,** wie Abgrabungen vor Kellerfenstern oder Anböschungen für erhöhte Terrassen o. Ä. (Abb. 6.4.8), bleiben bei der Berechnung der H unberücksichtigt.

406 Für genehmigungsbedürftige Vorhaben ist von der Geländeoberfläche auszugehen, die sich aus der Baugenehmigung ergibt, im Übrigen von der natürlichen Geländeoberfläche.

407 Wenn das bisherige Gelände beseitigt wird und eine Tiefgarage an der Stelle erschlossen wird, ist eine Berücksichtigung bei der Ermittlung der Wandhöhe u. U. angezeigt (BayVGH, Beschl. v. 23.12.2013 – 15 CS 13.2479 – juris Rn. 16). Eine Nichtberücksichtigung kann fehlerhaft sein, wenn das ehemalige Gelände in Richtung des tiefer gelegenen Nachbargrundstücks beseitigt und nicht wieder aufgenommen oder hergestellt wird, sodass die Tiefgarage frei liegt. Grundsätzlich ist die Geländeoberfläche zwar die natürliche, gewachsene Oberfläche und nicht die durch Aufschüttungen oder Abgrabungen veränderte Geländeoberfläche. Damit wird aber nicht zum Ausdruck gebracht, dass für die Bemessung der Wandhöhe auf eine fiktive Geländeoberfläche abzustellen ist, die nach Maßgabe der Bauvorlagen ersichtlich dauerhaft beseitigt werden soll. Liegt das Nachbargrundstück tiefer als das Baugrundstück und gräbt der Bauherr das zum Nachbargrundstück weisende Gelände dauerhaft ab, so ist die Wandhöhe seines Gebäudes von der geplanten neuen Geländeoberfläche ausgehend zu berechnen. Auf die Situationsgebundenheit des Grundeigentums des tiefer gelegenen Nachbargrundstücks kann sich der Beigeladene dann nicht mehr berufen, wenn er die Geländeverhältnisse dadurch verändert, dass er den vorhandenen Geländesprung zwischen dem Baugrundstück und dem Nachbargrundstück dauerhaft beseitigt oder verringert (BayVGH, a.a.O.).

408 Für die Bestimmung der Geländeoberfläche ist nur von den Geländeverhältnissen auf dem Baugrundstück und nicht von denjenigen auf dem Nachbargrundstück auszugehen (OVG NRW, Beschl. v. 30.9.2016 – 7 B 853/16 – juris; vgl. Johlen, in: Gädtke u. a., BauO NRW, 12. Aufl. Rn. 196).

Abb. 6.4.8
Geringfügige Veränderungen der Geländeoberfläche bleiben bei der Berechnung der H unberücksichtigt.

Eintragungen über die Geländeoberfläche in den Bauvorlagen, die den unteren Bezugspunkt für die Berechnung der H in einem für den Antragsteller günstigen Sinne manipulieren, sind von der Bauaufsichtsbehörde im Genehmigungsverfahren zu korrigieren.

Der Fall, dass das Gelände über die Länge der Außenwand abfällt, ist im Gesetz **409** nicht geregelt. In den Bauordnungen anderer Länder ist vorgeschrieben, dass in diesen Fällen **die im Mittel gemessene Wandhöhe** für die Berechnung der Tiefe der Abstandsfläche maßgebend ist. Das Gesetz schließt eine entsprechende Festlegung nicht aus. Es kann aber auch davon ausgegangen werden, dass die Abstandsfläche entsprechend der unterschiedlichen Wandhöhe unterschiedlich tief ist, sodass sie bei geradlinigem Hangverlauf eine Trapezform annimmt (Abb. 6.4.9 – vgl. BayVGH, Beschl. v. 12.4.1991 – 1 CS 91.439 –, BayVBl. 1991 S. 720).

Eine im Baugenehmigungsverfahren auf der Grundlage von Art. 54 Abs. 2 Satz 2 **410** BayBO mögliche Höhenfestlegung/Höhenfestsetzung bestimmt in diesen Fällen den nach Art. 6 Abs. 4 Satz 2 BayBO für die Berechnung der Wandhöhe erforderlichen Fußpunkt. Dabei handelt es sich nicht um eine vom Vorhaben an einer bestimmten Stelle im Gelände tatsächlich einzuhaltende Höhe. Diese von der Bauaufsichtsbehörde im Einzelfall ausdrücklich vorzunehmende Festsetzung stellt lediglich einen fiktiven Bezugspunkt für die Berechnung der Wandhöhen des zur Prüfung stehenden Vorhabens dar (BayVGH, Beschl. v. 30.5.2016 – 15 ZB 16.630 – juris).

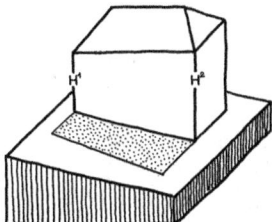

Abb. 6.4.9
Außenwände im Hangverlauf haben unterschiedliche Wandhöhen. Wird nicht von der im Mittel gemessenen Wandhöhe ausgegangen, so ergeben sich aus den unterschiedlichen Wandhöhen „schiefe", d. h. trapezförmige Abstandsflächen.

Auf die Geländeoberfläche muss auch dann Bezug genommen werden, wenn die **411** Außenwand nicht bis zum Gelände hinabreicht, z. B. bei **Gebäuden auf Stützen** (Abb. 6.4.10) oder bei **terrassierten Gebäuden** und Gebäuden mit „Breitfuß" (Rn. 124, Abb. 6.1.5). In den letztgenannten Fällen wird die Schnittlinie der Wand mit dem Gelände durch die vorgelagerten Bauteile ganz oder teilweise verdeckt. Um für derartige Bauvorhaben Abweichungsentscheidungen zu ermöglichen, wurde mit der Änderung BayBO 2018 in Abs. 1 Satz 4 eingefügt (vgl. Rn. 353).

412 Grundlage für die Berechnung der einzuhaltenden Abstandsfläche ist die Wandhöhe, die senkrecht zur Wand gemessen wird (Art. 6 Abs. 3 Satz 1 BayBO 1998; Art. 6 Abs. 4 Satz 1 BayBO 2008). Bei fehlenden Umfassungswänden sind die raumabschließenden Wände zu fingieren (BayVGH, Urt. v. 30.8.1984, – 2 B 83 A.1265, juris). Unterer Bezugspunkt für die Berechnung der Wandhöhe ist die Schnittlinie der Außenwand mit der Geländeoberfläche (Art. 6 Abs. 3 Satz 2 BayBO 1998; Art. 6 Abs. 4 Satz 2 BayBO 2008). Die maßgebliche Wandhöhe beschränkt sich daher nicht auf die Höhe der fingierten Außenwand der Überdachung. Die fingierte Wand der Überdachung ist vielmehr gedanklich bis zu ihrem Schnittpunkt mit der Geländeoberfläche zu verlängern. Gemeint ist dabei die Geländeoberfläche des Baugrundstücks und nicht des Nachbargrundstücks. Grundsätzlich ist von der natürlichen Geländeoberfläche auszugehen. Aufschüttungen und Abgrabungen verändern – auch wenn sie rechtmäßig im Zuge des Bauvorhabens vorgenommen werden – die natürliche Geländeoberfläche nicht. Allerdings kann nach Ablauf einer längeren Zeit (25 bis 30 Jahre) seit der Veränderung des Geländes eine neue natürliche Geländeoberfläche entstehen (vgl. BayVGH v. 14.1.1991 – 14 CS 90.3270 –; Beschl. v. 28.11.1996 – 20 B 97.912 – juris; Urt. v. 8.5.2010 – 9 B 08.3162 –, juris).

413 Bei der Ermittlung der für das Abstandrecht maßgeblichen Wandhöhe ist nicht auf die Geländehöhe abzustellen, die auf den betroffenen Grundstücken ursprünglich, also vor jeder Bebauung bestanden hat. In Regionen, in denen gebaut und das Gelände verändert wird, ist vielmehr auf das Geländeniveau abzustellen, welches vor der in Rede stehenden Baumaßnahme vorgefunden wird (OVG NRW, Beschl. v. 8.1.2008 – 7 B 1653/07 – juris; Beschl. v. 8.10.2008 – 7 A 2768/07 –; vgl. a. VGH Baden-Württemberg, Urt. v-. 24.3.2014 – 8 S 1938/ 12 – BauR 2014, S. 1752, BRS 82 Nr 191). Neben die Wandhöhe verringernden Aufschüttungen oder Geländemodellierungen unmittelbar am Vorhaben selbst können zur Vermeidung als unbefriedigend empfundener und dem Grundstücksnachbarn nicht zumutbar erscheinender Ergebnisse auch künstlich herbeigeführte Niveauveränderungen auf dem gesamten Baugrundstück zulasten eines Vorhabens gewertet werden, wenn die Höhenlage der Oberfläche auf diesem Grundstück infolgedessen nicht als „natürlich" im Sinn von „seit jeher so vorhanden" zu bewerten ist. Als zeitliche Grenze für die Feststellung, dass auch eine auf menschliche Einwirkungen zurückzuführende, gegenüber einem Nachbargrundstück erhöhte Geländeoberfläche als für die Abstandsflächenberechnung maßgebliche „vorhandene" Geländeoberfläche angesehen werden kann, bietet es sich an, auf die am Zweck der Herstellung bzw. Wahrung des Rechtsfriedens orientierte dreißigjährige (Verjährungs-)Frist (vgl. § 195 BGB a. F., § 197 Abs. 1 BGB n. F., § 900 BGB) zurückzugreifen (BayVGH, Beschl. v. 17.4.2015 – 15 CS 14.2612 – juris Rn. 6; ebenso: OVG RhPf, Beschl. v. 28.9.2005 – 8 A 10424/05 – juris Rn. 19 bis 22 unter Hinweis auf BayVGH, Beschl. v. 14.1.1991 – 14 CS 90.3270 m.w.N.; BayVGH, Beschl. v. 17.3.2003 – 2 CS 03.98 – juris Rn. 13; vgl. auch BayVGH, Beschl. v. 2.3.1998 – 20 B 97.912 – juris Rn. 13 m. w. N.: mehr als 25 Jahre).

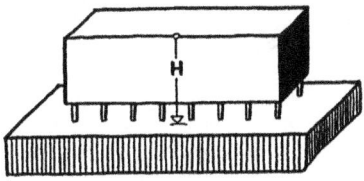

Abb. 6.4.10
Unterer Bezugspunkt für die Ermittlung des Maßes H ist auch bei Gebäuden auf Stützen immer die Geländeoberfläche.

3. Oberer Bezugspunkt (Abs. 4 Satz 2)

Oberer Bezugspunkt für die Berechnung der Wandhöhe ist bei geradem oberen **414** Wandabschluss die **Oberkante der Wand.** Bei Versprüngen im oberen Wandabschluss ist die betreffende Außenwand in entsprechende **Wandabschnitte** zu unterteilen (Abb. 6.4.11). Für jeden Wandabschnitt ist danach die Wandhöhe und daraus die Tiefe der Abstandsfläche gesondert zu ermitteln. Für Gebäude oder Gebäudeteile mit in der Tiefe versetzten Außenwandteilen ist die Wandhöhe für jeden Wandteil ebenfalls gesondert zu ermitteln. Da sich die Tiefe der Abstandsflächen für jeden Wandteil aus dessen Höhe ergibt, setzt sich die Abstandsfläche einer Wand mit versetzten Wandteilen aus mehreren Rechtecken mit unterschiedlichen Tiefen zusammen (Abb. 6.4.1).

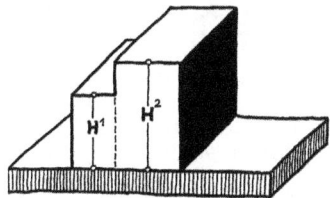

Abb. 6.4.11
Bei Versprüngen im oberen Wandabschluss ist die betreffende Außenwand in Abschnitte zu unterteilen und das Maß H für jeden Wandabschnitt gesondert zu ermitteln.

Wird der obere Wandabschluss durch ein Dach bestimmt, so ist die Außenwand **415** bis Oberkante Dachhaut zu verlängern und bis zur **Schnittlinie der Außenwand mit der Dachhaut** zu messen. Das gilt für Flachdächer und Steildächer gleichermaßen. Als Dachhaut wird das Deckmaterial des Daches bezeichnet (Ziegel, Schiefer, Blech, Pappe). Maßgebend ist also nicht die tragende Dachkonstruktion (z. B. Oberkante Sparren). Bei gewelltem Deckmaterial ist vom obersten Punkt der Wellung auszugehen (Abb. 6.4.12).

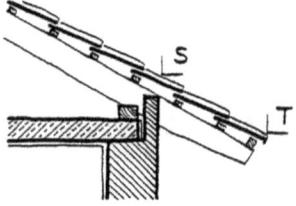

Abb. 6.4.12

Als oberer Bezugspunkt für die Ermittlung der Wandhöhe H ist nicht die Traufkante T, sondern die Schnittlinie der Außenwand mit der Dachhaut S maßgebend.

416 Die Schnittlinie der Wand mit der Dachhaut ist eine gedachte Linie; sie ist **nicht identisch mit der von außen sichtbaren Traufkante.** Die Traufe oder Traufkante ist nach dem Sprachgebrauch im Baugewerbe ganz allgemein „die untere waagerechte Begrenzung der Dachfläche". Die tatsächliche Traufe liegt unterhalb der Schnittlinie der Außenwand mit der Dachhaut. Im Allgemeinen ist die Maßdifferenz gering. Sie kann aber bei weit auskragenden oder auch steilen Dächern (Mansarddach) das Maß von 0,50 m übersteigen.

4. Berücksichtigung von Dach- und Giebelflächen (Abs. 4 Sätze 3 und 4)

417 Der Wandhöhe wird die Höhe von Steildächern mit mehr als 45° hinzugerechnet, und zwar voll oder zu einem Drittel, **entsprechend der Dachneigung.** Dächer mit einer Dachneigung unter 45° bleiben unberücksichtigt (vgl. BayVGH, Beschl. v. 30.1.2006 – 25 CS 05.2994 –, BayVBl. 07 S. 21; BauR 06 S. 116).

418 Bei der Ermittlung der Höhe des Daches ist wie bei der Ermittlung der Wandhöhe von der **Schnittlinie der Wand mit der Dachhaut** auszugehen. Bezogen auf diese Linie ist dann die Dachhöhe bis zum First zu ermitteln. Bei asymmetrischen Dächern mit unterschiedlichen Traufhöhen ist die anrechenbare Dachhöhe für jede Gebäudeseite gesondert zu ermitteln.

419 Im Normalfall, bei parallel zur Traufe, horizontal verlaufendem First, folgt aus der Hinzurechnungsregel, dass die Wandhöhe entsprechend der **Höhe des Daches** und der **Dachneigung** erhöht werden muss, um das für die Ermittlung der Abstandsflächentiefe T maßgebende Maß H zu erhalten. Die Höhe von Dächern mit einer Neigung von mehr als 70° wird der Wandhöhe voll hinzugerechnet, die Höhe von Dächern mit einer Neigung von 45° bis 70° zu einem Drittel (Abb. 6.4.13).

420 Die Anrechnungsregel des Absatzes 4 Satz 4 betrifft die **Giebelfläche im Bereich des Daches,** also die durch ein Satteldach gebildete dreieckige Fläche über dem unteren rechteckigen Teil der Giebelwand. Eine Giebelwand ist bei der Ermittlung der H nach der Anrechnungsregel des Satzes 4 nicht in der ganzen Höhe von der Schnittlinie der Wand mit der Geländeoberfläche bis zum First zu berücksichtigen, sondern aufzuteilen in die untere rechteckige Fläche und die darüber liegende dreieckige Fläche (Abb. 6.4.14). Der rechteckige Teil der Giebel-

wand ist bei der Ermittlung des Maßes H voll zu berücksichtigen, der darüber liegende Teil bei einer Dachneigung von weniger als 70° lediglich mit. Damit wird dem Umstand Rechnung getragen, dass **der dreieckige Teil der Giebelwand** nicht in gleicher Weise verschattend wirkt wie der untere rechteckige Teil der Giebelwand. Nur bei einer Dachneigung von mehr als 70° ist die Höhe der Giebelwand in voller Höhe zu berücksichtigen.

Die nach Abs. 5 Sätze 1 und 2 für Giebelwände zu ermittelnde Abstandsfläche ist **421** nach dieser Anrechnungsregel bei horizontalem unteren Wandabschluss immer ein Rechteck. Das hat für den Hauptanwendungsfall – traufständiges Gebäude mit parallel zur Giebelwand verlaufender Nachbargrenze – den Vorteil, dass der notwendige **Grenzabstand mit einem Wert** angegeben werden kann.

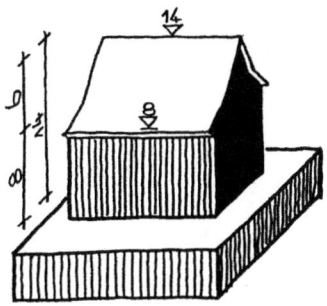

Abb. 6.4.13
Die Höhe von Dächern mit mehr als 45° und weniger als 70° ist der Wandhöhe mit einem Drittel hinzuzurechnen. Maßgebend ist die Dachneigung der Hauptdachfläche, nicht die Dachneigung im Bereich des Aufschieblings.

Die Regelung führt dazu, dass sich für Giebelwände bei tief herabgezogenen **422** Traufen z. B. im Falle beidseitig „abgeschleppter" Dächer ein geringeres Maß H errechnet als für eine Giebelfläche mit gleicher Firsthöhe, aber normal angesetzter Traufe. Das gilt insbesondere auch für die sogenannten „Nurdachhäuser", bei denen auf Traufwände ganz verzichtet wird.

Die Schnittlinie zwischen Hauptwandfläche und Giebeldreieck muss immer eine **423** Waagerechte sein. Bei **unterschiedlichen Traufhöhen** muss daher die Giebelfläche in 4 Teilflächen aufgeteilt werden. Die Wandabschnitte entstehen, indem durch den Schnittpunkt der höheren Wand mit der Dachhaut eine Horizontale und durch deren Schnittpunkt mit der Dachhaut auf der anderen Gebäudeseite eine Vertikale bis zur Geländeoberfläche gezogen wird (Abb. 6.4.15). Molodovsky weist darauf hin, dass nach anderer Auffassung die beiden Schnittpunkte Wand/Dach zu verbinden, vom First senkrecht auf diese Linie zu stoßen und daraus dann das Drittel zu nehmen sei (Molodovsky 80. AL Art. 6 Rn. 138). Die Schnittlinie zwischen Hauptwandfläche und Giebeldreieck würde dann nicht waagrecht, sondern schräg verlaufen.

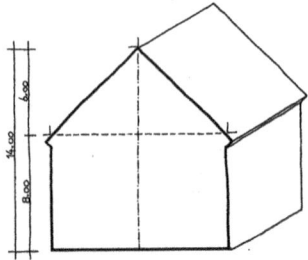

Abb. 6.4.14

Ermittlung der H für eine symmetrische Giebelwand – Satteldach:
H = 8,00 m + (6,00 m : 3) = 10,00 m.

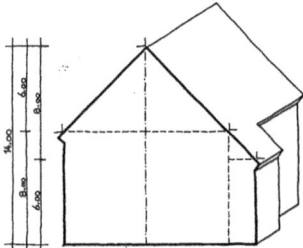

Abb. 6.4.15

Ermittlung der H für eine asymmetrische Giebelwand mit unterschiedlichen Traufhöhen – abge-
schlepptes Satteldach: H¹ = 8,00 m + (6,00 m : 3) = 10,00 m;
H² = 6,00 m + (2,00 m : 3) = 6,66 m.

424 Für jeden Wandabschnitt mit zugehöriger Teilgiebelfläche ist das Maß H und
mithin die jeweilige Tiefe der Abstandsfläche getrennt zu ermitteln. Dabei ist
auch für die einzelnen Wandabschnitte jeweils der untere viereckige Wandteil
voll bei der Berechnung der H zu berücksichtigen, die darüberliegenden dreieckigen Wandteile jeweils zu einem Drittel. Daraus folgt, dass sich die Abstandsfläche vor einer Giebelwand mit unterschiedlichen Traufhöhen aus zwei Rechtecken mit unterschiedlicher Tiefe zusammensetzt.

425 Bei schräg verlaufendem oberen Wandabschluss **(Pultdach)** ist nicht etwa von
der mittleren Wandhöhe auszugehen; vielmehr muss die Wandfläche, wie im
Falle des Satteldachs, in zwei Teilflächen aufgeteilt werden, wobei die Trennlinie
als Waagerechte von der Schnittlinie der niedrigen Wand mit der Dachhaut –
traufseitig – zu ziehen ist (OVG NRW, Beschl. v. 25.10.1995 – 7 B 2297/95;
Abb. 6.4.16).

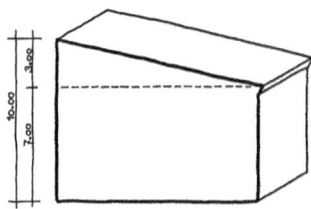

Abb. 6.4.16
Ermittlung der H für eine Giebelwand mit schrägem oberen Wandabschluss – Pultdach:
H = 7,00 m + (3,00 m : 3) = 8,00 m.

5. Besondere Dachformen

Das Gesetz regelt nicht, in welcher Weise besondere Dachformen bei der Berech- **426**
nung der Wandhöhe H zu berücksichtigen sind. Besondere Dachformen sind:

* das Walmdach,
* das Krüppelwalmdach,
* das Mansarddach,
* das Zeltdach,

weiterhin tonnenförmige und kuppelförmige Dächer oder Dachteile. Da es in
diesen Fällen – anders als im Falle des „Nurdachhauses" – an einer gesetzlichen
Regelung fehlt, ist bei der sinngemäßen Anwendung der Vorschriften über die
Anrechnung von Dachflächen von der verschattenden Wirkung der unterschiedlichen Dachformen auszugehen. Diese lässt sich nicht berechnen, sondern nur
abschätzen.

Bei tonnenförmigen Dächern erscheint es gerechtfertigt, von einem Dach glei- **427**
cher Höhe mit ebenen Dachflächen als Vergleichsfall auszugehen (Abb. 6.4.17).

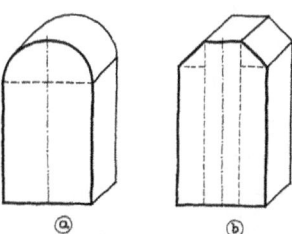

Abb. 6.4.17
Tonnenförmiges Dach (a), Dach mit vergleichbarer Verschattungswirkung (b).

Bei einem **Zeltdach** kann von der für das Satteldach geltenden Berechnungsme- **428**
thode ausgegangen werden: Bei einem Satteldach über quadratischem Grundriss

mit einer Dachneigung von mehr als 45° sind die Dächer nach Satz 4 mit einem Drittel ihrer Höhe anzurechnen, ebenfalls die dreieckige Giebelfläche. Bei einem Zeltdach über gleicher Grundfläche könnte davon ausgegangen werden, dass die in einem Winkel von weniger als 70° nach hinten gekippte dreieckige Giebelfläche nochmals zu dritteln wäre. Danach wäre die Höhe des Zeltdachs mit einem Neuntel anzurechnen (Abb. 6.4.18).

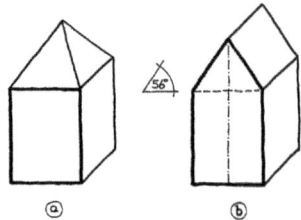

Abb. 6.4.18

Zeltdach (a), Dachneigung 56°. Die verschattende Wirkung ist geringer als im Falle eines Satteldachs mit gleicher Dachneigung (b).

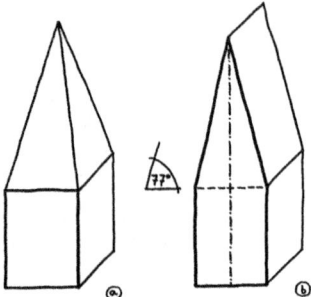

Abb. 6.4.19

Zeltdach (a), Dachneigung 77°. Die verschattende Wirkung ist geringer als im Falle eines Satteldachs mit gleicher Dachneigung (b).

429 Die gering verschattende Wirkung, die von einem Zeltdach ausgeht, spricht allerdings dafür, die Dachhöhe bei Dachneigungen von weniger als 70° vollständig zu vernachlässigen. Andererseits wäre es aber auch nicht gerechtfertigt, eine etwa 12 m hohe Turmspitze bei der Berechnung des Maßes H vollständig zu vernachlässigen. Eine Berücksichtigung mit einem Sechstel der Höhe der Turmspitze erscheint gerechtfertigt. Das ergäbe bei einer angenommenen Höhe der Turmspitze von 12 m einen Zuschlag von 2 m, der bei der Ermittlung der Wandhöhe H dem bis zur Schnittlinie der Außenwand mit der Dachhaut gemessenen Wert hinzuzurechnen wäre (Abb. 6.4.19).

Das **Walmdach** kann als ein Dach angesehen werden, das aus einem Satteldach **430** und zwei Zeltdachhälften zusammengesetzt ist. Die für das Satteldach nach Abs. 3 Satz 4 geltenden Grundsätze einerseits und die für Zeltdächer entsprechend ihrer verschattenden Wirkung abgeleiteten Grundsätze andererseits (Rn. 520) können sinngemäß miteinander kombiniert werden (Abb. 6.4.20).

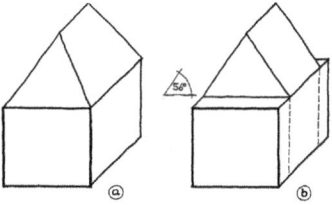

Abb. 6.4.20

Walmdach (a), Dachneigung 56°. Das Dach ist vergleichbar einem Satteldach mit zwei vorgelagerten halben Zeltdächern (b).

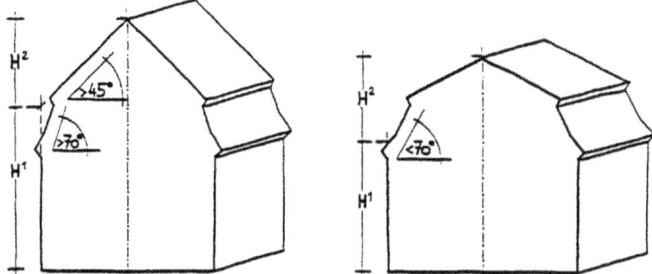

Abb. 6.4.21

Ermittlung der H für eine Giebelwand – Mansarddach: $H = H^1 + \frac{1}{3} H^2$.

Die relevante Giebelhöhe ermittelt sich bei einem **Krüppelwalmdach** nicht stets **431** aus dem Unterschied zwischen der Höhe des Schnittpunktes Wand/Dachhaut als dem unteren und der Höhe des Giebels bis zum First als dem oberen Bezugspunkt. Die Höhe der Abwalmung (des Krüppelwalmes) ist vielmehr bei der Berechnung der Giebelhöhe nicht zu berücksichtigen, wenn die Neigung der Walmfläche nicht mehr als 45° aufweist. In diesem Fall ist die Höhe der Giebelfläche lediglich vom Schnittpunkt Wand/Dachhaut bis zum unteren Ansatz des Krüppelwalmes zu berücksichtigen. Beträgt die Neigung der Walmfläche zwischen 45° und 70°, so ist deren Höhe mit einem Drittel zu der Höhe der Giebelfläche bis zum unteren Ansatz des Krüppelwalmes hinzuzurechnen (OVG NRW, Beschl. v. 31.1.1994 – 10 B 1414/93 –, BRS 56 Nr. 97).

432 Bei **Mansarddächern** ist der steile Dachteil aufgrund des Abs. 4 Satz 3 der Wand-höhe voll hinzuzurechnen. Dabei ist zu berücksichtigen, dass durch die Ände-rung der Vorschrift über die Anrechnung von Dächern bei der Ermittlung der H Dächer oder Dachteile mit einer Dachneigung von 70° bis zu 75°, die nach Art. 6 Abs. 3 Satz 4 BayBO a. F. nur zu einem Drittel ihrer Höhe anzurechnen waren, nun der Wandhöhe voll hinzugerechnet werden müssen. Wie die Höhe des stei-len Dachteils zu ermitteln ist, geht aus der Regelung nicht hervor. Entsprechend der verschattenden Wirkung erscheint es gerechtfertigt, von der Schnittlinie der nach oben verlängerten Flucht der Außenwand mit der nach außen verlängerten Flucht der Dachhaut des oberen flachen Dachteils auszugehen (Abb. 6.4.21).

6. Dachaufbauten (Abs. 4 Satz 5)

433 Nach Satz 5 gelten die Sätze 1 bis 4 für Dachaufbauten entsprechend. Es wird nicht nach Dachaufbauten auf **geneigten Dächern** und **Flachdächern** unterschie-den. Kleinere Dachaufbauten über Flachdächern können beispielsweise **Aufzug-überfahrten** sein. Gegenüber der Außenwand eines Gebäudes zurückgesetzte Geschosse, die die ganze Breite des Gebäudes oder nahezu die ganze Breite des Gebäudes einnehmen, werden nicht als Dachaufbauten, sondern als **Staffelge-schosse** bezeichnet. Die gegenüber der Außenwand des Gebäudes zurückge-setzte Außenwand eines Staffelgeschosses hat eine eigene Abstandsfläche, deren Tiefe sich aus der Höhe der Außenwand des Staffelgeschosses von der Gelände-oberfläche bis zum oberen Abschluss der Außenwand bzw. der Schnittlinie der Außenwand des Staffelgeschosses mit der Dachhaut errechnet.

434 Dachaufbauten auf geneigten Dächern werden **Dachgauben** genannt. Das OVG NRW hat Dachgauben als Dachaufbauten für stehende Fenster definiert, die auf dem Dach und nicht ganz oder teilweise vor oder auf einer Außenwand des Hauses errichtet sind (OVG NRW, Beschl. v. 24.9.1991 – 7 B 2660/91). Der BayVGH hat es demgegenüber für möglich gehalten, dass eine Dachgaube auf der Außenwand des Gebäudes aufsitzt (BayVGH, Urt. v. 20.2.1990 – 14 B 88.02464 –, BRS 50 Nr. 122). Das OVG Mecklenburg-Vorpommern fordert nur, dass eine Dachgaube nach Erscheinungsbild und Funktion in das Dach einge-ordnet sein muss (OVG Mecklenburg-Vorpommern, Beschl. v. 27.1.1998 – 3 M 163/97 –, BRS 60 Nr. 112). Eine Dachgaube kann als **Schleppgaube** mit seiner Traufe parallel zur Traufe des Hauptdaches (Abb. 6.4.22) oder mit einem giebel-förmigen Abschluss (Abb. 6.4.23) ausgebildet sein. Eine Schleppgaube kann eine erhebliche Breite aufweisen. Größere Dachaufbauten auf geneigten Dächern, deren Vorderfront in einer Ebene mit der Außenwand des Gebäudes liegt und die mit einem eigenen Giebel abschließen, werden allgemein als **Zwerchhäuser** bezeichnet (Abb. 6.4.24; vgl. a BayVGH, Beschl. v. 11.12.2014 – 15 CS 14.1710 – juris, Rn. 16; OVG NRW, Urt. v. 22.3.2018 – 7 A 1388/15 – juris Rn. 39).

435 Da für Dachaufbauten auf geneigten Dächern wie für Dachaufbauten auf Flach-dächern gleichermaßen die Sätze 2 bis 4 entsprechend gelten, müssen sie, sofern sie mit ihrer Vorderfront in der Ebene der Gebäudefront liegen als Wandab-schnitte mit einem eigenen Maß H angesehen werden (vgl. BayVGH, Beschl. v. 30.1.2006 – 25 CS 05.2994 –, BayVBl. 2007 S. 21; BauR 2006 S. 1116). Schließen die

Dachaufbauten mit einem eigenen Giebel ab, wie etwa im Falle von **Zwerchhäusern,** so muss die Höhe des Giebeldreiecks mit der Wandhöhe hinzugerechnet werden. Ist der Dachaufbau – die Dachgaube – gegenüber der Außenwand des Gebäudes zurückgesetzt, so hat sie eine eigene Abstandsfläche, deren Tiefe sich aus dem Maß H der Gaube errechnet. Bei einer **Schleppgaube** ergibt sich das Maß H aus der Wandhöhe der Schleppgaube, gemessen vom Schnittpunkt der nach unten bis zur Geländeoberfläche verlängerten Außenwand der Schleppgaube mit der Geländeoberfläche bis zum Schnittpunkt der Wand mit der Dachhaut, und der hinzuzurechnenden Dachfläche. Diese ist bei einer Dachneigung von 45° bis 70° zu einem Drittel ihrer Höhe zu berücksichtigen. Bautechnisch tritt das Zwerchhaus nicht aus der Außenwand heraus. Es verlängert vielmehr die Außenwand des Gebäudes über die Traufe hinaus in den Dachbereich. Es steigt von der Geländeoberfläche aus bis in den Dachbereich auf und stellt sich dort als Dachaufbau dar (OVG NRW, Urt. v. 21.1.1999 – 10 A 4072/97 – juris).

Nach Abs. 1 Satz 1 sind vor den Außenwänden von Gebäuden Abstandsflächen **436** von oberirdischen Gebäuden freizuhalten, wobei unter „Außenwänden" die äußeren Begrenzungen des Gebäudes zu verstehen sind, die weder Dach noch Fußboden darstellen (vgl. OVG NRW, Beschl. v. 13.1.2004 – 10 B 1811/03 –, BRS 67 Nr. 127; zum Begriff der Außenwand auch OVG NRW, Beschl. v. 17.11.2009 – 7 B 1350/09 –, BauR 2010, S. 749). Danach ist vor der Seitenwand eines Dachaufbaus jeweils eine Abstandsfläche freizuhalten, weil die seitlichen Begrenzungen des Dachaufbaus nicht Bestandteil des Daches, sondern Außenwände sind.

Ob die vorderen beziehungsweise seitlichen äußeren Begrenzungen eines auf **437** einer geneigten Dachfläche errichteten Dachaufbaus die Einhaltung eigener Abstandsflächen erforderlich machen oder jedenfalls bei der Berechnung der vor den Außenwänden des Gebäudes einzuhaltenden Abstandsflächen berücksichtigt werden müssen, hängt davon ab, wie sie im Einzelfall bei wertender Betrachtung rechtlich zu qualifizieren sind. Ist der fragliche Dachaufbau bloßer **Bestandteil des Daches,** auf dem er errichtet ist, machen seine äußeren Begrenzungen – einschließlich etwaiger Fensterfronten – die Einhaltung eigener Abstandsflächen nicht erforderlich. Allenfalls kann in einem solchen Fall der Dachaufbau allein oder zusammen mit weiteren Dachaufbauten – dazu führen, dass die Höhe des Daches bei der Bemessung der Tiefe der Abstandsfläche zu berücksichtigen ist, die vor der darunter liegenden Außenwand von Bebauung freigehalten werden muss. Das ergibt sich aus § 6 Abs. 4 Satz 6 Nr. 2 BauO NRW 2000. Diese Überlegungen gelten allerdings nur für Dachgauben – die von der Rechtsprechung als **Dachaufbauten** für stehende Fenster definiert werden, welche gegenüber der darunter liegenden Außenwand zurückspringen und mit allen ihren Teilen auf der Dachfläche errichtet sind – und (sonstige vergleichbare) Dachaufbauten, die sich unter die Vorschrift des § 6 Abs. 4 Satz 6 Nr. 2 BauO NRW 2000 subsumieren lassen (vgl. OVG NRW, Beschlüsse v. 13.1.2004 – 10 B 1811/03 –, BRS 67 Nr. 127 und v. 14.5.2007 – 7 A 2327/06 –, juris).

Ob ein Bauteil im Einzelfall ein Dachaufbau im Sinne des § 6 Abs. 4 Satz 6 Nr. 2 **438** BauO NRW 2000 ist, hängt davon ab, ob er bei wertender Betrachtung (noch) als

Bestandteil des Daches anzusehen ist oder ob er als weitgehend selbstständiger Bauteil in Erscheinung tritt. Als mögliche Kriterien für die vorzunehmende Wertung kommen beispielsweise in Betracht: die Unterordnung des Dachaufbaus nach Ausmaß und Gestaltung im Verhältnis zum Dach, die Funktion des Dachaufbaus und der Umfang der zusätzlichen Auswirkungen, die der Dachaufbau auf die durch die Abstandflächenvorschriften geschützten Belange haben kann (vgl. OVG NRW, Beschlüsse v. 13.1.2004 – 10 B 1811/03 –, BRS 67 Nr. 127 und v. 14.5.2007 – 7 A 2327/06 –, juris, OVG NRW Urt. v. 26.6.2014 – 7 A 2057/12 – juris Rn. 32; vgl. a. BayVGH Beschl. v. 26.9.2016 – 15 CS 16.1348 –, juris Rn. 41).

439 Ein derart eingeschränktes Verständnis des § 6 Abs. 4 Satz 6 Nr. 2 BauO NRW ergibt sich aus dem Regelungszusammenhang der Abstandsflächenvorschriften und ist geboten, um Missbrauch zu verhindern. Ansonsten wäre auch ein Dachaufbau, der der Definition der Dachgaube lediglich formal entspricht, weil er geringfügig gegenüber der darunter liegenden Außenwand zurücktritt und mit seiner oberen äußeren Begrenzung unterhalb der Höhe des Firstes bleibt, abstandsflächenrechtlich bevorzugt zulässig, obwohl er in Wirklichkeit von seinen Ausmaßen, seiner Funktion und seinen Wirkungen einem Staffelgeschoss gleicht, dessen äußere Begrenzungen bei der Berechnung des Maßes H höhenmäßig voll in Ansatz gebracht werden müssten (vgl. OVG NRW, Beschl. v. 13.1.2004 – 10 B 1811/03 –, a.a.O.).

440 Erweist sich danach ein **Dachaufbau** als ein vom Dach losgelöster **selbstständiger Bauteil**, sind seine äußeren Begrenzungen – einschließlich etwaiger Fensterfronten – regelmäßig als Außenwände oder als Teil von Außenwänden des Gebäudes anzusehen, die eigene Abstandsflächen nach § 6 Abs. 1 Satz 1 BauO NRW auslösen (vgl. OVG NRW, Beschlüsse v. 13.1.2004 – 10 B 1811/03 –, a.a.O., und v. 29.4.2010 – 7 B 201/10 –, juris; VG Düsseldorf, Urt. v. 19.8.2010 – 9 K 8348/08 – juris).

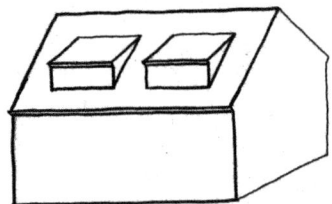

Abb. 6.4.22
Gebäude mit Satteldach und Schleppgauben.

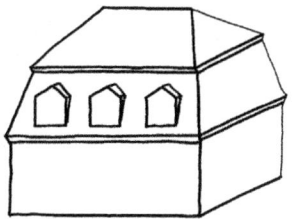 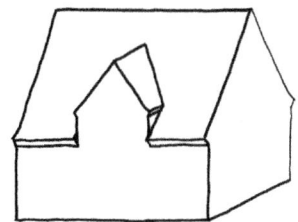

Abb. 6.4.23

Gebäude mit Mansarddach. Die Dachgauben sitzen auf der Außenwand (in der Flucht der Außenwand) auf.

Abb. 6.4.24

Gebäude mit Satteldach und Zwerchhaus.

7. Auswirkungen baulicher Veränderungen

Der Ausbau von Dachgeschossen, insbesondere zu Wohnzwecken, ist häufig mit **441** Veränderungen der äußeren Gestaltung der Gebäude im Bereich des Daches verbunden: Aufsetzen eines Steildachs auf ein Flachdach; Aufsetzen von Dachaufbauten mit zum Teil beträchtlichen Abmessungen. Nach Fortfall der Anrechnungsregel des § 20 Abs. 2 Satz 2 BauNVO ist eine wesentliche planungsrechtliche Einschränkung des möglichen Dachausbaus entfallen; d. h., solange nicht die Grenze zum Vollgeschoss überschritten wird, stehen **planungsrechtliche Vorschriften** einem **Dachausbau** in aller Regel nicht entgegen, sodass vermehrt die Frage auftritt, **ob bauordnungsrechtliche Vorschriften** einem Dachausbau entgegengehalten werden müssen. Außer Fragen des Brandschutzes – wenn etwa nach erfolgtem Dachausbau ein Gebäude nicht mehr als Gebäude der Gebäudeklasse 1, 2 oder 3 angesehen werden kann – stellt sich häufig die Frage, ob die Regelungen über die Abstandsflächen einem geplanten Dachausbau entgegenstehen; denn nicht selten führt der Dachausbau zu einer **Vergrößerung der Tiefe der Abstandsflächen.** Soweit die vergrößerte Abstandsfläche nicht auf dem Grundstück selbst nachgewiesen werden kann, können aufgrund des Dachausbaus nachbarliche Belange berührt werden. Soweit sich jedoch aus den Regelungen über die Anrechnung bzw. Nichtanrechnung von Dächern keine Änderung in der Tiefe der Abstandsfläche ergibt oder soweit eine vergrößerte Abstandsfläche den Anforderungen des Abs. 2 entspricht, muss der Nachbar die Änderungen in aller Regel hinnehmen. Evtl. zu berücksichtigende baugestalterische Gesichtspunkte haben keine nachbarschützende Bedeutung (vgl. OVG NRW, Urt. v. 14.1.1994 – 7 A 2238/92).

Ein Grundstückseigentümer kann nicht erwarten, dass sich sein Nachbar bei der **442** Ausnutzung seines Baurechts strikt auf die Maße beschränkt, die er selbst für seinen Baukörper gewählt hat, auch wenn dies zunächst durch die identische Giebelhöhe zweier Gebäude geschehen war. Wenn durch eine nachträgliche Baumaßnahme mit einer geringfügigen Dacherhöhung und dem Einbau einer Dachgaube lediglich ein faktisch bestehender Lagenachteil des Grundstückeigentümers, der bereits ohne das geplante Vorhaben eine gewisse Verschattung der nach Süden ausgerichteten Räume und des Terrassenbereichs beinhaltet, durch die südlich des Grundstücks bestehende Bebauung geringfügig verstärkt wird, hat der Grundstückseigentümer dies zu dulden, denn er hat durch die entsprechende Ausrichtung seiner Terrasse und Wohnräume selbst zu seiner Verletzlichkeit beigetragen. Mit der Realisierung baulicher Veränderungen insbesondere Erweiterungen in der Umgebung muss der Eigentümer eines Grundstücks dabei rechnen (VG Gelsenkirchen, Beschl. v. 28.3.2013 – 5 L 302/13 – juris).

II. Tiefe der Abstandsfläche (Abs. 5)

1. Das Maß H in Bezug zum Baugebiet (Abs. 5 Satz 1)

443 Das anlagenbezogene nach Abs. 4 berechnete **Maß H** muss in Bezug zum Baugebiet gesetzt werden, um die erforderliche Tiefe der Abstandsfläche bestimmen zu können.

1.1 Eingeschränkter Vorrang für den Bebauungsplan

444 Aus den Regelungen der Sätze 1 bis 4 ergibt sich, wie die **Tiefe der Abstandsfläche** aus dem Maß H zu errechnen ist, sofern sich nicht aus Abs. 6 oder aus einer **örtlichen Bauvorschrift** nach Art. 81 Abs. 1 Nr. 6 etwas anderes ergibt. Nach Art. 81 können die Gemeinden unter den dort genannten Voraussetzungen örtliche Bauvorschriften über geringere als die in Absätzen 5 oder 6 vorgeschriebenen Maße als Satzung erlassen.

445 Die Vorschrift, wonach den Regelungen in einer Satzung nach Art. 81 der **Vorrang** vor den Regelungen der Absätze 5 und 6 eingeräumt wird, schließt zugleich einen Vorrang für **Festsetzungen eines Bebauungsplans** im Sinne von § 8 oder § 12 des BauGB oder über geringere Abstandsflächentiefen nach § 9 Abs. 1 Nr. 2a BauGB aus. Auch soweit sich aus anderen Festsetzungen eines Bebauungsplans nach dem BauGB geringere Gebäudeabstände als nach den Absätzen 5 oder 6 ergeben, wird diesen Festsetzungen kein Vorrang eingeräumt. Werden jedoch in einem Bebauungsplan innerhalb der überbaubaren Grundstücksflächen nach § 22 Abs. 4 Satz 2 BauNVO geringere Grenzabstände als nach den Absätzen 5 und 6 zwingend festgesetzt, so sind nach Abs. 1 Satz 3 Abstandsflächen nicht erforderlich. Es gelten dann die Grenzabstände, die im Bebauungsplan festgesetzt sind (Rn. 152 ff.).

446 Regelungen eines Bebauungsplans über abweichende Maße der Tiefe der Abstandsflächen nach § 9 Abs. 1 Nr. 2a BauGB setzen sich gegenüber den Regelungen der Absätze 5 und 6 nur insoweit durch, als größere Maße vorgeschrieben werden. Auch Festsetzungen über die überbaubaren Grundstücksflächen nach § 23 BauNVO und über die Gebäudehöhe nach § 16 BauNVO, die zu größeren Gebäudeabständen führen, haben Vorrang.

1.2 Bezug zur Art der baulichen Nutzung

447 Die Regelungen des Abs. 5 nehmen in ihrem ersten Teil (Satz 1) auf Abs. 4 Bezug. Während in Abs. 4 Satz 1 der Grundsatz aufgestellt wird, dass sich die Tiefe der Abstandsfläche nach der Wandhöhe bemisst, und in Abs. 4 Sätze 2 bis 5 die

Berechnung der Bezugsgröße H geregelt ist, wird in Abs. 5 festgelegt, mit welchem Faktor H zu multiplizieren ist, um das Maß für die Tiefe der Abstandsfläche zu erhalten.

Die H wird allein nach Merkmalen des Gebäudes berechnet. Demgegenüber **448** wird mit Abs. 5 ein Bezug zum **Baugebiet** hergestellt, in dem das Gebäude liegt. Eine eigene bauordnungsrechtliche Definition des Baugebiets gibt es nicht. Insoweit muss zur Bestimmung der in Abs. 5 genannten Gebiete auf die **planungsrechtlichen Gebietsdefinitionen** zurückgegriffen werden.

Aus den Vorschriften des ersten Abschnitts der BauNVO über die Art der baulichen **449** Nutzung ergibt sich, was ein Kerngebiet (MK-Gebiet, § 7 BauNVO), ein Gewerbegebiet (GE-Gebiet, § 8 BauNVO) oder ein Industriegebiet (GI-Gebiet, § 9 BauNVO) ist.

Diesen Vorschriften ist auch zu entnehmen, für welche Gebiete der Faktor 1 gilt: das sind die Gebiete, die in Abs. 5 Satz 2 nicht besonders aufgeführt werden, nämlich: Kleinsiedlungsgebiete (WS-Gebiete, § 2 BauNVO), reine Wohngebiete (WR-Gebiete, § 3 BauNVO), allgemeine Wohngebiete (WA-Gebiete, § 4 BauNVO), besondere Wohngebiete (WB-Gebiete, § 4a BauNVO), Dorfgebiete (MD-Gebiete, § 5 BauNVO), Mischgebiete (MI-Gebiete, § 6 BauNVO), urbane Gebiete (MU-Gebiete, § 6a BauNVO) sowie Sondergebiete (SO-Gebiete, §§ 10 und 11 BauNVO).

Für MK-Gebiete und festgesetzte MU-Gebiete gilt der Faktor 0,5, für GE- und GI- **450** Gebiete der Faktor 0,25. In SO-Gebieten kann nach § 9 Abs. 1 Nr. 2a BauGB eine geringere Tiefe als 1 H festgesetzt werden, wenn die Nutzung des SO-Gebietes dies rechtfertigt. Das ist etwa der Fall in Hochschulgebieten. Dort erscheint die Anwendung des für MK-Gebiete vorgesehenen Faktors 0,5 gerechtfertigt. In Hafengebieten kann mit dem für GI-Gebiete vorgesehen Faktor 0,25 gearbeitet werden, während für Wochenendhausgebiete – Sondergebiete, die der Erholung dienen (§ 10 BauNVO) – nur der Faktor 1 oder auch ein größerer Faktor infrage kommt.

1.3 Feststellung des Baugebiets

Die Differenzierung der Anforderungen nach der Art der baulichen Nutzung hat **451** zur Folge, dass der Bestimmung der Abstandsflächen eine **Analyse der planungsrechtlichen Situation** vorausgehen muss. Dabei ist zu unterscheiden zwischen den Fällen, in denen die Art der baulichen Nutzung durch Festsetzungen eines Bebauungsplans bestimmt wird, und den Fällen, in denen die Art der baulichen Nutzung nicht durch einen Bebauungsplan bestimmt wird. Wird die Art der baulichen Nutzung durch einen – einfachen oder qualifizierten – Bebauungsplan (§ 30 Abs. 1 oder Abs. 3 BauGB) oder durch einen vorhabenbezogenen Bebauungsplan (§ 12, § 30 Abs. 2 BauGB) bzw. einem Bebauungsplan der Innenentwicklung (§ 13a BauGB) bestimmt, so ist die Zuordnung im Allgemeinen unproblematisch, weil die Festsetzung über die Art der baulichen Nutzung für Baugebiete erfolgt, deren Grenzen der Bebauungsplan selbst festsetzt.

In den nicht überplanten Gebieten ist zwischen den Fällen zu unterscheiden, in **452** denen ein Vorhaben nach § 34 BauGB (unbeplanter Innenbereich), und denen, in denen ein Vorhaben nach § 35 BauGB (Außenbereich) zu beurteilen ist. Im unbeplanten Innenbereich gibt es neben den Fällen, in denen eine Gebietsbestimmung im Sinne des § 34 Abs. 2 BauGB problemlos ist, andere, in denen **eine eindeutige Gebietszuordnung nicht möglich** ist. Häufig weist nämlich ein im Zusammenhang bebauter Ortsteil die Merkmale unterschiedlicher Gebietstypen nach der BauNVO auf. In diesen Fällen wird, da die bauordnungsrechtlichen Regelungen über Abstandsflächen die Beziehungen zwischen einander gegenüberstehenden, also unmittelbar benachbarten vorhandenen oder zulässigen Gebäuden regeln, von der konkreten Nutzung dieser Gebäude auszugehen sein. Ähnlich ist in den Fällen des § 35 BauGB zu verfahren.

1.4 Nutzungsänderung

453 Die Nutzungsänderung eines Gebäudes wirkt sich grundsätzlich nicht auf die Abstandsflächen aus (Molodovsky 4-2018 Art. 6 Rn. 40). Eine bloße Nutzungsänderng führt im Regelfall nicht dazu, dass die Vorschriften über Abstandsflächen erneut anzuwenden sind (OVG Mecklenburg-Vorpommern, Beschl. v. 27.8.1998 – 3 M 65/98 –, BRS 60 Nr. 115 mit Hinweis auf BayVGH, Urt. v. 26.11.1979 –, BRS 36 Nr. 181). Die Nutzungsänderung eines bestehenden Gebäudes, das die in dem betreffenden Baugebiet erforderliche Abstandsfläche nicht einhält, wirft die Genehmigungsfrage jedoch im Hinblick auf die Abstandsflächen neu auf, **wenn die Nutzungsänderung nicht mehr vom Bestandsschutz gedeckt ist** und wenn sie auf wenigstens einen durch die Abstandsvorschriften geschützten Belang nachteiligere Auswirkungen als die bisherige Nutzung hat (OVG NRW, Urt. v. 15.5.1997 – 11 A 7224/95 –, BRS 59 Nr. 144).

454 Aus der Bezugnahme auf Baugebiete der BauNVO folgt, dass bei **Änderung des Bebauungsplans hinsichtlich der Art der baulichen Nutzung** – auch ohne Nutzungsänderung des Gebäudes selbst – andere Tiefen der Abstandsflächen gelten, sofern etwa die Art der Nutzung von WB- zu MK-Gebiet geändert wird oder vom MI- zu GE-Gebiet. Ähnliches kann in den Fällen des § 34 BauGB vorkommen, wenn etwa aus einem als MI-Gebiet zu charakterisierendem Gebiet durch Zulassung verstärkter Büronutzung faktisch ein MK-Gebiet entsteht. Die Zulässigkeitsvoraussetzungen für Neu- oder Ergänzungsbauten können auf diese Weise entscheidend verändert werden, nicht nur zugunsten dessen, der ein entsprechendes Vorhaben verwirklichen will, sondern ggf. auch zulasten des Nachbarn.

2. Wirkung der Regelung des Abs. 5 Sätze 1 und 2

2.1 Lichteinfallswinkel im Normalfall

455 Mit der Regelung des Abs. 5 soll eine ausreichende Tagesbelichtung der Räume sich gegenüberliegender Gebäude sichergestellt werden. Dieses Ziel wird nur erreicht, wenn vor beiden Gebäuden – unter Beachtung des Überdeckungsverbots (Abs. 3, Rn. 385 ff.) – Abstandsflächen mit entsprechender Tiefe einhalten werden. Im Normalfall kann davon ausgegangen werden, **dass sich Gebäude gleicher oder annähernd gleicher Höhe gegenüberstehen**. Ist das der Fall, so ergibt sich aus Satz 1 für WS-, WR-, WA-, WB-, MD- und MI-Gebiete ein Mindestabstand von 2 H, für MK- und MU-Gebiete ein Mindestabstand von 1,0 H, für GE- und GI-Gebiete ein Mindestabstand von 0,5 H.

Aus den angegebenen Verhältnissen von Gebäudehöhe zu Gebäudeabstand **456**
ergibt sich für WS-, WR-, WA-, WB-, MD- und MI-Gebiete bei Annahme flacher
oder flachgeneigter Dächer ein **Lichteinfallswinkel zur Waagerechten** – bezogen
auf eine als waagerecht angenommene Geländeoberfläche – von ca. 25°
(Abb. 6.5.1), für MK- und MU-Gebiete ein Lichteinfallswinkel von ca. 45°
(Abb. 6.5.2) und in GE- und GI-Gebiete ein Lichteinfallswinkel von ca. 63°
(Abb. 6.5.3).

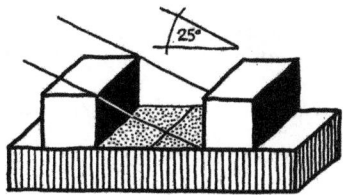

Abb. 6.5.1
*In Wohn- und Mischgebieten ergibt sich aus Abs. 5 Satz 1 bei einander gegenüberstehenden gleich
hohen Gebäuden in ebenem Gelände ein Lichteinfallswinkel von ca. 25° zur Waagerechten.*

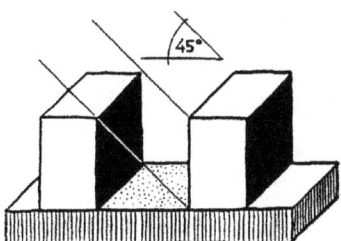

Abb. 6.5.2
*In Kerngebieten ergibt sich aus Abs. 5 Satz 2 bei einander gegenüberstehenden gleich hohen Gebäuden
in ebenem Gelände ein Lichteinfallswinkel von ca. 45° zur Waagerechten.*

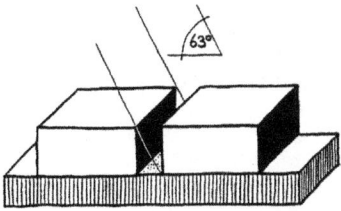

Abb. 6.5.3
*In Gewerbe- und Industriegebieten ergibt sich aus Abs. 5 Satz 2 bei einander gegenüberstehenden
gleich hohen Gebäuden in ebenem Gelände ein Lichteinfallswinkel von ca. 63° zur Waagerechten.*

Hier wird der Begriff „**Lichteinfallswinkel**" mit Bezug auf die Geländeoberfläche verwendet. Dazu ist anzumerken, dass in der amtlichen Begründung zu Art. 6 Abs. 7 der Begriff „**Verbauungswinkel**" aus DIN 5034-4 übernommen wurde, allerdings abweichend von der Definition in DIN 5034-4. Nach DIN 5034-4 Nr. 3.9 ergibt sich der Verbauungswinkel aus dem Verhältnis der Höhe der Verbauung **oberhalb der Fenstermitte** und dem Abstand der Verbauung von der Fenstermitte. Die amtliche Begründung geht demgegenüber davon aus, dass sich ein „**Verbauungswinkel**" von 50° bei einem Gebäudeabstand von 0,8 H ergebe (einander gegenüberstehende gleich hohe Gebäude mit Abstandsflächentiefen von 0,4 H vorausgesetzt). Da das Maß H (Wandhöhen zuzüglich Dachhöhen) mit Bezug auf die Schnittlinien der Außenwände der Gebäude mit der Geländeoberfläche zu messen ist und nicht in Höhe der Fenstermitte, ist auch der „**Verbauungswinkel**" im Sinne der amtlichen Begründung auf die (als waagrecht anzunehmende) Geländeoberfläche zu beziehen. – Nach Art. 7 Abs. 1 Satz 3 Halbs. 1 BayBO 1969 war ein „**Lichteinfallswinkel**" von höchstens 45° zur Waagrechten einzuhalten, und nach Halbs. 2 war die Waagrechte **in Höhe der Fensterbrüstung** zu legen (vgl. Rn. 500). Der Gesetzgeber war dabei offensichtlich von den Fenstern im Erdgeschoß zweier sich gegenüberstehender dreigeschossiger Gebäude ausgegangen. Danach kann die Höhe der Fensterbrüstung mit 1,50 m über Geländeoberfläche (Erdgeschoßfußboden 70 cm über Geländeoberfläche; Fensterbrüstung 80 cm über Erdgeschoßfußboden) angenommen werden. Bei einem Gebäudeabstand von 8 m und Wandhöhen von 9,50 m ergibt sich dann ein „**Lichteinfallswinkel**" bezogen auf die Waagrechte in Höhe der Fensterbrüstung von 45°. Der „**Verbauungswinkel**" von 50° im Sinne der amtlichen Begründung ergibt sich bei einem Gebäudeabstand von 8 m und Wandhöhen von 10 m (Gebäudeabstand = 0,8 H).

457 Der Gesetzgeber der BayBO 1998 war davon ausgegangen, dass der Regelabstand von 2 H bei einander gegenüberstehenden gleich hohen Gebäuden und damit ein Lichteinfallswinkel von 25° nicht wesentlich überschritten werden dürfe, wenn eine noch ausreichende Tagesbelichtung der Aufenthaltsräume in den Gebäuden gewährleistet werden soll (hierzu Näheres unter Rn. 499 ff.). Mit der Neufassung der MBO 2002 wurde diese Annahme in Frage gestellt. Die Verfasser der MBO 2002 gingen davon aus, dass für zwei einander gegenüberstehende gleich hohe Gebäude ein Abstand von 0,8 H und damit ein Lichteinfallswinkel (bzw. „Verbauungswinkel") von ca. 50° ausreiche.

458 Mit der Abstandsregelung der BayBO 2008 wird seitens des Gesetzgebers auf eine zwingende Vorgabe für die Ermittlung der Tiefe der Abstandsflächen verzichtet. **Es bleibt den Gemeinden überlassen**, ob sie an der bisherigen Auffassung im Hinblick auf den nach Abs. 5 Satz 1 für eine ausreichende Tagesbelichtung anzunehmenden Lichteinfallswinkel von ca. 25° festhalten wollen, oder ob sie sich mit einer Entscheidung für die Regelung nach Abs. 7 Nr. 2 der von den Verfassern der MBO 2002 vertretenen Auffassung anschließen wollen, wonach ein Lichteinfallswinkel von 50° für die Tagesbelichtung von Aufenthaltsräumen ausreicht. Die Entscheidung für die Regelung des Abs. 5 oder für die des Abs. 7 Nr. 2 ist eine Wertentscheidung. Wissenschaftlich begründet ist weder die eine noch die andere Auffassung.

Da **MK-Gebiete** nach § 7 Abs. 1 BauNVO überwiegend der Unterbringung von   **459**
Handelsbetrieben sowie der zentralen Einrichtungen der Wirtschaft und Verwaltung dienen, kann davon ausgegangen werden, dass für diese Nutzungen ein
Lichteinfallswinkel von ca. 45° ausreicht. Soweit Wohnungen nach § 7 Abs. 2 Nr. 6
und 7 BauNVO allgemein zulässig sind, liegen diese normalerweise nicht im
Erdgeschoss, sondern in den oberen Geschossen, so dass für diese in aller Regel
ein Lichteinfallswinkel von ca. 25° nicht wesentlich überschritten wird. Soweit
Wohnungen, die nicht unter § 7 Abs. 2 Nr. 6 und 7 BauNVO fallen, ausnahmsweise zugelassen werden, handelt es sich um Abweichungen vom Normalfall,
für die eine ausreichende Tagesbelichtung über die Anwendung der Absätze 4
und 5 nicht sichergestellt werden kann.

In den mit dem Gesetz zur Umsetzung der Richtlinie 2014/52/EU im Städtebau-   **460**
recht und zur Stärkung des neuen Zusammenlebens in der Stadt v. 4.6.2017
(BGBl. I S. 1057) eingeführten **Urbanen Gebieten** nach § 6a BauNVO, die dem
Wohnen sowie der Unterbringung von Gewerbebetrieben und sozialen, kulturel-
len und anderen Einrichtungen dienen, kann festgesetzt werden, dass in Gebäuden im Erdgeschoss an der Straßenseite keine Wohnnutzung oder nur ausnahmsweise eine Wohnnutzung zulässig ist (§ 6a Abs. 4 Nr. 1 BauNVO).

Werkhallen und Lagerhallen in GE- und GI-Gebieten sind in aller Regel   **461**
Gebäude mit überdurchschnittlicher Tiefe, die, sofern sie überhaupt mit Tageslicht über senkrecht stehende Fenster in den Außenwänden belichtet werden, auf
eine Zusatzbelichtung über Dachflächenfenster o. Ä. angewiesen sind. Bei den in
den Außenwänden befindlichen Fenstern handelt es sich in diesen Gebieten
zudem meist um hochgelegene Fensterbänder. Dem auf die Geländeoberfläche
bezogenen Lichteinfallswinkel von 63° kommt insofern keine praktische Bedeutung zu.

3. Wirkung der Regelungen des Abs. 5 Sätze 1 und 2 bei Abweichungen vom
   Normalfall

3.1 Gebäude unterschiedlicher Höhe

Stehen sich **Gebäude unterschiedlicher Höhe** gegenüber, so erhöht sich der   **462**
Lichteinfallswinkel zur Waagerechten für das niedrigere Gebäude mit entsprechend ungünstiger Wirkung für die Belichtung von Aufenthaltsräumen in den
unteren Geschossen des niedrigeren Gebäudes (Abb. 6.5.4).

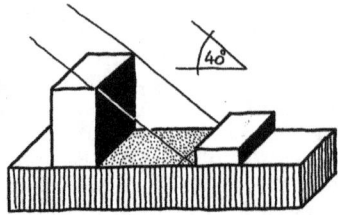

Abb. 6.5.4

Bei ungleich hohen einander gegenüberstehenden Gebäuden ergibt sich in Wohn- und Mischgebieten ein Lichteinfallswinkel von 40° für das niedrigere Gebäude, wenn das ihm gegenüberstehende Gebäude viereinhalbmal so hoch ist wie das niedrigere.

3.2 Gebäude am Hang

463   Stehen zwei **Gebäude im Hang** einander gegenüber, so erhöht sich der Lichteinfallswinkel für das im Hang unten stehende Gebäude (Rn. 127, 404, Abb. 6.5.5).

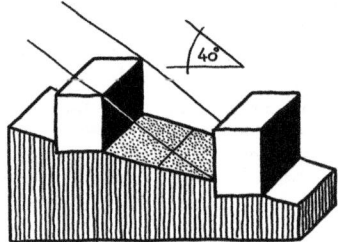

Abb. 6.5.5

Stehen sich in Wohn- und Mischgebieten zwei gleich hohe Gebäude im Hang mit einer Neigung von 30 % gegenüber, so wird ein Lichteinfallswinkel von ca. 40° zur Waagerechten erreicht.

3.3 Punkthausbebauung

464   Stehen sich **Gebäude mit überdurchschnittlich schlanken Proportionen,** d. h. Gebäude, deren Außenwände höher als breit sind, gegenüber, so ergeben sich aus der Regelung des Abs. 5 in Verbindung mit dem Überdeckungsverbot des Abs. 3 Gebäudeabstände, die über das für eine ausreichende Tagesbelichtung Erforderliche hinausgehen (Abb. 6.5.6).

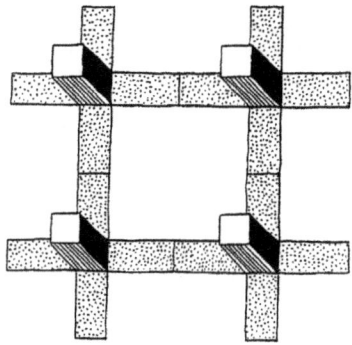

Abb. 6.5.6

Die Anwendung des Abs. 5 führt im Falle von Punkthäusern über rechteckigem Grundriss zu Abständen, die über das für eine ausreichende Tagesbelichtung Erforderliche hinausgehen.

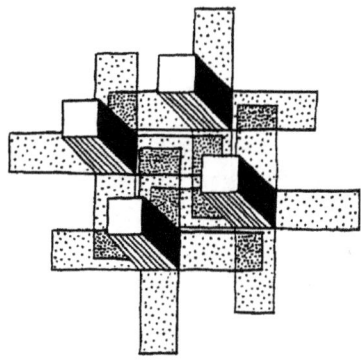

Abb. 6.5.7

Bei Punkthäusern gleicher Höhe und Grundrissform wie in Abb. 6.5.6 dargestellt kommt es bei erheblich verringertem Abstand (bezogen auf den Gebäudemittelpunkt), aber versetzter Anordnung nicht zu unzulässigen Überdeckungen der Abstandsflächen.

Bei gleich oder ähnlich dimensionierten Punkthochhäusern kann die beschrie- **465** bene Wirkung der Absätze 3 bis 5 dadurch überwunden werden, indem man die Punkthochhäuser versetzt anordnet (Abb. 6.5.7), dann nämlich können sie aufgrund der Regelung des Abs. 3 Nr. 1 relativ dicht zusammengeschoben werden, und zwar unabhängig von der Höhe der Punkthäuser. Die **versetzte Anordnung** kommt vor allem dem Ausblick zugute, weniger jedoch der Tagesbeleuchtung.

Eine nur geringfügige Verschiebung oder eine Drehung der Gebäude um ihre **466** eigene Achse ohne Veränderung der **Gebäudeabstände** würde sich kaum auf die Beleuchtungsqualität der Räume in den unteren Geschossen auswirken. Sie würde aber zur Unzulässigkeit der Gebäudeanordnung nach den Absätzen 3 bis 5 führen; denn die vor geraden Außenwänden rechteckigen Abstandsflächen mit der sich aus Abs. 5 zu errechnenden Tiefe würden sich teilweise überdecken (Verstoß gegen Abs. 3). Gegebenenfalls würde sich darüber hinaus ein Verstoß gegen Abs. 1 ergeben, wenn und soweit die Hochhäuser in den Abstandsflächen der benachbarten Hochhäuser stehen (Abb. 6.5.8).

Abb. 6.5.8

Eine geringfügige Änderung in der Stellung der Punkthäuser kann bei gleicher Gebäudehöhe und gleichem Abstand (bezogen auf den Gebäudemittelpunkt) wie in Abb. 6.5.8 dargestellt zur Unzulässigkeit nach den Absätzen 3 bis 5 führen.

467 Der Verstoß gegen die Vorschriften der Absätze 1 bis 5 würde bei Änderung der Grundrissform – z. B. kreisrunder Grundriss – bei gleicher Grundfläche, ohne Änderung der Gebäudeabstände und der Gebäudehöhe (Abb. 6.5.9) noch deutlicher, ohne dass eine solche Änderung für die Tagesbeleuchtung der Räume in den unteren Geschossen von entscheidender Bedeutung wäre. D. h., die Anwendung der Absätze 1 bis 5 auf eine Punkthochhaus-Bebauung würde zu Anforderungen an die Grundrissgestaltung bzw. an die Ausrichtung der Gebäude führen, die in den bauordnungsrechtlichen Zielen keine Begründung finden. Abweichungen vom Abs. 5 sind nach Art. 63 Abs. 1 Satz 2 zulässig, wenn durch das Vorhaben nachbarliche Interessen nicht stärker oder nur unwesentlich stärker beeinträchtigt werden, als bei einer Bebauung des Grundstücks, die nach Abs. 5 zulässig wäre. Die genannte Voraussetzung wird in den vorgenannten Fällen regelmäßig gegeben sein. In Zweifelsfällen kann ein Nachweis der Unbedenklichkeit durch Computersimulation erfolgen.

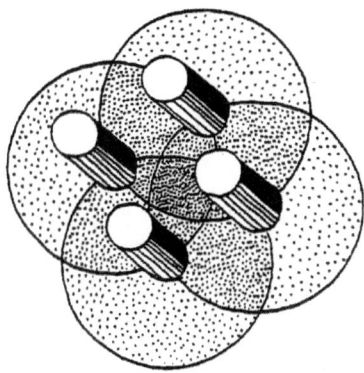

Abb. 6.5.9

Punkthäuser gleicher Höhe und im gleichen Abstand (bezogen auf den Gebäudemittelpunkt) wie in Abb. 6.5.8 dargestellt, jedoch mit kreisrundem Grundriss, sind nach den Vorschriften der Absätze 3 bis 5 unzulässig.

3.4 Innenhofumbauung

Sind Gebäude oder Gebäudeteile so angeordnet, dass sie einen Innenhof allseitig **468** umschließen, so ergeben sich aus den Regelungen des Abs. 5 in Verbindung mit dem **Überdeckungsverbot** des Abs. 3 Abmessungen für den Innenhof, die den Anforderungen an eine ausreichende Tagesbeleuchtung nicht entsprechen. Die Regelung des Abs. 3 Nr. 1, wonach das Überdeckungsverbot für Außenwände von Gebäuden nicht gilt, sofern diese in einem Winkel von mehr als 75° zueinander stehen, berücksichtigt nicht die verschattende Wirkung rechtwinklig oder annähernd rechtwinklig anschließender Gebäudeteile (Rn. 54, 150, 388 ff.).

Am stärksten wirkt sich dies in den Baugebieten aus, die in geschlossener **469** Bauweise errichtet worden sind, und dort vor allem bei Ergänzungsbauten im Rahmen einer aus städtebaulichen Gründen durchaus erwünschten Nachverdichtung. Die Schließung einer Baulücke in einem in geschlossener Bauweise bebauten Baublock kann sich für die Bewohner der zum Innenhof ausgerichteten Räume, insbesondere in den unteren Geschossen einer mehrgeschossigen Bebauung, vor allem dann als erhebliche Verschlechterung erweisen, wenn die Schließung der Baulücke in vermindertem Abstand nach Abs. 6 erfolgen soll (vgl. Rn. 392, Abb. 6.5.13).

3.5 Nutzungsgrenzen

Es gehört zu den Merkmalen des der Abstandsregelung zugrunde liegenden **470** Normalfalls, dass der bauliche Zusammenhang durch Gebäude gleicher oder ähnlicher Größe und Funktion bestimmt wird. Danach muss eine Situation, die durch **eindeutige Nutzungsgrenzen** charakterisiert ist, als Abweichung vom Normalfall angesehen werden.

471 Da für Wohn- und Mischgebiete größere Abstandsflächentiefen gelten als für Kern-, Gewerbe- und Industriegebiete, können sich im Bereich einer Nutzungsgrenze Gebäude- und Grenzabstände ergeben, die nicht den für Wohngebiete normierten Anforderungen entsprechen. Das bedeutet beispielsweise, dass im Bereich einer Nutzungsgrenze zwischen GE-Gebiet und MI-Gebiet (Abb. 6.5.10) eine **Werkhalle im GE-Gebiet** aufgrund des für GE-Gebiete zulässigen Grenzabstandes von 3 m mit einer **Wandhöhe von 12 m** gegenüber einem Wohngebäude im MI-Gebiet in einem **Abstand von nur 6 m** errichtet werden kann (Abb. 6.5.11). Um einer solchen Entwicklung vorzubeugen, ist in § 6 Abs. 5 Satz 4 BauO NRW geregelt, dass zu angrenzenden anderen Baugebieten die jeweils größere Tiefe der Abstandsfläche gilt. Eine entsprechende Regelung fehlt in der Bayerischen Abstandsregelung (vgl. BayVGH, Beschl. v. 8.11.2001 – 2 B 01.2105, Molodovsky Stand 4-2018, Art. 6 Rn. 147a). Es bleibt danach Sache der Bauleitplanung durch Festsetzung von nicht überbaubaren Grundstücksflächen nach § 23 BauNVO eine entsprechend dimensionierte Pufferzone vorzusehen.

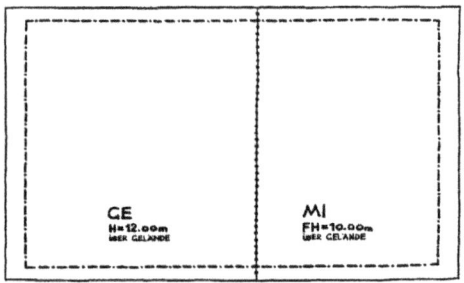

Abb. 6.5.10
Bebauungsplan mit Festsetzung einer Nutzungsgrenze zwischen GE- und MI-Gebiet sowie zusammenfassender Festsetzung über die überbaubaren Grundstücksflächen.

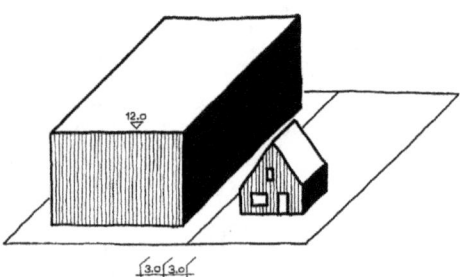

Abb. 6.5.11
Bauplanungsrechtlich nach den Festsetzungen des Bebauungsplans (Abb. 6.5.10) zulässige Bebauung.

3.6 Überlagerungsfälle

Durch ein Zusammentreffen mehrerer der genannten Abweichungen vom Nor- **472** malfall können sich die Wirkungen entweder verstärken oder ganz oder teilweise aufheben. Eine Verstärkung im negativen Sinne ergibt sich, wenn ein niedrigeres Gebäude im Hang unterhalb eines höheren steht.

Die ungünstige Wirkung von hohen Gebäuden auf niedrigere kann ganz oder **473** teilweise aufgehoben werden, wenn es sich bei den höheren Gebäuden um schlanke Punkthochhäuser handelt; dann ist die Belichtung nicht allein abhängig vom Lichteinfallswinkel zur Waagerechten (vgl. Rn. 455). Seitlich einfallendes Licht kompensiert den ungünstigen Lichteinfallswinkel (Abb. 6.5.12).

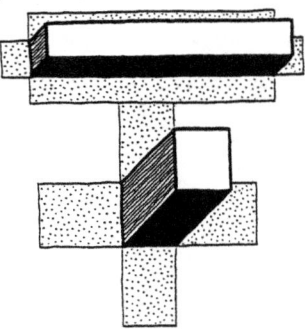

Abb. 6.5.12
Steht ein breit gelagertes Gebäude geringer oder mittlerer Höhe einem Punkthochhaus gegenüber, so wird die Bedeutung des sich aus der Anwendung der Absätze 4 und 5 ergebenden ungünstigen Lichteinfallswinkels durch seitlich einfallendes Tageslicht kompensiert.

3.7 Wandhöhen und Straßenbreiten (Abs. 5 Satz 2)

Wird die Straßenbreite durch die Bebauung auf beiden Seiten der Straße **474** bestimmt, so ergibt sich aus der Straßenbreite eine Bindung für die Höhe der Straßenrandbebauung. Soll die Straßenrandbebauung zu beiden Seiten der Straße gleich hoch sein, so darf das Maß H (Abs. 4 Satz 6) der Außenwände nach Abs. 5 Satz 1 in Wohn- und Mischgebieten nicht mehr als die Hälfte der Straßenbreite betragen. In Kerngebieten darf das Maß H der Außenwände nach Abs. 5 Satz 2 bei beidseitig gleich hoher Bebauung das Maß der Straßenbreite nicht übersteigen.

Ist die Straßenbreite in einem Wohngebiet geringer als 2 H (in Kerngebieten **475** geringer als 1 H) einer vorgegebenen Straßenrandbebauung, so muss ein neu in die Straßenrandbebauung einzufügendes Gebäude (Baulückenschließung) hinter die vorgegebene Bauflucht zurückgesetzt oder in der Höhe reduziert werden (Abb. 6.5.13).

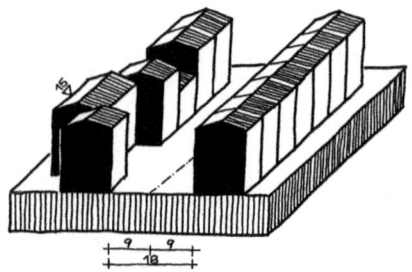

Abb. 6.5.13

Geschlossene Blockrandbebauung. Der Abstand der Außenwände der Straßenrandbebauung beträgt 1,2 H. Bei Schließung einer Baulücke muss das Gebäude entweder hinter die vorhandene Bauflucht zurücktreten, oder es muss in der Traufhöhe unter der vorgegebenen Traufhöhe bleiben, damit die vor den Außenwänden erforderliche Abstandsfläche gemessen bis zur Straßenmitte eine Tiefe von 1 H einhalten kann.

4. Vorrang für den Bebauungsplan (Abs. 5 Satz 3)

476 Mit Festsetzungen eines Bebauungsplans über die überbaubaren Grundstücksflächen zu beiden Seiten der Straße mittels Baulinien und über die Traufhöhe oder die Zahl der Vollgeschosse können nach Abs. 5 Satz 3 andere Straßenproportionen – auch schmale Straßen mit hoher Straßenrandbebauung – vorgeschrieben werden (vgl. Rn. 493). Im unbeplanten Innenbereich (§ 34 BauGB) kann eine Abweichung nach Art. 63 gerechtfertigt sein (vgl. Rn. 630 f.). Nach § 22 Abs. 4 Satz 2 BauNVO können die Gemeinden im Zusammenhang mit der Festsetzung einer abweichenden Bauweise auch **Grenzabstände** bestimmen. Welche Gebäude- und Grenzabstände einzuhalten sind, ist bundesrechtlich nicht festgelegt. Die Festlegung von Gebäude- und Grenzabständen erfolgt durch die Gemeinden nach **Abwägung unterschiedlicher Belange**.

4.1 Abweichende Festsetzungen

477 Der Ortsgesetzgeber hat bei der Bauleitplanung neben bundesrechtlichen Vorschriften auch landesrechtliche Bestimmungen zu beachten. Das Landesrecht kann jedoch selbst die Reichweite seiner Regelung bestimmen und nur **subsidiäre Geltung** beanspruchen. Für den Bereich der bauordnungsrechtlichen Abstandsvorschriften hatten dies auf der Grundlage des § 6 MBO 1981/82 in unterschiedlicher Weise getan (vgl. BVerwG, Beschl. v. 22.9.1989 – 4 NB 24.89 –, BRS 49 Nr. 5).

478 Mit Art. 7 Abs. 1 BayBO 1982 wurde den Festsetzungen eines Bebauungsplans nur insoweit ein Vorrang eingeräumt, als dieser andere Abstandsflächen festlegte, als sich aus den Vorschriften des Art. 6 ergaben. Abstandsflächen – insoweit auch andere Abstandsflächen – konnten nach dem Katalog des § 9 Abs. 1 BauGB a. F. über mögliche Festsetzungen im Bebauungsplan und der diesen ergänzenden BauNVO nicht festgesetzt werden. Die Möglichkeit, Festsetzungen über Abstandsflächen in den Bebauungsplan aufzunehmen, bestand nach § 9 Abs. 4 BauGB nur insoweit, als durch landesrechtliche Vorschriften bestimmt wurde, dass bestimmte Regelungen in den Bebauungsplan als Festsetzungen aufgenommen werden konnten. Diese Voraussetzung war mit Art. 91 Abs. 3 BayBO a. F. gegeben. Danach war es möglich, örtliche Bauvorschriften nach Art. 91 Abs. 1 Nr. 5 und 6 BayBO a. F. als Festsetzungen in den Bebauungsplan aufzunehmen. Nach Art. 91 Abs. 1 Nr. 5 BayBO a. F. konnten größere Abstandsflächen, als sie sich aus Art. 6 ergeben hätten, festgesetzt werden. Geringere Maße für Abstandsflächen konnten hingegen nach Art. 91 Abs. 1 Nr. 6 BayBO a. F. nur zur Wahrung der bauhistorischen Bedeutung oder der sonstigen erhaltenswerten Eigenart eines Ortsteils festgesetzt werden (vgl. BayVGH, Beschl. v. 20.11.1986 – Nr. 2 CS 86.02888 –, BRS 46 Nr. 102, BayVBl. 1987 S. 337).

Demgegenüber sah die Fassung des Art. 7 Abs. 1 BayBO 1994 einen Vorrang für **479** den Bebauungsplan nicht nur dann vor, wenn im Bebauungsplan andere Abstandsflächen festgesetzt wurden. Mit der Neufassung des Art. 7 Abs. 1 in der BayBO 1997 wurde diese Vorschrift lediglich redaktionell der Entwicklung des Bundesplanungsrechts angepasst (Begründung des Regierungsentwurfs zur BayBO 1997 – Drs. 13/7008). Danach galt für städtebauliche Satzungen allgemein, was nach Art. 7 BayBO 1994 bereits für den Bebauungsplan und den Vorhaben- und Erschließungsplan nach § 7 des Maßnahmengesetzes zum BauGB galt.

Die Regelung des Art. 7 Abs. 1 BayBO 1997 ist wörtlich in Art. 6 Abs. 5 Satz 3 **480** übernommen worden. Ohne die Art der Festsetzungen näher zu bezeichnen, wird mit Abs. 5 Satz 3 bestimmt, dass die Sätze 1 und 2 keine Anwendung finden, wenn eine städtebauliche Satzung oder eine Satzung nach Art. 81 Außenwände vorschreibt, vor denen Abstandsflächen mit größeren oder geringeren Tiefen als nach den Sätzen 1 und 2 liegen müssten.

Eine Satzung im Sinne des Abs. 5 Satz 3 muss sich nicht ausdrücklich auf **481** Abstandsflächen beziehen (Molodovsky Stand 4-2018, Art. 6 Rn. 161; BayVGH, Beschl. v. 29.12.2005 – 1 NE 05.2818 –, BayVBl. 2006 S. 670). Üblicherweise wurden und werden vermutlich auch weiterhin **Gebäudeabstände** im Bebauungsplan mit Festsetzungen über die überbaubaren Grundstücksflächen mittels **Baulinien** oder **Baugrenzen** nach § 23 BauNVO und die Höhe der Gebäude mit Festsetzungen über die **Zahl der Vollgeschosse** oder über die **Höhe der baulichen Anlagen** nach § 16 BauNVO bestimmt. Aus diesen Festsetzungen können keine Aussagen über Abstandsflächen im Sinne des Art. 6 abgeleitet werden. Insbesondere wird mit diesen Festsetzungen nichts darüber ausgesagt, ob vor den so festgesetzten Außenwänden Abstandsflächen größerer oder geringerer Tiefe als nach den Sätzen 1 und 2 liegen müssten.

Nach der amtlichen Begründung zur Einführung der Regelung im Änderungs- **482** gesetz 1994 soll es genügen, wenn „sich aus anderen Festlegungen gleichsam **mittelbar andere Abstandsflächen** ergeben, die mit den bauordnungsrechtlich erforderlichen Abstandsflächen nicht übereinstimmen" (Molodovsky Stand 4-2018, Art. 6 Nr. 9.4.3 – Rn. 161). Aus Festsetzungen der überbaubaren Grundstücksflächen und der Gebäudehöhe ergeben sich allerdings weder unmittelbar noch mittelbar Abstandsflächen, die mit den bauordnungsrechtlich erforderlichen Abstandsflächen übereinstimmen oder nicht übereinstimmen. Das gilt für Bebauungspläne nach dem BauGB wie für ältere (übergeleitete) Bebauungspläne gleichermaßen (a. A. BayVGH, Beschl. v. 4.6.2007 – 25 CS 07.940 BauR 2007 S. 1716 mit Hinweis auf Molodovsky 59. EL Art. 7 Nr. 3.4.4 – entsprechend Stand 4-2018 Rn. 173). Vom Bauordnungsrecht abweichende Maße der Tiefe der Abstandsflächen können jedoch mit **Festsetzungen nach § 9 Abs. 1 Nr. 2a BauGB** unmittelbar festgesetzt werden.

483 Mit den Festsetzungen eines Bebauungsplans über die überbaubaren Grundstücksflächen können Gebäudeabstände festgelegt werden, die in Verbindung mit den Festsetzungen über die Gebäudehöhe größer oder geringer sind als die Gebäudeabstände, die sich aus der Anwendung der Bemessungsvorschriften des Abs. 4 und des Abs. 5 Sätze 1 und 2 ergeben würden. Es ist offensichtlich das Ziel der Regelung des Satzes 3, den Festsetzungen eines Bebauungsplans insbesondere in diesen Fällen, aber auch anderen Festsetzungen eines Bebauungsplans, aus denen sich Gebäude- oder Grenzabstände ergeben, die von den Abständen nach den Bemessungsvorschriften des Abs. 4 und des Abs. 5 Sätze 1 und 2 abweichen, einen Vorrang vor den Vorschriften des Abs. 5 Sätze 1 und 2 einzuräumen.

484 Mit zwingenden Festsetzungen über die überbaubaren Grundstücksflächen mittels Baulinien kann die Stellung der Gebäude zueinander und damit auch der Abstand der sich gegenüberliegenden Außenwände der Gebäude auch über die öffentlichen Verkehrsflächen hinweg unter Berücksichtigung der sich aus § 23 Abs. 2 Satz 2 BauNVO ergebenden Abweichungsmöglichkeiten mit **unter städtebaulicher Zielsetzung** hinreichender Exaktheit bestimmt werden. Doch reicht dies für eine zentimetergenaue Bestimmung, ob die nach Abs. 5 Satz 1 oder nach Satz 2 erforderliche Tiefe der vor den Außenwänden der sich gegenüberstehenden Gebäude erforderlichen Abstandsflächen über- oder unterschritten wird, nicht aus. Darüber hinaus kann mit Festsetzungen eines Bebauungsplans das für die Ermittlung der Tiefe der Abstandsflächen entscheidende Maß H nicht bestimmt werden.

485 Mit Festsetzungen eines Bebauungsplans über die **Zahl der Vollgeschosse** kann die Wandhöhe im Sinne des Abs. 4 Satz 2 auch nicht annähernd genau bestimmt werden, denn für die Bestimmung der Wandhöhe sind die **Geschosshöhen** entscheidend, die im Bebauungsplan nicht festgesetzt werden können. Ein Gebäude mit einem Vollgeschoss kann ein Gebäude mit Außenwandhöhen von 3 m sein, ebenso gut aber auch eine Werkhalle o. Ä. mit Außenwandhöhen von 12 m und mehr. Die Zahl der Vollgeschosse kann auch **in Hanglagen** für ein Baugebiet oder für eine als überbaubar festgesetzte Grundstücksfläche nur mit einem Wert festgesetzt werden. Die Zahl der Vollgeschosse kann also nicht hangaufwärts und hangabwärts mit unterschiedlichen Werten festgesetzt werden (vgl. OVG NRW, Urt. v. 19.7.1989 – 7a NE 97/87 –, UPR 1990 S. 40). Demgegenüber müssen die Wandhöhen nach Abs. 4 für jede Außenwand gesondert – jeweils mit Bezug auf die Schnittlinie der betreffenden Außenwand mit der Geländeoberfläche – ermittelt werden (vgl. Rn. 403 ff.). Daraus ergeben sich in Hanglagen unterschiedliche Wandhöhen.

486 Auch mit der Festsetzung von **Trauf- und Firsthöhen** ist eine eindeutige Bestimmung der Wandhöhe im Sinne des Abs. 4 Satz 2 nicht möglich. Die Schnittlinien

der Außenwände mit der Geländeoberfläche, lassen sich insbesondere bei gegliederten Außenwänden aus den Festsetzungen des Bebauungsplans nicht ermitteln. Die **Trauflinie** im planungsrechtlichen Sinn ist nicht identisch mit der **Schnittlinie der Außenwand mit der Dachhaut** im Sinne des Abs. 4 Satz 2. Mit der zusätzlichen Angabe einer Firsthöhe kann die für die **Anrechnung von Dachflächen** nach Abs. 4 Satz 3 maßgebliche Dachneigung nicht eindeutig bestimmt werden. Auch die Höhe von **Giebelflächen im Bereich des Daches,** die nach Abs. 4 Satz 4 bei der Ermittlung des Maßes H zu berücksichtigen ist, lässt sich aus den Festsetzungen eines Bebauungsplans über die Gebäudehöhe nicht eindeutig bestimmen. **Dachaufbauten,** die nach Abs. 4 Satz 5 entsprechend zu berücksichtigen sind, werden durch die Festsetzungen eines Bebauungsplans nicht erfasst.

Nach § 22 Abs. 4 Satz 2 BauNVO können im Rahmen der Festsetzung einer **487** **abweichenden Bauweise** im Sinne des § 22 Abs. 4 Satz 1 BauNVO **Grenzabstände** festgesetzt werden, die von den sich aus Abs. 5 Satz 1 oder Satz 2 in Verbindung mit Abs. 2 Satz 1 ergebenden Grenzabständen abweichen. Nach der Zielsetzung des Abs. 5 Satz 3 sollen auch in diesen Fällen die sich aus den Festsetzungen des Bebauungsplans ergebenden Grenzabstände Vorrang vor den Grenzabständen haben, die sich aus Abs. 5 Sätze 1 oder 2 ergeben.

Mit einer Festsetzung nach § 9 Abs. 1 Nr. 2a BauGB wird die Tiefe der Abstands- **488** flächen entweder durch ein festes Maß oder mit Bezug auf ein nach Abs. 4 zu ermittelndes Maß H abweichend von Abs. 5 Satz 1 und 2 bestimmt.

Mit der Festsetzung von abweichenden Abstandsflächentiefen werden die **489** Gebäude weder nach ihrer Lage auf den Baugrundstücken noch ihrer Höhe nach vorgeschrieben. Aufgrund einer Festsetzung von abweichenden Tiefen der Abstandsflächen können Außenwände von Gebäuden in bestimmtem Abstand zueinander entsprechend ihrer Höhe zulässig sein. Wird die Lage der Außenwand eines Gebäudes durch zwingende Festsetzung eines Bebauungsplans über die überbaubare Grundstücksfläche mittels einer **Baulinie** bestimmt, so ergibt sich aus der Festsetzung nach § 9 Abs. 1 Nr. 2a BauGB in Bezug auf eine im Bebauungsplan nicht festzusetzende vorhandene oder zu verändernde Grundstücksgrenze oder in Bezug auf die Mittellinie einer öffentlichen Verkehrsfläche ein Maß für die zulässige Höhe dieser Außenwand.

Wird die Lage der Außenwand eines Gebäudes aufgrund einer nicht zwingen- **490** den Festsetzung der überbaubaren Grundstücksfläche mittels einer **Baugrenze** nicht abschließend bestimmt, so ergeben sich aus einer Festsetzung nach § 9 Abs. 1 Nr. 2a BauGB Bindungen im Hinblick auf die Höhe der Außenwand in Abhängigkeit vom Abstand der Außenwand zu einer vorhandenen oder zu verändernden Grundstücksgrenze oder zur Mittellinie einer öffentlichen Verkehrsfläche. Ist keine Nachbargrenze und keine öffentliche Verkehrsfläche, auf die Bezug genommen werden könnte, vorhanden oder geplant, so kann sich die Wandhöhe der Außenwand des Gebäudes aus dem Abstand und der Höhe der Außenwand eines gegenüberstehenden vorhandenen oder zulässigen Gebäudes oder Gebäudeteils und der vor dieser Außenwand erforderlichen Abstandsfläche ergeben. Dabei ist das Überdeckungsverbot nach Abs. 3 zu beachten.

491 Wird eine **Bebauung zu beiden Seiten einer Straße** durch Baulinien und die zwingende Festsetzung der Traufhöhe bestimmt, so sind die Festsetzungen im Hinblick auf die Straßenseite der Bebauung zielgerecht, eindeutig und hinreichend bestimmt. Die Festsetzung einer bestimmten von Abs. 5 Satz 1 oder Satz 2 oder Abs. 7 Nr. 2 abweichenden Abstandsflächentiefe nach § 9 Abs. 1 Nr. 2a BauGB ist insoweit nicht erforderlich. Die Festsetzung größerer Abstandsflächentiefen kann jedoch geboten sein, wenn eine übermäßige **bauliche Verdichtung im rückwärtigen Grundstücksbereich**, insbesondere bei geschlossener Bauweise, ausgeschlossen werden soll. Die Festsetzung muss dann auf den rückwärtigen Grundstücksbereich beschränkt werden.

492 Sollen seitliche Grenzabstände abweichend von Abs. 5 Sätze 1 oder 2 festgesetzt werden, so ist nicht offene Bauweise im Sinne des § 22 Abs. 2 BauNVO, sondern **abweichende Bauweise** nach § 22 Abs. 4 BauNVO festzusetzen (a. A. BayVGH, Urt. v. 22.11.2006 – 25 B 05.1714 –, BayVBl. 2007 S. 276; BauR 2007 S. 1554). Im Zusammenhang mit einer abweichenden Bauweise können auch **abweichende Tiefen der Abstandsflächen** nach § 9 Abs. 1 Nr. 2a BauGB festgesetzt werden. Die Vorschrift des Abs. 2 Satz 1, wonach die Abstandsflächen auf dem Grundstück selbst liegen müssen, wird durch eine Festsetzung nach § 9 Abs. 1 Nr. 2a BauGB nicht berührt.

493 Mit den Festsetzungen eines Bebauungsplans können nicht nur größere Gebäude- und Grenzabstände oder größere Abstandsflächentiefen, sondern auch **geringere Gebäude- und Grenzabstände** oder geringere Abstandsflächentiefen als nach Abs. 5 Sätze 1 oder 2 festgesetzt werden. In Abs. 5 Satz 3 werden **keine Mindesttiefen** für die Abstandsflächen genannt, die in jedem Fall eingehalten werden müssten. Die Mindesttiefen von 3 m nach Abs. 5 Sätze 1 und 2 können unterschritten werden. Da in Abs. 5 Satz 3 keine Mindesttiefen genannt werden, können auch die Tiefen der Abstandsflächen, die sich aus den Vorschriften des Abs. 6 oder aus der Anwendung des Abs. 7 Nr. 2 ergeben, unterschritten werden.

494 Ergibt sich aus den Festsetzungen einer städtebaulichen Satzung, dass die festgesetzten Abstände zwischen den Außenwänden von Gebäuden geringer sind als die Tiefen der Abstandsflächen, die nach Abs. 5 Satz 1 oder 2 vor den sich gegenüberliegenden Außenwänden unter Beachtung des Überdeckungsverbots (Abs. 3), also insgesamt (in ihrer Summe) eingehalten werden müssten, so lassen sich die Abstandsflächen nicht der einen oder der anderen Außenwand zuordnen. Die Abstandsflächen würden sich aufgrund der in Abs. 5 Satz 1 oder in Satz 2 vorgeschriebenen Tiefen überdecken.

Beispiel

Werden aufgrund der Festsetzungen eines Bebauungsplans über die überbaubaren Grundstücksflächen und über die Zahl der Vollgeschosse (Abb. 6.5.14) zwei Gebäude mit Außenwandhöhen von 20 m errichtet, so müssten nach Abs. 5 Satz 1 vor jeder der sich gegenüberliegenden Außenwände der beiden Gebäude Abstandsflächen mit einer Tiefe von 1 H, also 20 m von oberirdischen baulichen Anlagen freigehalten werden. Daraus ergäbe sich ein Gebäudeabstand von 40 m. Wird dieses Maß unterschritten, so kann zunächst nur festgestellt werden, dass sich die Abstandsflächen vor den sich gegenüberliegenden Außenwänden bei Einhaltung der in Abs. 5 Satz 1 vorgeschriebenen Tiefen der

Abstandsflächen teilweise überdecken würden (Abb. 6.5.15). Da das Überdeckungsverbot des Abs. 3 auch dann wirksam bleibt, wenn Festsetzungen eines Bebauungsplans zu geringeren Gebäudeabständen führen, muss die Fläche, mit der sich die Abstandsflächen überdecken würden, entweder der einen oder der anderen Außenwand ganz oder teilweise zugeordnet werden (Abb. 6.5.16 und 6.5.17). Eine eindeutige Festlegung ist nicht möglich. Liegt zwischen den beiden Gebäuden in dem Bereich, in dem sich die Abstandsflächen überdecken, eine Grundstücksgrenze, so lassen sich die Abstandsflächen allerdings in ihrer Tiefe jeweils bis zur Grundstücksgrenze bestimmen (Abb. 6.5.18).

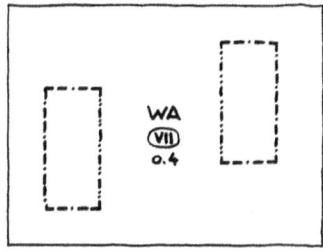

Abb. 6.5.14

Bebauungsplan mit Festsetzungen über die überbaubaren Grundstücksflächen und die Zahl der Vollgeschosse.

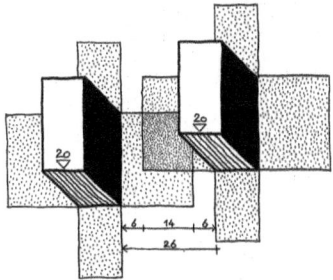

Abb. 6.5.15

Bei Ausführung der Bebauung nach dem in Abb. 6.5.12 dargestellten Bebauungsplan kommt es zu einer unzulässigen Überdeckung der vor den sich gegenüberliegenden Außenwänden einzuhaltenden Abstandsflächen.

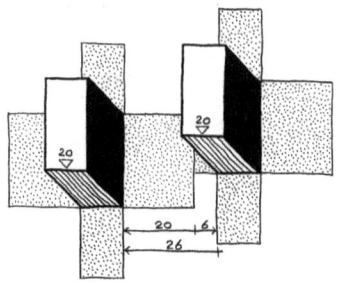

Abb. 6.5.16

Eine Abstandsfläche mit der nach Art. 6 Abs. 5 erforderlichen Tiefe kann einer der sich gegenüberliegenden Außenwände zugeordnet werden. Dann hat die vor der anderen Außenwand liegende Abstandsfläche eine entsprechend geringere Tiefe.

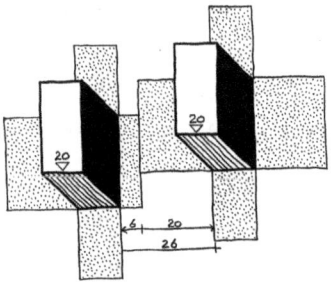

Abb. 6.5.17

Eine Abstandsfläche mit der nach Art. 6 Abs. 5 erforderlichen Tiefe kann auch der anderen der beiden sich gegenüberliegenden Außenwände zugeordnet werden.

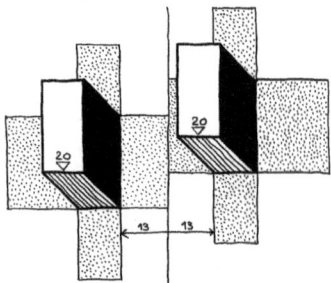

Abb. 6.5.18

Liegt zwischen den sich gegenüberliegenden Außenwänden eine Grundstücksgrenze, so lassen sich die in ihrer Tiefe verminderten Abstandsflächen jeweils eindeutig den beiden Außenwänden zuordnen.

Soweit sich aus den Festsetzungen eines Bebauungsplans eine Vergrößerung oder **495** Verminderung der Tiefen der Abstandsflächen ergibt, sind diese im Sinne des Abs. 1 von oberirdischen baulichen Anlagen freizuhalten. Lediglich die in Abs. 9 genannten Grenzgaragen, Gebäude und Anlagen sind in den Abstandsflächen zulässig.

Abs. 8 über die Nichtanrechnung von untergeordneten Bauteilen und Vorbauten, **496** die vor die Außenwand vortreten, bleibt auch dann anwendbar, wenn sich abweichende Gebäude- und Grenzabstände aus den Festsetzungen eines Bebauungsplans ergeben.

Das Überdeckungsverbot des Abs. 3 ist lediglich bei Festsetzungen abweichender **497** Tiefen der Abstandsflächen nach § 9 Abs. 1 Nr. 2a BauGB anwendbar, nicht hingegen bei der Bestimmung von Gebäudeabständen mittels Baulinien.

Die Festsetzungen nach den §§ 22 und 23 BauNVO beziehen sich nur auf **498** Gebäude oder Gebäudeteile. Soweit die in Abs. 1 Satz 2 genannten Anlagen Wirkungen wie Gebäude haben, müssen Abstandsflächen gegenüber Gebäuden und Grundstücksgrenzen eingehalten werden.

4.2 Begründung von abweichenden Festsetzungen im Bebauungsplan

Nach Abs. 5 Satz 3 Halbsatz 2 dürfen bei der Festsetzung von abweichenden **499** Gebäudeabständen die ausreichende Belichtung und Belüftung nicht beeinträchtigt, die Flächen für notwendige Nebenanlagen nicht eingeschränkt werden. Der BayVGH hatte die Auffassung vertreten, die dem Abs. 5 Satz 3 Halbsatz 2 entsprechenden Anforderungen des Art. 7 Abs. 1 Satz 2 BayBO a. F. seien grundsätzlich schon dann gewahrt, wenn die Festsetzungen nach Art. 7 Abs. 1 Satz 1 BayBO a. F. so getroffen werden, dass vor den **Fenstern von Aufenthaltsräumen** ein **Lichteinfallswinkel** von höchstens 45° zur in Höhe der Fensterbrüstung liegenden Waagrechten eingehalten wird (vgl. Rn. 35 ff.). Dabei hatte der VGH auf die Regelung des Art. 7 Abs. 1 Satz 3 BayBO i.d.F. v. 21.8.1969 (GVBl. S. 263) Bezug genommen (BayVGH, Beschl. v. 29.12.200 – NE 05.2818 –, BayVBl. 2006 S. 670). Jedenfalls, so fährt der BayVGH in seiner Entscheidung vom 29.12.2005 fort, würden die Mindestanforderungen dann in aller Regel eingehalten, wenn eine (die Grundstücksgrenzen und damit das Gebot des Art. 6 Abs. 2 BayBO a. F. außer Acht lassende) **Vergleichsbetrachtung** anhand der Abstandsflächen nach Art. 6 Abs. 4 und 5 BayBO a. F. ergebe, dass der Standort und die Wandhöhe von sich gegenüberliegenden Gebäudeaußenwänden so im Sinn von Art. 7 Abs. 1 Satz 1 BayBO a. F. festgesetzt sein, dass sich diese Abstandsflächen nicht oder nur in dem nach Art. 6 Abs. 2 Satz 2 BayBO a. F. zulässigen Umfang überdecken würden. Die Abstandsflächen nach Art. 6 Abs. 4 und 5 BayBO a. F. würden in aller Regel eine ausreichende Belichtung und Lüftung gewährleisten.

Art. 7 Abs. 1 Sätze 1 bis 3 BayBO 1969 lauteten: „1. In Bebauungsplänen nach **500** Art. 107 Abs. 4 kann von Art. 6 Abs. 6 Satz 3 und 4 abgewichen werden. 2. Ein ausreichender Brandschutz und eine ausreichende Belichtung und Lüftung müssen gewährleistet sein. 3. Vor notwendigen Fenstern (auch anderer Gebäude) ist ein Lichteinfallswinkel von höchstens 45° zur Waagrechten einzuhalten; die Waagrechte ist in Höhe der Fensterbrüstung zu legen."

501 Art. 6 BayBO 1969 enthielt die Regelungen über Abstandsflächen. Die Anforderungen an die Tiefe (und Breite) der Abstandsflächen waren in Art. 6 Abs. 3 BayBO 1969 zusammengefasst: „1. Die Abstandsflächen müssen vor Wänden mindestens so tief sein wie die halbe Wandhöhe … 2. Um Aufenthaltsräume (Art. 58) ausreichend zu belichten, müssen vor notwendigen Fenstern die Abstandsflächen mindestens so tief sein wie die Wandhöhe …"

502 Die Tiefe der vor notwendigen Fenstern erforderlichen Abstandsflächen betrug also nach Art. 6 Abs. 3 BayBO 1969 nicht anders als jetzt nach Art. 6 Abs. 5 BayBO 2008 1 H. Daraus ergab sich unter Berücksichtigung der Regelung des Art. 6 Abs. 4 BayBO 1969 und ergibt sich nun unter Beachtung des Überdeckungsverbots des Art. 6 Abs. 3 BayBO 2008 für einander gegenüberstehende gleich hohe Außenwände von Gebäuden ein Abstand von 2 H und ein **Lichteinfallswinkel von ca. 25°**, bezogen auf eine als waagrecht anzunehmende Geländeoberfläche (Rn. 455, Abb. 6.5.1).

503 Der in Art. 7 Abs. 1 Satz 3 BayBO 1969 genannte Lichteinfallswinkel von 45° (gemessen in der Höhe der Fensterbrüstung eines Fensters im Erdgeschoss einer dreigeschossigen Bebauung) wird bei Abstandsflächentiefen von 0,4 H und einem Abstand zweier sich gegenüberstehender gleich hoher Außenwände von 0,8 H erreicht. Daraus ergibt sich bezogen auf die Geländeoberfläche ein **Lichteinfallswinkel von ca. 50°**.

504 Der Gesetzgeber und dementsprechend auch die Rechtsprechung des BayVGH hatten sich also auch schon nach altem Recht nicht auf einen bestimmten Lichteinfallswinkel festgelegt, der eingehalten werden müsste, um eine ausreichende Tagesbelichtung von Aufenthaltsräumen auch in den unteren Geschossen einer mehrgeschossigen Bebauung zu gewährleisten. Einerseits wird ein Lichteinfallswinkel von höchstens 45° zur Waagrechten in Höhe der Fensterbrüstung genannt, was einem Lichteinfallswinkel von 50° bezogen auf die Geländeoberfläche entspricht; andererseits wird eine Mindestabstandsflächentiefe von 1 H gefordert, woraus sich bei einander gegenüberstehenden gleich hohen Außenwänden ein **Lichteinfallswinkel von 25°** ergibt (vgl. Rn. 455 Abb. 6.5.1).

505 Nach Einführung der **Experimentierklausel** des Art. 6 Abs. 7 Nr. 2 BayBO 2008 überlässt der Gesetzgeber die Entscheidung über den einzuhaltenden Lichteinfallswinkel den **Gemeinden**. Dabei müssen sich die Gemeinden nicht auf einen der hier genannten Lichteinfallswinkel festlegen. Diese Lichteinfallswinkel werden ohnehin nur bei den im Gesetz genannten Bemessungswerten T = 1 H (Abs. 5) oder T = 0,4 H (Abs. 7) in dem der Regelung zugrunde liegenden Normalfall (vgl. Rn. 84) bei einander in ebenem Gelände gegenüberstehenden gleich hohen Außenwänden von Gebäuden erreicht. **Die Entscheidung für oder gegen die Übernahme der Regelung des Abs. 7 ist nur eine Grundsatzentscheidung.** Die genannten Lichteinfallswinkel haben nicht die Bedeutung von Richtwerten für die Bauleitplanung, sondern allenfalls die Bedeutung von **Orientierungswerten.** Der in der Entscheidung des BayVGH vom 29.12.2005 angesprochene Gedanke einer **Vergleichsbetrachtung** bei der Bestimmung von Gebäudeabständen könnte an Bedeutung gewinnen, da die Verschattung durch eine Bebauung im Rahmen einer **Computersimulation** ohne größeren Aufwand dargestellt werden kann (vgl. die Ergebnisse einer Computersimulation, dargestellt in: Boeddinghaus, Verschattung von Gebäuden durch andere Gebäude und Gebäudeteile BBB 2002 S. 18 ff.)

Da nicht feststeht, wann eine Belichtung und wann eine Belüftung als ausreichend anzusehen ist, kann der Nachweis, dass eine ausreichende Belichtung und Lüftung gewährleistet sind, in der Begründung zum Bebauungsplan nicht geführt werden. Die Begründung muss jedoch erkennen lassen, dass und in welcher Weise die genannten Gesichtspunkte ebenso wie die in Satz 3 Halbs. 2 nicht genannten Gesichtspunkte (Besonnung, ein verträgliches Wohnklima und der Brandschutz – vgl. Rn. 15 ff.) in der Abwägung berücksichtigt worden sind. **506**

Die Anforderungen an Flächen für Kinderspielplätze ergeben sich aus Art. 7 und im Hinblick auf notwendige Stellplätze aus Art. 47. **507**

Bei der planerischen Abwägung ist im Hinblick auf die Dimensionierung von Gebäudeabständen **eine Vielzahl unterschiedlicher Belange** zu berücksichtigen. Diese Belange sind **teils** auf **größere, teils** auf **geringere Abstände** gerichtet. Es lassen sich – ohne Anspruch auf Vollständigkeit – **12 unterschiedliche Belange** nennen: **508**

- Zugänglichkeit des Gebäudezwischenraums (zur Reinigung und Instandhaltung)
- Durchgangs- bzw. Durchfahrtmöglichkeit (z. B. für die Feuerwehr)
- Nutzung der Gebäudezwischenräume (Freiflächennutzung, Begrünung)
- Brandschutz
- Ausblick
- Abwehr von unerwünschtem Einblick (Sozialabstand)
- Besonnung
- Durchlüftung
- Schallschutz (Schließung von Baulücken)
- ökonomische Flächennutzung (flächensparendes Bauen)
- Gestaltung der städtebaulichen Räume (der Straßen- und Platz-, der Garten- und Hofräume)
- Denkmalschutz.

Die unter Berücksichtigung der unterschiedlichen Belange gerechtfertigten oder notwendigen **Zu- und Abschläge zu bzw. von den Regelabständen des Abs. 5 Sätze 1 und 2** lassen sich aufgrund allgemeiner Erfahrung abschätzen. Die Schätzmethode ist nach dem gegenwärtigen Stand der Erkenntnisse eher geeignet, zu einer sachgerechten Entscheidung zu kommen, als eine – nur scheinbar – objektive Berechnungsmethode. **509**

510 Die bauordnungsrechtlichen Vorschriften über die Abstandsflächen sollen verhindern, dass hinsichtlich der Tagesbelichtung **unzumutbare Verhältnisse** entstehen. Die Bauleitplanung muss jedoch nach § 1 Abs. 6 Nr. 2 BauGB u. a. die **Wohnbedürfnisse der Bevölkerung** beachten, zu denen das Bedürfnis nach hellen, also gut mit Tageslicht versorgten Räumen gehört (Rn. 25). Festsetzungen, die lediglich die sich aus Bemessungsvorschriften ergebenden bauordnungsrechtlichen Anforderungen bestätigen, werden den Wohnbedürfnissen im Hinblick auf die Tagesbelichtung in den Räumen der unteren Geschosse einer mehrgeschossigen Bebauung im Allgemeinen nicht entsprechen. Insoweit reicht der Nachweis, dass die Gebäudeabstände den Bemessungsregeln der Absätze 4 und 5 oder auch des Abs. 6 entsprechen, als Begründung im Hinblick auf die Anforderungen an die Tagesbelichtung nicht aus.

511 Um im Normalfall eine **gute Tagesbelichtung** zu erreichen, müssen **größere Abstände** eingehalten werden, d. h. Gebäudeabstände von etwa dem Dreifachen der Gebäudehöhe. Das schließt nicht aus, dass es als Ergebnis der Abwägung zwischen unterschiedlichen Anforderungen (Rn. 508) erforderlich sein kann, die Gebäudeabstände auf die bauordnungsrechtlichen Mindestabstände zu reduzieren. Im Falle einer mehrgeschossigen Bebauung mit geschlossenen Höfen kann mit einer Vergrößerung der Gebäudeabstände auf das Dreifache der Gebäudehöhe wegen der **Abschirmung seitlich einfallenden Tageslichts** allenfalls eine ausreichende, keinesfalls eine gute Belichtung der Erdgeschossräume erreicht werden (vgl. Rn. 59).

512 Eine **Unterschreitung** der sich aus den bauordnungsrechtlichen Regelungen ergebenden Mindestabstände wird nur bei Abweichungen von dem den bauordnungsrechtlichen Regelungen zugrunde liegenden Normalfall gerechtfertigt sein (vgl. Rn. 84). Daher muss in entsprechenden Fällen in der Begründung der Festsetzungen dargelegt werden, **worin die Abweichung vom Normalfall zu sehen ist.** Die Abweichung kann u. a. in den Gebäudeproportionen begründet sein oder in der durch den Bebauungsplan festgesetzten Stellung der Gebäude zueinander (vgl. Abb. 6.1.12 und 6.1.13).

513 Im Falle einer Bebauung mit **Punkthochhäusern** reichen die Abstände nach den Bemessungsregeln im Allgemeinen aus, um eine gute Tagesbelichtung auch für die Räume in den unteren Geschossen sicherzustellen. Eine Verminderung der **Abstände im Sinne der Schmalseitenregelung** des Abs. 6 erscheint vertretbar, auch bei Außenwänden mit einer Länge von mehr als 16 m. Das gilt insbesondere dann, wenn sich aus den Festsetzungen des Bebauungsplans ergibt, dass die Außenwände der Hochhäuser höher als lang sind (schlanke Gebäudeproportionen – Rn. 464).

514 Sind lediglich **Gebäude geringer oder mittlerer Höhe** vorgesehen, so sollten die Festsetzungen über die Bebauungstiefe so erfolgen, dass die zu den seitlichen Grundstücksgrenzen ausgerichteten Außenwände eine Länge von 16 m nicht überschreiten. Ist davon auszugehen, dass zu den seitlichen Grundstücksgrenzen nur **Nebenräume** orientiert werden, so kann auch eine größere Bebauungstiefe im Hinblick auf die Versorgung der Gebäude mit Tageslicht vertretbar sein. Bei der Festsetzung der Bebauungstiefe ist jedoch die Möglichkeit rückwärtiger

Anbauten insbesondere an Grundstücksgrenzen in der geschlossenen Bauweise und die sich daraus ergebende Verschattung von Aufenthaltsräumen zu berücksichtigen (vgl. Rn. 564, Abb. 6.7.4).

Bei einander gegenüberstehenden ungleich hohen Gebäuden sollte der **515** Abstand mindestens der doppelten Tiefe der vor den Außenwänden des höheren Gebäudes erforderlichen Abstandsflächen entsprechen, wenn auch die Aufenthaltsräume des niedrigeren Gebäudes über Fenster, die dem höheren Gebäude gegenüberliegen, ausreichend mit Tageslicht versorgt werden sollen. Daraus ergibt sich ein größerer Abstand als nach den Bemessungsregeln des Abs. 4 und des Abs. 5 Sätze 1 oder 2.

Nach der Neufassung der Abstandsregelung im Rahmen des 4. Gesetzes zur **516** Änderung der BayBO wird in den Anforderungen hinsichtlich der Gebäude- und Grenzabstände nicht mehr nach Außenwänden mit und ohne **für die Belichtung von Aufenthaltsräumen notwendigen Fenstern** unterschieden.

Die Bemessungsvorschriften gehen danach davon aus, dass alle Außenwände **517** der sich gegenüberstehenden Gebäude in allen Teilen bis ins Erdgeschoss zur Belichtung von Aufenthaltsräumen notwendige Fenster aufweisen. **Abweichungen** von dieser Annahme können, insbesondere was die Wandausbildung des gegenüberstehenden Gebäudes angeht, im Rahmen der Abstandsvorschriften nicht berücksichtigt werden. Im Rahmen einer Satzung im Sinne des Abs. 5 Satz 3 ist dies jedoch möglich, wenngleich nur mit gewissen Einschränkungen.

Festsetzungen über die Funktion von Außenwänden, insbesondere im Hin- **518** blick auf die Tagesbelichtung von Aufenthaltsräumen, sind nach dem Katalog des § 9 Abs. 1 BauGB unmittelbar nicht möglich. Es können jedoch Anhaltspunkte aus den Festsetzungen über die Art der Nutzung gewonnen werden, etwa durch **vertikale Gliederung eines MU- oder MK-Gebiets** (§ 1 Abs. 6a und 7 BauNVO), aus der sich ergibt, dass in einer mehrgeschossigen Bebauung in den unteren Geschossen lediglich eine Nutzung für Einzelhandelsgeschäfte zulässig ist. Aus einer solchen Festsetzung kann geschlossen werden, dass eine Tagesbelichtung für Aufenthaltsräume in den unteren Geschossen (Verkaufsräume) nicht erforderlich ist. In ähnlicher Weise kann auch bei der Festsetzung von MI-Gebieten vorgeschrieben werden, dass im Erdgeschoss Wohnungen unzulässig sind. Dieser Ausschluss kann seinerseits durch eine Ausnahmeregelung aufgelockert werden. Wenn lediglich **Nebenräume zur unzureichend belichteten Gebäudeseite ausgerichtet** werden, die Hauptwohnräume jedoch zur gut belichteten Seite, bestehen keine Bedenken, eine Wohnnutzung auch im Erdgeschoss zuzulassen.

Weil der Bebauungsplan keine ins Einzelne gehenden Festsetzungen zur Bauaus- **519** führung treffen kann, muss im Hinblick auf eine durch den Bebauungsplan neu zugelassene Bebauung der Nachweis genügen, dass eine sowohl hinsichtlich der Grundrissgestaltung als auch hinsichtlich der Raumhöhen und Fenstergrößen vernünftige Bebauung im Rahmen der Festsetzungen möglich ist. **Die abschließende Konfliktbewältigung** muss dann unter Berücksichtigung der Anforderungen des Art. 45 **im Baugenehmigungsverfahren** erfolgen. Gegen das Gebot der Konfliktbewältigung (BVerwG, Urt. v. 5.8.1983 – 4696.79 –, BRS 40 Nr. 4) würde nur verstoßen, wenn die Festsetzungen geradezu zwangsläufig zu untragbaren Ergebnissen führen müssten.

520 Eine **Verschattung eines Grundstücks** führt zu keinem Abwägungsfehler, wenn die Vorgaben der DIN 5034 eingehalten sind und die planende Gemeinde eine wertende Gesamtbetrachtung vornimmt (OVG Münster, Urt. v. 21.8.2015 – 7 D 61/14.NE – juris; bestätigend: BVerwG, Beschl. v. 7.12.2015 – 4 BN 47/15 –, BayVBl. 2016, 388), bzw. die Besonnung in den Wintermonaten um weniger als ein Drittel reduziert ist (HessVGH, Urt. v. 23.4.2015 – 4 C 567/13 –, NVwZ-RR 2015, 850). Bei der Ermittlung der Verschattung ist von der maximal zulässigen Bebauung auszugehen (VGH, Urt. v. 31.1.2013 – 1 N 11.2087 –, juris).

521 Stehen sich Gebäude auf verschiedenen Grundstücken gegenüber, müssen die durch die Festsetzungen bestimmten (jeweils dem Grenzabstand entsprechenden) Abstandsflächen so bemessen sein, dass sich in der Summe ein für die Belichtung und Lüftung ausreichender Gebäudeabstand ergibt. Ist dies gewährleistet, dann sind die Festsetzungen abstandsflächenrechtlich nicht zu beanstanden. Die Frage, ob bei den Festsetzungen die Belange der beiden betroffenen Grundstückseigentümer ausreichend berücksichtigt wurden, ist in diesem Zusammenhang ohne Bedeutung. Die Anforderungen sind grundsätzlich schon dann gewahrt, wenn die Festsetzungen so getroffen wurden, dass vor den Fenstern von Aufenthaltsräumen ein Lichteinfallswinkel von höchstens 45° zur in Höhe der Fensterbrüstung liegenden Waagrechten eingehalten wird (vgl. die Vorschrift des Art. 7 Abs. 1 Satz 3 BayBO in der Fassung vom 21.8.1969, GVBl S. 263, die bis zur Neufassung der Bayerischen Bauordnung vom 2.7.1982, GVBl S. 419, galt). Wenn eine (die Grundstücksgrenzen und damit das Gebot des Abs. 2 Satz 1 außer Acht lassende) Vergleichsberechnung anhand der Abstandsflächen gemäß Abs. 5 und 6 ergibt, dass Standort und Wandhöhe so festgesetzt sind, dass sich diese Abstandsflächen nicht oder nur in dem nach Abs. 3 zulässigen Umfang überdecken würden, sind die gesetzlichen Anforderungen an eine ausreichende Belichtung und Lüftung gewahrt (so BayVGH, Beschl. v. 29.12.2005 – 1 NE 05.2818 – juris).

522 Der **Vorhaben- und Erschließungsplan** ist nach § 12 Abs. 3 Satz 2 BauGB an den Festsetzungskatalog des § 9 Abs. 1 BauGB und an die BauNVO nicht gebunden. Das bedeutet, dass im Vorhaben- und Erschließungsplan auch Festsetzungen über die Geschosshöhe und über die Funktion der Außenwände (z. B. fensterlose Außenwände) erfolgen können.

523 Auch eine Satzung nach Art. 81 ist nicht an den Festsetzungskatalog des § 9 Abs. 1 BauGB gebunden. **Festsetzungen über Außenwände ohne notwendige Fenster** sind möglich. Werden in einer städtebaulichen Satzung Gebäudeabstände nicht durch zwingende Festsetzungen vorgeschrieben, sondern durch nicht zwingende Festsetzungen lediglich zugelassen, so kann in der Satzung angeordnet werden, dass Abstandsflächen mit den sich aus den Sätzen 1 und 2 ergebenden Tiefen einzuhalten sind, sofern und soweit Außenwände, abweichend von dem der Satzung zugrunde liegenden Annahmen, Fenster zur Belichtung von Aufenthaltsräumen aufweisen (vgl. Rn. 531).

Bei Planungen im Bestand **muss auf die vorhandene Bebauung Rücksicht** 524
genommen werden; d. h. es ist darauf zu achten, dass sich die Belichtungssituation für die bestehende Bebauung durch eine nach den Festsetzungen des Bebauungsplans zulässige **Ergänzungsbebauung** nicht unzumutbar verschlechtern
kann. Dabei ist zu berücksichtigen, dass gewisse Verschlechterungen in der
Belichtung durch eine Ergänzungsbebauung grundsätzlich nicht ausgeschlossen
werden können. Eine solche Verschlechterung ergibt sich beispielsweise bei einer
städtebaulich erwünschten **Baulückenschließung** fast notwendig auch dann,
wenn dabei die Abstandsregeln des Abs. 4 und des Abs. 5 Sätze 1 und 2 beachtet
werden (Abb. 6.5.19).

In der Abwägung zwischen Gesichtspunkten, die für größere Abstände und 525
anderen, die für geringere Abstände sprechen, kann davon ausgegangen werden, dass es in aller Regel zu einem günstigeren Ergebnis führt, wenn unterschiedliche Abstände eingehalten werden, so dass wenigstens eine Gebäudeseite
bis ins Erdgeschoss eine gute, bzw. auch bei einer stärkeren **Begrünung der
Außenräume** eine noch ausreichende Belichtung erhalten kann, was im Falle allseitig gleicher Abstände häufig nicht möglich ist (Abb. 6.5.20 bis 6.5.22).

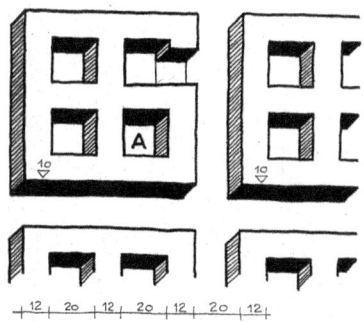

Abb. 6.5.19

*Die Schließung einer Baulücke in einer geschlossenen Blockrandbebauung führt zu einer deutlichen
Verschlechterung in der Tagesbelichtung der Aufenthaltsräume in den unteren Geschossen der vorhandenen Bebauung, auch wenn dabei die nach Abs. 5 Satz 1 vorgeschriebenen Tiefen der Abstandsflächen eingehalten werden.*

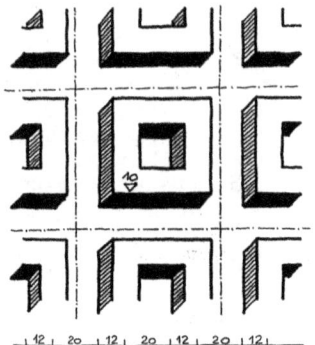

Abb. 6.5.20

Eine viergeschossige Blockrandbebauung im allgemeinen Wohngebiet entspricht den Vorschriften des Abs. 4 und des Abs. 5 Satz 1, wenn Straßenbreite und Hofweite ein Maß von ca. 20 m nicht unterschreiten. Mit einer Bruttogeschossflächendichte von 1,5 (abweichend von § 20 BauNVO mit der Fläche des Bruttobaulandes unter Einschluss der halben Straßenbreite als Bezugsfläche gerechnet) werden die Anforderungen an ein flächensparendes Bauen erfüllt. Hofseitig sind die Belichtungsverhältnisse jedoch aufgrund der Abschirmung seitlich einfallenden Tageslichts in den unteren Geschossen mangelhaft. Auch werden die Anforderungen an ein verträgliches Wohnklima nicht erfüllt.

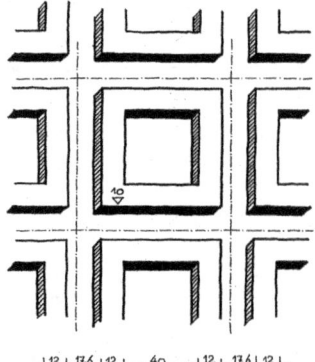

Abb. 6.5.21

Werden die Innenhofmaße auf das Doppelte der sich aus Abs. 4 und Abs. 5 Satz 1 ergebenden Mindestmaße vergrößert, so können insgesamt ausreichende Belichtungsverhältnisse erreicht werden. Soll die Bruttogeschossflächendichte von 1,5 aufgrund einer übergeordneten städtebaulichen Zielsetzung (flächensparendes Bauen) nicht unterschritten werden, so müssen jedoch die Abstände straßenseitig verringert werden. Die Anforderung kann erfüllt werden, wenn die Straßenbreite von 20,00 m um 2,40 m auf 17,60 m reduziert wird. Dadurch werden die Belichtungsverhältnisse im Erdgeschoss straßenseitig geringfügig verschlechtert.

Abb. 6.5.22

Sind die Räume im Erdgeschoss straßenseitig nicht auf Tageslicht angewiesen (Art. 45 Abs. 3), so kann ein Lichteinfallswinkel von 25° für das 1. Obergeschoss erreicht werden, wenn die Straßenbreite auf 14,40 m reduziert wird. Ohne eine Verminderung der Bebauungsdichte können dann die Innenhofmaße auf 50 m × 50 m, d. h. auf das 2,5fache der sich aus Abs. 4 und Abs. 5 Satz 1 ergebenden Mindestmaße vergrößert werden. Damit wird eine Innenhofbegrünung möglich, ohne dass die Belichtungsverhältnisse in unvertretbarer Weise verschlechtert werden.

Der Gedanke der „**Kompensation" (geringere Straßenbreiten – größere Innen-** 526 **höfe)** hatte im historischen Städtebau, also bevor die Forderung nach einer allseitig gleichmäßigen Belichtung der Gebäude zur herrschenden Städtebaulehre wurde, stadtbildprägende Bedeutung. Daher fügt sich eine neue Bebauung, die an das ältere Leitbild anknüpft, in aller Regel besser in die **Bebauung älterer Stadtteile** ein als eine Bebauung, die sich in ihren Proportionen nach den vom Einzelbauwerk ausgehenden bauordnungsrechtlichen Regelungen bestimmt.

Ein bestimmtes Maß an Besonnung für die Aufenthaltsräume eines Gebäudes 527 kann mit Hilfe der Abstandsvorschriften, die **ohne Bezug zur Himmelsrichtung** gelten, nicht gewährleistet werden (Rn. 50). Es ist Sache der Bauleitplanung durch Festsetzung der überbaubaren und nicht überbaubaren Grundstücksflächen und der **Stellung der Gebäude zur Himmelsrichtung** dafür zu sorgen, dass die Gebäude und die Freiflächen ausreichend besonnt werden.

In der offenen Bauweise sind die Belüftungsverhältnisse allgemein günstiger als 528 in der geschlossenen Bauweise. Es gibt jedoch keine Anhaltspunkte dafür, dass auch bei verminderten Gebäudeabständen in der geschlossenen Bauweise eine ausreichende Lüftung der Gebäude nicht gewährleistet wäre. **In hoch verdichteten Kerngebieten** werden die Gebäude im Allgemeinen **künstlich belüftet** bzw. klimatisiert.

529 Es kann davon ausgegangen werden, dass im Falle einer mehrgeschossigen Bebauung der sich aus Abs. 5 Satz 1 in Verbindung mit Abs. 2 oder Abs. 3 ergebende Gebäudeabstand als Sozialabstand in Wohngebieten ausreicht. Im Falle einer eingeschossigen Bebauung wird demgegenüber der sich aus den Mindesttiefen der Abstandsflächen nach Abs. 5 Satz 1 ergebende Gebäudeabstand von nur 6 m als Sozialabstand **für sich gegenüberliegende Hauptwohnräume** kaum ausreichen (Abb. 6.5.23). Im Bebauungsplan müssen größere Abstände festgesetzt werden.

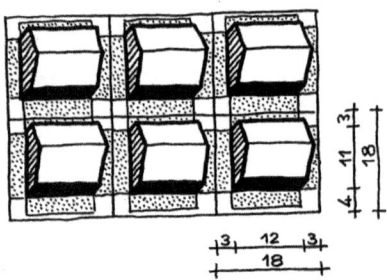

Abb. 6.5.23

Bei Einhaltung der für die Abstandsflächen nach Art. 6 Abs. 5 Sätze 1 und 2 vorgeschriebenen Mindesttiefen von 3 m ergibt sich ein Gebäudeabstand von nur 6 m, der als Sozialabstand nicht ausreicht.

530 Für Außenwände mit Fenstern und sonstigen Öffnungen müssen Abstände von mehr als 2,5 m zur Grundstücksgrenze bzw. mehr als 5 m gegenüber anderen Gebäuden eingehalten werden. Bei Unterschreitung des Maßes von 2,5 m zur Grundstücksgrenze oder des Gebäudeabstands von 5 m sind die Außenwände aufgrund des Art. 28 Abs. 2 als **Brandwände**, d. h. insbesondere **ohne Fenster und sonstige Öffnungen** herzustellen. Im Bebauungsplan kann das nicht festgesetzt werden. Für das bauaufsichtliche Verfahren verbleibt insoweit ein Regelungsrest.

531 In der städtebaulichen Satzung kann nach Abs. 5 Satz 3 letzter Satzteil angeordnet werden, dass die Abstandsflächen nach Abs. 5 Sätze 1 und 2 einzuhalten sind. Mit einer solchen Festsetzung räumt die städtebauliche Satzung ihrerseits den bauordnungsrechtlichen Abstandsregeln einen Vorrang ein. Wird in der städtebaulichen Satzung festgelegt, dass die Regelungen des Abs. 5 Sätze 1 und 2 über die Tiefe der einzuhaltenden Abstandsflächen auch dann gelten sollen, wenn sich aus den Festsetzungen der Satzung geringere Tiefen für die Abstandsflächen ergeben als nach Abs. 5 Sätze 1 und 2, so müssen entweder die überbaubaren Grundstücksflächen oder das Maß der baulichen Nutzung oder beide als nicht zwingend festgesetzt werden. Werden die überbaubaren Grundstücksflächen lediglich mit Baugrenzen festgesetzt, so kann die Außenwand so weit zurückgenommen werden, wie es sich aus den Anforderungen des Abs. 5 Sätze 1 und 2 ergibt. Wird die Zahl der Vollgeschosse (oder die Höhe der baulichen Anlagen) nicht zwingend festgesetzt, so kann die Außenwand in der festgesetzten Flucht errichtet, in der Höhe jedoch an die Anforderungen des Abs. 5 Sätze 1 und 2 angepasst werden.

Werden in einer städtebaulichen Satzung die überbaubaren Grundstücksflächen 532 teilweise mit Baulinien als zwingend (z. B. vordere Baulinie), teilweise mit Baugrenzen als nicht zwingend (z. B. rückwärtige Baugrenze) festgesetzt, so muss in der Satzung klargestellt werden, dass der Vorrang des Abs. 5 Sätze 1 und 2 nur im Hinblick auf die nicht zwingenden Festsetzungen gelten soll.

Festsetzungen, mit denen die Gebäudeabstände und die Gebäudehöhe zwin- 533 gend vorgeschrieben werden, wären mit der Festsetzung über einen Vorrang des Abs. 5 Sätze 1 und 2 nicht vereinbar.

Die Anforderungen im Hinblick auf notwendige Nebenanlagen ergeben sich aus 534 Art. 7 (Kinderspielplätze) und aus Art. 47 (Stellplätze für Kraftfahrzeuge). Kinderspielplätze und Stellplätze für Kraftfahrzeuge müssen nicht auf den nach Art. 6 Abs. 1 Satz 1 von oberirdischen baulichen Anlagen freizuhaltenden Flächen hergestellt werden. Nach Art. 7 Abs. 2 können **Kinderspielplätze auch auf einem anderen Grundstück in unmittelbarer Nähe des Baugrundstücks** hergestellt werden. Die notwendigen Stellplätze für Kraftfahrzeuge können auch in **Garagengebäuden** oberhalb oder **unterhalb der Geländeoberfläche** hergestellt werden. § 12 Abs. 6 BauNVO, wonach im Bebauungsplan festgesetzt werden kann, dass in Baugebieten oder in bestimmten Teilen von Baugebieten Stellplätze und Garagen unzulässig oder nur in beschränktem Umfang zulässig sind, wird durch die Abstandsvorschriften nicht berührt (Rn. 610 f.).

5. Vorrang der umgebenden Bebauung (Abs. 5 Satz 4)

Durch den mit dem Änderungsgesetz BayBO 2009 eingefügten Satz 4 soll 535 gewährleistet werden, dass nicht nur städtebauliche Satzungen oder örtliche Bauvorschriften nach Art. 81 hinsichtlich der Bemessung der Abstandsflächentiefe gegenüber Art. 6 Abs. 5 Sätze 1 und 2 Vorrang haben, sondern sich ein derartiger Vorrang aus der **tatsächlich vorhandenen umgebenden Bebauung** im Sinn des § 34 Abs. 1 Satz 1 BauGB ergeben kann. Erforderlich ist dabei, dass die Abstandsflächentiefen der umgebenden Bebauung einheitlich sind und die Umgebung prägen; diffuse bzw. unterschiedliche Tiefen genügen nicht. Relevant ist dies z. B. für Traufgassen: Die Einfügung des Satzes 4 wurde als Reaktion auf die Rechtsprechung des BayVGH zur Bebauung mit **Traufgassen** für erforderlich gehalten Danach liegt ein Fall des Art. 6 Abs. 1 Satz 3 BayBO (das Gebäude muss oder darf nach planungsrechtlichen Vorschriften an die Grenze gebaut werden) bei Traufgassen nicht vor, da diese Norm ausschließlich den unmittelbaren Anbau an die Grundstücksgrenze, nicht aber die Verwirklichung geringerer oder ungenügender Abstandsflächen wie z. B. bei Traufgassen oder „engen Reihen" regele (vgl. BayVGH, Urt. v. 22.11.2006 – 25 B 05.1714 – juris; a. A. König, in: König/Roeser/Stock, BauNVO, 2. Aufl. 2003, § 22 Rn. 23 a. E.; Dirnberger, Das Abstandsflächenrecht in Bayern, 2008, RdNr. 66; vgl Rn. 634). Ein generelles Abweichen vom bauordnungsrechtlichen Konzept der Abstandsflächentiefen setze eine Satzung gemäß Art. 6 Abs. 5 Satz 3 voraus, in der diese Frage im Einklang mit höherrangigem Recht abgewogen wurde. Nach der Gesetzesbegründung ist es aber auch in diesen Fällen sachgerecht, wenn sich der Bauherr nicht an den Abstandsflächentiefen der BayBO, sondern an denjenigen orientieren muss, die in der Nachbarschaft bestehen. Unzuträgliche Verhältnisse, wie sie der BayVGH in der Traufgassenentscheidung bei einer entsprechenden Anwendung des Art. 6 Abs. 1 Satz 3 auf die beschriebenen Fallgestaltungen befürchtet, können nach Ansicht des Gesetzgebers schon deshalb nicht entstehen, weil § 34 Abs. 2 Satz 1 Halbs. 2 BauGB die Zulässigkeit auch von Bauvorhaben, die sich im Sinn des § 34 Abs. 1 Satz 1 BauGB in die Eigenart der näheren Umgebung einfügen, dann ausschließt, wenn die Anforderungen an gesunde Wohn- und Arbeitsverhältnisse nicht gewahrt bleiben.

536 Aber auch für **Ersatzbauten** kann die Änderung eine Rolle spielen: Beseitigte Gebäude prägen nach der Rechtsprechung die Eigenart der näheren Umgebung weiterhin bauplanungsrechtlich, solange nach der Verkehrsanschauung das Baugrundstück für eine Neubebauung im Umfang des beseitigten Altbestands aufnahmefähig ist (vgl. für den nicht beplanten Innenbereich rechtsgrundsätzlich BVerwG, Beschl. v. 24.5.1988 – 4 CB 12.88 – juris). Dies hat zur Folge, dass ein Ersatzbau auch dann bauplanungsrechtlich zulässig bleibt, wenn er nach der Beseitigung des Altbestands und unter Absehen von diesem bauplanungsrechtlich nicht mehr zulässig wäre, etwa in einer Ortsrandlage im grundsätzlich unbebaubaren (vgl. § 35 BauGB) Außenbereich läge. Nach der Gesetzesbegründung ist es nicht einzusehen, weshalb diese **fortdauernde Prägungswirkung** nicht gleichermaßen für die – ebenso wie das Bauplanungsrecht – u. a. die Lage von Gebäuden auf den Grundstücken steuernden Abstandsflächen gelten sollte (so aber BayVGH, Urt. v. 13.2.2001 – 20 B 00.2213 –, BauR 2001, 1248; Beschl. v. 17.8.2001, – 20 ZS 01.2025 – gegen Jäde, in: Jäde/Dirnberger/Bauer/Weiß, Die neue BayBO, Art. 70 a. F. RdNr. 25f), wodurch namentlich auch Ersatzbauten in dörflichen Lagen des ländlichen Raums erschwert werden. Da die Regelung des Satzes 4 sich ausdrücklich auf die umgebende Bebauung im Sinn des § 34 Abs. 1 Satz 1 BauGB bezieht, nimmt sie auch diese fortdauernde prägende Wirkung des beseitigten Bestands auf und bewirkt damit die notwendige Harmonisierung der bauplanungs- und der bauordnungsrechtlichen Maßstäbe. In der Literatur wird die Regelung nach Abs. 5 Satz 4 kritisch gesehen. Die Regelung wirft Fragen ihrer Notwendigkeit und Zweckmäßigkeit auf und der gesetzgeberische Handlungsbedarf erscheint nicht zwingend (Molodovsky, Stand 4-2018 m. V. auf die abw. Rechtsprechung des VGH BW, Urt. 13.5.2002 – 3 S 2259/01 –, juris Rn. 69; vgl Rn. 634). Mit der Änderung der BauOBln 2016 wurde sogar die Regelung aufgenommen, dass bei rechtmäßig bestehenden Gebäuden, die das Abstandsflächenrecht nicht einhalten, der Ersatz bestehender Gebäude innerhalb der bisherigen Abmessungen; bei Gebäuden mit Wohnraum der Ersatz nur unter der Voraussetzung der Beibehaltung des Maßes der baulichen Nutzung, die Abstandsflächen unbeachtlich sind (§ 6 Abs. 9 Nr. 6 BauOBln). Auch der Entwurf BauONRW 2018 sieht erleichterte Änderungen für Bestandsgebäude vor (§ 6 Abs. 11 BauONRW).

537 Abs. 5 Satz 4 findet keine Anwendung auf den Überbau (§ 912 BGB); dieser ist wie ein Grenzanbau zu behandeln (vgl. VGH, Beschl. v. 24.8.2016 – 15 ZB 14.2654 – juris Rn. 56).

III. Halbierung der Abstandsflächentiefe (Abs. 6)

Die erforderliche Tiefe der Abstandfläche kann bei zwei Außenwandseiten mit   **538**
einer Länge bis zu 16 m auf 0,5 H (ausgenommen in Kern-, Gewerbe- und
Industriegebieten sowie urbanen Gebieten) halbiert werden, soweit der Mindestabstand von 3 m erhalten bleibt. Mit dieser Privilegierung wird die Möglichkeit
zu höheren Bebauungsdichten geschaffen, die denen in anderen Bundesländern,
die sich stärker an die Regelungen der MBO gehalten haben, vergleichbar sind.

1. Anwendbarkeit des 16-m-Privilegs bei freistehenden Gebäuden

Die Regelung des Abs. 6 wird überwiegend als „Schmalseitenprivileg" bezeich-   **539**
net – Privileg deshalb, weil die Regelung im Hinblick auf die Bemessung der
Abstandsfläche als „Vergünstigung" für den Bauherrn insofern angesehen wird,
als vor zwei Außenwänden, die eine Länge von 16 m nicht überschreiten, lediglich **die halbe der nach Abs. 5 Satz 1 erforderlichen Tiefe der Abstandsfläche**
genügt. Was mit Blick auf die Interessenlage des Bauherrn als Privileg gewertet
wird, kann vom Nachbarn jedoch als Benachteiligung angesehen werden. Vom
Schmalseitenprivileg kann allerdings auch in Bezug auf ein anderes Gebäude auf
demselben Grundstück Gebrauch gemacht werden. Gleichwohl steht das Verhältnis Bauherr – Nachbar aufgrund der nachbarschützenden Bedeutung der
Vorschrift im Mittelpunkt des Interesses.

Die Vorschrift entspricht der Regelung des Art. 6 Abs. 3 BayBO 1982 (vgl. Rn. 56).   **540**
Diese Regelung war aus der älteren Vorschrift über den seitlichen Grenzabstand,
den sog. „Bauwich", abgeleitet worden und wurde wie folgt begründet: „Dieser
Regelung liegen die Überlegungen und Feststellungen zugrunde,

* dass von einer Gebäudewand, deren Länge nicht mehr als 14 m beträgt, keine
  solche Störung ausgeht, die einen größeren Gebäude- oder Grenzabstand
  erfordert,

* dass in der herkömmlichen Bauweise die überwiegende Zahl der mehrgeschossigen Gebäude, insbesondere der Wohngebäude, eine Tiefe von 14 m
  nicht überschreitet,

* dass bei einer Gebäudetiefe von nicht mehr als 14 m Aufenthaltsräume in
  aller Regel von der Vorder- und Rückseite des Gebäudes ausreichend mit
  Tageslicht versorgt werden können,

* dass in der herkömmlichen offenen Bauweise zur seitlichen Grundstücksgrenze überwiegend Nebenräume angeordnet werden."

(Landtagsdrucksache 9/7854 vom 11.3.1981. Der Grenzwert von 14 m wurde im
Gesetzgebungsverfahren auf 16 m erhöht).

Soweit in der amtlichen Begründung zum Schmalseitenprivileg des Art. 6 Abs. 5   **541**
BayBO 1982 von der Feststellung ausgegangen wurde, dass von einer Gebäudewand mit begrenzter Längenausdehnung keine solche Störung ausgeht, die
einen größeren Gebäude- oder Grenzabstand erfordern würde (wie er vor einer
Außenwand mit unbegrenzter Längenausdehnung als erforderlich angesehen
wurde), trifft dies für alle Außenwände zu, unabhängig von der Ausrichtung der

betreffenden Außenwand zu seitlichen, vorderen oder rückwärtigen Grundstücksgrenzen. Wenn jedoch in der weiteren Argumentation **die Außenwandlänge mit der Gebäudetiefe gleichgesetzt** und zugleich davon ausgegangen wurde, in der herkömmlichen offenen Bauweise würde die überwiegende Zahl der mehrgeschossigen Gebäude eine Tiefe von 14 m nicht überschreiten, bei einer Gebäudetiefe von nicht mehr als 14 m würden Aufenthaltsräume in aller Regel von der Vorder- und Rückseite des Gebäudes ausreichend mit Tageslicht versorgt, und in der herkömmlichen offenen Bauweise würden zur seitlichen Grundstücksgrenze überwiegend Nebenräume angeordnet (Abb. 6.6.1), so wird damit deutlich, dass der Gesetzgeber nur die Anwendbarkeit der Schmalseitenregelung gegenüber der seitlichen Grundstücksgrenzen im Blick hatte. Da aber die Schmalseitenregelung nicht nur gegenüber den seitlichen Grundstücksgrenzen, sondern vor zwei beliebigen **Außenwänden eines Gebäudes** anwendbar ist, verliert diese Begründung ihre Grundlage. Die Schmalseitenregelung wird insoweit in der Begründung zur Abschaffung des Schmalseitenprivilegs in § 6 MBO 2002 mit einer gewissen Berechtigung als inkonsequent bezeichnet. Inkonsequent ist die Begrenzung der Regelung auf zwei Außenwände, nicht hingegen die Reduzierung der Anforderung für Außenwände mit begrenzter Längenausdehnung. Der BayVGH sieht die Halbierung der Tiefe der Abstandsflächen in den Fällen, in denen dies wegen der geringen Länge der betreffenden Außenwand im Hinblick auf die Interessen der dieser Wand gegenüberliegenden Grundstücksnachbarn aber auch im öffentlichen Interesse wegen der Belichtung usw. als zumutbar an (Molodovsky Stand 4-2018 Rn. 175, BayVGH, Beschl. v. 21.4.1986 GrS I/85 BayVBl. 1986 S. 397; Beschl. v. 21.5.1990 GrS 2/89 BayVBl. 1990 S. 498, BRS 50 S. 268).

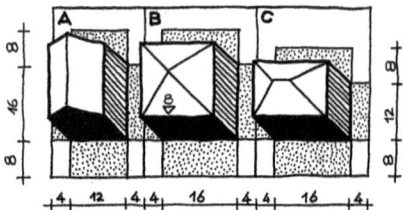

Abb. 6.6.1

Der Normalfall: Gebäude in offener Bauweise über quadratischem oder rechteckigem Grundriss; Aufreihung der jeweils auf einem eigenen Grundstück (A – B – C) errichteten Gebäude mit der Gebäudefront parallel zur Straßenflucht. Die Gebäude nehmen das Schmalseitenprivileg vor zwei Außenwänden auf entgegengesetzten Gebäudeseiten in Anspruch, und zwar jeweils zu den seitlichen Nachbargrenzen, auch wenn die schmale Seite des Gebäudes zur Straßenseite orientiert ist (Grundstück A).

2. Abstandsrelevante Außenwandteile

Nach Abs. 6 Satz 1 Halbsatz 2 ist die Anwendung des Schmalseitenprivilegs auf **542** Gebäude in MK-, MU-, GE- und GI-Gebieten ausgeschlossen. Die Vergünstigung ist danach nur in Gebieten anwendbar, in denen die Tiefe der Abstandsflächen nach Abs. 5 Satz 1 1 Halbs. beträgt, also in WS-, WR-, WA-, WB-, MD- und in MI-Gebieten. Die nach Abs. 5 einzuhaltende Mindesttiefe von 3 m ist auch für Wände bis zu 16 m Länge einzuhalten.

Außenwand im Sinne des Abs. 6 ist jede über der Geländeoberfläche liegende **543** Wand, die eine Gebäudeseite abschließt, soweit ihre Abstandsfläche die in Abs. 5 vorgesehene Tiefe unterschreitet; mehrere hiernach abstandsflächenrelevante Außenwandteile derselben Gebäudeseite sind zusammenzuzählen (BayVGH, Beschl. v. 21.4.1986 Gr. S 1/85 – 15 B 85 A.2534 –, BRS 46 Nr. 103, BayVBl. 86 S. 397). Eine Außenwand im Sinne des Abs. 6 kann danach aus mehreren in der Tiefe versetzten Außenwandteilen bestehen (Abb. 6.6.2) oder als einheitliche Wand einen Höhenversprung aufweisen (Abb. 6.6.3 und 6.6.4).

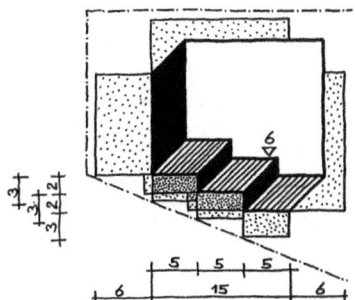

Abb. 6.6.2
Inanspruchnahme des Schmalseitenprivilegs vor einer in sich gegliederten Außenwand.

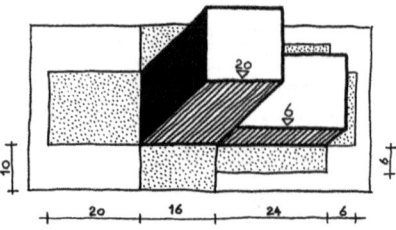

Abb. 6.6.3

Gegliederter Baukörper mit einem höheren und einem niedrigeren Bauteil. Die über den höheren und den niedrigeren Bauteil durchlaufende Außenwand löst zwei Abstandsflächen aus, deren Tiefe je gesondert zu ermitteln ist. Da der Wandabschnitt des höheren Bauteils eine Länge von 16 m nicht überschreitet, kann für diesen Wandabschnitt das Schmalseitenprivileg in Anspruch genommen werden, für den darüber hinausgehenden Wandabschnitt des niedrigeren Bauteils hingegen nicht.

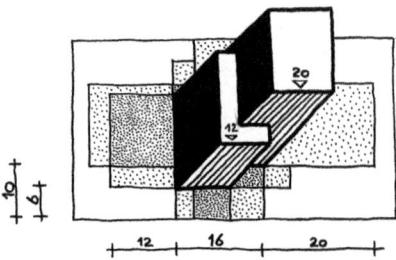

Abb. 6.6.4

Gegliederter Baukörper mit einem höheren und einem niedrigeren Bauteil. Die Abstandsflächen sind für jede Außenwand gesondert zu ermitteln, auch wenn und soweit sie teilweise durch vorgelagerte niedrige Bauteile und die vor diesen liegende Abstandsflächen überlagert werden. Im Hinblick auf die Anwendbarkeit des Schmalseitenprivilegs sind jedoch die in Höhe und Tiefe versetzten und gestaffelten Außenwände und Außenwandteile, soweit sie zur gleichen Gebäudeseite ausgerichtet sind und insgesamt die Länge von 16 m nicht überschreiten, nach Abs. 6 zusammenfassend als eine Außenwand anzusehen.

544 Molodovsky ist der Auffassung, der BayVGH verwende hier ohne Not zusätzlich den Begriff der Gebäudeseite (Molodovsky Stand 4-2018 Art. 6 Rn. 186). Die von Molodovsky im Hinblick auf die Anwendbarkeit des Schmalseitenprivilegs bei gegliederten Außenwänden zitierten Entscheidungen des OVG NRW hatten u. a. den Gesetzgeber in Nordrhein-Westfalen veranlasst, die Schmalseitenregelung des § 6 Abs. 6 BauO NRW im Zusammenhang mit der Neufassung der Abstandsregelungen in BauO NRW 2007 zu ändern. Die zitierten Entscheidungen sind danach nicht mehr heranzuziehen (dazu Bernd H. Schulte in „Abstände und Abstandflächen in der Schnittstelle zwischen Bundes- und Landesrecht" – BauR 2007 S. 1514 ff. – S. 1518: „Die Auswechslung des Bezugspunkts der Abstandfläche von Außenwänden zu dem Tatbestandsmerkmal ‚gegenüber

Grundstücksgrenzen' beendet die bis dahin in der Rechtsprechung gern geübte ‚natürliche Betrachtung' von Außenwänden") Die zitierten Entscheidungen des OVG NRW sollten auch in Bayern nicht mehr herangezogen werden.

Eine Abschnittbildung ist auch ohne Höhenversprung oder andere sichtbare **545** Gliederungen möglich, wenn eine mehr als 16 m lange Außenwand, schräg zur Nachbargrenze steht und vor dem Bereich der Außenwand, der jenseits der 16-m-Begrenzung liegt, die volle Tiefe der Abstandsfläche nach Abs. 5 Satz 1 gewahrt wird (Abb. 6.6.5). Zwei Gebäude von mehr als 16 m Länge, die sich durch eine versetzte Anordnung jeweils nur mit Wandabschnitten von nicht mehr als 16 m Länge auf demselben Grundstück gegenüberliegen, können in einem Abstand zueinander errichtet werden, der nur die Hälfte des sich aus Abs. 5 Satz 1 ergebenden Gebäudeabstandes entspricht (Abb. 6.6.6).

Der Bauherr kann frei wählen, gegenüber welcher Grundstücksgrenze er die **546** gesetzliche Erleichterung zum Zuge kommen lassen will (Molodovsky Stand 4-2018 Art. 6 Rn. 183 unter Hinweis auf BayVGH, Beschl. v. 5.2.1991 – 14 CS 90.3534). Die Vergünstigung kann jedoch **für eine Gebäudeseite nicht zweimal** in Anspruch genommen werden (Abb. 6.6.7). Sie gilt nur für 2 Außenwände an unterschiedlichen Gebäudeseiten und kann sowohl zu den seitlichen Grundstücksgrenzen als auch zur Gebäuderückseite oder zur Gebäudevorderseite oder auch gegenüber einem anderen Gebäude auf demselben Grundstück in Anspruch genommen werden (Abb. 6.6.8). Eine Reduzierung der Tiefe der Abstandsfläche für eine dritte Außenwand kann nur als Abweichung nach Art. 63 zugelassen werden (Rn. 638).

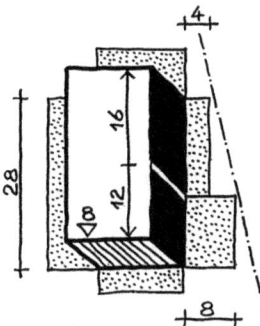

Abb. 6.6.5

Inanspruchnahme des Schmalseitenprivilegs in Bezug auf eine schräg zur Nachbargrenze verlaufende Außenwand von mehr als 16 m Länge.

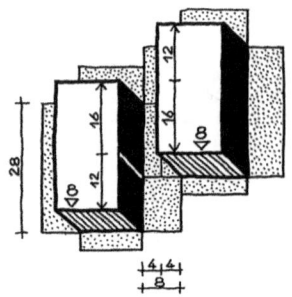

Abb. 6.6.6

Inanspruchnahme des Schmalseitenprivilegs für zwei Außenwände, die sich auf demselben Grundstück mit einer Länge von nicht mehr als 16 m gegenüberliegen.

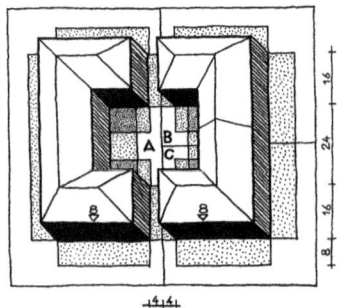

Abb. 6.6.7

Die doppelte Inanspruchnahme des Schmalseitenprivilegs an einer Gebäudeseite auf Grundstück A ist unzulässig. Die Inanspruchnahme des Schmalseitenprivilegs durch aneinander gebauten Gebäude auf den Grundstücken B und C ist nach Abs. 6 Satz 3 gleichfalls unzulässig.

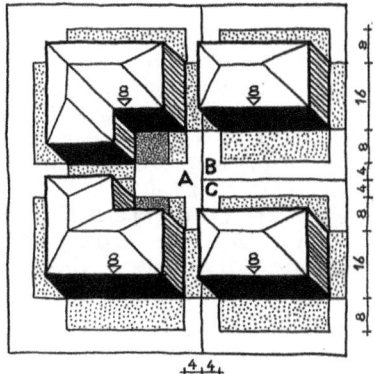

Abb. 6.6.8

Zulässige Inanspruchnahme des Schmalseitenprivilegs auf Grundstück A jeweils an unterschiedlichen Gebäudeseiten.

3. Anwendung des Schmalseitenprivilegs auf Hochhäuser

Da die Anwendung des Schmalseitenprivilegs nicht auf kleine Gebäude bzw. auf **547** Gebäude geringer oder mittlerer Höhe beschränkt ist, kann Abs. 6 auch auf Hochhäuser angewandt werden. Das ist auch mit dem Sinn der Vorschrift insoweit vereinbar, als diese der Tatsache Rechnung trägt, dass schlanke Gebäude bzw. schmale Außenwände auf andere Grundstücksteile oder Gebäude weniger verschattend wirken als breite (Rn. 464).

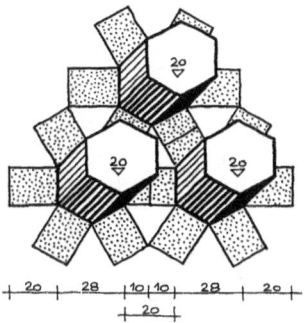

Abb. 6.6.9

Anwendung des Schmalseitenprivilegs auf Punkthochhäuser über sechseckigem Grundriss. Länge der Außenwand 15,90 m; Grundfläche 660 m².

4. Eingeschränkte Anwendbarkeit bei Gebäude- oder Grenzanbau

548 Die Möglichkeit, das Schmalseitenprivileg in Anspruch zu nehmen, wird durch Satz 2 eingeschränkt. Bei einseitigem Grenzanbau, wie bei Doppelhäusern in der offenen Bauweise, kann die Vergünstigung lediglich vor einer (anderen) Außenwand in Anspruch genommen werden. **Bei zweiseitigem Grenzanbau,** wie in der geschlossenen Bauweise oder bei Hausgruppen in der offenen Bauweise, **kann die Vergünstigung nicht in Anspruch genommen werden.** Aus Satz 2 Halbs. 3, wonach Grundstücksgrenzen zu öffentlichen Verkehrsflächen, öffentlichen Grünflächen und öffentlichen Wasserflächen unberücksichtigt bleiben, ergibt sich, dass der Anbau eines Gebäudes an die vordere Grundstücksgrenze nicht zu einer Einschränkung des Schmalseitenprivilegs führt.

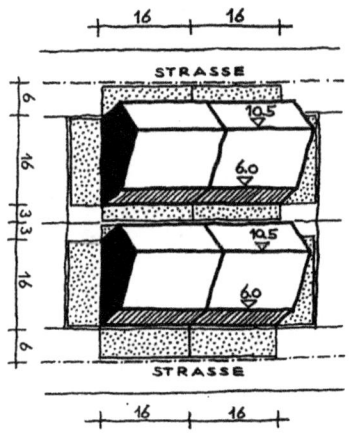

Abb. 6.6.10
Die Inanspruchnahme der Vergünstigungen nach Absatz 6 durch zwei aneinander gebaute Gebäude zur gleichen Seite ist unzulässig.

549 Der Ausschluss des Schmalseitenprivilegs bei beidseitigem Grenzanbau, ist insbesondere für eine mehrgeschossige Bebauung in geschlossener Bauweise, wie sie namentlich in älteren Innenstadtgebieten anzutreffen ist, von erheblicher Bedeutung.

550 Nach Satz 3 sind aneinander gebaute Gebäude wie ein Gebäude zu behandeln. Dadurch wird verhindert, dass die Vergünstigung von Doppelhäusern (Abb. 6.6.10) und Hausgruppen sowie von anderen aneinander gebauten Gebäuden (Abb. 6.6.11) auf demselben Grundstück oder auf benachbarten Grundstücken zur gleichen Gebäudeseite, also insgesamt auf eine Länge bis zu 32 m, in Anspruch genommen wird.

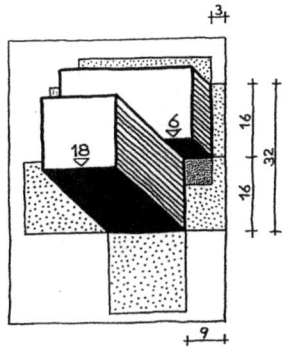

Abb. 6.6.11
Die doppelte Inanspruchnahme des Schmalseitenprinzips durch zwei aneinander gebaute Gebäude zur gleichen Seite ist unzulässig.

IV. Die abstandsflächenrechtliche Experimentierklausel (Abs. 7)

Die seit der Novellierung der MBO 2002 vorgesehene Abstandsflächentiefe von **551** 0,4 H, die in den meisten Bundesländern übernommen wurde, hat die Sicherung eines bauordnungsrechtlichen **Mindeststandards** zum Ziel und verfolgt **keine städtebaulichen Nebenzwecke** (mehr); angehobene Qualitätsanforderungen festzuschreiben, wird nicht als Aufgabe des an der Gewährleistung eines sicherheitsrechtlichen Minimums ausgerichteten Bauordnungsrechts gesehen. Das vorherige abstandsflächenrechtliche Anforderungsniveau wurde vermindert. Dieses Anforderungsniveau können die Gemeinden durch Satzung aufgrund von Abs. 7 vorsehen.

1. Allgemeines

Mit der abstandsflächenrechtlichen Experimentierklausel des Abs. 7 wird den **552** Gemeinden die Möglichkeit eröffnet, von den Bemessungsvorschriften der Absätze 4 bis 6 abzuweichen (Rn. 398 ff.). Die Gemeinde kann die Abweichungen für ihr **gesamtes Gemeindegebiet** oder für **Teile des Gemeindegebiets** durch Satzung vorsehen. „Diese Satzung ist **keine örtliche Bauvorschrift** im Sinne des Art. 81 Abs. 1, sodass sie (und damit das neue Abstandsflächenrecht) nicht dem Prüfprogramm des vereinfachten Baugenehmigungsverfahrens unterliegt (vgl. Art. 59 Satz 1 Nr. 1); denn andernfalls könnte die Gemeinde durch die Wahl des Abstandsflächensystems das bauaufsichtliche Prüfprogramm bestimmen." (Amtliche Begründung Drs. 15/7161).

Nach dem Wortlaut der Regelung muss die Gemeinde, die sich für die Über- **553** nahme der Experimentierklausel des Abs. 7 entscheidet, die unter Nr. 1 und Nr. 2 genannten Regelungen **im Paket** übernehmen. Sie kann also nicht nur die unter Nr. 1 oder nur die unter Nr. 2 genannte Regelung übernehmen. Dabei ist zu berücksichtigen, dass die Regelung unter Nr. 1 im Vergleich zu den Regelungen des Abs. 4 Sätze 3 und 4 in vielen Fällen zu **größeren Tiefen** der Abstandsflächen führen wird, die Regelung nach Nr. 2 jedoch im Vergleich zu den Regelungen des Abs. 5 Sätze 1 und 2 überwiegend zu **geringeren Tiefen** der Abstandsflächen. Die Folgen für die von der Entscheidung betroffenen Teile des Gemeindegebiets sind also nicht leicht abzuschätzen. Daher empfiehlt es sich, die Anwendung des Abs. 7, wenn überhaupt, so nur für überschaubare Teile des Gemeindegebiets vorzusehen.

554   Die Satzung kann auch nach Art. 81 Abs. 2 erlassen werden. Danach können örtliche Bauvorschriften auch **durch Bebauungsplan** oder, soweit das Baugesetzbuch dies vorsieht, durch andere Satzungen nach den Vorschriften des Baugesetzbuchs erlassen werden. Erfolgt die Regelung im Sinne des Art. 81 Abs. 2 durch Festsetzung eines Bebauungsplans, so beschränkt sich die Geltung der Regelung auf den **Geltungsbereich des Bebauungsplans.**

2. Wirkung der Regelung des Abs. 7 Nr. 1

555   Werden die Sätze 3 und 4 in Abs. 4 durch die Regelung nach Abs. 7 Nr. 1 ersetzt, so folgt daraus zunächst, dass die Regelung des Abs. 4 Satz 3 Halbsatz 2, wonach die Höhe von Dächern mit einer Neigung von 45° bis 70° zu einem Drittel der Wandhöhe hinzugerechnet wird, ersetzt wird durch die Vorschrift, wonach die Höhe von Dächern mit einer Neigung bis zu 70°, d. h. auch die Höhe von Dächern mit einer **Neigung von weniger als 45°**, zu einem Drittel der Wandhöhe hinzugerechnet wird. Das kann sich für Gebäude mit Satteldächern, die eine Dachneigung von weniger als 45° haben, ungünstig auswirken. Die ungünstige Wirkung wird allerdings durch die Reduzierung der Abstandsflächentiefe auf 0,4 H nach Nr. 2 in vielen, aber keineswegs in allen Fällen ausgeglichen.

Beispiel

Abstandsfläche eines giebelständigen Gebäudes, das mit der Traufseite zur Nachbargrenze ausgerichtet ist:

Wandhöhe von der Geländeoberfläche bis zum Schnittpunkt der Wand mit der Dachhaut 6 m, Höhe des Dachs vom Schnittpunkt der Wand mit der Dachhaut bis zum First 6 m, Dachneigung 44°. Bei Anwendung des Abs. 4 Satz 3 und des Schmalseitenprivilegs nach Abs. 6 errechnet sich die Tiefe der Abstandsfläche wie folgt: $H = 6\,m$; $T = 6\,m \cdot 0,5 = 3\,m$.

Tiefe der Abstandsfläche des gleichen Gebäudes nach Abs. 7:

$H = 6\,m + (6\,m : 3) = 8\,m$; $T = 8\,m \cdot 0,4 = 3,20\,m$.

556   Mit der Übernahme der Regelung der Nr. 1 entfällt auch die Regelung über die Anrechnung von **Giebelflächen im Bereich des Daches** nach Abs. 4 Satz 4. Wenn die Anrechnungsregel des Abs. 4 Satz 4 entfällt, muss die **Giebelwand in ihrer tatsächlichen Höhe** berücksichtigt werden, also vom Schnittpunkt der Wand mit der Geländeoberfläche **bis zum First.** Rechts und links ist jeweils der Schnittpunkt der Wand mit der Dachhaut maßgebend. Die daraus zu ermittelnde Abstandsfläche ist **kein Rechteck,** sondern wie die Fläche des Giebels selbst eine Fläche, die sich aus einer rechteckigen Fläche und einer darüber liegenden dreieckigen Fläche zusammensetzt, also ein Fünfeck, **ein Abbild der Fläche der Giebelwand** in gestauchter Form.

Beispiel

Abstandsfläche vor der Giebelwand eines traufständigen Gebäudes, das mit dem Giebel zur Nachbargrenze ausgerichtet ist.

Wandhöhe von der Geländeoberfläche bis zum Schnittpunkt der Wand mit der Dachhaut 4 m, Höhe des Giebeldreiecks vom Schnittpunkt der Wand mit der Dachhaut bis zum First 6 m, Firsthöhe 10 m. Bei Anwendung der Anrechnungsregel des Abs. 4 Satz 4 und des Schmalseitenprivilegs nach Abs. 6 errechnet sich die Tiefe der Abstandsfläche wie folgt: H = 4 m + (6 m : 3) = 6 m; T = 6 m ·0,5 = 3 m.

Tiefe der Abstandsfläche der Giebelwand nach Abs. 7: H = 10 m; T = 10 m · 0,4 = 4 m.

Aus der Entscheidung für die Regelung des Abs. 7 ergeben sich also bei trauf- **557** ständiger Anordnung der Gebäude wegen des Fortfalls der Anrechnungsregel für Giebelflächen im Bereich des Daches durchweg größere Grenzabstände als nach der Anrechnungsregel des Abs. 4 Satz 4. Gebäude, die nach der Anrechnungsregel des Art. 6 Abs. 3 Satz 5 BayBO 1982, des Art. 6 Abs. 3 Satz 5 BayBO 1994 oder des Art. 6 Abs. 3 Satz 5 BayBO 1997 errichtet worden sind, stehen bei Übernahme der Regelung des Abs. 7 zwar noch unter Bestandsschutz, gleichwohl nicht mehr im Einklang mit der dann geltenden Regelung über das für die Berechnung der Tiefe der Abstandsflächen maßgebende Maß H, d. h. die Abstandsfläche kann **nicht mehr vollständig auf dem eigenen Grundstück** nachgewiesen werden.

Die Abstandsregelung der MBO 2002 enthielt mit § 6 Abs. 5 Satz 3 MBO 2002 **558** eine Regelung, wonach vor Außenwänden von Wohngebäuden der Gebäudeklassen 1 und 2 mit nicht mehr als 3 oberirdischen Geschossen 3 m als Tiefe der Abstandsfläche genügen sollte. Mit dieser Regelung sollten nach der Begründung zu § 6 MBO 2002 Härten, die sich für kleinere Wohngebäude aus der geänderten Regelung über die Ermittlung des Maßes H bei Giebelwänden ergeben könnten, ausgeglichen werden. Die Regelung des § 6 Abs. 5 Satz 3 MBO 2002 ist aber weder in Abs. 5 noch in Abs. 7 übernommen worden. Daher gibt es auch **keinen Ausgleich für Härten,** die sich aus der Anwendung des Abs. 7 Nr. 1 für Einfamilienhäuser und Gebäude ähnlicher Größenordnung ergeben werden.

Nach der Entscheidung des BayVGH (BayVGH, Beschl. v. 20.2.2002 – 25 ZB **559** 01.2566 –, a.a.O. Rn. 327) liegt die auf dem eigenen Grundstück nicht nachweisbare Abstandsfläche **auf dem Nachbargrundstück** und belastet dieses insoweit, als die dort zulässigen Gebäude um das Maß mit dem die Abstandsfläche auf das Nachbargrundstück übergreift weiter von der Grundstücksgrenze zurückweichen müssen (Abb. 6.7.1). In dem angeführten Beispiel würde die Abstandsfläche bei Übernahme der Regelung des Abs. 7 Nr. 1 mit 1 m auf das Nachbargrundstück übergreifen.

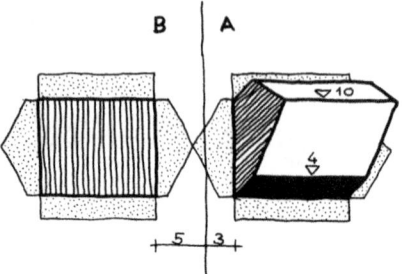

Abb. 6.7.1

Die Abstandsfläche vor der Giebelwand eines Gebäudes auf Grundstück A hat bei einer Firsthöhe von 10 m nach Abs. 7 Nr. 2 eine Tiefe von 0,4 H = 4 m. Das Gebäude steht in einem Abstand von 3 m zur Nachbargrenze. Die Abstandsfläche greift danach mit einer Tiefe von 1 m auf das Nachbargrundstück B über. Ein auf Grundstück B projektiertes gleichartiges Gebäude muss entsprechend weiter von der Grundstücksgrenze zurückgesetzt werden.

560 In Brandenburg hatte die Annahme, die auf dem eigenen Grundstück nicht nachweisbare Abstandsfläche sei auf dem Nachbargrundstück nachzuweisen, nach Übernahme der Regelung des § 6 Abs. 4 MBO 2002 dazu geführt, dass die mit ihren Giebeln einander gegenüberstehenden Einfamilienhäuser so gegeneinander versetzt errichtet werden mussten, dass sich die Abstandsflächen nicht überdeckten (Abb. 6.7.2). Diese Folgewirkung hatte den Gesetzgeber (in Brandenburg) dazu veranlasst, die Regelung des § 6 Abs. 2 BbgBO um eine Regelung zu ergänzen, wonach eine geringfügige Erstreckung von Abstandsflächen auf das Nachbargrundstück zulässig ist (vgl. Entwurf eines zweiten Gesetzes zur Änderung der Brandenburgischen Bauordnung vom 31.5.2005 – Landtagsdrucksache 4/1318). Eine entsprechende Regelung ist im Hinblick auf die Auswirkungen der Regelung des Abs. 7 Nr. 1 nicht vorgesehen.

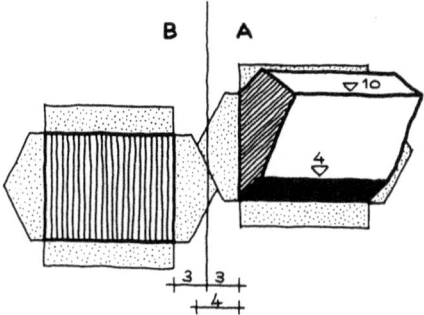

Abb. 6.7.2

Ein Gebäude wie in Abb. 6.7.1 in einem Abstand von 3 m zur Nachbargrenze. Das auf Grundstück B projektierte Gebäude wird gegenüber dem Gebäude auf Grundstück A so weit versetzt, dass es ohne Verstoß gegen das Überdeckungsverbot des Abs. 3 in einem Abstand von 3 m zur Nachbargrenze errichtet werden kann.

Es würde die Anwendbarkeit des Abs. 7 erheblich erleichtern, wenn sich die in **561** der Entscheidung des BayVGH vom 8.12.1975 (a.a.O. Rn. 181, 327) vertretene Auffassung wieder durchsetzen würde.

3. Wirkung der Regelung des Abs. 7 Nr. 2

Aus der Anwendung des Abs. 7 ergeben sich nach Nr. 2 geringere Gebäude- und **562** Grenzabstände im Vergleich mit den Gebäude- und Grenzabständen, die sich aus den Vorschriften des Abs. 5 Sätze 1 und 2 sowie aus Abs. 6 Satz 1 ergeben. Für die Fälle, in denen bei Verzicht auf die Übernahme der Regelung des Abs. 7 oder Abs. 5 Satz 1 anwendbar wäre, sind die **Unterschiede erheblich,** für die Fälle, in denen Abs. 5 Satz 2 oder Abs. 6 Satz 1 anwendbar wäre, sind die Unterschiede eher geringfügig.

Mit der Einführung der Optionsregelung des Abs. 7 Nr. 2 hat der Gesetzgeber der **563** Tatsache Rechnung getragen, dass nicht für alle Gemeinden von der **Großstadt** bis ins kleinste **Dorf** gleiche Anforderungen im Hinblick auf die Einhaltung bestimmter Gebäude- und Grenzabstände gestellt werden müssen. Für dörfliche Gemeinden mit ein- bis zweigeschossiger Bebauung reichen im Allgemeinen die Mindestgrenzabstände von 3 m aus, die auch bei der Anwendung des Abs. 7 beachtet werden müssen. In den Fällen einer **diffusen Bebauung** mit Gebäuden unterschiedlicher Nutzung – Stallungen, Scheunen, Schuppen und Wohngebäude – (vgl. Rn. 341 Abb. 6.1.14, Abb. 63.1.1), sind die differenzierten Anforderungen der Absätze 5 und 6 im Hinblick auf das Ziel, eine ausreichende Tagesbelichtung von Aufenthaltsräumen zu gewährleisten, nicht erforderlich.

Die Anwendbarkeit des Abs. 7 ist jedoch nicht auf dörfliche Gemeinden **564** beschränkt. Entscheidet sich eine Großstadtgemeinde dafür, die Regelung des Abs. 7 für Teile des Gemeindegebiets mit **mehrgeschossiger geschlossener Bebauung** zu übernehmen, so gilt die verminderte Abstandsflächentiefe von 0,4 H auch für die dann zulässige **Aufstockung von Seitenflügeln** und für andere Anbauten im rückwärtigen Grundstücksbereich. Die Anwendung der Regelung des Abs. 7 Nr. 2 kann in diesen Fällen zur Verfestigung und Verstärkung von städtebaulichen Missständen im baulichen Bestand führen (Abb. 6.7.3 bis 6.7.5). Es werden Gebäude- und Grenzabstände zulässig, die den Anforderungen an eine ausreichende Tagesbelichtung nicht mehr entsprechen (Abb. 6.7.6). Das angestrebte bauordnungsrechtliche Minimum an Tagesbelichtung kann für die Räume in den unteren Geschossen – sofern es sich um Aufenthaltsräume von Wohnungen handelt – nicht mehr erreicht werden (vgl. Rn. 110, 180).

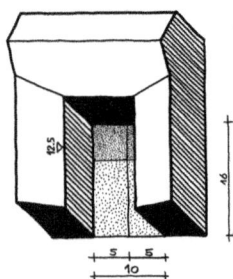

Abb. 6.7.3

Abstandsflächen nach Art. 6 Abs. 7 Nr. 2 vor den Außenwänden zweier sich gegenüberliegender Außenwände der Seitenflügel eines Gebäudes in geschlossener Bauweise.

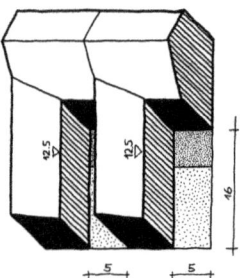

Abb. 6.7.4

Abstandsflächen nach Art. 6 Abs. 7 Nr. 2 vor den Außenwänden der Seitenflügel zweier Gebäude in geschlossener Bauweise.

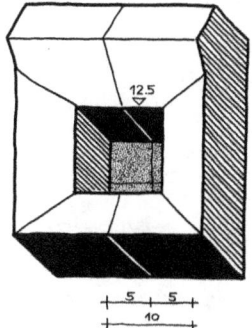

Abb. 6.7.5

Abstandsflächen nach Art. 6 Abs. 7 Nr. 2 vor den Außenwänden eines Hinterhofs in der geschlossenen Bauweise.

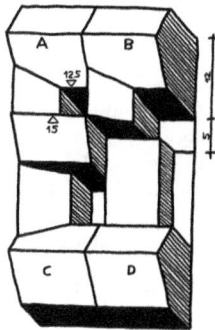

Abb. 6.7.6

Hinterhofbebauung nach der Formel T = 0,4 H. Das Hauptgebäude sowie der rückwärtige Seitenflügel auf Grundstück A lösen zur Hofseite bei einer Wandhöhe H = 12,50 m Abstandsflächen mit einer Tiefe von jeweils 5,00 m aus. Die Abstandsflächen dürfen sich überdecken. Der grenzständig errichtete Seitenflügel des Gebäudes auf Grundstück B und das ebenfalls grenzständige Hintergebäude auf Grundstück C lösen keine Abstandsflächen aus. Danach ist der Hinterhof in den Abmessungen 5,00 m auf 5,00 m bei Wandhöhen bis zu 15,00 m abstandsrechtlich zulässig.

565 Abs. 7 bleibt von Abs. 5 Satz 3 unberührt (Molodovsky Stand 4-2018 Art. 6 Rn. 148). Gleichwohl ist davon auszugehen, dass eine Gemeinde, die sich für die Übernahme der Regelungen des Abs. 7 entschieden hat, in einem Bebauungsplan **auch Festsetzungen über abweichende Tiefen der Abstandsflächen** nach § 9 Abs. 1 Nr. 2a BauGB oder andere Festsetzungen über Gebäude- und Grenzabstände vornehmen kann (vgl. Rn. 476). Da die Wahrung eines ausreichenden Sozialabstandes nicht mehr zu den Zielen der Regelungen des Abs. 7 gehört (Rn. 39 ff., Rn. 49 ff.), kann es beispielsweise notwendig sein, nach Übernahme der Regelungen des Abs. 7 in einem Bebauungsplan für ein Einfamilienhausgebiet größere Tiefen der Abstandsflächen festzusetzen.

566 Erlässt eine Gemeinde eine auf Abs. 7 Nr. 2 gestützte Satzung, durch die die Tiefe der einzuhaltenden Abstandsfläche gegenüber dem sich aus Abs. 5 Satz 1 ergebenden Grundsatz verkürzt wird, so „regelt" eine solche Satzung mithin Anforderungen, denen Gebäude und andere Anlagen im Sinn von Abs. 1 Satz 2 genügen müssen, die sich auf den Grundstücken befinden, für die sich die Satzung Geltung beilegt. Das gilt auch für eine Abstandsflächensatzung für **Windkraftanlagen.** Eine auf Abs. 7 Nr. 2 gestützte Satzung kann dann, wenn sie sich (auch) auf Grundstücke bezieht, die in der Nähe der Grenze der eine solche Norm erlassenden Gemeinde liegen, Auswirkungen auf das Gebiet benachbarter Gemeinden und dort befindliche Grundstücke entfalten. Diese Auswirkungen bestehen vor allem darin, dass Gebäude und andere Anlagen im Sinn von Abs. 1 Satz 2, die auf den von einer solchen Satzung erfassten Grundstücken errichtet werden, näher an das Gebiet der **Nachbargemeinde** heranrücken können, als das der Fall wäre, müssten diese Gebäude und anderen Anlagen Abstandsflächen mit der sich aus Abs. 5 Satz 1 ergebenden Tiefe einhalten. Entstehen auf den Grundstücken, die durch eine auf Abs. 7 Nr. 2 gestützte Satzung begünstigt werden, emittierende oder aus anderem Grund „lästige" Anlagen, so können die von ihnen ausgehenden nachteiligen Auswirkungen auf dem Gebiet der Nachbargemeinde zudem stärker in Erscheinung treten als bei Wahrung der gesetzlich vorgegebenen Abstandsfläche von 1 H (BayVGH, Beschl. v. 25.8.2016 – 22 ZB 15.1334 – juris, Rn. 68).

E Besondere Regelungen

I. Vor die Außenwand vortretende Bauteile und Vorbauten (Abs. 8)

1. Untergeordnete Bauteile

567 Die in Abs. 8 beispielhaft angeführten Bauteile und Vorbauten, also **Gesimse, Dachüberstände, Balkone** und **Erker,** sind unselbstständige mit dem Gebäude verbundene Teile des Gebäudes. Diese Bauteile und Vorbauten lösen keine Abstandsflächen aus. Abs. 8 ist jedoch nur anwendbar, wenn der Teil der Außenwand, vor den die Bauteile oder Vorbauten vortreten, seinerseits die erforderliche Abstandsfläche einhält (BayVGH, Beschl. v. 14.2.2005 – 2 ZB 02.2285 juris Rn. 3 und OVG Mecklenburg-Vorpommern, Beschl. v. 27.8.1998 – 3 M 65/98 –, BRS 60 Nr. 115).

Nach Art. 6 Abs. 3 Satz 7 BayBO 1997 blieben die nun unter Abs. 8 genannten **568** Bauteile und Vorbauten außer Betracht, wenn sie im Verhältnis zu der ihnen zugehörigen Außenwand untergeordnet waren. Nach Abs. 8 geht es nach wie vor um untergeordnete Bauteile und Vorbauten. Auf die unbestimmte Bezeichnung „wenn sie **im Verhältnis zu der ihnen zugehörigen Außenwand untergeordnet** sind" wurde jedoch zunächst verzichtet. Im Interesse einer rechtssicheren Anwendung werden für die unter Nr. 2 genannten Vorbauten Höchstmaße genannt.

Für die unter Nr. 1 genannten vor die Außenwand vortretenden Bauteile **569** (Gesimse und Dachüberstände) (Abb. 6.8.1) werden keine Höchstmaße angegeben. Sie bleiben also auch wenn sie weit vor die Außenwand vortreten (wie namentlich in Oberbayern üblich), außer Betracht. Für die unter Nr. 2 genannten Vorbauten wie Balkone und eingeschossige Erker (Abb. 6.8.2) werden demgegenüber Höchstmaße sowohl hinsichtlich der Breite der Vorbauten als auch hinsichtlich ihres Vortretens vor die Außenwand genannt. Diese Vorbauten dürfen insgesamt **nicht mehr als ein Drittel der Breite** der jeweiligen Außenwand, höchstens jedoch 5 m, in Anspruch nehmen. Die Vergünstigung gilt also nicht für **Laubengänge** und Balkone, die sich über die gesamte Länge einer Hauswand erstrecken (vgl. Molodovsky Stand 4-2018 Art. 6 Rn. 246b).

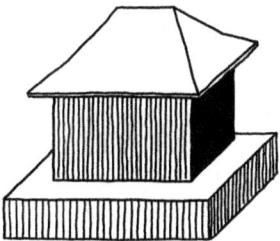

Abb. 6.8.1
Gebäude mit vor die Flucht der Außenwände vortretendem Dachüberstand.

Vorbauten wie Balkone und Erker dürfen nicht mehr als 1,50 m vor die Außen- **570** wand vortreten. Sie müssen ferner mindestens 2 m von der gegenüberliegenden Nachbargrenze, entfernt bleiben. Eine gegenüberliegende Nachbargrenze ist die Nachbargrenze die der Außenwand mit dem Balkon oder dem Erker gegenüberliegt, also in aller Regel die seitliche Nachbargrenze (vgl. Rn. 346). In besonderen Fällen, etwa bei verringerten Grenzabständen auch zu rückwärtigen Nachbargrenzen nach Abs. 7 Nr. 2 kann die Regelung über den Mindestabstand von der gegenüberliegenden Nachbargrenze auch im Hinblick auf rückwärtige Grundstücksgrenzen als Einschränkung bedeutsam sein. In Bezug auf die vordere Grundstücksgrenzen gilt die Beschränkung nicht.

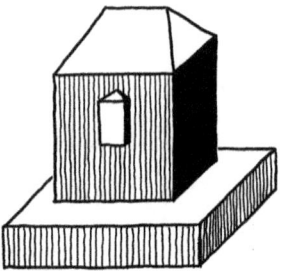

Abb. 6.8.2

Ein vor die Außenwand vortretender eingeschossiger Erker bleibt bei der Bemessung der Abstandsflächen außer Betracht.

571 Ein Erker, der mit seinem Dachüberstand die max. zulässige Tiefe von 1,50 m um ca. 0,25 m überschreitet, unterfällt als Ganzes nicht mehr der Privilegierungsvorschrift des Abs. 8 Nr. 2 (vgl. OVG NRW, Urt. v. 17.4.1998 – 11 A 3653/96). Weitere Einschränkungen können sich aus Art. 5 ergeben, wenn im Bauwich eine Durchfahrt für Rettungsgeräte der Feuerwehr freigehalten werden muss.

572 Bei seitlichem Grenzanbau ist die Regelung nicht in Bezug auf die Grundstücksgrenze anzuwenden, an die angebaut wird (OVG NRW, Urt. v. 20.6.1994 – 7 A 1487/92; vgl. Rn. 343 ff.).

573 An der Außenwand von Wohngebäuden errichtete **Außenaufzüge** sind keine im Sinne des Abs. 8 privilegierten Vorbauten (OVG Bln., Urt. v. 22.5.1992 – 2 B 22.90 –, BRS 54 Nr. 97).

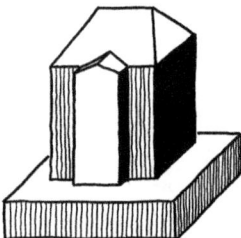

Abb. 6.8.3

Ein nicht mehr nur untergeordneter Vorbau löst eigene Abstandsflächen aus.

2. Vorbauten

574 Mit dem Änderungsgesetz BayBO 2009 wurde für Vorbauten festgelegt, wann sie untergeordnet sind. In der Gesetzesbegründung heißt es, dass mit dieser Regelung zum einen klargestellt wird, dass auch **Vorbauten**, die die genannten Grenzen überschreiten, „**untergeordnet**" sein und damit ggf. im Rahmen einer Abweichung nach Art. 63 zugelassen werden können. Nach der vorherigen Fassung des Art. 6 Abs. 8 Nr. 2 Buchst. a bleiben bei der Bemessung der Abstandsflächen Vorbauten wie Balkone und eingeschossige Erker außer Betracht, wenn sie u. a. insgesamt nicht mehr als ein Drittel der Breite der jeweiligen Außenwand, höchstens jedoch 5 m, in Anspruch nehmen. Da nach Art. 6 Abs. 6 Satz 3 bei der Anwendung der Erleichterungen des 16-m-Privilegs aneinandergebaute Gebäude wie ein Gebäude zu behandeln sind und auch im Übrigen die verwaltungsgerichtliche Rechtsprechung im Abstandsflächenrecht von der Außenwand im natürlichen Sinn ausgeht, kann das Wort „Außenwand" dahingehend missverstanden werden, dass damit nicht nur die Außenwand eines einzelnen Gebäudes, sondern etwa die (gesamte) Außenwand einer Hausgruppe gemeint ist. Dies hätte zur Folge, dass z. B. bei einer Reihenhauszeile nur einem einzigen Gebäude ein (untergeordneter) Balkon mit den in der Vorschrift beschriebenen Abmessungen abstandsflächenrechtlich ohne Weiteres zulässig wäre, während über die abstandsflächenrechtliche Zulässigkeit weiterer (untergeordneter) Balkone an den weiteren Gebäuden der Reihenhauszeile durch bauaufsichtliche Abweichungsentscheidung (Art. 63 Abs. 1 Satz 1) entschieden werden müsste. Dieses Missverständnis wird durch die nunmehr vorgesehene ausdrückliche Bezugnahme auf die **„Außenwand des jeweiligen Gebäudes"** ausgeräumt. Die Einschränkung der gesetzlichen Privilegierung auf nur ein Geschoss bezieht sich nur auf Erker, übereinander angebrachte Balkone können dagegen untergeordnet sein (BayVGH, Beschl. v. 21.2.2018 – 15 CS 17.2569 – juris Rn. 15).

Mit dem Änderungsgesetz BayBO 2009 wurde auch Nr. 3 für **untergeordnete** **575** **Dachgauben** eingefügt. Diese Regelung dient nach der Gesetzesbegründung der Klarstellung, in welchem Umfang Dachgauben bei der Bemessung der Abstandsflächen außer Betracht bleiben. Denn nach der Rechtsprechung des BayVGH (Beschl. v. 25.6.2008 – 2 CS 08.1250 – juris) können selbst bei einer entsprechenden Anwendung des Art. 6 Abs. 8 Nr. 2 auf Dachaufbauten die dort genannten Maße nicht ohne Weiteres auf derartige Aufbauten übertragen werden. Der BayVGH hielt es für erforderlich, die von der Rechtsprechung zum Begriff der „Unterordnung" nach Art. 6 Abs. 3 Satz 7 a. F. entwickelten Kriterien heranzuziehen. Damit wäre aber die Berechnung der Abstandsflächen für den Bauherrn nicht mehr eindeutig aus dem Gesetz ablesbar. Da die Abstandsflächen aber im vereinfachten Baugenehmigungsverfahren – abgesehen von den Fällen beantragter Abweichungen (Art. 59 Satz 1 Nr. 2) – nicht mehr von der Bauaufsichtsbehörde geprüft werden, ist diese Ablesbarkeit nach Ansicht des Gesetzgebers im Interesse der Rechts- und Investitionssicherheit unerlässlich.

Nr. 3 Buchst. a entspricht der in Nr. 2 Buchst. a für Vorbauten enthaltenen Regelung. **576**

Nr. 3 Buchst. b legt die Maße fest, bei deren Einhaltung Dachgauben bei der **577** Abstandsflächenbemessung außer Betracht bleiben. Dies ist der Fall, wenn zum einen die **Ansichtsfläche** der einzelnen Gaube höchstens 4 m² beträgt. Das Maß ist abgeleitet von einer Gaube, die sich über 2 Sparrenfelder erstreckt, eine Brüstungshöhe von 1 m aufweist und bei einer im Wohnungsbau üblichen Geschosshöhe deckenhoch ist. Maßgeblich ist dabei die Ansichtsfläche derjenigen Gaubenseite, die in die gleiche Richtung wie die Außenwand weist. Außerdem soll die Dachgaube nur dann bei der Abstandsflächenmessung außer Betracht bleiben, wenn ihre Ansichtsfläche höchstens 2,5 m hoch ist. Mit dieser Begrenzung der Gaubenhöhe auf eine im Wohnungsbau übliche Raumhöhe werden schmale, aber sehr hohe Gauben ausgenommen, die zwar in ihrer Ansichtsfläche die 4-m²-Begrenzung einhalten, aufgrund ihrer absoluten Höhe aber abstandsflächenrechtlich weitaus erheblicher sind als breite Gauben mit niedriger Höhe.

578 Mit dieser ablesbaren **Vermaßung** abstandsflächenrechtlich nicht erheblicher **Dachgauben** ist eine Verschärfung des materiellen Zulässigkeitsmaßstabs nicht verbunden, wie es in der Gesetzesbegründung heißt. Soweit nach den in der verwaltungsgerichtlichen Rechtsprechung zu Art. 6 Abs. 3 Satz 7 BayBO a. F. entwickelten Grundsätzen Dachgauben untergeordnet und damit nicht abstandsflächenrelevant waren, sollen sie dies als Reaktion auf die Entscheidung des BayVGH (Beschl. v. 25.6.2008 – 2 CS 08.1250 – juris) auch bleiben. Unmittelbar gesetzesabhängig, damit ohne eine bauaufsichtliche Abweichungsentscheidung abstandsflächenrechtlich zulässig und damit in der **primären Eigenverantwortung** des Bauherrn und des von ihm bestellten Entwurfsverfassers sollen aber nur diejenigen Fälle bleiben, in denen aus dem Gesetz ohne Weiteres, insbesondere ohne dass der unbestimmte Rechtsbegriff „untergeordnet" einzelfallbezogen zu konkretisieren wäre, entnommen werden kann, in welchen Abmessungen Dachgauben für die Bemessung der Abstandsflächen außer Betracht bleiben. In den übrigen – schwierigeren – Fällen erscheint eine Beurteilung durch die sachkundige Bauaufsichtsbehörde angezeigt, die dadurch bewirkt wird, dass in diesen Fällen eine Abweichungsentscheidung erforderlich wird, die dem Prüfprogramm auch des vereinfachten Baugenehmigungsverfahrens (Art. 59 Satz 1 Nr. 2) zugewiesen ist. Dies liegt nicht zuletzt auch im Interesse des Bauherrn, der in diesen potenziell nachbarrechtlich schwierigeren Konstellationen durch die Entscheidung der Bauaufsichtsbehörde im Rahmen auch des vereinfachten Baugenehmigungsverfahrens Rechts- und Investitionssicherheit vermittelt erhält. Auch sonstige den Dachgauben vergleichbare Dachaufbauten können ggf. im Rahmen einer Abweichung zugelassen werden (vgl. BayVGH, Beschl. v. 11.12.2014 – 15 CS 14.1710 – juris Rn. 16).

579 Außer dem **Verhältnis von Gauben- und Wandbreite** können auch andere Parameter wie Höhe der Gaube und des Daches, Größe der Dachfläche, Höhe der zugehörigen Außenwand, Ausgestaltung und Erscheinungsbild der Dachgauben sowie **Lage der Baukörper** eine Rolle spielen (BayVGH, Beschl. v. 25.6.2008 – 2 CS 08.1250 – juris Rn. 248a). Auch die Dachneigung spielt eine Rolle: Je flacher das Dach, je mehr die Gaube aus dem Dach geschleppt werden muss, umso eher wird die **Unterordnung** zu verneinen sein. Dachgauben sind nicht untergeordnet, wenn die Räume im Ober- und Dachgeschoss ohne sie nicht genutzt werden können, z. B. wenn die Räume ihr Licht ausschließlich oder im Wesentlichen durch die Dachgauben erhalten (OVG Lüneburg, Urt. v. 19.6.2012 – 1 LB 169/11 – juris Rn. 141a zur abstandsrechtlichen Behandlung dreieckiger Dachgauben). Die Annahme der Unterordnung kann auch bei einem sehr steilen Dach – ebenso wie beim flachgeneigten – Dach problematisch sein (VGH, Beschl. v. 25.6.2008, a.a.O. – Rn. 248a m. w. N.).

580 Werden die in Nr. 2 genannten Maße überschritten (Abb. 6.8.3), so müssen entsprechende Vorbauten bei der Ermittlung der Abstandsflächen berücksichtigt werden, und zwar voll, nicht etwa in einer um die angegebenen Maße verminderten Tiefe (OVG NRW, Beschl. v. 7.2.1997 – 7 B 32/97). Ein Balkon, der die in Nr. 2 genannten Maße nicht einhält, ist danach wie ein entsprechender Wandvorsprung zu berücksichtigen. Wie im Falle eines Gebäudes oder Bauteils auf Stützen (Rn. 411) muss von der Vorderkante des Balkons, und zwar von der Oberkante Balkonbrüstung, unabhängig von dem Material und ungeachtet einer etwaigen Transparenz der Umwehrung des Balkons, auf die Geländeoberfläche projiziert und von der Schnittlinie der so gebildeten fiktiven Wand mit der Geländeoberfläche die Tiefe der Abstandsfläche gemessen werden (OVG NRW, Urt. v. 12.9.2006 – 10 A 2980/05). Mehr als 1,5 m vor die Außenwand vortretende **Balkone sind auch von der Seite** gesehen bei der Ermittlung der Wandlänge im Hinblick auf die Anwendbarkeit des Abs. 6 zu berücksichtigen (OVG NRW, Beschl. v. 29.11.1985 – 7 B 2402/85 –, BRS 44 Nr. 101; a. A. VGH Bad.-Württ., Urt. v. 3.4.1992 – 8 S 286/92 –, BRS 54 Nr. 198).

Terrassen, die in Höhe des Daches einer oberirdischen Grenzgarage vor die 581 Hauswand treten, sind wie Balkone Vorbauten i. S. d. Art. 6 Abs. 8 Nr. 2 und lösen demnach, wenn sie die festgelegten Obergrenzen überschreiten, als unselbstständige Bestandteile der Außenwand Abstandsflächen aus (BayVGH, Beschl. v. 10.7.2015 – 15 ZB 13.2671 –, BayVBl. 2016 S. 311).

3. Bezug zum Planungsrecht

Die Regelung des Abs. 8 setzt die bauplanungsrechtliche Zulässigkeit der betref- 582 fenden Bauteile und Vorbauten voraus (OVG NRW, Urt. v. 22.8.2005 – 10 A 3611/ 03 –, BRS 69 Nr. 91).

Die bauordnungsrechtliche Zulässigkeit der in Abs. 8 genannten Bauteile schließt 583 ihre planungsrechtliche Zulässigkeit nicht ein. Zwar kann ein Bauteil im Sinne des Abs. 8 zugleich auch ein Gebäudeteil im Sinne von § 23 Abs. 2 Satz 2 bzw. § 23 Abs. 3 Satz 2 BauNVO sein (OVG NRW, Beschl. v. 8.12.1998 – 10 B 2255/98 –, BauR 1999 S. 628); die entsprechenden Regelungen des § 23 BauNVO über das **Vortreten von Gebäudeteilen vor die Baulinie oder die Baugrenze** in geringfügigem Ausmaß sind jedoch lediglich als **Kann-Vorschrift** ausgebildet worden. Planungsrechtlich besteht also kein Anspruch auf Zulassung von Bauteilen oder Vorbauten, die vor eine in der festgesetzten Baulinie oder Baugrenze liegenden Außenwand vortreten.

Ein bestimmtes **Maß**, bis zu dem der Vorsprung eines untergeordneten Bauteils 584 oder Vorbaus als geringfügig anzusehen ist, wird in den planungsrechtlichen Vorschriften über die überbaubaren Grundstücksflächen nicht genannt. Es wird auf die besonderen städtebaulichen Verhältnisse im Einzelfall ankommen, insbesondere in den Fällen des § 34 BauGB, wenn zu prüfen ist, ob sich ein Vorhaben hinsichtlich der überbaubaren Grundstücksfläche in die **Eigenart der näheren Umgebung** einfügt. Wenn eine „schlichte" Gebäudeflucht zu den charakteristischen Merkmalen eines Straßenzuges gehört, könnte die Zulassung eines Erkers, der bis zu 1,50 m in die Straßenflucht hineinragt, das Ortsbild empfindlich stören. Der Bauherr kann die Genehmigung des Erkers nicht mit Hinweis auf die bauordnungsrechtliche Zulässigkeit eines solchen Gebäudeteiles verlangen. Das gilt ganz besonders dann, wenn geringere Tiefen der Abstandsflächen zugelassen werden.

585 Planungsrechtliche Beschränkungen hinsichtlich der in Nrn. 2 und 3 angesprochenen Vorbauten und Dachgauben zur **seitlichen Grundstücksgrenze** kommen nur in Betracht, wenn und soweit die überbaubaren Grundstücksflächen auch seitlich durch Baulinien oder Baugrenzen bestimmt werden (vgl. Rn. 285). Die planungsrechtlichen Vorschriften über die Bauweise (§ 22 BauNVO) sehen über die bauordnungsrechtlichen Bestimmungen hinausgehende Beschränkungen nicht vor.

4. Auswirkungen baulicher Veränderungen

586 Die Vorschriften über die Nichtberücksichtigung vortretender Bauteile, Vorbauten und Dachgauben und die daraus abzuleitende Notwendigkeit, Bauteile und Vorbauten sowie Dachgauben, mit denen die in Nrn. 2 und 3 genannten Maße überschritten werden, bei der Ermittlung der Tiefen der Abstandsflächen zu berücksichtigen, sind auch bei nachträglichen Änderungen baulicher Anlagen zu berücksichtigen. Da es sich bei den umzubauenden Gebäuden häufig um Gebäude handelt, die **aufgrund älterer baurechtlicher Vorschriften genehmigt** worden sind, oder die für einen namhaften Zeitraum materiell rechtmäßig waren, kann es vorkommen, dass der bauliche Bestand nicht den geltenden Abstandsvorschriften entspricht. Die Errichtung einer Hauseingangstreppe oder anderer vor die Außenwand vortretender Bauteile löst nicht in jedem Fall die Frage der abstandsflächenrechtlichen Zulässigkeit des gesamten Gebäudes aus. Eine andere Beurteilung ist jedoch möglich oder auch geboten, wenn sich durch die Änderung eine mehr als nur geringfügige Verschlechterung für den Nachbarn ergibt.

II. Zulässigkeit von Grenzgaragen und anderen Grenzgebäuden (Abs. 9)

1. Allgemeines

587 Anders als in der geschlossenen Bauweise sollen in der offenen Bauweise die einzelnen Gebäude oder Hausgruppen als eigenständige Baukörper in Erscheinung treten. Dieses städtebauliche Ziel wird durch die Festsetzung der offenen Bauweise nach § 22 Abs. 2 BauNVO erreicht (Rn. 223). Danach müssen die Gebäude in der offenen Bauweise als **Einzelhäuser, Doppelhäuser oder Hausgruppen mit seitlichem Grenzabstand** errichtet werden. Der Hess. VGH ist der Auffassung, dass die Anforderung, wonach die in § 22 Abs. 2 BauNVO genannten Gebäude mit seitlichem Grenzabstand errichtet werden müssen, nicht notwendigerweise für andere Gebäude und bauliche Anlagen gilt (Hess. VGH, Urt. v. 18.3.1999 – 4 UE 997/95 –, BauR 2000 S. 1316).

588 Es ist allgemein anerkannt, dass der Landesgesetzgeber im Rahmen der in der BauNVO selbst nicht konkretisierten Regelungen über den seitlichen Grenzabstand (Bauwich) befugt ist, auch **Regelungen über die Zulässigkeit von Gebäuden im Bauwich** zu treffen (BayVGH, Urt. v. 9.11.1977 –, BayVBl. 1978 S. 118). Solche Vorschriften dürfen jedoch nicht die planungsrechtlichen Vorgaben in einer Weise konterkarieren, dass im Ergebnis aus offener Bauweise faktisch geschlossene Bauweise wird. Das BVerwG hat – wenngleich in einem anderen Zusammenhang (vgl. BVerwG, Urt. v. 19.12.1985 – 7 C 65.82 – DVBl.

1986 S. 190) – bereits darauf hingewiesen, dass das materielle Bauplanungsrecht in seiner Beachtung und Durchsetzung grundsätzlich nicht zur Disposition des Landesgesetzgebers steht (BVerwG, Beschl. v. 17.4.1998 – 4 B 144.97 –, UPR 1998 S. 355). Nach der amtlichen Begründung zu Abs. 9 erstreckt sich die Privilegierung auf die dort genannten Garagen und Gebäude unabhängig davon, ob sie räumlich funktional einem Hauptgebäude zu- oder untergeordnet sind. Dazu ist anzumerken: Auch wenn die Vorschrift nicht mehr von „Nebengebäuden" spricht, handelt es sich aufgrund der Beschränkungen hinsichtlich der Nutzung und der Dimensionierung der in Abs. 9 genannten Gebäude um nichts anderes als um Nebengebäude, die einem auf demselben Grundstück vorhandenen oder zulässigen Gebäude der Hauptnutzung zugeordnet und untergeordnet sind. Wenn die Frage, ob die in Abs. 9 genannten Gebäude räumlich funktional einem Hauptgebäude zugeordnet sind, abstandsrechtlich unerheblich ist (so die amtliche Begründung), so ist die Frage im Hinblick auf die planungsrechtliche Zulässigkeit dieser Gebäude durchaus bedeutsam. Die Anwendung der abstandsrechtlichen Vorschriften des Abs. 9 setzt voraus, dass die Frage der **planungsrechtlichen Zulässigkeit der dort angesprochenen Gebäude entschieden ist.**

Die Vorschriften des Abs. 9 gehen vom Regelfall einer Bebauung in der offenen **589** Bauweise aus, wobei die **Gebäude der Hauptnutzung** – Einzelhäuser, Doppelhäuser und Hausgruppen – beidseitig einen Grenzabstand zu den Nachbargrundstücken einhalten müssen. In diesen Fällen können die in Abs. 9 genannten Gebäude sowohl links als auch rechts in den Abstandsflächen der Gebäude der Hauptnutzung ohne eigene Abstandsflächen zu den Nachbargrenzen errichtet werden.

Ist in der offenen Bauweise ein Gebäude der Hauptnutzung an der Grundstücks- **590** grenze vorhanden, so muss vom Nachbargrundstück angebaut werden (Rn. 257), und zwar ebenfalls mit einem Gebäude der Hauptnutzung, so dass die Gebäude auf den benachbarten Grundstücken ein **Doppelhaus** oder eine Hausgruppe bilden. Nicht zulässig wäre es, ein Gebäude nach Abs. 9 an ein auf dem Nachbargrundstück vorhandenes Gebäude der Hauptnutzung, z. B. an eine Doppelhaushälfte, anzubauen. Ist an der Grundstücksgrenze ein Gebäude nach Abs. 9 vorhanden, so ist umgekehrt der Anbau eines Gebäudes der Hauptnutzung auf dem Nachbargrundstück unzulässig (Abb. 6.9.1); es muss mit Abstand zur Nachbargrenze errichtet werden, denn ein Gebäude nach Abs. 9 und ein daran auf dem Nachbargrundstück angebautes Gebäude der Hauptnutzung ergeben kein Doppelhaus im Sinne des § 22 Abs. 2 Satz 1 BauNVO (Rn. 246). In jedem Fall kann eine Bauweise im Sinne des § 22 BauNVO nur durch Hauptgebäude, nicht aber durch Nebengebäude oder Garagen in der tatsächlichen Bebauung vorgegeben werden (BayVGH, Beschl. v. 23.4.2004 – 20 B 03.3002 –, BayVBl. 2005 S. 369; BRS 67 Nr. 155). Ein Gebäude nach Abs. 9 kann jedoch – muss aber nicht – an ein vorhandenes Gebäude der gleichen Art auf dem Nachbargrundstück angebaut werden.

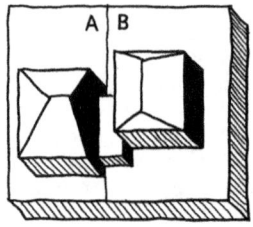

Abb. 6.9.1
Unzulässiger Anbau eines Wohnhauses auf Grundstück A an eine Grenzgarage auf Grundstück B.

591 Für die **Mittelhäuser einer Hausgruppe** sowie für Gebäude, die in der geschlossenen Bauweise beidseitig ohne Grenzabstand errichtet werden, kommt ein Grenzanbau mit einem Gebäude nach Abs. 9 in dem Bereich, der als überbaubare Grundstücksfläche für die Gebäude der Hauptnutzung ausgewiesen ist, nicht in Betracht. Ist aber im vorderen Grundstücksbereich vor einem ohne seitlichen Grenzabstand errichteten Gebäude der Hauptnutzung eine nicht überbaubare Grundstücksfläche in ausreichender Tiefe **(Vorgartenfläche)** festgesetzt oder ist im nicht beplanten Innenbereich (§ 34 BauGB) eine Vorgartenfläche mit entsprechender Tiefe vorhanden, so können die in Abs. 9 genannten Gebäude nach § 23 Abs. 5 BauNVO auf den nicht überbaubaren Grundstücksflächen an den Nachbargrenzen zugelassen werden. Das gilt entsprechend auch für den rückwärtigen Grundstücksbereich, soweit die Gebäude nicht auf eine unmittelbare Anbindung an die Erschließungsstraße angewiesen sind. Sind die Gebäude der Hauptnutzung auf benachbarten Grundstücken nicht vollständig deckungsgleich aneinander gebaut, so können die in Abs. 9 genannten Gebäude auch – teilweise – an die Gebäude der Hauptnutzung auf dem Nachbargrundstück angebaut werden (Abb. 6.9.2).

Abb. 6.9.2
Drei Mittelhäuser einer Hausgruppe mit Grenzgebäuden nach Art. 6 Abs. 9 im vorderen und rückwärtigen Grundstücksbereich.

Ist keine Bauweise festgesetzt, so müssen die Gebäude der Hauptnutzung wie in **592** der offenen Bauweise mit seitlichem Grenzabstand errichtet werden. Auch in diesen Fällen können die in Abs. 9 genannten Gebäude beidseitig in den Abstandsflächen der Gebäude der Hauptnutzung ohne Abstandsflächen zu den Nachbargrenzen errichtet werden. Ist die **halb offene Bauweise** (Rn. 298) festgesetzt, so sind diese Gebäude einseitig ohne Abstandsfläche zu der Nachbargrenze, zu der das Gebäude der Hauptnutzung eine Abstandsfläche einhalten muss, zulässig. Nur in diesen Fällen ist es auch zulässig, ein Gebäude der Hauptnutzung an ein auf dem Nachbargrundstück vorhandenes Gebäude nach Abs. 9 anzubauen. Durch den in der halb offenen Bauweise zulässigen Zusammenbau eines Gebäudes der Hauptnutzung mit einer Grenzgarage oder einem anderen Gebäude nach Abs. 9 entsteht kein Doppelhaus im Sinne des § 22 Abs. 2 Satz 1 BauNVO (Abb. 6.9.3).

Abb. 6.9.3
Grenzgaragen bei halb offener Bauweise.

Abweichend von den vorgenannten Fällen, in denen die in Abs. 9 genannten **593** Gebäude an seitlichen Nachbargrenzen errichtet werden, sind die in Abs. 9 genannten Gebäude auch an **rückwärtigen Nachbargrenzen** sowie an Grundstücksgrenzen zu öffentlichen Verkehrsflächen ohne Abstandsflächen zulässig.

In überwiegend bebauten, nicht überplanten Gebieten (§ 34 BauGB), die weder **594** die Merkmale einer geschlossenen noch die einer offenen oder einer anders bestimmbaren abweichenden Bauweise aufweisen (**regellose Bebauung,** vgl. Rn. 179 f.), in denen sowohl Gebäude der Hauptnutzung als auch Nebengebäude, wie Schuppen oder Garagen, in unterschiedlichen Abmessungen teils an Nachbargrenzen oder an Grundstücksgrenzen zu öffentlichen Verkehrsflächen, teils mit Abstand zu den Grundstücksgrenzen vorhanden sind (Abb. 6.9.4), können die in Abs. 9 genannten Gebäude an Grundstücksgrenzen unter Berücksichtigung der Umgebungsbebauung zugelassen werden. Im Einzelfall kann in städtebaulich entsprechend vorgeprägten Gebieten ein Gebäude der Hauptnutzung nach den Grundsätzen der halb offenen Bauweise an ein auf dem Nachbargrundstück vorhandenes Gebäude nach Abs. 9 zugelassen werden. Das gilt auch für den Anbau an ein an der Nachbargrenze vorhandenes Garagengebäude, das nicht die in Abs. 9 Sätze 1 und 2 genannten Maße einhält.

Abb. 6.9.4
Regellose Bebauung.

595   Aufgrund der Größenbegrenzung entsprechen die nunmehr als Grenzgebäude in der offenen Bauweise zulässigen Gebäude ohne Aufenthaltsräume und Feuerstätten in etwa den **untergeordneten Nebenanlagen im Sinne des § 14 BauNVO,** die nach § 23 Abs. 5 Satz 1 BauNVO auf den nicht überbaubaren Grundstücksflächen zugelassen werden können; sie können gleichwohl nicht mit den Nebenanlagen im Sinne des § 14 BauNVO gleichgesetzt werden; denn § 14 BauNVO ist im Hinblick auf die Art der Nutzung der dort genannten Nebenanlagen nicht als eine abschließende Regelung anzusehen. Demgegenüber ist die Aufzählung der nach Abs. 9 zulässigen Grenzgebäude abschließend. So gehören **Einrichtungen für die Kleintierhaltung** im Sinne des § 14 Abs. 1 Satz 2 BauNVO nicht zu den in den Abstandsflächen ohne eigene Abstandsflächen an Nachbargrenzen zulässigen Anlagen.

2.   Bauordnungsrechtliche und planungsrechtliche Zulässigkeitsvoraussetzungen

596   Bei den nach Abs. 9 ohne Abstandsflächen in den Abstandsflächen eines Gebäudes zulässigen Gebäuden handelt es sich um Nebengebäude, die **keine Aufenthaltsräume** enthalten dürfen. Nach Art. 2 Abs. 5 sind Aufenthaltsräume Räume, die nicht nur zum vorübergehenden Aufenthalt von Menschen bestimmt oder geeignet sind.

597   Nach Art. 2 Abs. 8 Satz 2 sind Garagen Gebäude oder Gebäudeteile zum Abstellen von Kraftfahrzeugen. **Überdachte Stellplätze** dienen ebenfalls dem Abstellen von Kraftfahrzeugen, sie haben aber außer der Überdachung keine weiteren Raumabschlüsse.

598   Der Begriff **Grenzgarage** ist im Gesetz nicht definiert. In der Praxis hat sich der Begriff jedoch für Garagen, die an einer **Grundstücksgrenze** errichtet werden, eingebürgert. Aufgrund der Flächenbegrenzung handelt es sich um Kleingaragen im Sinne des § 1 Abs. 7 GaStellV, die für kleinere Wohneinheiten – Ein- und Zweifamilienhäuser als Einzelhäuser, Doppelhäuser oder Reihenhäuser in der offenen Bauweise – üblicherweise auf dem Hausgrundstück errichtet werden. Auch für die Errichtung von Gartenhäusern und ähnlichen Nebengebäuden besteht in diesen Wohngebieten ein Bedürfnis. Tiefgaragen mit ihren ebenfalls

nach Abs. 9 in den Abstandsflächen eines Gebäudes zulässigen Zufahrten und Aufzügen werden meist für größere Wohnanlagen oder für anders genutzte Gebäude gebaut.

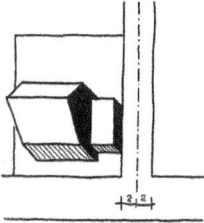

Abb. 6.9.5
Grenzgarage an der Grenze zur öffentlichen Verkehrsfläche.

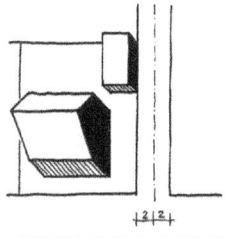

Abb. 6.9.6
Grenzgarage an der Nachbargrenze und an der öffentlichen Verkehrsfläche.

Die Regelung hat in erster Linie **vollkommen selbstständige Gebäude** im Blick. **599** Nach Auffassung des SächsOVG ist die Regelung für Garagen, die vollkommen in ein anderes Gebäude integriert sind, sinnlos. Eine Grenzgarage verliere ihre Privilegierung allerdings grundsätzlich nicht schon dadurch, dass sie an einer gemeinsamen Wand mit einem gemeinsamen, abgeschleppten Dach zum zugehörigen Wohnhaus hin errichtet wird (Sächs. OVG, Beschl. v. 22.9.1998 – 1 S 545/ 98; vgl. auch Hess. VGH, Urt. v. 18.3.1999 – 4 UE 997/95 –, BauR 2000 S. 1316). Das OVG NRW hat es demgegenüber nach dem Schutzzweck der Vorschrift als unerheblich angesehen, ob die Garagenräume ein selbstständiges Gebäude oder den **unselbstständigen Gebäudeteil eines anderen Gebäudes** darstellen (OVG NRW, Urt. v. 5.2.1996 – 10 A 3624/92 –, BauR 1996, S. 835).

Nach Abs. 9 Satz 1 Nr. 1 sind die dort genannten Garagen einschließlich deren **600** Nebenräume in den Abstandsflächen eines Gebäudes ohne eigene Abstandsflächen zulässig. Nebenräume von Garagen, die von der Privilegierung der Nr. 1 ebenfalls erfasst werden, sind Räume, die mit der Garage baulich und funktional verbunden über sie zugänglich (benutzbar) sind und ihr – auch optisch und in Bezug auf die Nutzung – untergeordnet sind (Molodovsky Stand 4-2018 Art. 6 Rn. 271 unter Hinweis auf Entscheidungen des BayVGH, des VGH Bad.-Württ.

und des OVG Saar). Die **Umnutzung** eines als Grenzgarage zulässigen Gebäudes **zu gewerblichen oder sonstigen Zwecken ist unzulässig.** Die Frage, ob und, wenn ja, welche Auswirkungen sich aus einer solchen Umnutzung für das Nachbargrundstück ergeben, ist ohne Belang; denn durch ein grenzständiges Bauwerk wird der Nachbar stets tatsächlich beeinträchtigt. Der Gesetzgeber mutet dem Nachbarn eine solche Beeinträchtigung nur zu bestimmten abstandsrechtlich begünstigten Zwecken zu.

601 Die **Nutzung** einer abstandsflächenrechtlich grundsätzlich privilegierten **Garage** als Werkstatt für die Reparatur von Kraftfahrzeugen ist nicht von der als Doppelgarage genehmigten Nutzung gedeckt (BayVGH, Beschl. v. 4.8.2016 – 1 ZB 15.2619 – juris Rn. 4). Eine hobbymäßige Nutzung einer Doppelgarage als Werkstatt ist selbst bei einer ausnahmsweisen Zulässigkeit im Sinn des § 4 Abs. 3 Nr. 2 BauNVO nicht zulässig in einem allgemeinen Wohngebiet, wenn sie aufgrund der Lage auf dem Grundstück gemäß § 15 Abs. 1 Satz 1 BauNVO gegen das Gebot der nachbarlichen Rücksichtnahme verstößt (BayVGH, Beschl. v. 4.8.2016 – 1 ZB 15.2619 – juris Rn. 5).

602 Für Grenzgaragen und die anderen Grenzgebäude nach Abs. 9 entfallen die Abstandsflächen gänzlich. Abstandsflächen müssen nicht nach Abs. 2 Satz 3 auf das Nachbargrundstück übertragen werden (Rn. 373 ff.). Eine Grenzgarage oder ein anderes Grenzgebäude nach Abs. 9 kann darüber hinaus in der Abstandsfläche eines anderen Gebäudes auf demselben Grundstück, insbesondere eines Gebäudes der Hauptnutzung, ohne eigene Abstandsfläche, d. h. ohne Abstand oder auch in vermindertem Abstand zu dem anderen Gebäude errichtet werden. Die in Abs. 9 genannten Gebäude müssen aber nicht in jedem Fall in der Abstandsfläche zu einem anderen Gebäude errichtet werden; sie können auch ohne Bezug zu einem anderen Gebäude auf demselben Grundstück, also beispielsweise im rückwärtigen Grundstücksteil (Abb. 6.9.6), errichtet werden (OVG NRW, Urt. v. 13.10.1999 – 7 A 1230/99). **Die durch einen Bebauungsplan angestrebte Ordnung kann** nach Grundstücksteilung durch zeitlich und räumlich nicht koordinierten Grenzgaragenbau **erheblich gestört werden** (Abb. 6.9.7 und 6.9.8).

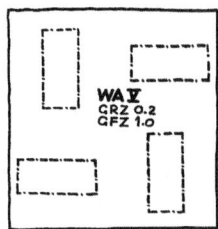

Abb. 6.9.7

Bebauungsplan mit Festsetzungen über die überbaubaren Grundstücksflächen, jedoch ohne Festsetzungen über die Unzulässigkeit von Stellplätzen und Garagen auf den nicht überbaubaren Grundstücksflächen.

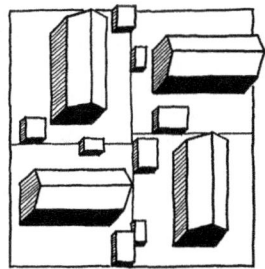

Abb. 6.9.8

Die durch den Bebauungsplan (Abb. 6.9.7) angestrebte Ordnung kann nach Grundstücksteilung durch zeitlich und räumlich unkoordinierten Grenzgaragenbau erheblich gestört werden.

Die Regelungen des Abs. 9 räumen der Baugenehmigungsbehörde nicht die **603** Befugnis ein, zu verlangen, dass eine Garage, die in den Abstandsflächen eines Gebäudes ohne Einhaltung eigener Abstandsflächen errichtet werden kann, an eine auf dem Nachbargrundstück an der Grundstücksgrenze errichtete Garage angebaut wird (OVG Berlin, Urt. v. 21.3.1986 – 2 B 69.84 –, BauR 1986, 689). Der sich ergebende unruhige optische Gesamteindruck kann lediglich aufgrund planungsrechtlicher Vorschriften, insbesondere durch Festsetzungen im Bebauungsplan, verhindert werden.

Die nachbarschützende Qualität einer Festsetzung zur überbaubaren Grund- **604** stücksfläche hängt vom Willen des örtlichen Plangebers ab, also davon, welchen – durch Auslegung zur ermittelnden – Zweck dieser mit der Festsetzung im Einzelfall verfolgt (BayVGH, Beschl. v. 18.6.2018 – 15 ZB 17.635 – juris Rn. 38). Zur nachbarschützenden Bedeutung von Festsetzungen über die überbaubaren Grundstücksflächen für Garagen an der Grundstücksgrenze vgl. OVG Weimar, Beschl. v. 26.7.1996 – 1 EO 66/95 –, NVwZ 1997 S. 596.

Grenzgebäude im Sinne des Abs. 9 sind **nicht nur ausnahmsweise, sondern all- 605 gemein zulässig**, sofern planungsrechtliche Vorschriften nicht entgegenstehen. Planungsrechtliche Vorschriften, die der Zulassung solcher Grenzgebäude entgegenstehen können, sind die des § 19 Abs. 4 BauNVO sowie Festsetzungen eines Bebauungsplans nach § 12 Abs. 6 BauNVO und § 23 Abs. 5 BauNVO. Auch das Einfügungsgebot des § 34 Abs. 1 BauGB kann der Zulassung von Grenzgebäuden entgegenstehen.

Sofern ein Baugebiet im Bebauungsplan als WR-Gebiet festgesetzt ist oder das **606** Gebiet im Sinne des § 34 Abs. 2 BauGB einem WR-Gebiet nach § 3 BauNVO entspricht, folgt aus § 12 Abs. 3 Nr. 1 BauNVO, dass das **Abstellen von Lastkraftwagen** auf solchen Stellplätzen bzw. in solchen Garagen, die in reinen Wohngebieten als Bestandteil der dort zulässigen Wohnnutzung bzw. einer ausnahmsweise zugelassenen sonstigen Nutzung genehmigt worden sind, jedenfalls dann, wenn dieses Abstellen ständig und auf Dauer angelegt stattfindet, **eine planungsrechtlich unzulässige Nutzung** darstellt, die dem Gebietscharakter eines Reinen Wohngebiets zuwiderläuft (OVG NRW, Urt. v. 15.6.1998 – 7 A 1974/97).

607 Die Grundflächen von Grenzgaragen und anderen Nebengebäuden waren nach § 19 Abs. 4 BauNVO a. F. nicht auf die **zulässige Grundfläche** anzurechnen. Diese Vorschrift gilt nach wie vor für Bebauungspläne, die vor dem 27.1.1990 öffentlich ausgelegt worden waren. Nach § 19 Abs. 4 Satz 1 BauNVO 1990 sind nunmehr die Grundflächen von Garagen und Stellplätzen mit ihren Zufahrten sowie die Grundflächen anderer Nebengebäude bei der Ermittlung der Grundfläche unter Beachtung der Vorschriften des § 19 Abs. 4 Satz 2 BauNVO 1990 mitzurechnen, sofern der Bebauungsplan nach § 19 Abs. 4 Satz 3 BauNVO 1990 nichts anderes festsetzt. Aus § 19 Abs. 4 BauNVO 1990 kann sich ergeben, dass Grenzgebäude im Sinne des Abs. 9 planungsrechtlich unzulässig sind, auch wenn sie auf den überbaubaren Grundstücksflächen im Sinne des § 23 BauNVO zulässig sind oder auf den nicht überbaubaren Grundstücksflächen zugelassen werden können (Abb. 6.9.9).

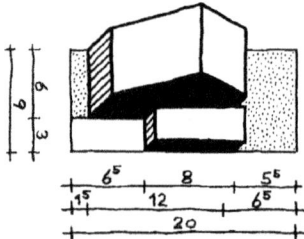

Abb. 6.9.9

Doppelhaushälfte mit Grenzgarage
Größe des Grundstücks: 180 m²
Grundfläche der Doppelhaushälfte: 72 m² (GRZ = 0,4)
Grundfläche der Garage mit Zufahrt: 43,5 m²
Überschreitung der Grundfläche der Doppelhaushälfte: 60 %
zulässige Überschreitung der Grundfläche 50 % (36 m²).

608 Sofern § 19 Abs. 4 BauNVO 1990 der Zulassung von Grenzgaragen nicht entgegensteht, gilt nach den Regelungen über die überbaubaren Grundstücksflächen (§ 23 BauNVO) Folgendes:

Ist die überbaubare Grundstücksfläche nur durch eine vordere Baulinie oder Baugrenze im **Bebauungsplan** festgesetzt worden, so sind Grenzgaragen und andere Grenzgebäude in den Abmessungen nach Satz 1 in der offenen Bauweise sowohl planungsrechtlich als auch bauordnungsrechtlich in der ganzen Grundstückstiefe allgemein zulässig. Wird jedoch die **Bebauungstiefe** im Text des Bebauungsplans oder durch Eintragung einer **rückwärtigen Baugrenze** (oder Baulinie) in die Planzeichnung bestimmt, so ist die Zulassung einer Garage oder eines anderen Nebengebäudes im rückwärtigen Grundstücksbereich nach § 23 Abs. 5 BauNVO eine **Ermessensentscheidung der Baugenehmigungsbehörde**, sofern der Bebauungsplan Garagen und andere Nebengebäude auf den nicht überbaubaren Grundstücksflächen nicht ausschließt. Der VGH Bad.-Württ. hat allerdings die Auffassung vertreten, eine Garage könne nur dann nicht gemäß

§ 23 Abs. 5 BauNVO außerhalb der überbaubaren Grundstücksfläche zugelassen werden, wenn dies in den textlichen Festsetzungen des Bebauungsplans oder auf andere Weise, etwa durch Festsetzung einer Gemeinschaftsanlage nach § 9 Abs. 1 Nr. 22 BauGB eindeutig ausgeschlossen wird (VGH Bad.-Württ., Urt. v. 11.5.1989 – 5 S 3379/88 –, BRS 49 Nr. 137). Entsprechendes gilt im Hinblick auf seitliche Grundstücksgrenzen, sofern die überbaubaren (und nicht überbaubaren) Grundstücksflächen auch durch Festsetzung seitlicher Baulinien oder Baugrenzen bestimmt werden (Rn. 252; OVG Bremen, Urt. v. 14.2.1989 – 1 BA 64/88 –, BRS 49 Nr. 136). Lässt ein Bebauungsplan Garagen außerhalb der überbaubaren Grundstücksflächen nur im Wege einer Ausnahme zu (§ 31 Abs. 1 BauGB), so unterliegt das Ermessen der Baurechtsbehörde engeren Schranken als bei einer Ermessensentscheidung nach § 23 Abs. 5 Satz 2 BauNVO (VGH Bad.-Württ., Beschl. v. 25.1.1995 – 3 S 3125/94 –, ZfBR 1995 S. 219).

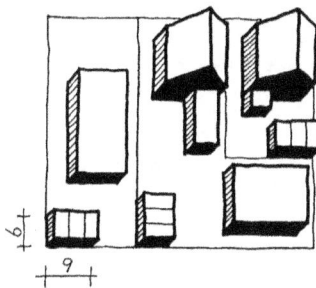

Abb. 6.9.10

Gehört eine rückwärtige Bebauung zu den prägenden Merkmalen der Umgebung eines Vorhabens im unbeplanten Innenbereich, so sind Grenzgaragen in den Abmessungen nach Art. 6 Abs. 9 im rückwärtigen Grundstücksbereich zulässig.

Ergibt sich aus den prägenden Merkmalen der näheren Umgebung eines Vorhabens **im unbeplanten Innenbereich** (§ 34 BauGB), dass die rückwärtigen Grundstücksflächen als nicht überbaubar anzusehen sind, so kann eine (Grenz-)Garage auf diesen Flächen nach § 34 Abs. 1 BauGB unzulässig sein (BVerwG, Urt. v. 4.5.1979 – 4 C 23.76 –, BRS 35 Nr. 40). Gehört eine rückwärtige Bebauung jedoch zu den prägenden Merkmalen der Umgebung des Vorhabens, so sind Grenzgaragen in den Abmessungen nach Abs. 9 sowohl planungsrechtlich als auch bauordnungsrechtlich zulässig, sofern § 19 Abs. 4 BauNVO 1990 nicht entgegensteht (Abb. 6.9.10). **609**

Der Bebauungsplan kann Garagen und überdachte Stellplätze aufgrund des § 23 Abs. 5 BauNVO in Verbindung mit § 12 Abs. 6 BauNVO **auf den nicht überbaubaren Grundstücksflächen ausschließen.** Durch textliche Festsetzungen kann der Bebauungsplan auch Garagen in den „Bauwichen" vollständig ausschließen. Ein derartiger Ausschluss von Garagen im gesamten Bauwich verdrängt bauordnungsrechtliche Regelungen des Landesrechts, die Bauwichgaragen (Grenzgaragen) zulassen (OVG Bremen, Beschl. v. 24.1.1992 – 1 B 1/92 –, UPR 1992, S. 400). **610**

611 Die Bauordnung ist zwar die im Range höher stehende Rechtsquelle. Auf diesen Gesichtspunkt kommt es hier jedoch nicht an, sondern allein darauf, dass die Festsetzung des Bebauungsplans aufgrund einer durch Art. 74 Nr. 18 GG gedeckten bundesrechtlichen Ermächtigung getroffen worden ist. Die Zulassung von Grenzgaragen nach Abs. 9 kann nicht ein bundesrechtliches oder auf Bundesrecht beruhendes Hindernis überwinden (OVG NRW, Urt. v. 22.1.1998 – 11 A 509/96 – BauR 1998 S. 1008). Werden Garagen und überdachte Stellplätze auf den nicht überbaubaren Grundstücksflächen durch Festsetzungen eines Bebauungsplans ausgeschlossen, so müssen die notwendigen Stellplätze (Art. 47) auf den überbaubaren Grundstücksflächen untergebracht werden, sofern nicht auch dieses nach § 12 Abs. 6 BauNVO ausgeschlossen ist.

612 Abs. 9 Satz 1 Nr. 1, wonach u. a. **Garagen** ohne Einhaltung von Abstandsflächen zur Grundstücksgrenze errichtet werden dürfen, verletzt den Nachbarn nicht in seinem Eigentumsgrundrecht aus Art. 103 Abs. 1 BV. Abs. 9 erweitert mit der **Baufreiheit** des Bauherrn auch die des Nachbarn und greift deshalb grundsätzlich nicht in das Eigentumsrecht des Nachbarn mit enteignender Wirkung ein. Die Vorschrift hält sich im Rahmen zulässiger Inhaltsbestimmung des Eigentums (VerfGH, Entscheidung v. 15.12.2009 – Vf.6-VII-09 – juris – Rn. 2, zu Abs. 9 Satz 1 Nr. 1). Der Nachbar muss – unbeschadet privatrechtlicher Rechtspositionen – die öffentlich-rechtlichen Auswirkungen hinnehmen, z. B. die Beeinträchtigungen des Pflanzenwuchses, des Baumbestandes oder der gärtnerischen Nutzung durch eine Grenzgarage (VGH, Beschl. v. 16.1.1990 – 1 B 89.1024 –). Im Einzelfall ist zu prüfen, ob die Grenzgarage das Rücksichtnahmegebot verletzt (vgl. VerfGH, Entscheidung v. 15.12.2009 a.a.O.).

613 Sind im Bebauungsplan Nebenanlagen auf den nicht überbaubaren Grundstücksflächen ausgeschlossen, so können Garagen gleichwohl zugelassen werden. **Garagen sind keine Nebenanlagen im planungsrechtlichen Sinne,** wie sich daraus ergibt, dass Nebenanlagen in § 14 BauNVO, Garagen und Stellplätze aber in § 12 BauNVO geregelt sind, der Gesetzgeber mithin beide Begriffe unterscheidet (OVG NRW, Urt. v. 30.4.1998 – 10 A 2981/96). Sind im Bebauungsplan lediglich Stellplätze und Garagen auf den nicht überbaubaren Grundstücksflächen ausgeschlossen, so können andere Gebäude nach Abs. 9 zugelassen werden. Der VGH Bad.-Württ. hat die Auffassung vertreten, die Verweisung in § 23 Abs. 5 Satz 2 BauNVO auf das jeweilige Landesrecht sei als dynamische und nicht als statische Verweisung zu verstehen. Maßgebend sei daher die im Zeitpunkt der Erteilung der Baugenehmigung maßgebende Fassung der entsprechenden landesrechtlichen Vorschriften (VGH Bad.-Württ., Beschl. v. 6.9.1995 – 8 S 2388/95 –, UPR 1996 S. 38).

614 Grenzgaragen und Grenzgebäude im Sinne Abs. 9 sind in der offenen Bauweise allgemein ohne eigene Abstandsflächen zulässig, also nicht nur gegenüber seitlichen und rückwärtigen Nachbargrenzen sowie gegenüber anderen Gebäuden, sondern auch in Bezug auf öffentliche Verkehrsflächen, öffentliche Grünflächen und öffentliche Wasserflächen. Abs. 2 Satz 2 ist insoweit nicht anwendbar. Grenzgaragen können danach unmittelbar an der straßenseitigen Grundstücksgrenze errichtet werden, ohne den Mindestabstand von 3 m bis zur Straßenmitte einzuhalten. Das ist insbesondere bedeutsam für Grenzgaragen an Straßen, die weniger als 6 m breit sind (Abb. 6.9.5 und 6.9.6). Der nötige Stauraum vor der Garage muss allerdings freigehalten werden.

In der geschlossenen Bauweise werden die Gebäude allgemein ohne seitlichen **615** Grenzabstand errichtet (§ 22 Abs. 3 BauNVO). Danach sind in der geschlossenen Bauweise im rückwärtigen Grundstücksbereich Garagen an Nachbargrenzen auf den überbaubaren Grundstücksflächen ohne Beschränkung in ihren Abmessungen allgemein zulässig. Abs. 9 ist nicht anwendbar (OVG NRW, Urt. v. 16.5.1997 – 7 A 3412/95). Ist das ganze Bauland hinter der Straßenbegrenzungslinie in voller Tiefe aufgrund von Festsetzungen eines Bebauungsplans oder im unbeplanten Innenbereich aufgrund prägender Merkmale der Umgebung eines Vorhabens überbaubar, so gelten die Vorschriften über den Grenzanbau bezogen auf die seitliche Nachbargrenzen in voller Tiefe; d. h. **es kann nicht nur, es muss ohne Abstandsflächen an die seitliche Grenze gebaut werden** (vgl. Rn. 201). Der vordere (straßenseitige) Grundstücksbereich ist in der geschlossenen Bauweise allerdings den Gebäuden der Hauptnutzung vorbehalten. Garagen und andere Nebengebäude in den in Abs. 9 vorgeschriebenen Abmessungen sind dort nicht zulässig.

Wird in der geschlossenen Bauweise die überbaubare Grundstücksfläche durch **616** Festsetzung einer Bebauungstiefe begrenzt, so gelten die Vorschriften über den seitlichen Grenzanbau nur für die festgesetzte Bebauungstiefe. Die überbaubaren Grundstücksflächen können nach § 23 Abs. 1 Satz 1 BauNVO **geschossweise unterschiedlich** festgesetzt werden. So kann beispielsweise für das Erdgeschoss eine vollständige Überbaubarkeit der gesamten Grundstücksflächen festgesetzt und für die darüber liegenden Geschosse die Überbaubarkeit auf eine bestimmte Tiefe begrenzt werden. Auch bei einer solchen Festsetzung sind eingeschossige Garagen und überdachte Stellplätze an den Nachbargrenzen in beliebigen Abmessungen zulässig, soweit § 19 Abs. 4 BauNVO 1990 nicht entgegensteht. Entsprechendes gilt im unbeplanten Innenbereich, wenn sich aus den prägenden Merkmalen der Umgebung eines Vorhabens ergibt, dass lediglich in den oberen Geschossen eine bestimmte Bebauungstiefe einzuhalten ist.

3. Höhenbegrenzung von Grenzgaragen und anderen Grenzgebäuden

Die Höhenbegrenzung auf 3 m bezieht sich auf die Grenzwand der Garage. **617** Abs. 4 Satz 2, wonach als Wandhöhe das Maß **von der Geländeoberfläche bis zur Schnittlinie der Wand mit der Dachhaut oder bis zum oberen Abschluss der Wand** gilt (vgl. Rn. 414), ist bei der Ermittlung der Wandhöhe von Grenzgebäuden entsprechend anzuwenden. Bei nicht horizontal verlaufender Schnittlinie der Geländeoberfläche mit der Außenwand des Grenzgebäudes ist die Wandhöhe zu mitteln.

Wird das Grenzgebäude unmittelbar an der Grundstücksgrenze errichtet, so **618** stimmen die Schnittlinie der Grenzwand mit der Geländeoberfläche und die Geländeoberfläche an der Grenze überein. Nach Satz 1 sind Grenzgaragen und andere Grenzgebäude jedoch auch zulässig, **wenn sie nicht an der Grundstücksgrenze errichtet werden**. Ein Maß für den zulässigen Grenzabstand wird

nicht vorgeschrieben. Wird das Grenzgebäude mit Abstand zur Grundstücksgrenze errichtet, so kann sich in hängigem Gelände oder durch Anschüttungen
oder Abgrabungen eine **Höhendifferenz** zwischen der Schnittlinie der Außenwand des Gebäudes mit der Geländeoberfläche und der Geländeoberfläche an
der Grundstücksgrenze ergeben. Eine solche Höhendifferenz bleibt bei der
Genehmigung von Grenzgebäuden nach Abs. 9 unberücksichtigt.

619 Nach Abs. 9 Satz 1 Halbsatz 2 bleibt die Höhe von Dächern und Giebelflächen
bei einer Dachneigung bis zu 70° bei der Ermittlung der Wandhöhe von Grenzgaragen und anderen Grenzgebäuden unberücksichtigt. Daraus folgt im
Umkehrschluss, dass die Höhe von Dächern und Giebelflächen bei einer Dachneigung von mehr als 70° der Wandhöhe von Grenzgaragen und anderen Grenzgebäuden voll hinzuzurechnen ist.

620 Eine Garage mit „Dachterrasse" ist keine Grenzgarage im Sinne des Bauord-
nungsrechts (OVG NRW, Beschl. v. 13.3.1990 – 10 A 1895/88 –, BRS 50 Nr. 149;
OVG NRW, Urt. v. 1.8.1996 – 7 A 3700/93; Beschl. v. 27.9.1996 – 7 B 1363/96;
Beschl. v. 25.9.2006 – 7 E 1063/06). Der VGH Bad.-Württ. ist der Auffassung, eine
Dachterrasse auf einer Grenzgarage verletze unabhängig von ihrer Breite und
Tiefe dann keine Rechte des Angrenzers, wenn sie den in § 5 Abs. 6 LBO Bad.-
Württ. genannten Mindestabstand von 2 m zur Grundstücksgrenze einhalte
(VGH Bad.-Württ., Urt. v. 24.7.1998 – 8 S 1306/98 –, UPR 1999 S. 237; ebenso
OVG Lüneburg Beschl. v. 8.5.2018 – 1 ME 55/18 –, BauR 2018, 1246).

4. Längenbegrenzung von Grenzgebäuden

621 Die Längenbegrenzung von Grenzgebäuden ist offensichtlich auf den Fall der
Bauwichgarage zugeschnitten. In der offenen Bauweise sollen Grenzgaragen
beidseitig zulässig sein. Nach Satz 2 darf das Maß von 15 m insgesamt nicht
überschritten werden. Nach Satz 1 Nr. 1 sind die dort genannten Grenzgebäude
mit einer Gesamtlänge von 9 m je Grundstücksgrenze zulässig. Bei Ausnutzung
dieses Maximalmaßes ist an einer anderen Nachbargrenze ein weiteres Grenzgebäude mit 6 m Länge zulässig. **Ob eine Nachbargrenze vorliegt, bestimmt sich
nach den Verhältnissen des (Bau-)Grundstücks;** unerheblich ist, wie viele Nachbargrundstücke angrenzen (OVG NRW, Urteil v. 12.12.1988 – 10 A 1725/87 –,
BRS 49 Nr. 124; Urt. v. 14.1.1993 – 7 A 1039/91). Sind Garagen planungsrechtlich
auch **im rückwärtigen Grundstücksbereich** allgemein oder ausnahmsweise
zulässig (Rn. 608), so können im Rahmen der vorgeschriebenen Höchstmaße bis
zu drei Garagen an der rückwärtigen Nachbargrenze ausgeführt werden
(Abb. 6.9.10).

622 Über die in Abs. 9 Satz 1 Nr. 1 erster Satzteil genannten Grenzgebäude hinaus
sind nach Satz 1 Nr. 1 zweiter Satzteil bei einer Länge der Grundstücksgrenze
von mehr als 42 m freistehende Gebäude ohne Aufenthaltsräume und Feuerstätten mit einer mittleren Wandhöhe bis zu 3 m, nicht mehr als 50 m³ Brutto-Rauminhalt und einer Gesamtlänge je Grundstücksgrenze von 5 m zulässig. Die Formulierung „Gesamtlänge" der Grundstücksgrenze wurde mit der Änderung der
BayBO 2009 in „Länge" der Grundstücksgrenze geändert. Durch diese Änderung sollte klargestellt werden, dass für die Berechnung der Mindestgrenzlänge

von 42 m auf die einzelne Grundstücksgrenze und nicht auf die Summe aller Grundstücksgrenzen abzustellen ist.

5. Mindestabstände zur Nachbargrenze

Der Bauherr ist allgemein bestrebt, seine **Garage unmittelbar an das Hauptge-** 623 **bäude anzubauen.** Sind die Abmessungen der Garage vorgegeben (z. B. bei einer Fertiggarage), so ergeben sich zwischen der Außenwand der Garage und der Nachbargrenze fast zwangsläufig **Restflächen.** Will der Nachbar dann seinerseits von der Möglichkeit der Errichtung einer Grenzgarage oder einer anderen zulässigen Grenzbebauung Gebrauch machen, so entstehen **unzugängliche Zwickel.**

In Abs. 9 werden **keine Mindestabstände** genannt, die ein Grenzgebäude zur Nach- 624 bargrenze einhalten müsste. Die von der Rechtsprechung zur **Vermeidung von Schmutzecken** entwickelten Grundsätze sind jedoch zu beachten. Das OVG NRW hatte festgestellt, der Anbau eines Gebäudes an eine Nachbargrenze sei abstandsrechtlich unzulässig, wenn ein Gebäude auf dem Nachbargrundstück in einem Abstand von nur 30 bis 50 cm zur Grenze vorhanden ist. Der in einem solchen Fall durch den Grenzanbau entstehende schmale Geländestreifen zwischen zwei Außenmauern benachbarter Gebäude sei unter nachbarlichen Aspekten schlechterdings unvertretbar (OVG NRW, Urt. v. 12.5.2005 –, 7 A 2342/03 – vgl. Rn. 185, 319).

6. Solaranlagen

Solaranlagen werden überwiegend auf dem Dach eines Gebäudes errichtet. Sie 625 können aber auch **gebäudeunabhängig** auf den nicht überbauten Flächen der bebauten Grundstücke errichtet werden. Hier kommen die in der offenen Bauweise gegenüber den Nachbargrenzen von Bebauung freizuhaltenden Abstandsflächen in Betracht. Die Solaranlagen haben in aller Regel eine nicht unerhebliche Flächenausdehnung, und da sie in einem bestimmten Winkel zur Sonne errichtet werden müssen, haben sie auch eine sich aus dieser Anforderung ergebende Höhe.

Nach Satz 1 Nr. 2 sind gebäudeunabhängige Solaranlagen in den Abstandsflächen 626 eines Gebäudes ohne eigene Abstandsflächen zulässig. Hinsichtlich der Höhenentwicklung und der Längenausdehnung solcher Solaranlagen gelten die gleichen Beschränkungen wie für Grenzgaragen und andere Grenzgebäude nach Satz 1 Nr. 1.

7. Stützmauern und geschlossene Einfriedungen

Stützmauern werden im Bereich eines Geländeversprungs errichtet, um zu ver- 627 hindern, dass das Erdreich aus dem höher gelegenen Grundstück oder Grundstücksteil zum niedrigeren Grundstück oder Grundstücksteil hin abrutscht. Stützmauern sind in Gewerbe- und Industriegebieten allgemein zulässig. Auch in anderen Baugebieten müssen Stützmauern, die weniger als 2 m hoch sind, vom Nachbarn hingenommen werden. Ist eine Stützmauer höher als 2 m, so geht von ihr eine **verschattende Wirkung wie von einem Gebäude** aus, sodass eine Privilegierung unter dem Gesichtspunkt des Nachbarschutzes nicht mehr gerechtfertigt ist. Außer in Gewerbe- und Industriegebieten müssen Stützmauern, die höher als 2 m sind, daher Abstandsflächen einhalten.

628 Einfriedungen werden errichtet, um den Zutritt zu einem Grundstück oder zu einem bestimmten Teil eines Grundstücks zu verwehren. Sie dienen häufig auch als Sichtschutz. Wie Stützmauern, so sind auch geschlossene Einfriedungen nur in Gewerbe- und Industriegebieten ohne Höhenbegrenzung allgemein zulässig, in anderen Baugebieten hingegen nur bis zu einer Höhe von 2 m. Sind geschlossene Einfriedungen höher als 2 m, so sind sie in den anderen Baugebieten in den Abstandsflächen von Gebäuden ohne eigene Abstandsflächen unzulässig.

629 Die erforderlichen Abstandsflächen müssen nach Abs. 2 Satz 1 auf dem Grundstück selbst liegen. In der Regel werden allerdings **Stützmauern und geschlossene Einfriedungen ohne Abstand an der Grundstücksgrenze** errichtet. Dann müssen die erforderlichen Abstandsflächen nach Abs. 2 Satz 3 auf das Nachbargrundstück übertragen werden, was die Einwilligung des Nachbarn voraussetzt.

F   Abweichungen von den Abstandsvorschriften (Art. 63)

1. Allgemeines

630 Nach Art. 7 Abs. 2 BayBO 1982 konnten Ausnahmen von den Vorschriften des Art. 6 gestattet werden, wenn die geforderten Abstandsflächen 1. wegen einer bereits vorhandenen Bebauung oder aus anderen Gründen ohne unbillige Härte, 2. aus städtebaulichen Gründen oder 3. bei Gebäuden für industrielle Zwecke, weil sie eine technische Einheit bilden, nicht eingehalten werden konnten. Nach der Erweiterung der allgemeinen Abweichungsmöglichkeiten in Art. 77 BayBO 1994 konnte auf diese Ausnahmeregelung verzichtet werden. Die Regelung wurde in Art. 70 BayBO 1997 übernommen. Abweichungen konnten danach unter den in Art. 7 Abs. 2 BayBO a. F. genannten Voraussetzungen nach Art. 70 BayBO 1997 gestattet werden. Das Gleiche gilt nun für Abweichungen nach Art. 63 BayBO 2008. Über die in Art. 7 Abs. 2 BayBO 1982 genannten Abweichungsmöglichkeiten hinaus erscheint es in besonderen Fällen vertretbar, eine Reduzierung der Tiefe von Abstandsflächen abweichend von Art. 6 Abs. 5, 6 oder 7 zu gestatten.

631 Nach Art. 63 Abs. 1 Satz 1 kann die Bauaufsichtsbehörde Abweichungen von den Anforderungen der BayBO und der auf Grund dieses Gesetzes erlassener Vorschriften zulassen, wenn sie **unter Berücksichtigung des Zwecks der jeweiligen Anforderung** und unter Würdigung der öffentlich-rechtlich geschützten nachbarlichen Belange mit den öffentlichen Belangen, insbesondere den Anforderungen des Art. 3 Abs. 1 vereinbar sind; Art. 3 Abs. 2 Satz 3 bleibt unberührt. Danach kommt es entscheidend auf die **Zweckbestimmung** der jeweiligen gesetzlichen Regelung an (vgl. Molodovsky Stand 4-2018 Art. 6 Rn. 7). Die sich aus der Neufassung der Abstandsvorschriften ergebenden **Änderungen in der Zweckbestimmung der Abstandsvorschriften** (vgl. Rn. 3, 15 ff.) sind also zu beachten. Das bedeutet auch, dass einige Grundsätze, die von der Rechtsprechung im Hinblick auf die Abweichungsmöglichkeiten nach bisherigem Recht entwickelt worden sind, nicht immer auf die geltenden Vorschriften angewendet werden können.

2. Abweichungen aufgrund besonderer städtebaulicher Verhältnisse

Eine dem § 6 Abs. 12 MBO 1997 entsprechende Ausnahmeregelung, wonach in **632** überwiegend bebauten Gebieten geringere Tiefen der Abstandsflächen gestattet werden konnten, wenn die **Gestaltung des Straßenbildes oder besondere städtebauliche Verhältnisse** dies erfordern bzw. rechtfertigen, kannte und kennt das bayerische Abstandsrecht nicht. Von einer über die Vorrangregelung für den Bebauungsplan nach Art. 7 Abs. 1 BayBO a. F. hinausgehende Erweiterung der Vorrangregelung für das Planungsrecht, insbesondere im Hinblick auf das **Einfügungsgebot des § 34 BauGB** ist abgesehen worden, weil sich häufig nur schwierig bestimmen lasse, wann sich – mit der gebotenen Eindeutigkeit – abweichende Gebäudeabstände aus der umgebenden Bebauung ergeben (Begründung zum Regierungsentwurf für die BayBO 1997 – Drs. 13/7008).

Den Bedenken der Staatsregierung ist entgegenzuhalten, dass die Einhaltung **633** einer straßenseitigen Bauflucht, namentlich in der geschlossenen Bauweise häufig zu den eindeutig prägenden Merkmalen der Umgebung eines nach § 34 BauGB zu beurteilenden Vorhabens gehört. Ist auch die Traufhöhe oder die Zahl der Vollgeschosse vorgegeben, so gerät die Abstandsregelung immer dann in Widerspruch zum Einfügungsgebot des § 34 BauGB, wenn die Straßenbreite geringer ist, als sie sich aus Art. 6 Abs. 5 oder Abs. 7 ergeben würde – und das ist in den älteren Stadtquartieren oft der Fall (Rn. 474 f. Abb. 6.5.11, Rn. 525 Abb. 6.5.18 bis 6.5.20).

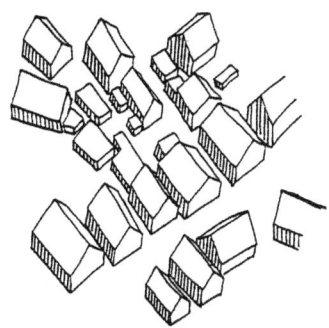

Abb. 63.1.1

Besondere städtebauliche Verhältnisse – hier: kleinteilige Baustruktur –, die eine Abweichung von den Vorschriften des Art. 6 rechtfertigen.

Nicht nur geringere Straßenbreiten, auch **geringere seitliche Grenzabstände 634** gehören häufig zu den prägenden Merkmalen einer älteren Bebauung (vgl. OVG Mecklenburg-Vorpommern, Beschl. v. 20.7.1995 – 3 M 154/94 –, BRS 57 Nr. 160). Der BayVGH ist der Auffassung, dass es sich bei einer **Bebauung mit schmalen Traufgassen** nicht um abweichende Bauweise im Sinne des § 22 Abs. 4 BauNVO handle, sondern um eine Spielart der offenen Bauweise. Würden in Gebieten nach § 34 Abs. 1 BauGB überwiegend **Traufgassen und „enge Reihen"** mit unterschiedlichen Breiten vorgefunden, so folge daraus kein planungsrechtlicher Zwang zur Aufgabe der landesrechtlichen Abstandsflächenvorschriften (BayVGH, Urt. v. 22.11.2006 – 25 B 05.1714 –, BayVBl. 2007 S. 276; BauR 2007 S. 1554). Der BayVGH hat im Zusammenhang mit der Entscheidung vom 22.11.2006 u. A. auf das Urteil des OVG NRW vom 12.5.2005 (– 7 A 2342/03 –, BRS 70 Nr. 123 Rn. 183) hingewiesen. In diesem Urteil, in dem es nicht um die Einfügung eines Vorhabens in einen durch schmale Traufgassen geprägten Ortsteil im Sinne des § 34 BauGB ging, sondern um die Einfügung eines Vorhabens in eine in der Umgebung des Vorhabens vorgefundene „diffuse Bebauung", hatte das OVG NRW gerade nicht die Einhaltung von Abstandsflächen mit den sich aus § 6 BauO NRW ergebenden Tiefen gefordert, vielmehr lediglich die Einhaltung eines dem Grenzabstand auf dem Nachbargrundstück entsprechenden Grenzabstandes von 40 cm. Die Frage, ob die Kläger sich auch dann mit Erfolg gegen die Nichteinhaltung des erforderlichen Abstands des Vorhabens wehren könnten, wenn dieses seinerseits mit einem ihrem Gebäude vergleichbaren Grenzabstand errichtet würde und insgesamt ein Zwischenraum von 80 cm bis 1 m verbliebe, bedurfte aus Anlass des zu entscheidenden Falls keiner weiteren Vertiefung. Damit hat das Gericht auch die Frage offen gelassen, ob ein Grenzabstand von nur 40 cm als Abweichung von den Bemessungsvorschriften des § 6 BauO NRW in Betracht käme. Der BayVGH hatte demgegenüber in dem mit Urteil vom 22.11.2006 entschiedenen Fall die Zulassung einer Abweichung als rechtswidrig angesehen, weil die Voraussetzungen des Art. 70 Abs. 1 BayBO a. F. nicht vorlagen. Als Reaktion wurde mit der Änderung der BayBO 2009 in Abs. 5 Satz 4 eingefügt, damit abweichende Abstandsflächentiefen, die sich aus der umgebenden Bebauung ergeben, ermöglicht werden (vgl. Rn. 535).

635 Der BayVGH ging bisher davon aus, dass bei der Zulassung einer Abweichung eine atypische Situation (vgl. BayVGH, Beschl. v. 16.7.2007 – 1 CS 07.1340 – juris; Beschl. v. 15.11.2005 – 2 CS 05.2817 – juris) vorliegen muss, sieht aber diese zu fordernde Atypik gerade auch in der Lage des Baugrundstücks im dicht bebauten innerstädtischen Bereich, in dem historische Bausubstanz vorhanden ist (BayVGH, Beschl. v. 2.12.2014 – 2 ZB 14.2077 – juris Rn. 3). Die Atypik ergibt sich aus der besonderen städtebaulichen Situation. In solchen Lagen kann auch das Interesse des Grundstückseigentümers, vorhandene Bausubstanz zu erhalten und sinnvoll zu nutzen oder bestehenden Wohnraum zu modernisieren, eine Verkürzung der Abstandsflächen durch die Zulassung einer Abweichung rechtfertigen (vgl. BayVGH, Beschl. v. 16.7.2007 – 1 CS 07.1340 – juris; Urt. v. 19.3.2013 – 2 B 13.99 – BayVBl 2013, 729, Beschl. v. 3.4.2014 – 1 ZB 15.2536 – BayVBl 2014, 634). Soll auch in diesen Bereichen eine zeitgemäße, den Wohnbedürfnissen entsprechende Sanierung, Instandsetzung, Aufwertung oder Erneuerung der zum Teil überalterten Bausubstanz ermöglicht werden, so kommt man im Einzelfall nicht umhin, Ausnahmen vom generalisierenden Abstandsflächenrecht zuzulassen (vgl. BayVGH, Urt. v. 7.10.2010 – 2 B 09.328 – juris; Beschl. v. 15.10.2014 – 2 ZB 13.530 – juris). Hingegen begründen allein Wünsche eines Eigentümers, sein Grundstück stärker auszunutzen als dies ohnehin schon zulässig wäre, noch keine Atypik. Modernisierungsmaßnahmen, die nur der Gewinnmaximierung dienen sollen, sind auch in Ballungsräumen nicht besonders schützenswert (vgl. BayVGH, Beschl. v. 13.10.2014 – 2 ZB 13.1627 –; Beschl. v. 20.11.2014 – 2 CS 14.2199 – juris Rn. 4).

Da jede Abweichung von den Anforderungen des Art. 6 BayBO zur Folge hat, **636** dass die Ziele des Abstandsflächenrechtes nur unvollkommen verwirklicht werden, setzt die Zulassung einer Abweichung Gründe von ausreichendem Gewicht voraus, durch die sich das Vorhaben vom Regelfall unterscheidet und die die Einbuße an Belichtung und Belüftung im konkreten Fall als vertretbar erscheinen lassen. Es muss sich um eine atypische, von der gesetzlichen Regel nicht zureichend erfasste oder bedachte Fallgestaltung handeln (vgl. BayVGH, Beschl. v. 17.7.2007 – 1 CS 07.1340 – juris Rn. 16; Beschl. v. 4.8.2011 – 2 CS 11.997 – juris Rn. 23; Beschl. v. 5.12.2011 – 2 CS 11.1902 – juris Rn. 3; Urt. v. 22.12.2011 – 2 B 11.2231 – juris Rn. 16; BayVGH, Beschl. v. 12.10.2015 – 2 CS 15.1821 – n. v.).

3. Schmalseitenprivileg vor mehr als zwei Seiten

Die Schmalseitenregelung ist aus den älteren Bauwichregelungen abgeleitet wor- **637** den (vgl. Art. 7 Abs. 6 BayBO v. 21.8.1969 – GVBl. S. 263). Danach waren entsprechend der planungsrechtlichen Vorgabe des § 22 Abs. 2 BauNVO Grenzabstände vor (beiden) seitlichen Grundstücksgrenzen einzuhalten. Die Beschränkung der Bauwichregelung auf zwei Seiten ergab sich insoweit aus der planungsrechtlichen Vorgabe. Nachdem die Bauwichregelung nach dem Vorbild der MBO 1981 in die allgemeine Abstandsregelung übergeleitet worden war, entfiel der Bezug zu den seitlichen Grundstücksgrenzen. Wie die Abstandsvorschriften allgemein, so gilt auch das Schmalseitenprivileg gegenüber vorderen, rückwärtigen und seitlichen Grundstücksgrenzen gleichermaßen. Die Beschränkung auf zwei Außenwände ist weder lichttechnisch noch aus anderen mit der Abstandsregelung verfolgten Zielen begründbar (zur Begründung der Schmalseitenregelung des Art. 6 Abs. 5 BayBO 1982 vgl. Rn. 58 und 543).

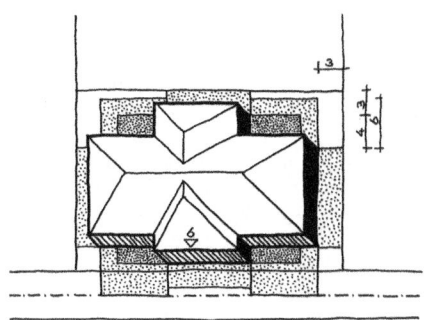

Abb. 63.1.2

Inanspruchnahme des Schmalseitenprivilegs gegenüber drei Nachbargrenzen und gegenüber der öffentlichen Verkehrsfläche.

638 Der BayVGH hatte die Auffassung vertreten, Art. 6 Abs. 5 Satz 1 Halbs. 1 BayBO a. F. fände keine Anwendung, wenn die Abstandsflächentiefe des Art. 6 Abs. 4 Satz 1 BayBO a. F. vor mehr als zwei Außenwänden unterschritten werde. Ein derartiges Vorhaben sei nur dann zulässig, wenn für jede der Außenwände, vor denen die Abstandsflächentiefe des Art. 6 Abs. 4 Satz 1 BayBO a. F. unterschritten werde, eine Abweichung nach Art. 70 Abs. 1 BayBO a. F. zugelassen werde (BayVGH, Beschl. v. 17.4.2000 – GR. S. 1/1999 – 14 B 97.2901 – BayVBl. 2000 S. 562, BRS 63 Nr. 138 – dazu kritisch Molodovsky Stand 4-2018, Art. 6 Rn. 17 ff.).

639 Da eine Reduzierung der Abstandsflächentiefe auf 0,4 H ohne Beschränkung auf zwei Außenwände mit nicht mehr als 16 m Länge nach Abs. 7 Nr. 2 **unter bauordnungsrechtlichen Gesichtspunkten** als vertretbar angesehen wird, spricht grundsätzlich nichts gegen die Zulassung einer Abstandsflächentiefe von 0,5 H vor einer **dritten oder vierten Außenwand,** soweit es sich um ein freistehendes Gebäude handelt, das allseitig Abstandsflächen einhalten muss (Abb. 63.1.2).

4. Abweichungen bei außergewöhnlichen Grundstücks- oder Gebäudeformen

640 Im Hinblick auf die dem Art. 63 Abs. 1 entsprechende Regelung des § 67 Abs. 1 SächsBO hat das Sächs. OVG die Auffassung vertreten, die Abweichungsregelung gestatte **kein beliebiges Abweichen** vom Bauordnungsrecht, eröffne aber eine **Flexibilisierung** insbesondere bei Verwirklichung der betroffenen Schutzziele (des § 6 SächsBO) auf anderen als den bauaufsichtlich vorgegebenen Wegen (SächsOVG, Urt. v. 28.8.2005 – 1 B 889/04 – BRS 69 Nr. 127). Dabei hatte das Sächs. OVG als Schutzgüter des Sächsischen Abstandsflächenrechts nach der gesetzlichen Verkürzung des Abstandsmaßes von 1 H auf 0,4 H aufgrund der Neufassung des § 6 SächsBO i.d.F. der Bek. v. 28.5.2004 (SächsGVBl. S. 200) neben dem **Brandschutz** den Belang einer ausreichenden gesundheitsrelevanten **Ausleuchtung (der Gebäude) mit Tageslicht** angesehen, während der „Nebenzweck der Wahrung des sozialen Wohnfriedens" nicht mehr zu den Schutzgütern des Abstandsflächenrechts zähle, wie sich aus den Gesetzesmaterialien ergebe (mit Hinweis auf die Einzelbegründung zu § 6 Abs. 5 – LT-Drucks. 3/9651 S. 11 – vgl. Rn. 70). Vom Normalfall abweichende Grundstückszuschnitte oder außergewöhnliche Gebäudeformen (vgl. Rn. 84) rechtfertigen eine Abweichung von den Anforderungen des Art. 6 Abs. 5 Sätze 1 oder 2, Abs. 6 Satz 1 oder des Abs. 7 Nr. 2, wenn durch das Vorhaben **nachbarliche Interessen** nicht stärker oder nur unwesentlich stärker beeinträchtigt werden als bei einer Bebauung des Grundstücks, die nach Abs. 5 Satz 1 bzw. Satz 2 oder nach Abs. 6 zulässig wäre (Abb. 63.4.1 und 63.4.2).

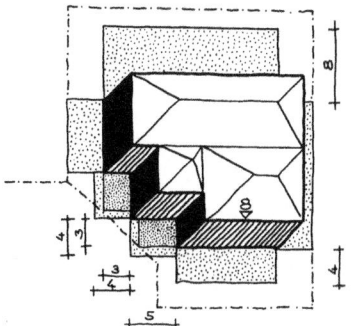

Abb. 63.4.1

Inanspruchnahme des Schmalseitenprivilegs vor 7 Außenwänden bzw. Außenwandabschnitten eines Gebäudes über außergewöhnlichem Grundriss. Die in ihrer Tiefe nach Abs. 6 reduzierten Abstandsflächen können vor zwei Außenwänden nicht vollständig auf dem eigenen Grundstück nachgewiesen werden. Nachbarliche Interessen werden nicht stärker beeinträchtigt als durch einen Vergleichsbau mit parallel zur Nachbargrenze gestellter Außenwand (Abb. 63.4.2).

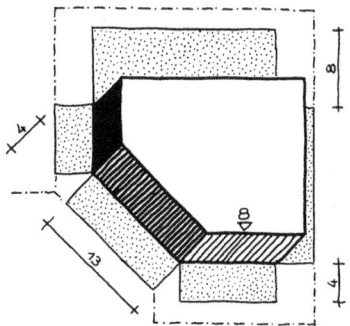

Abb. 63.4.2

Vergleichsbau zu Abb. 63.4.1 mit parallel zur Nachbargrenze gestellter Außenwand.

5. Abweichungen für Außenwände ohne notwendige Fenster

Abweichungen von den Anforderungen der Absätze 5 bis 7 können auch **641** gerechtfertigt sein, wenn und soweit Außenwände **keine notwendigen Fenster** zur Belichtung von Aufenthaltsräumen aufweisen (vgl. Rn. 516). Das gilt beispielsweise für die nicht zum Gartenhof gerichteten Außenwände eines **Gartenhofhauses**. Diese müssen straßenseitig keine Fenster zur Belichtung von Aufenthaltsräumen haben. Gegenüber den Nachbargrenzen sind die Außenwände, auch soweit sie nicht an der Grenze errichtet werden, fensterlos. Ähnliches gilt für die zu Laubengängen orientierten Außenwände eines **Laubenganghaus.**

642 Die Schmalseiten (Giebelseiten) eines mehrgeschossigen freistehenden **Zeilen-baus** haben in aller Regel keine Fenster zur Belichtung von Aufenthaltsräumen. Die Aufenthaltsräume werden über die Langseiten des Gebäudes mit Tageslicht versorgt. Vor den Schmalseiten müssen daher keine Abstandsflächen eingehalten werden. Bei einer Bebauung mit allseitig umbauten Innenhöfen (Abb. 63.5.1) ergeben sich aus den Bemessungsregeln, insbes. bei Übernahme des Abs. 7, für die unteren Geschosse unzureichend belichtete Räume (vgl. Rn. 499ff.). Die Öffnung des Innenhofs (Abb. 63.5.2 und 63.5.3) kann zu einer **Verbesserung der Tagesbelichtung** (und der Belüftung) der zum Innenhof ausgerichteten Räume des Gebäudes führen, auch wenn sich im Bereich der Öffnung Außenwände bzw. Außenwandteile in einem Abstand von weniger als 6 m gegenüberstehen.

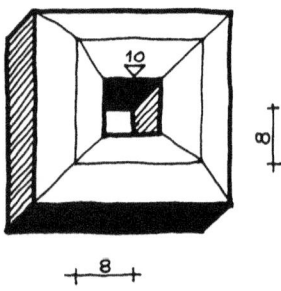

Abb. 63.5.1

Gebäude mit Innenhof in den Abmessungen nach Abs. 7 Nr. 2. Die Belichtung der zum Innenhof ausgerichteten Aufenthaltsräume ist unzureichend.

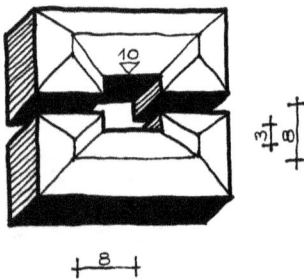

Abb. 63.5.2

Bebauung um einen Innenhof in den Abmessungen entsprechend Abb. 63.5.1. Die doppelte Öffnung des Innenhofs wirkt sich im Hinblick auf die Belichtung und Belüftung der zum Innenhof ausgerichteten Räume günstig aus. Der Wandabstand von 3 m ist jedoch nach Abs. 7 Nr. 2 unzulässig. Die einander zugewandten Wände der beiden Gebäude haben keine zur Belichtung von Aufenthaltsräumen notwendigen Fenster. Die Voraussetzungen für die Zulassung einer Abweichung nach Art. 63 sind gegeben.

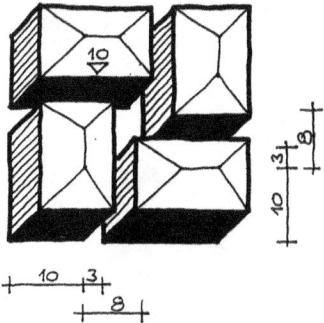

Abb. 63.5.3

Bebauung um einen Innenhof in den Abmessungen entsprechend Abb. 63.5.1. Die vierfache Öffnung des Innenhofs wirkt sich im Hinblick auf die Belichtung und Belüftung der zum Innenhof ausgerichteten Räume noch günstiger aus. Der Wandabstand von 3 m ist jedoch nach Abs. 7 Nr. 2 unzulässig. Die einander zugewandten Wände und Wandabschnitte der vier Gebäude haben keine zur Belichtung von Aufenthaltsräumen notwendigen Fenster. Die Voraussetzungen für die Zulassung einer Abweichung nach Art. 63 sind gegeben.

In **Gewerbe- und Industriegebieten** werden zunehmend Gebäude ohne Fenster **643** für die Tagesbelichtung errichtet: **Lagerhallen, Hochregale** usw. Gebäude- und Grenzabstände zur Sicherung einer ausreichenden Tagesbelichtung sind nur gegenüber den in diesen Gebieten auch zulässigen anders genutzten Gebäuden, z. B. gegenüber Bürogebäuden, erforderlich.

6. Schmalseitenprivileg für Außenwände mit einer Länge von mehr als 16 m

Die Schmalseitenregelung des Abs. 6 geht vom Normalfall einer Bebauung mit **644** Gebäuden geringer oder mittlerer Höhe aus. Für Hochhäuser, deren Höhe die Länge ihrer Außenwände übersteigt (sog. „Punkthochhäuser"), erweist sich die Schmalseitenregelung mit ihrer Beschränkung auf Außenwände von nicht mehr als 16 m Länge als zu eng (Rn. 464, Abb. 6.5.6).

Die Begrenzung der Schmalseitenregelung auf Außenwände von nicht mehr als **645** 16 m Länge berücksichtigt die Tatsache, dass schmale Gebäude weniger verschattend wirken als Gebäude mit größerer Längenausdehnung. Für die verschattende Wirkung kommt es letztlich auf das **Verhältnis von Höhe zur Länge der Außenwände** an. Bei breit gelagerten Gebäuden ist die Höhe des oberen Gebäudeabschlusses für die verschattende Wirkung bzw. für die Belichtung einer gegenüberliegenden Bebauung entscheidend; das seitlich einfallende Tageslicht kann vernachlässigt werden. Umgekehrt ist bei Gebäuden, deren Höhe die Länge der Außenwände übersteigt, das seitlich einfallende Tageslicht für die Belichtung einer gegenüberliegenden Bebauung entscheidend, nicht hingegen das über die obere Gebäudekante einfallende Tageslicht.

646 Eine Reduzierung der Tiefe der Abstandsflächen auf 0,5 H ggf. (bei sehr hohen Hochhäusern) auch darunter, ist lichttechnisch gerechtfertigt, auch wenn die betreffende Außenwand des Hochhauses länger als 16 m ist (Abb. 63.6.1).

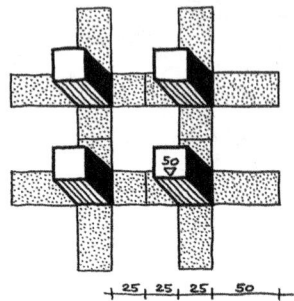

Abb. 63.6.1
Bei Punkthochhäusern kann das Schmalseitenprivileg auch dann in Anspruch genommen werden, wenn die Länge der Außenwände das Maß von 16 m überschreitet.

G Sonderregelung für Windkraftanlagen (Art. 82)

647 Mit der Regelung des neuen Art. 82 Abs. 1 wird von der Befugnis des § 249 Abs. 3 Satz 1 BauGB Gebrauch gemacht. In der Gesetzesbegründung heißt es, die Regelung stellt das Kernstück für die **Entprivilegierung von Windkraftanlagen**, die den Mindestabstand von **10 H** zu den aufgeführten **Wohngebäuden** nicht einhalten, dar. Windkraftanlagen, die in einem geringeren Abstand errichtet werden sollen – vorbehaltlich einer abweichenden Regelung in einem Bebauungsplan –, sind nicht mehr als privilegierte Vorhaben nach § 35 Abs. 1 Nr. 5 BauGB, sondern als sonstige Vorhaben nach § 35 Abs. 2 BauGB zu qualifizieren. Diese können nur dann zugelassen werden, wenn ihre Ausführung oder Benutzung **öffentliche Belange** nicht beeinträchtigt und die Erschließung gesichert ist. Insbesondere im Hinblick auf eine mögliche Beeinträchtigung öffentlicher Belange gemäß § 35 Abs. 3 BauGB wird die Errichtung von entprivilegierten Windkraftanlagen regelmäßig eine Bauleitplanung erforderlich machen, § 1 Abs. 3 BauGB. Vom Schutzbereich erfasst werden Gebiete, die regelmäßig im Kontext einer geordneten städtebaulichen Entwicklung stehen.

648 Dabei werden im Rahmen der §§ 30, 34 BauGB nur solche Gebiete vom Schutzbereich der Norm erfasst, in denen **Wohngebäude** nach der Baunutzungsverordnung **nicht nur ausnahmsweise zulässig** sind. Hierdurch werden diese Wohngebäude nämlich einem verstärkten Schutz unterstellt – vgl. etwa die Regelungen der TA Lärm bzw. die immissionsschutzrechtlichen Abstandsvorgaben für Windkraftanlagen. Wohngebäude, die im jeweiligen Gebiet nur ausnahmsweise zulässig sind, werden dagegen nach der Intention des Gesetzgebers als weniger schutzwürdig und -bedürftig angesehen. Durch die Herausnahme von nur ausnahmsweise zulässigen Wohngebäuden werden somit Wertungswidersprüche vermieden und die Einheit der Rechtsordnung gewahrt. Die Einbeziehung von Wohngebäuden im Bereich von Außenbereichssatzungen nach § 35 Abs. 6 BauGB beruht zudem darauf, dass es sich hier um den geschützten Gebieten vergleichbare Flächen mit verstärkter Wohnbebauung handelt.

Einzelne **Wohngebäude** im **Außenbereich** werden nach der Rechtsordnung als   **649** weniger schutzwürdig und -bedürftig eingestuft als Vorhaben in Baugebieten bzw. im Innenbereich. Mit dem Begriff „Wohngebäude" im Sinn des Art. 82 Abs. 1 und 2 wird grundsätzlich an die Begriffsgebung der Baunutzungsverordnung angeknüpft. Bereits aus § 249 Abs. 3 Satz 1 BauGB ergibt sich, dass es sich nur um zulässige bauliche Nutzungen handeln kann. Erforderlich ist daher, dass die Gebäude zulässigerweise zu Wohnzwecken errichtet wurden bzw. werden können. Dabei werden auch Gebäude erfasst, die nur teilweise zu Wohnzwecken genutzt werden.

Nach der Gesetzesbegründung sei der Landesgesetzgeber zwar nicht verpflich-   **650** tet, die Privilegierung im Wesentlichen aufrecht zu erhalten; demnach bestehe auch keine Verpflichtung, der Windenergie möglichst viel Raum einzuräumen. Die höhenbezogene Abstandsregelung müsse „angemessen" sein, d. h. dem **Verhältnismäßigkeitsgrundsatz** genügen. Zu diesem Zweck will das Gesetz einen gerechten Ausgleich zwischen den berührten öffentlichen Belangen – Förderung erneuerbarer Energie einerseits, Schutz von Natur und Landschaftsbild sowie vor optisch erdrückender Wirkung andererseits – ermöglichen. In der Gesamtschau dieser Belange erweist sich nach Ansicht des Landesgesetzgebers der Faktor 10 als angemessen.

Insbesondere stünden nach wie vor ausreichend Flächen für Windkraftanlagen   **651** zur Verfügung. Die **Höhe einer Windkraftanlage**, die Anknüpfungspunkt für den Mindestabstand ist, ist nicht das einzige Kriterium bei der Prüfung, ob eine Windkraftanlage errichtet werden soll bzw. ob sie wirtschaftlich betrieben werden kann. Weitere Kriterien sind das vorhandene Gelände und die Windhöffigkeit. Damit sind auch nach Inkrafttreten der Neuregelung noch privilegierte Windkraftanlagen ohne zusätzliche Bauleitplanung möglich. Für nichtprivilegierte Vorhaben geht der Landesgesetzgeber dagegen davon aus, dass in der Regel eine entsprechende Planung erforderlich sein wird. Nach dem Gesamtkonzept des Gesetzes wird der Windenergie jedoch durch die Möglichkeit der Gemeinden, durch Bebauungspläne geringere Abstände zuzulassen, weiterer Raum verschafft.

Zudem wurden einzelne Außenbereichsvorhaben, die ebenso wie Windkraftan-   **652** lagen gerade im Außenbereich ihren Standort haben, nicht in den Schutzbereich aufgenommen. Eine Erfassung sämtlicher Wohnbebauung würde nach der Gesetzesbegründung zu weit führen und wäre im Hinblick auf die **Belange der Windenergie** nicht mehr angemessen.

In Art. 82 Abs. 2 wird definiert, was unter „**Höhe**" und „**Abstand**" zu verstehen   **653** ist. Dies dient der Rechtssicherheit und -klarheit. Unter Nabenhöhe im Sinn des Art. 82 Abs. 2 Satz 1 ist dabei – wie auch im Windenergieerlass – die Höhe der Achse zu verstehen, um den sich die Flügel des Rotors drehen. Durch Addition der Rotorblattlänge und der Nabenhöhe ergibt sich die Gesamthöhe der Windenergieanlage.

654 Bei dem in Abs. 1 und Abs. 2 Satz 2 entsprechend der bundesgesetzlichen Ermächtigung in § 249 Abs. 3 BauGB festgelegte „Abstand" der Windenergieanlage zu Wohngebäuden handelt es sich um einen **planungsrechtlichen Abstand** und nicht um einen bauordnungsrechtlichen Abstand, es geht um die kürzeste Entfernung zwischen baulichen Anlagen. Zwar müssen auch Windenergieanlagen Abstandsflächen einhalten (Hinweise zur Planung und Genehmigung von Windenergieanlagen – WEA – Windenergie – Erlass – BayWEE v. 19.7.2016 AllMBl. Nr. 10/2016, 1642, Nr. 7.3.2 Abstandsflächen BayBO, S. 1648), darum geht es aber bei den in Art. 82 geregelten Abständen nicht. Die Forderungen von Abstandsflächen (Art. 6) und Abständen (Art. 82) stehen selbstständig nebeneinander, Art. 6 bleibt unberührt. Auch andere Abstandsregelungen (vgl. Molodovsky, Stand 4-2018 Art. 6 Rn. 29ff) insbes. solche des **Immissionsschutzes**, bleiben unberührt.

655 Der Abstand wird von der **Mitte des Mastfußes** bis zum nächstgelegenen Wohngebäude bemessen (Abs. 2 Satz 2). Die Mitte des Mastfußes ist am Schnittpunkt der Anlage mit der Geländeoberfläche zu ermitteln. Die **Außenwände des Wohngebäudes** ist maßgeblich, nicht ein Außenwohnbereich wie eine Terrasse oder die Grundstücksgrenze. Als nächstgelegen gilt das Wohngebäude, dessen Außenwand die kürzeste Entfernung zur Mitte des Mastfußes aufweist.

656 Es trifft zwar zu, dass auch dann, wenn man mit der ständigen Rechtsprechung des BayVGH wegen der Höhe von Windkraftanlagen, verbunden mit der regelmäßig für einen allseitigen Abstand von 1 H nicht ausreichenden Größe landwirtschaftlicher Grundstücke, eine Atypik anerkennt, die Abweichung einer Ermessensausübung unter Abwägung der jeweils betroffenen Belange bedarf (BayVGH, Beschl. v. 17.1.2017 – 22 ZB 16.95 – juris Rn. 37). Andererseits ist nicht erkennbar, inwieweit eine in der Abwägung ins Gewicht fallende Beeinträchtigung der Nutzung landwirtschaftlich genutzter Grundstücke überhaupt vorliegen könnte (vgl. zul. BayVGH, Beschl. v. 1.12.2016 – 22 CS 16.1682 – juris Rn. 30).

657 Art. 82 Abs. 1 hat lediglich eine bauplanungsrechtliche Entprivilegierung abweichend von § 35 Abs. 1 Nr. 5 BauGB zur Folge, die sich durch die Beurteilung als sonstiges Vorhaben nach § 35 Abs. 2 und 3 BauGB auswirken kann. Einen darüber hinausgehenden, drittschützenden Regelungsgehalt beinhaltet Art. 82 Abs. 1 nicht (BayVGH, Beschl. v. 7.5.2018 – 22 ZB 17.2032 –, juris Rn. 43; vgl. Beschl. v. 28.7.2017 – 22 ZB 16.2119 – juris Rn. 10).

Stichwortverzeichnis

Die angegebenen Ziffern beziehen sich auf die Randnummern.

A

Abbruch 280, 325
abgeschlepptes Dach 599
Abgrabung 138, 369, 405, 618
Abriss 104
Abschirmung seitlich einfallenden
  Tageslichts 59, 511
Abstand
– größer 196
– planungsrechtlich 654
Abstandflächen
– Erforderlichkeit 114
– Übertragung auf andere Grund-
  stücke 379 f.
Abstandsflächentiefe 159
Abstandsgebot 247
abstandsrechtliche Experimentier-
  klausel 8
Abstandsregelung
– Ziele 68
Abstellraum 231, 587
Abwägung 49, 325, 334, 336, 476
Abwalmung 431
Abwehranspruch 94
– nachbarlicher 90
Abwehrrecht 92 f., 96, 101, 103, 397
Abwehrrechte 96
– nachbarliche 99
abweichende Bauweise 164, 166,
  293, 341, 476, 487, 492, 594
abweichende Gebäudeabstände 632
Abweichung 290, 326, 341, 353, 355,
  578, 630, 632 ff.
Abweichung vom Grenzanbau 201
akustische Belästigungen 134

Allgemeine Wohngebiete 449
Anbau 249
– rückwärtiger 289
Anbaurecht 333
Anbausicherung 277, 280, 282, 312
Anbauten 291
– rückwärtige 216
Anböschungen 405
angrenzende Wohnbebauung 220
Angrenzerbeteiligung 91
Anlagen mit gebäudegleicher
  Wirkung 115
Anrechnungsregel 420
Anschüttung 138, 141, 618
Ansichtsfläche 577
Antennenmast einer Mobilfunk-
  anlage 148
Antennenträger 148
Arbeitsplätze 22
– Beleuchtung 62
Arbeitsstätten 23 f., 28, 63
Art der baulichen Nutzung 449
Atriumbauweise 302
Atypik 355, 394, 635
atypische Fallgestaltung 75
atypischer Grundstückszuschnitt 362
Aufenthaltsraumbeleuchtung 36
Aufenthaltsräume 26, 33, 42, 76,
  299, 564, 595 f., 641
Aufschüttungen 369
Aufstockung 564
Aufzüge 598
Aufzugsanlage 332
Aufzugüberfahrten 433

Ausblick 508

Ausnahmen 630

Außenaufzüge 573

Außenbereich 452, 649

Außenwand 436, 574
- gestaffelte 150
- zurückgesetzt 353

außergewöhnliche Gebäudeformen 640

B

Balkon 332, 567, 569, 580

Balkonbrüstung 580

Ballfangzaun 145

bauaufsichtliches Einschreiten 102

Bauaufsichtsbehörde 377

Baublock 200

Bauen
- flächensparendes 19

Bauflucht 200, 221, 475

Baufreiheit 251, 258, 612

Baugebiet 171, 341, 448 ff., 454, 606

baugestalterische Gesichtspunkte 441

Baugestaltung 222

Baugrenze 158, 166, 203, 258, 283, 307, 313, 363, 481, 490, 531, 583, 585, 608
- faktische hintere 190
- hintere 192

Baugrundstück 153, 174, 201, 327

bauhistorische Bedeutung 478

Baukörper 177, 200, 223, 234, 259, 313, 587
- gegliedert 119, 150

Baukörperfestsetzung 313

Bauland 367

Baulast 277

Baulastenverzeichnis 277

Bauleitpläne 13

bauliche Elemente 236

bauliche Verdichtung 491

baulicher Bestand 586

Baulinie 111, 158, 166, 202, 283, 286, 307, 313, 363, 370, 476, 481, 484, 489, 491, 497, 532, 583, 585, 608
- faktische 370

Baulücken 508

Baulückenschließung 209, 475, 524

Bauplanungsrecht 334

Baupolizeirecht 1

baurechtlicher Bestandsschutz 329

Bauteile
- untergeordnete 567, 583 f.
- vortretende 567, 586

Bautiefe 265

Bauträger 254

Bauweise 140, 152, 155, 170 ff., 177, 199, 585
- abweichende 150, 188, 300 ff., 305 ff., 309 ff., 315 ff., 319 ff.
- geschlossene 78, 140, 170, 175, 200 f., 223, 255, 283, 287 ff., 292, 295, 326, 341, 362, 370, 591
- giebelständige 222
- halb offene 298, 594
- offene 78, 140 f., 175, 205, 223 ff., 233, 252, 256, 259, 261, 278, 283, 293, 312, 323, 326, 370, 589 ff., 608, 621

Bauwich 55, 540, 588, 610

Bauwichgarage 610, 621

Bauwichregelungen 58, 637

Bebauung
- regellos 197

Bebauungsdichte 19, 238, 259
- hohe 78

Bebauungsplan 48, 85, 178, 206, 214, 221, 265, 285 f., 294, 323, 325, 342, 364, 366, 369, 371, 451, 454, 478, 486, 554, 602 ff., 610 f.

Bebauungstiefe 158, 203, 206, 209, 285, 514, 608, 616
– zulässige 206
Beeinträchtigung 72, 88, 90, 97, 103, 138, 140, 600
Befreiung 290
Begriffe
– Doppelhaus 232
– Einzelhaus 232
– Hausgruppe 232
– Wohnhaus 232
Begründung zum Bebauungsplan 299
Begrünung 45, 508, 525
Belästigungen 72
Beleuchtung
– von Aufenthaltsräumen 61
Belichtung 19, 22, 47, 64, 186, 211, 220, 223, 333, 404, 499
– ausreichend 15
Belichtungsverhältnisse 57
Belüftung 19, 22, 68 f., 223, 333, 499
Bemessungskriterien 102
Bemessungsregel 399 ff., 510
Bemessungsvorschriften 3, 552
benachbarte Grundstücke 174 f., 259, 550
besondere städtebauliche Verhältnisse 632
Besonnung 19, 22, 50, 61, 64, 211, 220, 333, 508, 527
– Sonnenlicht 64
Bestandsbauten 26
Bestandsgebäude 275
Bestandsschutz 92, 325, 331, 358, 453, 557
Blendung 30
Böschung 378
Brandschutz 16, 43 f., 83, 321, 441, 508
Brandschutzanforderungen 186

Brandschutzvorschriften 182
Brandübertragung
– Schutz vor 83
Brandwände 44, 182, 186, 222, 299, 342, 352, 530
Breitfuß 124, 411
Brüstungshöhe 577
Bürogebäude 643
Büronutzung 454

C

Computersimulation 505

D

Dach 44, 121, 186, 415, 418 f., 625
– asymetrisch 418
Dach- und Giebelflächen 5
Dachaufbauten 343, 352, 437 ff., 486, 575
– Grenzabstände 350
Dachausbau 441
Dachentwässerung 222
Dacherhöhung 442
Dachflächen 486
Dachflächenfenster 461
Dachform
– besondere 426
Dachgauben 343, 347, 434, 442, 575, 578
Dachgeschoss
– Ausbau 441
Dachgeschossausbau 394
Dachgesimse
– Grenzabstände 350
Dachgestaltung 196
Dachhaut 297, 415, 418
Dachhöhe 418
Dachneigung 417, 432, 486, 555, 579, 619
Dachterrasse 348, 620

Dachüberstände 567, 571

Dachvorsprünge
- Grenzabstände 350

Deckmaterial des Daches 415

Denkmalschutz 325, 508

diffuse Bebauung 341, 634

Doppelgarage 381 f.

Doppelhaus 175, 205, 223 ff., 229, 236, 238, 240, 244 ff., 248 f., 252, 257, 259 ff., 275, 283, 286 ff., 292, 309 ff., 345, 394, 548, 550, 587, 590, 592, 598

Doppelhausbebauung 250, 258

Doppelhaushälfte 242, 255, 260, 281, 322, 590

Dorf 563

Dorfgebiet 449

Dörfliche Siedlungen
- eindeutige Bauweise 196

Drempel 401

Durchfahrt 571

Durchfeuchtung der Außenwände 183

Durchgangs- bzw. Durchfahrtmöglichkeit 508

Durchlüftung 183, 508

Durchlüftungsmöglichkeiten 183

E

Eigenart der näheren Umgebung 188, 584

Ein- und Zweifamilienhäuser 598

Einblick 138

Einblickmöglichkeiten 73, 75

Einfamilienhaus 140, 171, 233, 558

Einfamilienhausgebiet 565

Einfriedung 587, 628
- geschlossene 138

Einfügungsgebot 157, 262, 265, 605, 632 f.

eingeschossige Bauweise 173

Einheitlichkeit
- Baukörper 243

Einrichtungen für die Kleintierhaltung 595

Einsichtmöglichkeiten 86, 106, 266, 338

Einsichtnahme 81

Einzelhandelsgeschäfte 518

Einzelhaus 175, 223 ff., 243, 287, 587, 598

Einzelparzellen 176

Endhäuser einer Hausgruppe 255

Enge Reihe 181, 320, 634

Erdgeschoss 32, 459, 517 f.

Erdgeschossfußboden 140

erdrückende Wirkung 212
- eines Vorhabens 107

Erfordernis der baulichen Einheit 261

Ergänzungsbebauung 209, 524

Erker 345, 567, 569, 571, 584

Ersatzbauten 536

Erschließungsstraße 176, 362, 591

Experimentierklausel 505, 552

F

Fachwerkbauweise 173

faktische Baugrenze 111, 207, 370

faktische Baulinie 370

faktische Straßenbegrenzungslinie 370

Fenster 16, 22, 38, 63, 86, 328 f., 334, 336, 392, 499, 530
- Tageslicht 65
- ungesunde Wohn- und Arbeitsverhältnisse 65

Fenster in der Grenzwand 331

Fenster zur Belichtung 210

Fenstergröße 65, 519

fensterlose Außenwände 522
Fensterlüftung 68
Fertiggarage 623
Festsetzungen eines Bebauungs-
  plans 445
Feuchtigkeit 183
Feuersicherheit 182
Feuerstätten 595, 622
Feuerwehr 186, 508
First 418, 556
Firsthöhe 486
Flachdach 222, 415, 433, 441
Flächenausgleich 373
flächensparendes Bauen 303, 508
Flexibilisierung 640
Fortbestand eines Gebäudes 280
freie Aussicht 79
Freiflächen 88, 122, 191
Freiflächennutzung 508
Freisitze
– offene 140
Fremdkörper 322, 326
Frontbreite der Gebäude 286
Funkmast 148
Fußpunkt
– fiktiv 353
Futtersilo 146

G

Garagen 123, 588, 594, 597, 599, 601,
  606 ff., 611 ff., 615, 620 ff.
Garagengebäude 534, 594
Gartenhäuser 598
Gartenhof 392, 641
– fremder Sicht entzogener 391
Gartenhofbauweise 302
Gartenhofhaus 78, 150, 303, 392, 641
Gartenlaube 235
Gartenräume 508

Gassen 87
Gaube 577
Gebäude 128, 411, 580
– auf Stützen 120
– eingeschossige 393
– geringer Höhe 441
– mit Abstellräumen 595
– terrassierte 411
Gebäude der Hauptnutzung 589,
  591, 602, 615
Gebäude für industrielle Zwecke 630
Gebäude geringer Höhe 514, 547,
  644
Gebäude mittlerer Höhe 514, 547,
  644
Gebäudeabschlusswände 83, 182
– als Brandwände 321
Gebäudeabstand 13, 32, 223, 225,
  365, 456, 466 f., 481, 483, 493, 497,
  541
– geringer 65
Gebäudeanschlüsse
– stumpfwinklige 388
Gebäudehälften 228
Gebäudehöhe 239, 456, 467, 483
Gebäuderückseite 200, 343, 346, 546
Gebäudeteil 583
Gebäudetiefe 251, 541
Gebäudevorderseite 200, 343, 346,
  546
Gebäudezeile 54
Gebietsbestimmung 452
Gebietscharakter 270, 606
– veränderung 81
Gebietsgewährleistungsanspruch 340
Gebietstypen 452
gebietstypisch 208
Gebot der Rücksichtnahme 197,
  219 f., 262, 265, 267, 334, 336
Gefahr
– Brandübertragung 16

Gefährdungsbeurteilung 28
Gefahrenabwehr 15, 25, 47, 71, 330
Gehrecht 371
Gelände
– hängig 404
Geländeanschlusshöhe 136
Geländeaufhöhung 138
Geländehöhe 413
Geländeniveau 413
Geländeoberfläche 52, 117 ff., 140,
   360, 402 ff., 411, 420, 456, 485, 543,
   556, 580, 617
Geländeversprung 627
Geltungsbereich des Bebauungs-
   plans 554
Gemeindegebiet 552
Gemeinden 458, 505
Gemeinschaftsanlage 608
Gemengelagen 133, 137
geneigte Dächer 433
geringe Parzellenbreiten 303
geringere Gebäudeabstände 37
geringere Grenzabstände 445
Geruchsbelästigungen 134
Geruchsemissionen 71
geschlossene Bauweise 157, 171,
   324, 339, 341, 343, 345, 491, 528,
   548 f., 587 f., 615, 633
Geschoss 400
Geschosshöhe 393, 485
Geschossigkeit 264
Gesimse 567
Gestaltung 247, 441
– Orts-/Stadtbild 237
Gestaltung des Straßenbildes 632
gesunde Wohn- und Arbeitsverhält-
   nisse 15, 61
Gesundheit 67, 330
Gesundheitsgefährdung 72

Gesundheitsschutz 28
Gewerbebetriebe 147
Gewerbegebiete 449, 627, 643
Giebel 431, 434, 556
Giebelfläche 221, 428, 556, 619
Giebelflächen im Bereich des
   Daches 9, 420, 486
Giebelhöhe 431
Giebelseiten 642
giebelständige Bauweise 173, 293
giebelstellung 196
Giebelwand 420, 422, 556
Grenzabstand 157, 200 f., 231, 247,
   278, 281, 294 f., 298, 311, 315, 322,
   324 f., 476, 487, 493, 541, 562, 565,
   589, 591, 618, 634
– rückwärtiger 306
– seitlicher 259, 306, 309, 591 f., 615
– vorderer 307
Grenzanbau 156, 162, 183, 200, 209,
   214, 216, 278, 283, 289 ff., 331, 349,
   362, 591, 615 f., 624
– rückwärtiger 241, 315
Grenzänderung 164
Grenzbau 281, 322
Grenzbebauung 221, 260, 334, 336,
   623
Grenzbereich 326
Grenze 251
Grenzgaragen 185, 231, 282, 381 f.,
   495, 587, 592, 596, 600, 602, 608 ff.,
   614, 617, 620, 623
– Mindestabstände 319
Grenzgebäude 595, 605, 617, 622, 624
grenzständige Bebauung 297
grenzständiges Gebäude 323, 343
Grenzwand 222, 331
Grenzwand der Garage 617
größere Gebäudeabstände 446
Großsiedlungsbau 176
Großstadt 563

Großstadtgemeinde 564
Grundflächen von Grenzgaragen 607
Grundrissgestaltung 216, 519
Grundstück 359 ff., 627
– anderes 375
– angrenzendes 375
Grundstücksbereich
– rückwärtig 275
Grundstücksfläche 195
– nicht überbaubar 591, 595, 607, 610
– nicht überbaubare 311
– überbaubare 146, 177, 194, 216, 265, 283, 285 f., 323, 325, 585, 591, 604, 608, 616
Grundstücksgrenze 152, 163, 186, 216, 221, 280, 282, 286, 298, 316, 323, 343, 360, 362, 489 f., 498, 530, 548, 559, 572, 590, 593 f., 614, 618, 620 f.
– gemeinsame 227, 259
– rückwärtige 305, 308
– seitliche 188
– vordere 305
Grundstücksgrenzen gegenüber öffentlichen Verkehrsflächen 153
Grundstücksteilung 230, 286
Grundstückstiefe 292, 608
Grundstückszuschnitt 150, 337, 373
Grünflächen
– öffentliche 366 f.

H

Hafengebiete 450
halb offene Bauweise 164, 179, 298, 342, 592
Handelsbetriebe 459
Hang 127, 221, 404, 463, 472
Hanglage 140, 150, 378, 400, 485
Hauptgebäude 588, 623
Hauptnutzung 588, 591
Hauseingangstreppe 586

Hausgrundstück 598
Hausgruppe 140, 175, 205, 223 ff., 229, 252, 274, 283, 286 ff., 322, 343, 345, 548, 550, 574, 587, 590
– Bautiefe / -höhe 260
Haushälfte 247
Hausmusikinstrumente 72
Helligkeit 21
Hessische Abstandsflächen-verordnung 51
Himmelsrichtung 50, 64, 215, 527
Hinterhofbebauung 68
Hinterhöfe 17
Hinterlandbebauung 312
Hochhaus 150, 234, 466, 644
Hochregale 643
Hochschulgebiete 450
Hofräume 508
Hofumbauung
– mehrgeschossige 389
Höhe
– Windkraftanlage 651
Höhe der baulichen Anlagen 111, 202, 481, 531
Höhe der Gebäude 214, 399
Höhe der Straßenrandbebauung 87
Höhe von Dächern 619
Höhenbegrenzung 617
Höhenbegrenzung von Grenz-garagen 617
Höhendifferenz 404, 618
Hundezwinger 143

I

Immissionskonflikte 71, 137
Industriebetrieb 147
Industriegebiet 449, 627, 643
Innenbereich
– unbeplanter 190, 207, 258, 295
Innenentwicklung 19

Innenhof 60, 389, 392 f., 402, 468 f., 642
Innenhofumbauung 468
Innenwand 121
innerhalb der überbaubaren Grundstücksflächen 445
Instandhaltung 508
Interessenabwägung 213

K

Kaufhaus 232
Kellerfenster 405
Kerngebiet 6, 22, 449, 474 f.
Kettenbauweise 294
Kindergeschrei 72
Kinderspielflächen 45
Kinderspielplätze 144, 534
kleinere Dachaufbauten 345
Kleingaragen 598
Kleinsiedlungsgebiete 449
kleinteilige Parzellierung 175
Klimatisierung 68
Konfliktbewältigung 519
Krankheiten 17
Krüppelwalmdach 426, 431
künstliche Belüftung 68

L

Lagerhallen 461, 643
Länge 622
Lastkraftwagen 606
Laubengänge 569, 641
Laubenganghaus 641
Lichteinfallswinkel 52, 455 f., 499
– zur Waagerechten 35
Lichtquelle 29
Lichttechnik 22
Liegenschaftskataster 367
Lüftungsanlagen 69

M

Mansarddach 416, 426, 432
Maß der baulichen Nutzung 161, 192, 217, 265
Maß H 398, 443
maßgebliche Bebauung 160
Massivbauweise 173
Mauern
– höher als 2m 138
Mindestabstand 32, 37, 352, 538, 624
Mindestabstände
– zwischen den Gebäuden 185, 317, 319
Mindestgebäudeabstand 317
Mindestgrenzabstand 345
Mindestmaß
– sicherheitsrechtlich 40
Mindestmaß an Übereinstimmung 237
Mindestniveau 37
Mischgebiet 449, 474
Mittelgebäude
– von Hausgruppen 287
Mittelhäuser
– einer Hausgruppe 255, 591
Mittellinie der Straße 372
Mittellinie einer öffentlichen Verkehrsfläche 489 f.
Musterbauordnung 2, 150

N

Nachbar 140, 146, 210, 294, 377, 441, 454, 539, 586, 600, 623 ff.
– gegenüberliegend 272
– seitlich 272
– Zustimmung 96
Nachbarfrieden 70, 138
Nachbargebäude 183, 220, 295, 299, 331, 382
Nachbargemeinde 566

Nachbargrenze 11, 133, 138, 141, 153, 177, 200, 252, 255 f., 278, 287, 325, 345, 360, 362, 589, 591 ff., 598, 615 f., 621, 623 f., 641

Nachbargrundstück 71, 88, 94, 110, 183, 205, 216, 220 f., 229, 279, 281, 289, 292, 298, 312, 322 ff., 328 ff., 373, 559 f., 589 ff., 594, 600, 602, 621, 624, 629, 634

Nachbarrecht
– Verwirkung 100

Nachbarschaft 71

Nachbarschaftsverhältnis 334, 336

Nachbarschutz 88, 90

nachbarschützend 218

Nachverdichtung 14

natürliche Geländeoberfläche 406

Nebenanlagen 132, 613

Nebengebäude 588, 594, 598, 607

Nebenräume 514, 518, 600

Neubau 325

nicht beplanter Innenbereich 370, 591

Normalfall 84, 361, 365, 402, 404, 419, 455, 470, 505, 511, 640

notwendige Fenster 299, 517, 523, 641

notwendige Nebenanlagen 499

Nurdachhäuser 422, 426

Nutzung 459
– Art der baulichen 447, 451, 454

Nutzungsänderung 454

Nutzungsgrenze 470

O

oberirdische Anlagen 130

oberirdische Gebäude 117

Oberkante Dachhaut 415

Oberkante der Wand 414

offene Bauweise 56, 171, 274, 341, 343, 345, 492, 528, 541, 548, 587 f., 598, 614

öffentliche Belange 647

öffentliche Grünflächen 153, 360, 363, 614

öffentliche Verkehrsflächen 174, 360, 363 f., 385, 484, 593, 614

öffentliche Wasserflächen 153, 360, 363, 614

öffentlicher Verkehr 364

Öffnungen 222, 299

Ordnung
– städtebauliche 294

Orientierungswerte 505

örtliche Bauvorschrift 444, 552

örtliche Verkehrsfläche 368

Ortsbild 584

Ortsteil
– im Zusammenhang bebaut 187

P

Parzellenbreite 287, 345

Parzellierung 176, 221, 286
– des Baulandes 176
– kleinteilige 175

Planänderung 206

Planbegründung 218

Plangeber 253, 325

planungsrechtliche Vorschriften 152

Planzeichnung 608

Plätze 87

Platzräume 508

private Grundstücksflächen 369

private Wegeparzelle 371

Privatheit 71

Privilegierung 349, 538, 588

Proportionen von Straßen und Plätzen 87

Punkthausbebauung 464
Punkthochhäuser 176, 465, 513, 644

Q

qualifizierter Bebauungsplan 172
Quattro-Haus 394

R

Raumeindruck, heller 32 f.
Raumhöhe
– lichte 32, 63
Raumhöhen 519
Rechtsverletzungen 102
Regelabstandsflächentiefe 8
regellose Bebauung 179, 594
Reiheneckhäuser 257
Reihenhaus 140, 226, 598
Reihenhausbebauung 287
Reihenhausparzellen
– schmale 140
Reihenmittelhäuser 257
Reine Wohngebiete 449
Reparaturarbeiten 183
Rettungsgeräte der Feuerwehr 571
Richterrecht 52
Richtwerte 505
– für die Tagesbeleuchtung 26
Rohrleitungen 147
Rücksichtlosigkeit 81
Rücksichtnahme 213, 265 f., 324, 334
– gegenseitig 38
– wechselseitige 265
Rücksichtnahme auf Wohn-
    bebauung 220
Rücksichtnahmebegünstigte 213, 334
Rücksichtnahmegebot 48, 79, 146,
    213, 324, 337
– und Einfügungsgebot 263
Rücksichtnahmepflichtiger 213
Rücksichtnahmeverpflichtete 334

Rücksichtslosigkeit 276
rückwärtige Baugrenze 158, 206,
    285, 532, 608
rückwärtige Grundstücksflächen 609
rückwärtige Grundstücksgrenze
    153, 570
rückwärtige Nachbargrenze 570,
    593, 614
rückwärtiger Anbau 292
rückwärtiger Gebäudeteil 220
rückwärtiger Grundstücksbereich
    323, 491, 608, 615, 621
rückwärtiger Grundstücksteil 602

S

Satteldach 420, 428, 430
Schallschutz 508
Schlagschatten 66
schlanke Gebäudeproportionen 513
schlecht belichtete Hinterhöfe 48
Schleppgaube 434
– Grenzabstände 351
schmale Traufgassen 314, 634
Schmalseite 54
Schmalseitenprivileg 58
Schmalseitenregelung 7, 58, 513, 637
Schmutzecke 183, 624
Schnittlinie der Außenwand mit der
    Geländeoberfläche 118
Schnittlinie der Wand mit der Dach-
    haut 617
Schuppen 594
Schutz vor Brandübertragung 299
Schutzanspruch 105
Schutzbereich 77
Schutzfunktion 290
Schutzgüter 69
– Einbußen 74
Schutzziele 15, 110, 640
Schutzzweck 38

Seitenflügel 179, 216, 564

seitlich angrenzende Gebäude 215

seitliche Begrenzung der Baukörper 285

seitliche Grundstücksgrenzen 153, 174, 224, 299, 343, 546, 585

seitliche Nachbargrenze 570, 614 f.

seitliche Nachbarn 284

seitlicher Grenzabstand 224, 252, 313, 326, 587

seitlicher Grenzanbau 343

selbstständige Gebäude 599

Sicherheit 330

Sichtkontakt
– zum Außenraum 22

Sichtschutz 628

Sichtschutzelemente 81

Sichtverbindung 22, 37

Silo 146

Solaranlagen 625

Solitärbauten 170

Sondergebiet 449

Sonnenlicht 20, 64

Sonnenschutzverglasung 22

Sonnenschutzvorrichtungen 22

Sozialabstand 70 f., 78, 110, 186, 508, 565

spitzwinklige Gebäudeanschlüsse 390

Städtebau 176

städtebauliche Anforderungen 1

städtebauliche Begründung 47

städtebauliche Bestandsaufnahme 341

städtebauliche Gestaltkonzeption 303

städtebauliche Gründe 47, 630

städtebauliche Hilfsfunktion 46

städtebauliche Missstände 564

städtebauliche Satzung 68

städtebauliche Situation 151

städtebauliche Verdichtung 70

städtebauliche Zielsetzung 13

städtebauliches Ziel 200

stadtgestalterische Ziele 87

Stadtgestaltung 288

Staffelgeschoss 211, 295 f., 357, 433

Stauraum 614

Steildach 415, 441

Stellplätze 142, 606 f., 611, 613
– überdachte 605, 611, 614, 621

Stellplätze für Kraftfahrzeuge 534

Stellplatzflächen für Kraftfahrzeuge 45

Stellung der Gebäude 484, 512

Störungen 134
– akustische 138
– des nachbarlichen Gleichgewichts 92

straßenbegleitende Bebauung 176

Straßenbegrenzungslinie 167 f., 363, 615

Straßenbild 288

Straßenböschungen 369

Straßenbreite 633 f.

Straßenflucht 221, 584

Straßenfront 221

Straßengrenze 158

Straßenmitte 169, 366, 370, 614

Straßenproportionen 476

Straßenrandbebauung 200, 476

Straßenräume 508

straßenseitige Bauflucht 633

Straßenverkehrsfläche 167

Straßenzug 584

Stützmauern 138, 587

T

Tagesbeleuchtung 17, 20, 25 f., 33 f., 66, 69
– von Gebäuden 59
Tagesbelichtung 110, 300 f., 389, 455, 510, 564
– der Gebäude 107, 215
Tagesbelichtung von Aufenthaltsräumen 504
Tageslicht 20 f., 24, 27 f., 54, 64
– diffuses 64
Tageslicht im fensternahen Bereich 36
Tageslichtlenkung 29
Tageslichtqualität 56
Tageslichtquotient 21, 61
Tageslichtsysteme 21
Terrasse 121, 131, 140, 581
Terrassenbetrieb 154
Terrassengeschosse 354
Terrassenüberdachung 103
Tiefe der Abstandsfläche 399
Tiefe der Bebauung 297
Tiefgaragen 598
Traufe 416, 434 f.
Traufgassen 535
Traufhöhe 200, 214, 476, 486, 491, 633
Traufkante 416
Trauflinie 221, 486
traufständige Bauweise 173, 222, 293

U

überbaubare Grundstücksfläche 133, 160, 192, 202, 204, 313, 481, 483 f., 489, 531, 584, 607, 611, 615
überdachte Freisitze 131
überdachte Stellplätze 597, 610
Überdachung 597

Überdeckungsverbot 175, 361, 385, 387 f., 392, 395, 464, 468, 490, 497
– kein Verzicht bei übertragenen Abstandflächen 396
Übernahme von Abstandsflächen 381
überörtliche Verkehrsfläche 368
Übertragung von Abstandsflächen 292
überwiegend bebaute Gebiete 171
umgebende Bebauung 632
Umgebung 214, 633
– Eigenart der näheren 584
– nähere 189, 192 f.
Umgebung eines Vorhabens 157, 314, 342
Umgebungsbebauung 210
Umlegung 163, 168, 286
Umnutzung 600
Umwehrung des Balkons 580
unbeplanter Innenbereich 178, 201, 214, 273, 314, 322, 326, 452, 609, 615 f.
unbillige Härte 630
Unrat 183
untergeordnete Bauteile 343, 345, 496, 568
untergeordnete Nebenanlagen 595
Unterhaltung 185
Unterhaltungsarbeiten 183
unterirdische Gebäude 117
unterschiedliche Traufhöhe 418
unzumutbare Verhältnisse 510
Urbane Gebiete 460

V

Veränderung
– bauliche 325
Veränderungen der Geländeoberfläche 405

Verbauungswinkel 456
Verdichtung 19
Verdichtung der Bebauung 107, 112
Vergleichsbetrachtung 505
Verkaufsräume 518
Verkehrsfläche 369 f.
– öffentliche 594
Verletzung des Rücksichtnahme-
  gebots 268
Verschattung 66, 337
– Grundstück 520
Verschattung von Grundstücken und
  Gebäuden 134
Verschlechterung 524, 586
– in der Beleuchtungssituation 106,
  209, 265 f.
verträgliches Wohnklima 86, 134
Vertrauenstatbestand 100
Verwaltung 459
Verwaltungsgebäude 22
Vollgeschoss 441, 485
– Zahl der 251, 400
Vorbauten 496, 567 ff., 573 f., 586
vordere Baulinie 532
vordere Grundstücksgrenze 570
Vorderhausbebauung 179, 311 f.
Vorgartenfläche 363, 369 f., 591
Vorhaben
– Duldung 101
Vorhaben- und Erschließungsplan
  479, 522
vorhandene Bebauung 630

W

Walmdach 426, 430
Wandabschnitte 414
Wände
– ohne Öffnungen 16
Wandflucht 402
Wandhöhe 5, 83, 398 ff., 447, 485, 619

Wasserflächen
– öffentliche 365 f.
Wegeparzelle
– private 375
Werbetafeln 139
Werkhallen 461, 471
Werksiedlungsbau 175, 230
Werkstattgebäude 323
Windkraftanlagen 149, 566
– Entprivilegierung 647
Wintergarten 290
Wintergartenanbau 260
Wirkungen wie von Gebäuden 129,
  134 f.
Witterungsschutz 222
Wochenendhausgebiete 450
Wohlbefinden 67
Wohnbedürfnisse 33
– der Bevölkerung 25
Wohnbedürfnisse der Bevölkerung
  49, 510
Wohnen 138
Wohnfrieden 71, 75, 134, 138, 140,
  392
– nachbarlicher 71
– Störung 71
Wohngebäude 75, 392 f., 471, 648
Wohngebiete 35, 474 f., 529
– reine 606
Wohnhaus 599
Wohnklima
– verträgliches 16
Wohnnutzung 133, 518, 606
Wohnräume 220
Wohnung 25, 144, 210, 233, 392 f.,
  459, 518
Wohnungsbau 18, 25

Z

Zahl der Vollgeschosse 202, 214, 476, 481, 485, 531, 633

Zeilenbau 642

Zeltdach 426, 428

Zementsilo 146

Zufahrten 598, 607

Zugang für die Feuerwehr 186

Zugänge und Zufahrten 44

Zugänge zu den Gärten 303

Zugänglichkeit des Gebäude-zwischenraums 185, 508

zulässige Grundfläche 607

Zumauern von Fenstern 331

zurückversetzte Geschosse 357

Zweckbestimmung 631

Zweckbestimmung der Abstands-regelung 9

Zweifamilienhaus 233

Zwerchhaus 343, 345, 349, 434

zwingende Vorschrift 201